prépabrevet

L'EXAMEN AVEC MENTION

3e

L'épreuve 2

FRANÇAIS
Christine Formond
Louise Taquechel

GÉOGRAPHIE
Christophe Clavel

HISTOIRE
Marielle Chevallier

EMC
Guillaume D'Hoop

Hatier

Maquette de principe : Frédéric Jély
Mise en pages : Nadine Aymard, Nord Compo
Cartographie et schémas : Légendes cartographie
Illustrations : Mathieu de Muizon, Jean-Yves Grall
Iconographie : Hatier illustration
Édition : Luce Camus et Clothilde Diet

 ISBN 978-2-401-02912-5

MODE D'EMPLOI

Votre Prépabrevet

- Conforme aux **nouveaux programmes** de 3e entrés en vigueur à la rentrée 2016, ce Prépabrevet *L'Épreuve 2* vous propose un **outil de travail** très complet et sur mesure, faisant une large place à la préparation du **nouveau brevet**.

- Pour chaque matière, vous sont proposés des fiches de **cours**, des **exercices** ainsi que des **sujets de type brevet** et leurs **corrigés** détaillés. En plus, le dernier chapitre vous propose **8 brevets blancs**.

- Toutes ces ressources, assorties de **commentaires** et de **conseils** des auteurs, vous permettent d'aborder en confiance tous vos contrôles durant l'année et de vous préparer efficacement à la nouvelle épreuve du brevet.

COURS | **EXERCICES & SUJETS** | **CORRIGÉS**

Votre site de révision

- L'achat de ce Prépabrevet vous permet de bénéficier d'un ACCÈS GRATUIT* à toutes les ressources d'**annabac.com** pour le niveau 3e : résumés audio, fiches de cours, quiz interactifs, sujets d'annales corrigés…

- Pour profiter de cette offre, rendez-vous sur **www.annabac.com**, dans la rubrique « Vous avez acheté un ouvrage Hatier ? »

* Selon les conditions précisées sur le site.

SOMMAIRE

FRANÇAIS

Lire, analyser, rédiger

Étudier la langue

Corrigés

HISTOIRE

L'Europe, un théâtre majeur des guerres totales (1914-1945)

Le monde depuis 1945

La France de 1944 aux années 1980

Corrigés

GÉOGRAPHIE

Dynamiques territoriales de la France contemporaine

BREVETS BLANCS

FICHES

SUJETS

CORRIGÉS

FRANÇAIS

FRANÇAIS

Lire, analyser, rédiger

Étudier la langue

Corrigés

1 Caractériser un récit

Robinson Crusoé, Bel-Ami, À l'ouest rien de nouveau : récit d'aventures, récit d'apprentissage, récit de guerre... Le récit peut revêtir de multiples formes.

I Identifier les composantes du récit

Un récit est un texte narratif, c'est-à-dire un texte où un narrateur raconte une **histoire**.

1. Les temps employés

Les récits sont souvent aux temps du passé, dont voici les valeurs :

- l'**imparfait** est le temps de l'arrière-plan. Il est utilisé pour le décor, les circonstances, les descriptions ;
- le **passé simple** est le temps des actions de premier plan. Il est utilisé pour une action soudaine, une action ponctuelle (qui n'a lieu qu'une fois) ou une action limitée dans le temps ;
- le **passé antérieur** et le **plus-que-parfait** sont utilisés pour les actions antérieures à celles exprimées par les verbes au passé simple et à l'imparfait.

« Quand Georges Du Roy et sa femme furent sortis, ils se mirent à marcher côte à côte, pour rentrer chez eux. Ils se taisaient, préoccupés.

Guy de Maupassant, *Bel-Ami* (1885).

2. Narration, description, dialogue et commentaires

Un récit s'enrichit de passages qui ne sont pas purement narratifs :

- la **description** sert à peindre des lieux ou à faire le portrait des personnages ;
- le **dialogue** permet d'animer le récit et de créer un effet de réel puisque les personnages s'expriment directement ;
- les **commentaires** du narrateur, en général au présent, interrompent parfois le récit.

« Il avait maintenant une allure, une tenue, un costume d'homme posé, sûr de lui, et un ventre d'homme qui dîne bien.

Guy de Maupassant, *ibid.*

II Analyser la structure d'un récit

Un récit est une succession d'événements, visant à résoudre un problème que l'on appelle **intrigue**.

1. L'intrigue

Dans les récits courts, l'intrigue du récit suit souvent un même schéma narratif :

- le début présente le **cadre** (le lieu et l'époque) et les **personnages** ;
- un élément survient qui **bouleverse l'équilibre initial** ;
- des **aventures** s'ensuivent ;
- une dernière aventure annonce la **résolution du problème** survenu au début ;
- la fin, heureuse ou malheureuse, marque le **retour à une situation d'équilibre**.

Mot-clé

Le **schéma narratif** compte cinq étapes : la situation initiale, l'élément perturbateur, les péripéties, l'élément de résolution et la situation finale.

2. La chronologie

Les faits sont souvent racontés dans l'**ordre chronologique**. Mais certaines variations sont possibles :

- le **retour en arrière** permet de mentionner un événement qui a eu lieu dans le passé :

> « Il avait pris, **un peu plus tôt**, les précautions nécessaires en changeant le code de son coffre.
>
> Guy de Maupassant, *ibid.*

- l'**anticipation** permet d'annoncer des événements qui n'ont pas encore eu lieu :

> « Je me tenais à ses côtés, sans me douter de l'heureuse nouvelle qu'**on allait m'annoncer**.
>
> Guy de Maupassant, *ibid.*

III Comprendre la fonction des personnages

- Un personnage est une créature imaginée qui pense, parle et agit. **Chaque personnage remplit un rôle** dans l'intrigue. Le héros ou personnage principal fait évoluer l'action en fonction de ce qu'il recherche, de sa **quête**.

  Georges Duroy est le héros du roman de Maupassant *Bel-Ami* ; l'objet de sa quête est la richesse et l'ascension sociale.

- Le héros rencontre des **personnages qui l'aident** à obtenir ce qu'il souhaite.

  Ce sont surtout les femmes qui aident Duroy : Mme Forestier, Mme de Marelle, Mme Walter et Suzanne lui procurent amour, argent et reconnaissance sociale.

- D'autres **personnages font obstacle** au héros.

  Le ministre Laroche-Mathieu et M. Walter s'opposent à Georges Duroy mais doivent s'incliner devant ses succès.

Attention !

Le **héros** n'est pas forcément héroïque, c'est-à-dire digne d'admiration : il peut être faible et méprisable.

2 Déterminer qui raconte et qui voit dans un récit

Le narrateur n'est pas toujours identifiable. Mais la manière dont il raconte l'histoire traduit sa présence.

I Qui raconte ?

1. Le narrateur personnage

Lorsque le narrateur est un personnage, on parle de récit à la première personne. Le narrateur est interne à l'histoire.

Je le vis qui s'approchait de moi en me tendant la main.

2. Le narrateur extérieur

Lorsque le narrateur est extérieur à l'histoire et qu'on ne sait rien de lui, on parle de récit à la troisième personne. Hormis dans les dialogues, il n'y aucune marque de première personne.

Il s'approcha de son camarade et lui tendit la main.

II Qui voit ?

La présence du narrateur se traduit par son point de vue.

Attention !
Le **point de vue** utilisé n'est pas forcément le même du début à la fin du récit. Le cas le plus fréquent est le passage d'un point de vue interne à un autre point de vue interne.

1. Le point de vue interne

L'histoire est racontée à travers les yeux ou les pensées d'un personnage. Le narrateur **en sait autant** que ce personnage. Le lecteur peut s'identifier au personnage.

La femme avançait. Pressée, elle s'arrêta néanmoins à la porte. Y aurait-il quelqu'un pour lui ouvrir la porte ? Elle l'espérait de tout cœur.

2. Le point de vue omniscient

Le narrateur **connaît tout** de ses personnages (leur passé, leur présent, leurs pensées) et peut raconter ce qui se passe au même moment dans différents lieux. Il en sait plus que les personnages.

La femme avançait. Bien que pressée, elle s'arrêta à la porte, dans l'espoir que quelqu'un lui ouvrît. Derrière le battant, Sonia hésitait : saurait-elle lui avouer la vérité ? Les deux femmes partageaient, sans le savoir, les mêmes hésitations.

3. Le point de vue externe

Le narrateur est extérieur à l'histoire. Il ne raconte que ce qu'il voit ou entend. Il **en sait moins** que les personnages. Il semble objectif et impartial.

La femme avançait. Elle semblait pressée. Elle s'arrêta à la porte. On lui ouvrit.

3 Définir la vitesse d'un récit

Pendant quinze jours, il vécut d'une vie économe, réglée et chaste, l'esprit plein de résolutions énergiques.

Guy de Maupassant, *Bel-Ami* (1885).

Dans un récit, la vitesse peut varier. Ici, le narrateur résume quinze jours en une phrase.

I Accélérer le récit

1. L'ellipse

Un épisode est **passé sous silence**. L'ellipse est suivie d'un indice temporel comme *le lendemain, trois mois plus tard...*

Il partit fâché. Dix mois plus tard, on apprenait qu'il était en Chine.

2. Le sommaire

Le narrateur **résume un épisode** : il raconte rapidement ce qui a duré un certain temps. Le sommaire comporte souvent une indication temporelle comme *pendant dix ans, des mois passèrent...*

Marco voyagea longtemps. Il connut bien des aventures et bien des chagrins. Il revint, calme et assagi.

Conseil

Les **indications temporelles** sont de bons indices pour analyser le rythme d'un récit. Entraîne-toi à les repérer systématiquement.

II Ralentir le récit

1. La pause

Le récit **marque un temps d'arrêt**. L'action est suspendue le temps que le narrateur procède à une description ou à un commentaire. La pause peut créer du suspense.

L'homme pointa son revolver sur moi. C'était une arme lourde et peu maniable. Je me souvenais d'en avoir vu une semblable dans le bureau de mon oncle quand, petit, on m'envoyait en vacances à la campagne...

2. La scène

- Le narrateur **raconte longuement un épisode important**. La durée des événements racontés semble égale au temps nécessaire pour lire la scène : on a l'impression que les événements se déroulent en temps réel. La scène est souvent introduite par des indications comme *or, un soir, ce jour-là...*
- La scène comporte souvent des **dialogues**.

Ils se rencontrèrent par hasard, un soir. Il osa l'aborder :
– Vous souvenez-vous du dernier jour où nous nous sommes vus ?
– Bien sûr ! répondit-elle. Et je me rappelle aussi notre conversation...

4 Distinguer différents types de récits

Le Seigneur des anneaux et *Notre-Dame de Paris* appartiennent à des types de récits différents. Saurais-tu les distinguer précisément ?

I Différencier roman et nouvelle

C'est essentiellement le critère de la longueur qui permet de les différencier.

1. Le roman

Le roman est un récit d'imagination **long** et écrit **en prose**. L'intrigue principale est accompagnée d'intrigues secondaires. On caractérise parfois les romans par leur thématique : roman d'aventures, roman policier, roman historique, roman d'amour, roman de science-fiction…

2. La nouvelle

La nouvelle est un récit plus **bref** que le roman. Il y a moins de personnages, et l'intrigue est plus simple. La fin s'apparente souvent à une **chute**, brutale et surprenante pour le lecteur.

II Différencier les types de récits

Qu'il s'agisse d'un roman ou d'une nouvelle, le récit s'inscrit dans un registre.

> **Mot-clé**
> En littérature, le terme **registre** désigne l'ensemble des moyens d'expression visant à faire naître une émotion ou une réaction chez le lecteur. Le registre comique vise à susciter le rire ; le registre tragique, à provoquer la terreur et la pitié.

1. Le récit réaliste

Il se propose d'**imiter le réel**, et s'efforce de peindre la société avec ses différentes classes sociales et leur environnement. Les personnages principaux ne sont pas héroïques. Le récit réaliste a connu un **grand essor au XIXe siècle**.

2. Le récit fantastique

Il se caractérise par le surgissement d'**événements étranges** que le personnage essaie de comprendre. Le lecteur ne sait pas lui non plus s'il s'agit d'événements surnaturels, ou si le personnage est devenu fou. Pour maintenir cette hésitation, les récits fantastiques sont souvent écrits à la première personne et utilisent des **modalisateurs** (*il semble que, sans doute, je crains, serait-ce…*) qui permettent au narrateur d'exprimer ses doutes, ses angoisses.

3. Le récit merveilleux

Les personnages évoluent dans un monde où le merveilleux, c'est-à-dire la présence d'êtres et d'éléments **surnaturels**, est admis. L'histoire se déroule dans un passé ancien non défini (« Il était une fois »), sans situation géographique précise. Les **contes de fées**, les **fables** et les **mythes** sont des récits merveilleux.

III Connaître des récits célèbres

Tristan et Iseult (XIIe siècle)

Ce récit, composé au XIIe siècle, dévoile les amours malheureuses du chevalier Tristan, le neveu du roi Marc, et d'Iseult, l'épouse du roi.

La Princesse de Clèves, de Mme de La Fayette (XVIIe siècle)

Ce premier grand roman d'analyse (1678) relate la passion impossible de madame de Clèves pour monsieur de Nemours.

Les Misérables, de Victor Hugo (XIXe siècle)

Ce roman historique et social (1862) décrit la vie des pauvres à travers les personnages de Jean Valjean, Gavroche et Cosette.

Les Trois Mousquetaires, d'Alexandre Dumas (XIXe siècle)

Ce roman « de cape et d'épée » (1844) raconte les aventures de d'Artagnan et de ses amis Athos, Porthos et Aramis, à la cour du roi Louis XIII.

L'Étranger, d'Albert Camus (XXe siècle)

Meursault, le héros de *L'Étranger* (1942), mène à Alger une vie indifférente que n'affectent ni la mort de sa mère ni son amour pour Marie. Jusqu'au jour où, sur une plage déserte, il tue un Arabe…

L'Écume des jours, de Boris Vian (XXe siècle)

Publié en 1947, ce roman, qui mêle fantaisie et cruauté, fait évoluer les personnages dans un univers à la fois poétique et absurde.

Se tester QUIZ

Vérifie que tu as bien compris les points clés des **fiches 1 à 4.**

Pour chaque quiz, coche la ou les bonne(s) réponse(s). Vérifie ta réponse à l'aide du corrigé et consulte les fiches de cours si nécessaire.

1 La chronologie dans un récit

→ CORRIGÉ P. 100

Dans quel ordre ces faits sont-ils rapportés ?

1. On me conduisit dans une grande salle, où je fus reçue par une jeune dame.
☐ **a.** ordre chronologique ☐ **b.** retour en arrière ☐ **c.** anticipation

2. Alors qu'il montait dans le taxi, il reconnut les chaussures vernies et les jolies jambes qui s'étaient enfuies, la veille, à son approche.
☐ **a.** ordre chronologique ☐ **b.** retour en arrière ☐ **c.** anticipation

3. Elle se consacra à cette sculpture qui devait la rendre si célèbre un jour.
☐ **a.** ordre chronologique ☐ **b.** retour en arrière ☐ **c.** anticipation

2 Narrateur et point de vue

→ CORRIGÉ P. 100

Vrai ou faux ?

	vrai	faux
1. Le narrateur est interne s'il fait partie des personnages.	☐	☐
2. Le point de vue est interne quand l'histoire est racontée à travers les yeux ou les pensées d'un personnage.	☐	☐
3. Le point de vue interne n'existe que dans un récit à la première personne.	☐	☐
4. Le point de vue est omniscient quand le narrateur en sait plus que ses personnages.	☐	☐

3 Le point de vue dans un récit

→ CORRIGÉ P. 100

Pour chacun des trois textes ci-dessous, indique le point de vue adopté.

1. Inquiète, Véra ne savait quelle décision prendre. Elle était torturée par le doute. Il fallait pourtant qu'elle se décide, et vite. Mais quel parti choisir ?
☐ **a.** interne ☐ **b.** externe ☐ **c.** omniscient

2. La rencontre formidable entre les deux équipes était imminente. Mais, pour l'un comme pour l'autre camp, les véritables enjeux de l'affrontement n'étaient pas encore connus.
☐ **a.** interne ☐ **b.** externe ☐ **c.** omniscient

3. L'homme se tient immobile, les mains croisées, depuis un bon moment déjà. Son visage ne laisse pas deviner ses pensées. Soudain ses épaules s'affaissent. Il a l'air vieux maintenant.
☐ **a.** interne ☐ **b.** externe ☐ **c.** omniscient

4 La vitesse d'un récit

→ CORRIGÉ P. 100

Coche le mot qui convient pour caractériser la vitesse du récit.

1. Des années passèrent, toutes pareilles.

☐ **a.** pause ☐ **b.** scène ☐ **c.** sommaire ☐ **d.** ellipse

2. Ce fut une soirée exceptionnelle. Le lendemain, il plut sans discontinuer.

☐ **a.** pause ☐ **b.** scène ☐ **c.** sommaire ☐ **d.** ellipse

3. Un soir, il aperçut de nouveau l'étrange individu sur le trottoir d'en face.

« Et vous ! bredouilla-t-il. Que cherchez-vous ?
– Passez votre chemin », répondit l'homme mystérieux.

☐ **a.** pause ☐ **b.** scène ☐ **c.** sommaire ☐ **d.** ellipse

5 Les différents types de récits

→ CORRIGÉ P. 100

Vrai ou faux ?

	vrai	faux
1. Dans un roman, l'intrigue principale est associée à des intrigues secondaires.	☐	☐
2. Dans une nouvelle, on a également des intrigues secondaires.	☐	☐
3. Un conte correspond, de nos jours, à un récit relevant du registre merveilleux.	☐	☐
4. Dans un récit fantastique, le lecteur est invité à conclure que le narrateur est fou.	☐	☐

Vers le brevet

Exerce-toi en vue du brevet et révise les **fiches 1 à 4.**

Pour chaque exercice, aide-toi des conseils donnés et compare ta réponse à celle du corrigé.

6 Comprendre un texte littéraire et un document artistique

1 h

→ CORRIGÉ P. 100

Document A Les quatre Villes Hautes

Dans ce roman qui se déroule en 2050, Barjavel imagine une ville où certains principes architecturaux de Le Corbusier ont été appliqués, parfois de manière extrême.

« Les studios de Radio-300 étaient installés au 96e étage de la Ville Radieuse, une des quatre Villes Hautes construites par Le Cornemusier[1] pour décongestionner Paris. La Ville Radieuse se dressait sur l'emplacement de l'ancien quartier du Haut-Vaugirard, la Ville Rouge sur l'ancien bois de Boulogne, la Ville Azur sur l'ancien bois de Vincennes, et la Ville d'Or sur la Butte-Montmartre. […]

Quelques érudits[2], amoureux du vieux Paris, se sont penchés sur les souvenirs du Montmartre disparu, et nous ont dit ce qu'était cet étrange quartier de la capitale. À l'endroit même où devait plus tard s'élancer vers le zénith la masse dorée de la Ville Haute, un entassement de taudis abritait autrefois une bien pittoresque population. Ce quartier sale, malsain, surpeuplé, se trouvait être, paradoxalement, le « lieu artistique » par excellence de l'Occident. Les jeunes gens qui, à Valladolid, Munich, Gênes ou Savigny-sur-Braye, sentaient s'éveiller en eux la passion des beaux-arts savaient qu'il se trouvait une seule ville au monde et, dans cette ville, un seul quartier – Montmartre – où ils eussent quelque chance de voir s'épanouir leur talent. Ils y accouraient, sacrifiaient considération, confort, à l'amour de la glaise ou de la couleur. Ils vivaient dans des ateliers, sortes de remises ou de greniers dont les vitres fêlées remplaçaient un mur, parfois le plafond. [...] Ce vieux quartier fut rasé. Un peuple d'architectes et de compagnons édifia la Ville d'Or. [...]

François Deschamps, restauré, prit le chemin de son domicile. Montparnasse sommeillait, bercé d'un océan de bruits. L'air, le sol, les murs vibraient d'un bruit continu, bruit des cent mille usines qui tournaient nuit et jour, des millions d'autos, des innombrables avions qui parcouraient le ciel, des panneaux hurleurs de la publicité parlante, des postes de radio qui versaient par toutes les fenêtres ouvertes leurs chansons, leur musique et les voix enflées des speakers. Tout cela composait un grondement énorme et confus auquel les oreilles s'habituaient vite, et qui couvrait les simples bruits de vie, d'amour et de mort des vingt-cinq millions d'êtres humains entassés dans les maisons et dans les rues. Vingt-cinq millions, c'était le chiffre donné par le dernier recensement de la population de la capitale. [...] À Paris sévissait une crise du logement que la construction des quatre Villes Hautes n'avait pas conjurée. Le Conseil de la ville avait décidé d'en faire construire dix autres pareilles.

René Barjavel, *Ravage*, © Éditions Denoël (1943).

1. **Le Cornemusier** : déformation volontaire du nom de l'architecte Le Corbusier.
2. **Érudits** : personnes très cultivées.

Document B Le Corbusier, plan pour la reconstruction de Paris, 1925

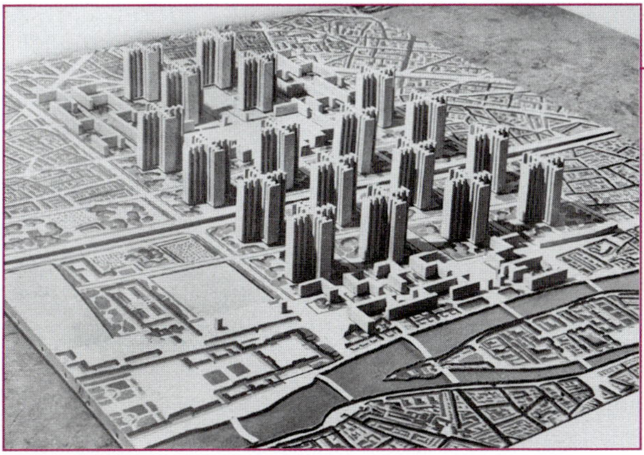

Ce plan, appelé « plan Voisin », vise à répondre aux besoins de logements de la population active. L'architecte le présente ainsi : « Ce plan s'attaque aux quartiers les plus infects, aux rues les plus étriquées... Il ouvre au point stratégique de Paris un étincelant réseau de communication. »

Sur le texte littéraire (document A)

1. Quels sont les deux lieux et les deux époques qui s'opposent dans le texte de Barjavel ?

2. a. Quel est le temps majoritairement employé ? Pourquoi est-il utilisé ?

b. « Quelques érudits [...] capitale » (l. 6-8). Comment peux-tu expliquer l'emploi du passé composé dans cette phrase ?

3. « des innombrables avions qui parcouraient le ciel » (l. 23).

a. Expliquez la formation du mot « innombrable », en nommant les différentes parties qui le composent.

b. Que signifie ce terme ?

c. De quels autres mots employés dans le texte peut-on le rapprocher ?

4. Selon toi, quel rapport ce texte entretient-il avec la réalité ? Que peux-tu en déduire sur le genre de l'œuvre dont il est extrait ?

5. Aimerais-tu vivre dans la ville décrite par Barjavel ? Pourquoi ?

Sur le texte et l'image (documents A et B)

6. Quelle impression produit sur toi la photographie ?

7. Comment peut-on rapprocher la photographie et le texte ?

5 Raconter une expérience personnelle en exprimant ses sentiments

Vous raconterez ce souvenir heureux... Vous rapporterez cette expérience difficile... De nombreux sujets de rédaction te demandent de relater une expérience personnelle en suivant certaines consignes.
Même quand le sujet ne le précise pas explicitement, l'expression des sentiments devra occuper une place importante dans ton récit.

I Relater une expérience

1. L'événement

- L'expérience à raconter n'a pas à être vraie, mais seulement **vraisemblable**, c'est-à-dire **crédible**. Il est parfaitement possible d'inventer une mésaventure. Mais tu peux également t'inspirer d'événements qui te sont réellement arrivés.

> *Lorsque j'avais dix ans, mes parents m'annoncèrent que j'allais avoir une petite sœur. Je fus anéantie sur le champ par cette nouvelle.*

Conseil
Dans ce cas, veille bien à rester à l'intérieur du cadre du sujet et à ne pas te laisser entraîner par des souvenirs qui s'écarteraient trop des consignes.

- Il n'est pas indispensable que l'événement raconté soit extraordinaire. C'est la **manière de le présenter** qui fera l'originalité de ton récit, même s'il ne s'agit que d'une expérience banale.

> *Tous mes amis avaient des frères et sœurs, mais pas moi, et cela m'apparut comme une horreur absolue : des cris de bébé résonneraient en permanence dans la maison, et mes parents auraient forcément moins de temps pour s'occuper de moi.*

2. Le mode de narration

- On te demande d'écrire un **récit à la première personne**. Le narrateur emploie le pronom *je*, et l'on doit pouvoir supposer que c'est réellement de toi qu'il s'agit. Tu dois donc prêter à ce *je* fictif tes grandes caractéristiques : le narrateur est un collégien, qui vit à notre époque.

> *Je me souviens du jour fabuleux où mes parents ont enfin accepté que j'aie un téléphone portable. J'étais la seule de ma classe, et peut-être même du collège, à ne pas en avoir.*

- Le récit s'inscrit la plupart du temps dans le **passé**. Si tel n'est pas le cas, des consignes précises attireront ton attention sur les temps à employer.

> *Je me sentais très isolée quand, pendant la récréation, toutes mes copines pianotaient sur le clavier de leur smartphone.*

II Exprimer des sentiments

1. Employer le vocabulaire approprié

Pour exprimer des sentiments, il est nécessaire d'employer le **champ lexical** qui convient. Voici un choix de mots pour les sentiments les plus communs.

Sentiment	Noms	Adjectifs
peur	malaise, horreur, terreur, panique, frisson, angoisse, épouvante	horrifié, terrifié, angoissé, livide, pâle
joie	bonheur, contentement, plaisir, allégresse, enthousiasme	émerveillé, content, heureux, satisfait, enchanté, ravi, transporté, agréable
tristesse	chagrin, désespoir, détresse, amertume, souffrance, peine, douleur	désespéré, amer, déçu, accablé, morne, maussade
surprise	étonnement, stupéfaction, incrédulité, ébahissement, ahurissement	inattendu, surpris, intéressé, stupéfait, ébahi
colère	indignation, haine, courroux, irritation, rage	furieux, désagréable, tranchant, aigri, exaspéré

2. Varier la construction des phrases

- Tandis que les phrases **courtes** marquent la **vivacité** du sentiment, les phrases plus **longues** décrivent des **sentiments mêlés ou opposés**.
- Pour traduire la complexité des sentiments, pense à utiliser tous les **types de phrases** (déclarative, interrogative, injonctive, exclamative) car chacun d'eux exprime des émotions différentes.
- La phrase se terminant par un point d'exclamation traduit des sentiments ou des émotions fortes comme la colère, l'impatience, mais aussi la joie, le plaisir.

Attention !
Dans tes rédactions, veille à ne pas multiplier et à **ne pas juxtaposer** point d'exclamation et point d'interrogation. Un seul signe doit te suffire pour exprimer le sentiment voulu.

« Je venais de comprendre qu'il n'y avait plus pour moi de bonheur sur terre !

Théophile Gautier, *La Cafetière* (1831).

- Les **points de suspension** rendent un énoncé plus expressif : ils peuvent exprimer le doute, le regret, l'effroi, le plaisir...

« J'ai encore froid jusque dans les ongles... j'ai encore peur jusque dans les moelles... j'ai vu !...

Guy de Maupassant, *Le Horla* (1887).

6 Écrire une suite de récit

Écrire la suite d'un récit est un sujet de rédaction courant au brevet.

I Respecter les données du texte initial

Pour écrire la suite d'un récit, il faut **analyser avec soin le texte support** : la suite doit présenter les mêmes caractéristiques. Prenons un exemple : un extrait de la nouvelle *Comment servir l'homme*, de Damon Knight.

Venus d'une autre planète, les Kanamites débarquent sur la Terre. Pacifiques, ils sont accueillis favorablement par les humains.

« Les Kanamites n'étaient pas très beaux, il est vrai. Ils ressemblaient un peu à des gorets et un peu à des hommes. […]
C'est peut-être la raison pour laquelle ils inspirèrent semblable dégoût lorsqu'ils atterrirent dans leurs immenses astronefs et qu'on vit quel était leur véritable aspect. Ils déclaraient très simplement qu'ils désiraient nous venir en aide, et je les croyais. Évidemment en tant que traducteur aux Nations unies, mon opinion ne comptait guère. […]
Je vis fréquemment Grégori à la suite de cette rencontre et il me tenait au courant de ses progrès. […] Il avait réussi à se procurer un livre des Kanamites et s'efforçait de le déchiffrer.
Nous passâmes quelques soirées ensemble à cette étude. Nous réussîmes à réinterpréter le titre en quelques semaines. C'était : *Comment servir l'homme*.

Damon Knight, *Comment servir l'homme* (1953), DR.

1. Identifier le genre du récit

- Identifier le genre du récit (récit d'enfance, policier, réaliste...) est primordial, car la suite doit reprendre le **cadre** (époque, lieux), les **thèmes** et le **niveau de langue** du texte initial.
- Dans l'exemple proposé, il s'agit d'un récit d'anticipation. Tu dois donc reprendre les thèmes de la **science-fiction** (extraterrestres, technologies inconnues sur Terre...) et le **lexique spécialisé** (*interstellaires, astronefs...*).

Attention !
Il ne faut pas faire d'**anachronismes** : ne mentionne pas des inventions du XXe siècle pour écrire la suite d'un texte du XIXe siècle, comme la voiture motorisée, le téléphone, ...

2. Identifier le narrateur et le point de vue

- Si le texte initial est mené par un narrateur extérieur, la suite est écrite à la troisième personne ; si le narrateur est un personnage de l'histoire, la suite est rédigée à la première personne. Le point de vue demeure le même.
- Dans l'exemple proposé, le récit est mené à la **première personne** : le **point de vue** est **interne**.

3. Identifier le temps de la narration

- Le système de temps de la narration doit être respecté.
- Dans cet exemple, le système du **passé** est utilisé. Tu dois écrire la suite en employant à ton tour le passé simple, l'imparfait et le plus-que-parfait.

4. Identifier les caractéristiques des personnages

- Le texte support fournit des **indices** qu'il faut respecter et utiliser, comme le caractère des personnages et leurs comportements.
- Le texte de Damon Knight présente une information à exploiter : le narrateur et son ami sont traducteurs de métier ; il est donc vraisemblable qu'ils réussiront à déchiffrer le livre.

Attention !
Tu ne peux pas, par exemple, **transformer un personnage** doux et timide en un individu puissant et agressif.

II Faire progresser l'histoire

1. Imaginer des péripéties

- L'histoire doit avancer vers une **chute** ; il faut donc imaginer les péripéties qui y conduisent.
- Le début de la nouvelle de Damon Knight présente les éléments suivants : description des Kanamites, accueil des humains, découverte du livre et traduction de son titre. La suite, structurée par des **connecteurs temporels** qui en précisent le déroulement chronologique (*alors, après, ensuite, puis, enfin*...), doit logiquement raconter comment le narrateur aide son ami Grégori dans son projet de traduction.

2. Conclure son récit

- Il faut apporter **beaucoup de soin** à la conclusion du récit afin de laisser le correcteur sur une impression favorable : le contenu (la chute) et l'expression doivent être bien travaillés.
- Voici la fin de la nouvelle : Grégori explique pourquoi il a mauvaise mine.

> « – J'ai déchiffré le premier paragraphe de ce livre, dit-il. Pourquoi donc croyez-vous que je ne dors plus depuis une semaine ? [...]
> Il eut un curieux sourire de travers, comme s'il avait eu envie de pleurer.
> – C'est un livre de cuisine, dit-il.
>
> Damon Knight, *ibid.*

La **chute** est **inattendue** car le titre de la nouvelle joue sur le double sens du mot *servir* : « rendre service » et « accommoder un aliment ». Ce n'est qu'à la fin que le lecteur comprend que l'homme est l'aliment à servir.

7 Rapporter des paroles dans un récit

Il existe trois façons de rapporter des paroles : le discours direct, le discours indirect et le discours indirect libre. Chacun de ces discours rapportés offre des avantages. Sais-tu comment les utiliser ?

I Utiliser le discours direct

1. Définition

- Le discours direct rapporte les **paroles telles qu'elles ont été prononcées**, au mot près.
- Il permet de retranscrire les défauts d'élocution, les hésitations, les prononciations particulières, et le niveau de langue, ce qui rend le discours **plus vivant** et **plus expressif**.

Il se mit à bafouiller : « Bon, eh bien, je… je veux bien ! Je… je signerai demain les doc… documents. »

Grâce au discours direct, on perçoit que l'émetteur bégaie, qu'il a du mal à s'exprimer puisque certains de ses mots sont hachés. Tu n'aurais pas pu rendre compte de ces hésitations avec le discours indirect.

2. Introduire le discours direct

- Le discours direct se caractérise par l'emploi d'un **verbe introducteur** suivi du **deux-points** et des **guillemets** qui encadrent les paroles prononcées.
- Le nom du personnage qui parle et le verbe de parole peuvent être introduits sous forme d'incise.

Peut-être, conclut-il, pourrons-nous trouver un arrangement.

Mot-clé

Une **incise** est une courte proposition insérée au milieu de paroles rapportées. Elle est composée d'un verbe de parole, d'un sujet inversé et éventuellement d'un complément de manière.

3. Changer d'interlocuteur

Dans un dialogue, le changement d'interlocuteur est marqué par l'emploi de **tirets**.

La pression se fit plus forte : l'homme était de plus en plus menaçant.
Paul finit par céder et murmura :
– J'accepte vos conditions. Je signerai les documents demain.
– C'est une décision sage, approuva son agresseur.

II Recourir au discours indirect

- Le discours indirect permet d'intégrer les paroles dans la phrase, sous forme de narration. Le **récit n'est donc pas rompu**, il reste fluide.
- Les paroles sont rapportées indirectement, par la **subordination**. Un certain nombre de **modifications** sont nécessaires.

Éléments à modifier ou à supprimer	Exemples
subordination et ponctuation	*Il murmura : « J'accepte vos conditions ! »* → discours direct *Il murmura qu'il acceptait leurs conditions.* → discours indirect
pronoms et déterminants	*Il murmura : « J'accepte vos conditions ! »* → discours direct *Il murmura qu'il acceptait leurs conditions.* → discours indirect
indicateurs de lieu et de temps	*Il murmura : « Je signerai demain les documents. »* → discours direct *Il murmura qu'il signerait le lendemain les documents.* → discours indirect
temps des verbes	*Il murmura : « J'accepte vos conditions ! Je signerai demain les documents. »* → discours direct *Il murmura qu'il acceptait et qu'il signerait le lendemain les documents.* → discours indirect
marques de l'oral	*Il murmura : « Bon, ça va, j'accepte vos conditions ! »* → discours direct *Il murmura qu'il acceptait leurs conditions.* → discours indirect

III Opter pour le discours indirect libre

- Le discours indirect libre est un **compromis entre les discours direct et indirect**. Les pronoms, le temps des verbes sont les mêmes qu'au discours indirect mais la subordination disparaît : les paroles sont rapportées avec **liberté** et **naturel**.

Il accepta leurs conditions dans un murmure. C'était d'accord, il signerait les documents le lendemain.

- Le discours indirect libre permet de rapporter de manière fluide le discours intérieur d'un personnage.

Il se mit à réfléchir : il voulait bien accepter la proposition ; il signerait les documents dès le lendemain ; après tout, que risquait-il ?

Mot-clé
Le **discours** (ou **monologue**) **intérieur** désigne le flux d'impressions et de pensées qui traversent l'esprit d'un personnage.

Se tester QUIZ

Vérifie que tu as bien compris les points clés des **fiches 5 à 7.**

Pour chaque quiz, coche la ou les bonne(s) réponse(s). Vérifie ta réponse à l'aide du corrigé et consulte les fiches de cours si nécessaire.

1 L'expression des sentiments

→ CORRIGÉ P. 101

Quel sentiment correspond à chacune des expressions suivantes ?

1. broyer du noir
☐ **a.** le désespoir ☐ **b.** la peur ☐ **c.** la honte

2. voir la vie en rose
☐ **a.** le désespoir ☐ **b.** le bonheur ☐ **c.** la peur

3. être blanc comme un linge
☐ **a.** le bonheur ☐ **b.** la peur ☐ **c.** la honte

4. avoir le rouge au front
☐ **a.** le désespoir ☐ **b.** la peur ☐ **c.** la honte

2 Une suite de récit

→ CORRIGÉ P. 101

Vrai ou faux ?

Depuis quelques jours, Alex se demandait ce qu'il allait faire de tout l'argent qu'il avait trouvé. Il devait y réfléchir calmement…

	vrai	faux
1. Les données initiales du récit sont : la découverte par Alex d'une grosse somme d'argent qui ne lui appartient pas.	☐	☐
2. On peut imaginer qu'à la fin du récit, Alex décide de restituer l'argent trouvé.	☐	☐
3. La suite du récit doit être écrite au présent.	☐	☐
4. La suite du récit doit être écrite selon un point de vue externe.	☐	☐

3 Le point de vue dans un récit

→ CORRIGÉ P. 101

Dans chacune des phrases ci-dessous, indique le point de vue adopté.

1. Elle l'attendait et s'impatientait. Que faisait-il donc ?
☐ **a.** interne ☐ **b.** externe ☐ **c.** omniscient

2. La chambre était vide. Nulle trace de ses occupants.
☐ **a.** interne ☐ **b.** externe ☐ **c.** omniscient

3. Les deux hommes ignoraient encore la surprise qui les attendait.
☐ **a.** interne ☐ **b.** externe ☐ **c.** omniscient

4. Je refusai tout net sa proposition. Qu'il trouve une autre solution !
☐ **a.** interne ☐ **b.** externe ☐ **c.** omniscient

4 Les connecteurs spatiaux

→ CORRIGÉ P. 101

Dans cette description composée de quatre phrases, retrouve la place de ces connecteurs spatiaux :

a. sur les côtés **b.** au loin **c.** devant moi **d.** au centre

1. ..., dans le cadre de la fenêtre, se dressait un superbe paysage.

2. ..., on apercevait le hameau qui prenait des teintes roses.

3. Il était entouré, ..., de petits bois de sapins.

4. ..., le glacier commençait à cacher la lumière du soleil couchant.

5 Discours direct et discours indirect

→ CORRIGÉ P. 101

Pour passer du discours direct au discours indirect, il faut :

- ☐ **a.** ajouter des guillemets et des tirets
- ☐ **b.** subordonner les paroles rapportées au verbe de parole
- ☐ **c.** si le verbe de parole est au passé, transformer le temps des verbes selon les règles de concordance des temps
- ☐ **d.** transformer les pronoms des 1re et 2e personnes
- ☐ **e.** conserver les marques de l'oral

Vers le brevet

Exerce-toi en vue du brevet et révise les **fiches 5 à 7.**

Pour chaque exercice, aide-toi des conseils donnés et compare ta réponse à celle du corrigé.

6 Raconter une expérience personnelle en exprimant ses sentiments

1 h 30

→ CORRIGÉ P. 101

Un de tes proches doit partir pour un long voyage qui doit durer pendant plusieurs mois. Tu raconteras l'annonce de ce départ en évoquant tes sentiments et tes réactions. Ta rédaction comportera des passages narratifs et des passages dialogués.

8 Connaître les caractéristiques du genre théâtral

Lorsque tu penses au théâtre, tu imagines des acteurs, un décor, des costumes, la scène, la salle... Mais peux-tu définir exactement ce qu'est le genre théâtral ?

I Connaître les particularités du genre théâtral

1. Un texte

- Une pièce de théâtre se différencie d'un roman en ce qu'elle n'est constituée que de dialogues et de didascalies.
- Le **dialogue** doit apporter les informations, faire progresser l'action, mettre en lumière le caractère des personnages, préciser les relations qui les unissent, les sentiments qu'ils éprouvent. Le dialogue est constitué d'un échange de répliques.
- Chaque réplique est précédée du nom du personnage qui parle. Les paroles ne sont ni introduites par un verbe de parole ni placées entre guillemets.

Mot-clé

Les **didascalies** sont des indications de lieu, de jeu et de mise en scène. Elles sont généralement mises en italique et entre parenthèses pour les distinguer des dialogues.

2. Un spectacle

- Une pièce de théâtre est écrite pour **être jouée**. Selon Molière, « le théâtre n'est fait que pour être vu ».
- Chaque mise en scène offre un **spectacle différent** : on peut voir et revoir une pièce sans assister au même spectacle.

Attention !

La longueur des **répliques** est très variable : d'un mot à plusieurs dizaines de vers ou de lignes. Une longue réplique est une **tirade**.

II Connaître les conventions théâtrales

- Le théâtre, lorsqu'il est représenté, repose sur un certain nombre de conventions entre les spectateurs, le metteur en scène et les comédiens : il s'agit de créer l'**illusion du réel** à partir d'éléments factices (décor, costumes, etc.).
- Le théâtre repose sur la règle de la **double énonciation** : les paroles prononcées par un personnage ont pour destinataires les autres personnages présents sur la scène mais aussi les spectateurs. Prenons deux exemples :

– l'**aparté** est une réplique qu'un personnage s'adresse à lui-même, dit à part soi. Censé ne pas être entendu par les autres personnages présents sur scène, l'aparté s'adresse directement au public qui entre ainsi dans la confidence ;

– le **monologue** est une scène où un personnage, seul, s'adresse à lui-même mais aussi aux spectateurs auxquels il fait partager ses pensées les plus intimes. Il pense à voix haute, ce qui ne serait pas crédible dans la réalité.

9 Analyser la structure d'une pièce de théâtre

Sais-tu ce que sont un acte, une scène ? Peux-tu dire ce qui différencie les premières scènes des dernières ?

I Distinguer les actes et les scènes

1. Les actes

- Une pièce de théâtre comporte entre un et cinq actes. L'acte est une **subdivision principale** de la pièce.
- Lors d'une représentation, la fin de chaque acte correspond à une **pause** plus ou moins longue.

2. Les scènes

Chaque acte est divisé en scènes. Au début de chacune d'elles, il est fait mention du nom des personnages présents. S'il y a entrée ou sortie d'un personnage, on passe à la scène suivante.

Remarque
À l'époque classique, le découpage en **actes**, et donc la fréquence des entractes, permettait de remplacer à intervalle régulier les bougies éclairant la scène.

II Distinguer les différentes étapes de l'intrigue

L'histoire racontée dans une pièce de théâtre est appelée **intrigue**. L'ensemble des problèmes rencontrés par les personnages crée le **nœud de l'intrigue**, qui devra être résolu à la fin de la pièce, dans le **dénouement**.

1. L'exposition

La ou les premières scènes de la pièce sont appelées « scènes d'exposition ». Elles servent en effet à **apporter** au public **les informations nécessaires** à la compréhension de l'action et à lui faire connaître l'identité des personnages.

2. Le nœud de l'intrigue

- Il est créé par l'**enchevêtrement** des événements et des relations qui porte l'action à son plus haut degré de tension. Les scènes s'enchaînent, apportant leur lot de surprises (péripéties, coups de théâtre, rebondissements…).
- Cependant, en rupture avec ces règles, certaines pièces modernes sont **dépourvues d'intrigue**. Ainsi, dans *En attendant Godot*, de Beckett (1953), l'action se résume à l'attente d'un certain Godot, qui ne viendra pas.

3. Le dénouement

- Il intervient à la **fin de la pièce**, lorsque l'intrigue nouée dans l'exposition **se dénoue**, c'est-à-dire trouve sa solution. Souvent funeste dans les tragédies, le dénouement est heureux dans les comédies.
- Dans *En attendant Godot*, il n'y a pas de dénouement. À la fin de la pièce, les personnages en sont au même point qu'au début.

10 Reconnaître une comédie

Qu'est-ce qu'une comédie ? Quels sont les procédés employés par un auteur pour faire rire ?

I Connaître les principales caractéristiques d'une comédie

1. Des personnages et des thèmes quotidiens

- Contrairement aux tragédies, les comédies mettent en scène des personnages ordinaires (bourgeois, serviteurs, paysans ou employés).
- Les comédies traitent des **rapports sociaux** (mariage, argent), des **ridicules**, des **défauts psychologiques** (avarice, ambition, jalousie, snobisme...). Molière, par exemple, s'attaque à des sujets de société comme le mariage forcé ou les méfaits de la médecine de son temps.
- Les auteurs de comédie n'hésitent pas à faire parler certains de leurs personnages dans un **langage courant**, voire populaire, et même en patois.
- Le plus souvent, le dénouement d'une comédie classique est **heureux**. Toutefois, le théâtre moderne tend à abolir la frontière entre le comique et le tragique.

  La Leçon, de Ionesco, par exemple, commence comme une comédie, puis dérape peu à peu vers un dénouement d'une noirceur inquiétante. Ionesco qualifie d'ailleurs sa pièce de « drame comique ».

Attention !
Il y a des **exceptions.** Ainsi, à la fin du *Misanthrope*, de Molière, le personnage principal, Alceste, quitte sa maîtresse Célimène et tourne le dos aux hommes et au monde, qu'il méprise.

2. Un objectif : faire rire

- Une comédie a toujours pour fonction de **provoquer le rire**, même si les sujets traités sont souvent graves.

  Lorsque Molière, dans *Le Malade imaginaire*, fait la satire de la médecine, il est concerné au premier chef : il est en effet très malade alors même qu'il joue Argan, le malade imaginaire.

- Le **choix de la mise en scène** et le jeu des comédiens sont essentiels pour provoquer le rire. Pour susciter un **effet de décalage** par rapport à ce que le public attend d'une pièce classique, un metteur en scène peut transposer l'action à l'époque contemporaine.

II Identifier les procédés comiques

1. Les comiques de gestes et de mots

- Le **comique de gestes** consiste à faire rire par des déguisements, des grimaces, des poursuites, des coups de bâton, des disputes... C'est le propre de la **farce**.

L'exemple le plus connu de ce type de comique est la scène où, dans *Les Fourberies de Scapin*, le valet frappe son maître enfermé dans un sac. Molière s'inspire alors de la commedia dell'arte.

Mot-clé
La **commedia dell'arte**, genre théâtral né en Italie au XVIe siècle, est fondée sur l'improvisation à partir de canevas comiques et sur le jeu des masques.

- Le **comique de mots** s'appuie sur le langage : jeux de mots, mots inventés, détournés, déformés, mal prononcés... Ce type de comique est le ressort principal de certaines pièces contemporaines.

Ainsi, dans *La Cantatrice chauve*, de Ionesco, le langage se dérègle jusqu'à l'**absurdité**. De même, dans *Un mot pour un autre*, Jean Tardieu remplace les mots par d'autres mots de la même classe grammaticale, créant ainsi un dialogue absurde. C'est au spectateur de retrouver le mot d'origine et de donner du sens au dialogue.

« IRMA, *annonçant*. – Madame la Comtesse de Perleminouze !
MADAME, *fermant le piano et allant au-devant de son amie*. – Chère, très chère peluche ! Depuis combien de trous, depuis combien de galets n'avais-je pas eu le mitron de vous sucrer !

Jean Tardieu, *Un mot pour un autre*,

***La Cantatrice chauve*, mise en scène de Jean-Luc Lagarce**, théâtre de l'Athénée (2009, reprise de la mise en scène créée en 1991). Avec Mireille Herbstmeyer, Jean-Louis Grinfeld, Olivier Achard et Emmanuelle Brunschwig.

2. Les comiques de caractère et de situation

- Le **comique de caractère** naît des manies, défauts, comportements étranges des personnages.

Dans *L'Avare*, de Molière, les extravagances d'Harpagon dues à son avarice relèvent de ce type de comique.

- Le **comique de situation** repose sur des malentendus, des quiproquos ou des retournements soudains de situation.

Dans *L'Avare* toujours, à la scène 3 de l'acte V, le malentendu entre Harpagon et Valère qui parlent d'une chose différente en croyant parler de la même, relève du comique de situation.

Mot-clé
Un **quiproquo** est un malentendu, une erreur qui fait prendre une personne pour une autre, ou une chose pour une autre. La méprise peut porter sur un personnage, une situation, un mot ou un objet.

11 Reconnaître une tragédie

Qu'est-ce qu'une tragédie ? Qu'est-ce qui la différencie de la comédie ?

I Connaître les principales caractéristiques d'une tragédie classique

1. Des personnages et des thèmes graves

■ La tragédie **classique** présente les caractéristiques suivantes :

– elle comporte **cinq actes** ;

– les personnages s'expriment dans une **langue soutenue**, et en vers de douze syllabes appelés **alexandrins** ;

– les personnages sont **nobles** : ce sont des héros légendaires, des rois ou des reines. Ils sont accompagnés de leurs confidents (nourrice, gouverneur, suivante) à qui ils peuvent confier leurs tourments ;

– l'action prend place dans une situation historique remontant souvent à l'**Antiquité grecque** ou **romaine**, la guerre de Troie par exemple ;

– les personnages, jouets du **destin**, sont presque toujours condamnés au malheur.

Dominique Blanc dans le rôle de Phèdre, mise en scène de Patrice Chéreau, théâtre de l'Odéon, Paris (2003).

■ Tandis que les héros de **Racine** sont la proie d'une passion qui les dévore, d'un amour souvent contre-nature, ceux de **Corneille** sont déchirés entre l'amour et l'honneur.

2. Un objectif : susciter la pitié et l'émotion

■ Les personnages tragiques sont en proie aux **angoisses de la passion** ou à de douloureux dilemmes. Dans les tragédies, les amours sont rarement partagées.

Ainsi, dans *Andromaque*, de Racine, Oreste aime Hermione qui aime Pyrrhus qui aime Andromaque, qui aime encore le souvenir de son mari, Hector, tué pendant la guerre de Troie. Aucun de ces amours n'est réciproque.

■ Le dénouement des tragédies est souvent **funeste**, marqué par la **mort** d'un ou de plusieurs personnages.

Par exemple, chez Racine, Phèdre et Hermione se suicident (*Phèdre* et *Andromaque*), Pyrrhus est assassiné (*Andromaque*).

Mot-clé

Un **dilemme** est un choix entre deux solutions également fâcheuses. Ainsi, dans *Le Cid* (Corneille, 1637), Rodrigue veut venger l'honneur de son père, souffleté par le père de Chimène, mais, s'il tue ce dernier, il perd Chimène, dont il est amoureux.

Le Cid est un cas particulier puisque son dénouement est heureux : Rodrigue pourra épouser Chimène, malgré le duel qui a entraîné la mort du père de son amante. Cette pièce est souvent présentée comme une **tragi-comédie**, même si le rire n'y a aucune place.

II Le théâtre moderne : une autre conception de la tragédie

1. Les mythes antiques revisités

Dans la première moitié du XXe siècle, les dramaturges reprennent et revisitent les mythes antiques, déjà développés par les trois grands tragiques grecs, Eschyle, Sophocle et Euripide. Ainsi, la légende d'Électre inspire Jean Giraudoux (*Électre*, 1937), tandis que Jean Anouilh adapte celle d'Antigone (*Antigone*, 1944), tout en rompant avec les conventions de la tragédie classique.

> **Mot-clé**
> **Électre** veut venger la mort de son père Agamemnon, assassiné par sa mère et son amant. **Antigone** veut donner une sépulture à son frère Polynice, accusé de traîtrise, alors que les lois de la cité l'interdisent.

Ces tragédies modernes se caractérisent par :
- les **anachronismes** ;
- le mélange de situations **tragiques et comiques** ;
- l'alternance entre **langue poétique et langage trivial** ;
- des héros qui baignent dans la **banalité du monde quotidien** et sont en même temps confrontés à des destins funestes.

2. Un nouveau thème tragique : l'absurdité de la vie et la perte du sens

Après le traumatisme de la Seconde Guerre mondiale, plusieurs dramaturges, comme Samuel Beckett ou Eugène Ionesco, traitent de l'absurdité de la vie et de la mort. C'est ce que l'on appelle le **théâtre de l'absurde**.

Dans les pièces de **Beckett**, comme *En attendant Godot* (1953) ou *Oh les beaux jours* (1963), les personnages sont réduits à l'état de pantins, sans passé ni avenir, dépourvus d'objectif et de libre arbitre. Seul le langage leur permet de continuer à exister.

Dans les pièces de **Ionesco**, comme *La Cantatrice chauve* (1950) ou *La Leçon* (1951), le langage se délite, il perd son sens, devient absurde, dévoilant l'impossibilité de toute communication.

> **Mot-clé**
> Le terme **absurde** désigne ce qui n'a pas de sens, ce qui est contraire à la raison. Le thème de l'absurde est abordé après la Seconde Guerre mondiale dans le théâtre du même nom.

Se tester QUIZ

Vérifie que tu as bien compris les points clés des **fiches 8 à 11.**

Pour chaque quiz, coche la ou les bonne(s) réponse(s). Vérifie ta réponse à l'aide du corrigé et consulte les fiches de cours si nécessaire.

1 Les caractéristiques du genre théâtral

→ CORRIGÉ P. 102

De ces deux dialogues, lequel est un dialogue théâtral ?

☐ **a.**

« PERRICHON. – Henriette n'aime pas… ne peut pas aimer M. Armand !
MADAME PERRICHON. – Qu'en sais-tu ?
PERRICHON. – Dame, je suppose…
MADAME PERRICHON. – Il y a un moyen de le savoir : c'est de l'interroger… et nous choisirons celui qu'elle préférera.

Eugène Labiche, *Le Voyage de Monsieur Perrichon* (1860).

☐ **b.**

« Dieu, que je suis bête ! dit Madame Lepic. Je n'y pensais plus. Poil de Carotte, va fermer les poules ! […]
– Mais, maman, j'ai peur aussi, moi.
– Comment ? répond Madame Lepic, un grand gars comme toi !

Jules Renard, *Poil de Carotte* (1894).

2 La structure d'une pièce de théâtre

→ CORRIGÉ P. 102

« LÉANDRE. – Je ne prétends point vous voler votre fille, et ce n'est que de votre main que je veux la recevoir. Ce que je vous dirai, Monsieur, c'est que je viens de recevoir des lettres par où j'apprends que mon oncle est mort, et que je suis héritier de tous ses biens.
GÉRONTE. – Monsieur, votre vertu m'est tout à fait considérable, et je vous donne ma fille avec la plus grande joie du monde.

Molière, *Le Médecin malgré lui* (1666).

1. Le dialogue ci-dessus évoque :

☐ **a.** la situation initiale des personnages

☐ **b.** le dénouement de la pièce

2. Il est donc extrait :

☐ **a.** de la scène d'exposition ☐ **b.** de la dernière scène

3 Comédie et tragédie

→ CORRIGÉ P. 102

1. Quels sont les quatre mots correspondant à l'univers de la comédie ?

☐ **a.** nobles ☐ **b.** bourgeois ☐ **c.** ridicules
☐ **d.** mariage ☐ **e.** fatalité ☐ **f.** mort
☐ **g.** terreur ☐ **h.** pitié ☐ **i.** rire

2.

« Irma, *entrant et apportant le courrier.* – Madame, la poterne vient d'élimer le fourrage…
(Elle tend le courrier à Madame, puis reste plantée devant elle, dans une attitude renfrognée et boudeuse.)
Madame, *prenant le courrier.* – C'est tronc !... Sourcil bien !... (*Elle commence à examiner les lettres puis, s'apercevant qu'Irma est toujours là*) Eh bien, ma quille ! Pourquoi serpez-vous là ? (*geste de congédiement*) Vous pouvez vidanger !

Jean Tardieu, *Un mot pour un autre*, © Éditions Gallimard (1951).

Quel est le type de comique employé dans cette scène ?

- ☐ **a.** comique de situation
- ☐ **b.** comique de gestes
- ☐ **c.** comique de caractère
- ☐ **d.** comique de mots

Vers le brevet

Exerce-toi en vue du brevet et révise les **fiches 8 à 11.**

Pour chaque exercice, aide-toi des conseils donnés et compare ta réponse à celle du corrigé.

4 Comprendre un texte littéraire et un document artistique

1 h

→ CORRIGÉ P. 102

Document A Braver l'interdit

Anouilh revisite le mythe antique d'Antigone, fille d'Œdipe, déjà raconté par le dramaturge grec Sophocle. Les deux frères d'Antigone, Étéocle et Polynice, se sont entretués pour accéder au pouvoir. Créon, le nouveau roi, refuse que Polynice, le cadet, soit enterré. Quiconque bravera cet interdit sera condamné à mort.

« Créon (*à Antigone*). – Où t'ont-ils arrêtée ?
Le garde. – Près du cadavre, chef.
Créon. – Qu'allais-tu faire près du cadavre de ton frère ? Tu savais que j'avais interdit de l'approcher.
Le garde. – Ce qu'elle faisait, chef ? C'est pour ça qu'on vous l'amène. Elle grattait la terre avec ses mains. Elle était en train de le recouvrir encore une fois.
Créon. – Sais-tu bien ce que tu es en train de dire, toi ?
Le garde. – Chef, vous pouvez demander aux autres. On avait dégagé le corps à mon retour ; mais avec le soleil qui chauffait, comme il commençait à sentir, on s'était mis sur une petite hauteur, pas loin, pour être dans le vent. On se disait qu'en plein jour on ne risquait rien. Pourtant on avait décidé, pour être plus sûrs, qu'il y en aurait toujours un de nous trois qui le regarderait. Mais à midi,

en plein soleil, et puis avec l'odeur qui montait depuis que le vent était tombé, c'était comme un coup de massue. J'avais beau écarquiller les yeux, ça tremblait comme de la gélatine, je voyais plus. Je vais au camarade lui demander une chique pour passer ça… Le temps que je me la cale à la joue, chef, le temps que je lui dise merci, je me retourne : elle était là à gratter avec ses mains. En plein jour ! Elle devait bien penser qu'on ne pouvait pas ne pas la voir. Et quand elle a vu que je lui courais dessus, vous croyez qu'elle s'est arrêtée, qu'elle a essayé de se sauver peut-être ? Non. Elle a continué de toutes ses forces aussi vite qu'elle le pouvait, comme si elle ne me voyait pas arriver. Et quand je l'ai empoignée, elle se débattait comme une diablesse, elle voulait continuer encore, elle me criait de la laisser, que le corps n'était pas encore recouvert…

CRÉON (*à Antigone*). – C'est vrai ?

ANTIGONE. – Oui, c'est vrai.

LE GARDE. – On a découvert le corps, comme de juste, et puis on a passé la relève, sans parler de rien, et on est venu vous l'amener, chef. Voilà.

CRÉON. – Et cette nuit, la première fois, c'était toi aussi ?

ANTIGONE. – Oui. C'était moi. Avec la petite pelle de fer qui nous servait à faire des châteaux de sable sur la plage, pendant les vacances. C'était justement la pelle de Polynice. Il avait gravé son nom au couteau sur le manche. C'est pour cela que je l'ai laissée près de lui. Mais ils l'ont prise. Alors, la seconde fois, j'ai dû recommencer avec mes mains.

LE GARDE. – On aurait dit une petite bête qui grattait. Même qu'au premier coup d'œil, avec l'air chaud qui tremblait, le camarade dit : « Mais non, c'est une bête. » « Penses-tu, je lui dis, c'est trop fin pour une bête. C'est une fille. »

CRÉON. – C'est bien. On vous demandera peut-être un rapport tout à l'heure. Pour le moment, laissez-moi seul avec elle. […]

Les gardes sont sortis […]. *Créon et Antigone sont seuls l'un en face de l'autre.* […] *Un silence. Ils se regardent.*

CRÉON. – Pourquoi as-tu tenté d'enterrer ton frère ?

ANTIGONE. – Je le devais.

CRÉON. – Je l'avais interdit.

ANTIGONE. – Je le devais tout de même. Ceux qu'on n'enterre pas errent éternellement sans jamais trouver de repos. Si mon frère vivant était rentré harassé d'une longue chasse, je lui aurais enlevé ses chaussures, je lui aurais fait à manger, je lui aurais préparé son lit… Polynice aujourd'hui a achevé sa chasse. Il rentre à la maison où mon père et ma mère, et Étéocle aussi l'attendent. Il a droit au repos. […]

CRÉON. – Tu savais le sort qui était promis à celui, quel qu'il soit, qui oserait lui rendre les honneurs funèbres ?

ANTIGONE. – Oui, je le savais.

Jean Anouilh, *Antigone*, © Éditions de La Table ronde (1944).

Document B Créon et Antigone

Bruno Raffaelli et Françoise Gillard dans la mise en scène de la pièce d'Anouilh par Marc Paquien, théâtre du Vieux-Colombier [Comédie-Française], septembre-octobre 2012.

Sur le texte littéraire [document A]

1. À quel genre littéraire ce texte appartient-il ? Sois le plus prévis possible et justifie ta réponse à l'aide du texte.

2. a. Quelle tâche Antigone s'impose-t-elle ?

b. Pourquoi ?

c. Quelle peine encourt-elle ?

3. Quel est le niveau de langage employé par le garde ? Justifie ta réponse au moyen d'éléments relevés dans le texte.

4. « Le camarade dit : "Mais non, c'est une bête." "Penses-tu, je lui dis, c'est trop fin pour une bête. C'est une fille. " (l. 35-36)

De quelle façon les paroles échangées par les deux gardes sont-elles rapportées ? À ton avis, pourquoi ce choix ?

5. Que penses-tu de l'attitude d'Antigone ? A-t-elle raison, selon toi, de refuser d'obéir au pouvoir en place ? Justifie ta réponse en t'appuyant sur le texte mais aussi sur une réflexion personnelle et des exemples historiques.

Sur le texte et l'image [documents A et B]

6. Observe la photographie. Quels sont les choix du metteur en scène concernant le décor, les costumes, l'attitude des personnages ?

7. Ces choix correspondent-ils à l'idée que tu te fais des personnages et de la scène entre Antigone et Créon ?

12 Définir la poésie

Le mot *poésie* vient du verbe grec *poeien* qui signifie « créer ». Le poète est un créateur, un artiste qui joue avec les mots pour exprimer, de manière personnelle, originale et souvent inattendue, sa vision du monde.

I La poésie à forme fixe ou régulière

Longtemps la poésie s'est imposé des **contraintes** et a dû obéir aux règles très strictes de la versification, dont elle ne se libère qu'à la fin du XIXe siècle.

1. Les différents types de vers

- Un vers est une **unité poétique** qui ne correspond pas nécessairement à une phrase. À la fin d'un vers, il faut aller à la ligne. Le vers commence généralement par une majuscule et se termine souvent par une **rime**.
- Les vers peuvent être de même longueur ou de longueur irrégulière. On distingue les **vers pairs** et les **vers impairs**. L'alexandrin est le vers classique par excellence.
- Pour identifier un vers, tu dois **compter les syllabes**. Retiens qu'on ne compte pas le *e* muet à la fin d'un vers ni devant une voyelle.

« De/ la/ mu/si/qu(e) a/vant/ tou/te/ chos(e)

Paul Verlaine, « Art poétique », *Jadis et naguère* (1881).

Mots-clés

Un vers de huit syllabes est un **octosyllabe** ; un vers de dix syllabes, un **décasyllabe**, et un vers de douze syllabes, un **alexandrin**.

2. Une forme particulière : le sonnet

- Le sonnet a été introduit en France au XVIe siècle. C'est un poème à forme fixe, composé de deux quatrains et de deux tercets. Son dernier vers est censé créer un effet (de surprise, par exemple) : c'est ce que l'on appelle la **chute**.
- « Le Dormeur du val », sonnet d'Arthur Rimbaud, décrit un soldat endormi dans un paysage calme et serein. Ce n'est qu'à la fin du dernier vers que la réalité s'impose.

« Tranquille. Il a deux trous rouges au côté droit.

Arthur Rimbaud, « Le Dormeur du val », *Poésies* (1895).

Ce paysage idyllique est en réalité un champ de bataille et le soldat est mort.

Mots-clés

Un **quatrain** est une strophe de quatre vers, un **tercet** est une strophe de trois vers.

II Vers une poésie libérée des contraintes

1. Le poème en prose

Le poème en prose, **poème non versifié**, écrit en prose, est apparu au XIXe siècle. **Aloysius Bertrand** est considéré comme son créateur avec *Gaspard de la nuit* (1842). Charles **Baudelaire** s'est lui aussi illustré dans ce genre avec *Le Spleen de Paris ou Petits Poèmes en prose* (1869).

2. Le vers libre

- La poésie moderne, dès la fin du XIXe siècle, a souvent adopté les vers libres qui peuvent être de longueur irrégulière, ne pas rimer et ne pas commencer par une majuscule.
- Elle s'est aussi souvent **libérée des contraintes de la ponctuation,** donnant une plus grande liberté de lecture.

« Mes mains brûlantes glissent sur les murs glacés
J'ai peu d'espoir peu de mémoire
Déjà j'ai tout perdu […]

Paul Éluard, « Deux voix en une », in *Le Livre ouvert*, recueilli dans *Œuvres complètes*, Bibliothèque de la Pléiade © Éditions Gallimard (1938-1940).

III L'importance de la mise en page dans la poésie moderne

1. La disposition des vers

La disposition des vers dans la page est parfois un élément important de l'écriture poétique. Il faut, avant de lire le poème, l'observer dans son ensemble.

2. Le calligramme

Un calligramme est un poème dont les vers sont disposés de manière à former un dessin.
Le calligramme ci-contre esquisse le portrait de Lou, une femme qu'Apollinaire aime passionnément.

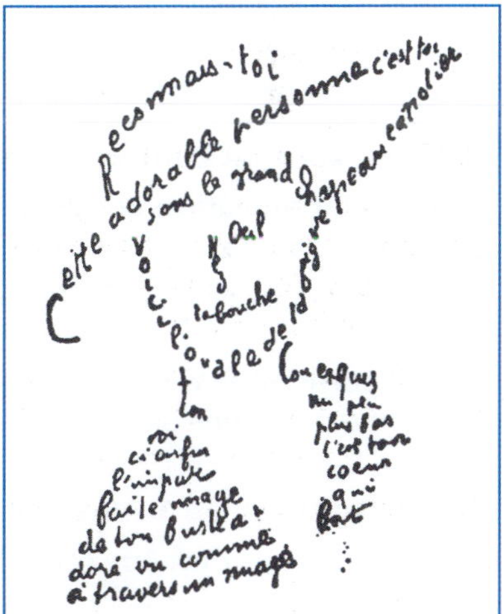

Guillaume Apollinaire, « 9 février 1915 », *Poèmes à Lou*.

Mot-clé

Apollinaire est l'inventeur du mot **calligramme**, mot-valise formé par le télescopage de *calligraphie* (art de bien former les caractères d'écriture) et *idéogramme* (symbole graphique représentant un mot ou une idée).

13 Étudier un poème

Dans son « Art poétique », Paul Verlaine s'exclame : « De la musique avant toute chose ». En effet, si la poésie repose sur des images, elle naît aussi des sonorités et des rythmes.

I Repérer les images

Pour faire naître des images, le poète utilise des figures de style.

> **Mot-clé**
> Une **figure de style** est un procédé qui donne une plus grande expressivité au propos et permet de créer des effets susceptibles d'agir sur la sensibilité ou l'imagination du lecteur.

1. La comparaison et la métaphore

- La **comparaison** établit une ressemblance entre le comparé (ce que l'on compare) et le comparant (ce à quoi on compare) par l'intermédiaire d'un outil de comparaison (*comme, tel...*).

« Mon verre s'est brisé comme un éclat de rire.

Guillaume Apollinaire, « Nuit rhénane », *Alcools* (1913).

- La **métaphore** est une comparaison à laquelle il manque l'outil de comparaison. Une métaphore qui se poursuit sur plusieurs lignes ou plusieurs vers est une **métaphore filée**.

« Les sanglots longs
Des violons
De l'automne ◆ Paul Verlaine, « Chanson d'automne », *Poèmes saturniens* (1866).

2. La personnification et l'allégorie

- La **personnification** consiste à attribuer des **propriétés humaines** à un animal, à une idée, à une chose.

« Le soleil s'est noyé dans son sang qui se fige.

Charles Baudelaire, « Harmonie du soir », *Les Fleurs du Mal* (1857).

- L'**allégorie** est la **représentation concrète d'une idée**. Ainsi, la justice est souvent représentée par une balance, la République par Marianne, etc.

II Percevoir la musique des vers : les sonorités

Lire de la poésie, c'est être capable d'entendre les sonorités des vers.

1. Les rimes

- La rime est la reprise de sons identiques à la fin de deux ou plusieurs vers. Cette répétition crée un effet d'écho sonore. On distingue :

– les rimes **féminines** (terminées par un *e* muet) et les rimes **masculines** ;

– les rimes **pauvres** (qui ont un son vocalique en commun : *matin*/*chagrin*), les rimes **suffisantes** (qui ont deux sons en commun : *matin*/*satin*) et les rimes **riches** (qui ont plus de deux sons en commun : *crépuscule*/*minuscule*).

- Les rimes peuvent se combiner entre elles de différentes façons : rimes **suivies** (AABB), rimes **croisées** (ABAB) et rimes **embrassées** (ABBA).

2. Les allitérations et les assonances

- L'**allitération** est la répétition d'un **même son consonne** dans un ou plusieurs vers. Elle vise souvent à créer un effet d'imitation sonore.

« Mon verre s'est brisé comme un éclat de rire. ◆ Guillaume Apollinaire, *ibid.*

L'allitération évoque la brutalité d'un verre qui se casse et permet un rapprochement avec celle d'un éclat de rire.

- L'**assonance** est la répétition d'un **même son voyelle**.

« Il dort dans le soleil, la main sur sa poitrine,
Tranquille. Il a deux trous rouges au côté droit.

Arthur Rimbaud, « Le Dormeur du val », *Poésies* (1895).

L'homme endormi est un soldat mort au champ de bataille : l'assonance crée un écho sonore entre *trous* et *rouges* et suscite une impression douloureuse.

III Percevoir la musique des vers : le rythme

1. Les coupes

Les coupes sont des **pauses** dans le vers. Elles se situent après chaque syllabe accentuée et marquent la cadence des vers. En fonction de leur place dans le vers, elles en modifient le rythme.

« Le fatal / couperet / relevé / triomphait.

Victor Hugo, « L'Échafaud », *La Légende des siècles* (1859).

2. Enjambement, rejet et contre-rejet

	Définition	**Exemple**
Enjambement	Proposition commencée dans un vers qui se poursuit dans le vers suivant	*Depuis huit jours, j'avais déchiré mes bottines* *Aux cailloux des chemins. J'entrais à Charleroi.* Arthur Rimbaud, « Au Cabaret-Vert », *ibid.*
Rejet	Rejet d'un mot ou d'un groupe de mots bref au début du vers suivant	*Le colchique couleur de cerne et de lilas* *Y fleurit tes yeux sont comme cette fleur-là* Guillaume Apollinaire, « Les Colchiques », *ibid.*
Contre-rejet	Rejet en fin de vers d'un mot ou d'un groupe de mots bref appartenant, par le sens, au vers suivant	*Et de longs corbillards, sans tambour ni musique,* *Défilent lentement dans mon âme ; l'Espoir,* *Vaincu, pleure, et l'Angoisse atroce, despotique,* *Sur mon crâne incliné plante son drapeau noir.* Charles Baudelaire, « Spleen », *ibid.*

14 Reconnaître la poésie lyrique

Chez les Anciens, la poésie lyrique est une poésie chantée que l'on accompagne du son de la *lyre*. Aujourd'hui, la poésie lyrique se définit par l'expression des sentiments et par l'exaltation du moi.

I Connaître les caractéristiques

Il s'agit de repérer les thèmes, les procédés et le lexique qui permettent l'expression souvent exaltée des sentiments, des angoisses, des obsessions du poète.

Thème	Procédé	Lexique
• la nature • la mort • le temps qui passe • l'amour	• intervention du poète à la première personne • phrases exclamatives, interrogatives • interjections, apostrophes	• verbes de perception • sentiments, émotions • religieux, mystique

II Les repérer dans un poème

Dans cet extrait du « Lac », Lamartine évoque son retour, seul, après la mort de la femme aimée, au bord du lac témoin de leur amour.

apostrophes
interventions à la 1re personne
sentiment

« Ô lac ! l'année à peine a fini sa carrière,
Et près des flots chéris qu'elle devait revoir,
Regarde ! je viens seul m'asseoir sur cette pierre
Où tu la vis s'asseoir ! [...]

Ô temps ! suspends ton vol, et vous, heures propices !
Suspendez votre cours :
Laissez-nous savourer les rapides délices
Des plus beaux de nos jours !

Alphonse de Lamartine, « Le Lac », *Méditations poétiques* (1820).

Dans les quatre premiers vers, le poète exprime son désespoir. Dans les quatre derniers, il dit son angoisse devant la fuite du temps.

Caspar David Friedrich, *Voyageur au-dessus de la mer de nuages* (1818). Kunsthalle de Hambourg.

15 Reconnaître la poésie engagée

Le poète engagé considère l'écriture poétique comme un moyen de lutte.

I Connaître les thèmes

- Selon les époques, le poète engagé peut choisir de dénoncer différents maux : le **fanatisme religieux**, la **guerre**, la **dictature**, les **injustices sociales** – comme le fait Hugo quand il s'attaque au travail des enfants dans « Melancholia » – ou encore la **colonisation** et l'**esclavage**, thèmes auxquels Aimé Césaire, le poète de la « négritude », consacre son écriture.

- Les poètes engagés du XXe siècle comme Robert Desnos, Louis Aragon, Paul Éluard choisissent de **lutter contre le nazisme** et l'occupation allemande, aux côtés de la Résistance.

Mot-clé
Terme forgé par Aimé Césaire, la **négritude** désigne l'ensemble des valeurs culturelles, intellectuelles, morales, artistiques propres aux Noirs.

> Pourtant ce cœur haïssait la guerre et battait au rythme des saisons,
> Mais un seul mot : Liberté a suffi à réveiller les vieilles colères [...]

Robert Desnos, « Ce cœur qui haïssait la guerre », in *Destinée arbitraire*, © Éditions Gallimard (1943).

II Identifier les procédés utilisés

Pour convaincre, le poète engagé recourt à différents procédés.

– Des **personnifications** et des **allégories** :

> Celui qui croyait au ciel / Celui qui n'y croyait pas
> Tous deux adoraient la belle / Prisonnière des soldats

Louis Aragon, « La Rose et le Réséda », *La Diane française*, © Seghers (1946, 2006).

« la belle prisonnière des soldats », c'est la France occupée par l'Allemagne, c'est la patrie. Il s'agit d'une personnification.

– Des **métaphores** et des **comparaisons** :

> Mon bel amour mon cher amour ma déchirure,
> Je te porte dans moi comme un oiseau blessé.

Louis Aragon, « Il n'y a pas d'amour heureux », *ibid.*

– Des anaphores :

> Au nom des hommes en prison
> Au nom des femmes déportées
> Au nom de tous nos camarades

Paul Éluard, « Les Sept Poèmes d'amour en guerre », *Au rendez-vous allemand*, © 1945 by Les Éditions de Minuit.

Mot-clé
Une **anaphore** est la répétition d'un mot ou d'un groupe de mots au début de plusieurs vers.

Se tester QUIZ

Vérifie que tu as bien compris les points clés des **fiches 12 à 15.**

Pour chaque quiz, vérifie ta réponse à l'aide du corrigé et consulte les fiches de cours si nécessaire.

1 Qu'est-ce que la poésie ?

→ CORRIGÉ P. 103

1. Vrai ou faux ?

	vrai	faux
a. Un poème est toujours écrit en vers.	☐	☐
b. Les vers se terminent nécessairement par des rimes.	☐	☐
c. Certains poètes ont écrit des poèmes en prose.	☐	☐
d. Il existe des vers libres.	☐	☐

2. Associe à chaque vers le nom qui correspond à sa mesure.

a. « Le pré est vénéneux mais joli [en automne » (Apollinaire) •
b. « Ce toit tranquille où marchent [les colombes » (Valéry) •
c. « Mignonne, allons voir si la rose » (Ronsard) •

• décasyllabe
• alexandrin
• octosyllabe

2 La versification

→ CORRIGÉ P. 103

1. Vrai ou faux ?

	vrai	faux
a. Les rimes créent un effet d'écho à la fin des vers.	☐	☐
b. Les rimes embrassées correspondent au schéma « abab ».	☐	☐
c. L'anaphore est la répétition d'un mot ou d'un groupe de mots au début d'un vers.	☐	☐
d. La répétition d'un même son voyelle dans un vers est appelée « allitération ».	☐	☐

2. Comment caractériser ces rimes ? Coche la bonne réponse.

« Voici venir les temps où vibrant sur sa tige
Chaque fleur s'évapore ainsi qu'un encensoir ;
Les sons et les parfums tournent dans l'air du soir ;
Valse mélancolique et langoureux vertige ! »

Charles Baudelaire, « Harmonie du soir », *Les Fleurs du mal* (1857).

☐ **a.** suivies ☐ **b.** croisées ☐ **c.** embrassées

3 Poésie lyrique et poésie engagée

→ CORRIGÉ P. 103

Les vers suivants sont-ils extraits d'un poème lyrique ou d'un poème engagé ?

1. « Ô servitude infâme imposée à l'enfant !
Rachitisme ! travail dont le souffle étouffant
Défait ce qu'a fait Dieu ; qui tue, œuvre insensée,
La beauté sur les fronts, dans les cœurs la pensée.

Victor Hugo, « Melancholia », *Les Contemplations* (1856).

☐ **a.** poème lyrique ☐ **b.** poème engagé

2. « Les plus désespérés sont les chants les plus beaux,
Et j'en sais d'immortels qui sont de purs sanglots.

Alfred de Musset, *La Nuit de mai* (1835).

☐ **a.** poème lyrique ☐ **b.** poème engagé

Vers le brevet

Exerce-toi en vue du brevet et révise les **fiches 12 à 15.**

Pour chaque exercice, aide-toi des conseils donnés et compare ta réponse à celle du corrigé.

4 Comprendre un texte littéraire et un document artistique

1 h

→ CORRIGÉ P. 103

Document A « Courage »

Paul Éluard, poète surréaliste engagé, a écrit ce poème en 1942, pendant la Seconde Guerre mondiale, alors que Paris est occupée par l'armée allemande et que les Parisiens souffrent de nombreuses privations.

« Paris a froid Paris a faim
Paris ne mange plus de marrons dans la rue
Paris a mis de vieux vêtements de vieilles
Paris dort tout debout sans air dans le métro
[…]
Ne crie pas au secours Paris
Tu es vivant d'une vie sans égale
Et derrière la nudité
De ta pâleur de ta maigreur
Tout ce qui est humain se révèle en tes yeux
Paris ma belle ville

Fine comme une aiguille forte comme une épée
Ingénue et savante
Tu ne supportes pas l'injustice
Pour toi c'est le seul désordre
Tu vas te libérer Paris
Paris tremblant comme une étoile
Notre espoir survivant
Tu vas te libérer de la fatigue et de la boue
Frères ayons du courage
Nous qui ne sommes pas casqués
Ni bottés ni gantés ni bien élevés
Un rayon s'allume en nos veines
Notre lumière nous revient
Les meilleurs d'entre nous sont morts pour nous
Et voici que leur sang retrouve notre cœur
Et c'est de nouveau le matin un matin de Paris
La pointe de la délivrance
L'espace du printemps naissant
La force Idiote a le dessous
Ces esclaves nos ennemis
S'ils ont compris
S'ils sont capables de comprendre
Vont se lever.

Paul Éluard, « Courage », *Au rendez-vous allemand*,

Document B Barricade rue de la Huchette, août 1944

Cette photographie a été prise par Robert Doisneau (1912-1994) au cours des combats pour la libération de Paris, en août 1944.

Sur le texte littéraire (document A)

1. À qui le poète s'adresse-t-il successivement ? Justifie ta réponse à l'aide d'éléments relevés dans le texte.

2. a. Au moyen de quelle figure de style Éluard évoque-t-il Paris ?

b. Relève les comparaisons employées par le poète aux vers 11 et 16, puis coche le ou les adjectifs qui les caractérisent :

☐ valorisantes ☐ dévalorisantes ☐ contradictoires

3. Quels sentiments le poète éprouve-t-il pour sa ville ?

4. Comment comprends-tu les groupes nominaux suivants : « un matin de Paris » (v. 27) et « L'espace du printemps naissant » (v. 29) ?

5. a. Quelles sont, selon toi, les intentions de Paul Éluard lorsqu'il écrit ce poème ?

b. Comment cherche-t-il à rendre son poème convaincant ?

6. Penses-tu que l'art (la poésie, la peinture, le dessin, la musique…) puisse être un moyen de lutte ?

Sur le texte et l'image (documents A et B)

7. Observe la photographie.

a. À quels vers du poème fait-elle écho ?

b. Quelles impressions suscite-t-elle en toi ?

16 Reconnaître et construire une argumentation

« À la rentrée des classes, regarde tous les élèves et remarque qu'ils sont tous différents, que cette diversité est une belle chose. C'est une chance pour l'humanité. [...] Le mélange est un enrichissement mutuel.

Tahar Ben Jelloun, *Le Racisme expliqué à ma fille*,

Dans cet extrait, Tahar Ben Jelloun cherche à défendre l'idée de diversité. Quels arguments et quels exemples donne-t-il pour soutenir sa thèse ?

I Reconnaître un texte argumentatif

Dans un texte argumentatif, l'émetteur cherche à **convaincre** le destinataire de quelque chose.

Mot-clé

L'**argumentation** peut se rencontrer dans des textes très variés : articles de journaux, débats politiques, littérature d'idées, mais aussi dans les récits et les pièces de théâtre.

1. Un énoncé faisant référence à la situation d'énonciation

Gardons l'exemple du *Racisme expliqué à ma fille*, de Tahar Ben Jelloun.

« La lutte contre le racisme doit être un réflexe quotidien. Notre vigilance ne doit jamais baisser. Il faut commencer par donner l'exemple et faire attention aux mots qu'on utilise. Les mots sont dangereux. Certains sont employés pour blesser et humilier, pour nourrir la méfiance et même la haine. [...] D'autres sont beaux et heureux. Il faut renoncer aux idées toutes faites, à certains dictons et proverbes qui vont dans le sens de la généralisation et par conséquent du racisme.

- Pour convaincre, l'**émetteur s'implique** dans son discours : les marques de la première personne sont nombreuses.

« Notre vigilance ne doit jamais baisser.

Il **s'adresse au destinataire** en recourant aux marques de la deuxième personne.

« [...] regarde tous les élèves et remarque qu'ils sont tous différents.

- Le **présent** de l'indicatif est le temps de référence.

« Les mots sont dangereux.

- Dans un texte argumentatif, l'émetteur exprime une **opinion personnelle** : c'est un discours subjectif. Les marques de la subjectivité sont variées : verbes d'opinion, modalisateurs, vocabulaire mélioratif ou péjoratif.

« Cette diversité est une belle chose...

2. Une visée : convaincre

- L'émetteur peut chercher à **faire partager une opinion**. Ainsi, dans son ouvrage, Tahar Ben Jelloun détaille les mécanismes du racisme ; il veut convaincre les enfants de ne pas avoir de préjugés envers ceux qui sont différents.
- L'émetteur peut aussi vouloir **pousser** le destinataire **à agir**.

« Il faut aussi agir, ne pas laisser passer une dérive à caractère raciste. Ne jamais se dire : "Ce n'est pas grave !" [...] En ne réagissant pas, en n'agissant pas, on rend le racisme banal et arrogant. ◆ Tahar Ben Jelloun, *ibid.*

II Organiser une argumentation

Un texte argumentatif, pour être convaincant, doit être construit autour d'une thèse argumentée et illustrée par des exemples.

1. La thèse

- La thèse est l'**opinion défendue** par le locuteur à propos d'une réalité donnée, d'un sujet de discussion. Elle est souvent mentionnée clairement.

  Dans son livre, Tahar Ben Jelloun affirme que le racisme repose sur la peur.

- La thèse s'oppose à une **thèse adverse**, qui peut être mentionnée par un autre personnage dans un dialogue ou par l'émetteur pour mieux la contredire. Ainsi, la thèse opposée à celle de Tahar Ben Jelloun serait que certains sont supérieurs à d'autres en raison de leur couleur de peau.

2. Les arguments

Les arguments sont les **raisonnements** permettant de justifier la thèse défendue. Ils sont souvent abstraits, c'est-à-dire qu'ils ont une portée générale. Voici un argument soutenant les bienfaits de la diversité.

« Le mélange est un enrichissement mutuel.

3. Les exemples

Les exemples **illustrent** les arguments et permettent de mieux les comprendre. Ce sont des faits concrets, vérifiables.

Je suis heureux d'avoir des amis issus de cultures différentes. En effet, l'été dernier, j'ai été invité au Maroc, où j'ai découvert une autre façon de vivre.

4. Les connecteurs logiques

Pour convaincre, l'émetteur **structure son discours** à l'aide de connecteurs logiques, qui explicitent les liens entre les différentes idées : *pourtant, mais, de plus...*

Dans l'exemple précédent, le connecteur *en effet* introduit une cause, qui explique l'intérêt d'avoir des amis issus de cultures différentes.

17 Écrire un dialogue argumentatif

Les réseaux sociaux font partie intégrante de la vie des adolescents.

À partir de cette affirmation, on peut imaginer un dialogue entre deux personnes argumentant sur l'intérêt ou non des réseaux sociaux pour les adolescents.

I Repérer la situation de communication

Pour écrire un dialogue argumentatif, il faut se poser les questions suivantes : où et quand a-t-il lieu, qui sont les interlocuteurs et quelle est leur position ?

1. Le thème et le cadre

- Commence par **définir le thème** : de quoi est-il question ? Ici, il s'agit de l'utilisation des réseaux sociaux par les adolescents.
- Repère à quelle **époque** se déroule le dialogue : le vocabulaire et les idées ne seront pas les mêmes si le dialogue se situe à notre époque ou au siècle des Lumières. Ici, évidemment, le dialogue se déroule à notre époque.

2. Les interlocuteurs

- Tu dois définir précisément qui sont les interlocuteurs. Dans l'exemple choisi, on peut imaginer un dialogue entre un père et son fils.
- Quelles **thèses** défendent-ils ? Ils peuvent défendre des thèses opposées. Mais ce n'est pas obligatoire : l'un des interlocuteurs peut chercher à convaincre l'autre, qui n'a pas d'idée arrêtée. Ce dernier peut alors soulever des objections. Ici, le père peut défendre l'idée que les réseaux sociaux sont dangereux pour les adolescents, tandis que le fils en démontrera les avantages.

Mot-clé
Une **objection** est un argument contradictoire, opposé.

II Prévoir la progression de l'échange

Pour éviter qu'un dialogue ne tourne en rond, avec des interlocuteurs campés sur leur position, il faut prévoir la progression de l'échange.

1. Chercher des arguments

- La thèse de chaque interlocuteur doit être soutenue par des arguments, développés parfois par des exemples.
- Le fils peut mentionner les **arguments** suivants :

– les réseaux sociaux permettent de partager des textes, de la musique, des expériences avec des gens qui nous sont proches, même s'ils sont éloignés géographiquement ;

– ils sont interactifs et faciles à utiliser ;

– ils sont sécurisés car accessibles aux seuls « amis ».

2. Classer les arguments

- Les arguments doivent être présentés **du moins convaincant (qui recevra donc des objections) au plus convaincant**. Mais tous doivent être adaptés au destinataire.
- Le père présentera alors ses arguments dans cet ordre :

– les réseaux sociaux sont chronophages : ils occupent trop de temps ;

– c'est un système anonyme : on ne sait pas toujours à qui l'on s'adresse ;

– aucune information ne se perd : ce que l'on partage aujourd'hui pourra être encore accessible dans plusieurs années et causer du tort.

III Rédiger le dialogue

1. Personnaliser l'échange

Le dialogue ne doit pas se résumer à une énumération d'idées. Il faut le rendre vivant grâce :

– aux **adresses directes** à l'interlocuteur, qui rappellent que le dialogue s'inscrit dans une situation donnée :

Écoute ce que j'ai à te dire…

– à la mention de **sentiments ressentis**, ou à des **types de phrases variés** qui donnent de l'épaisseur aux interlocuteurs.

Tu ne comprends pas que les réseaux sont importants pour moi ? J'y retrouve mes amis !

2. Utiliser des connecteurs

Buts	Connecteurs
énumérer, ajouter des idées	*d'abord, ensuite, enfin, et, de plus, par ailleurs, d'une part… d'autre part, non seulement… mais aussi…*
exprimer une opposition	*mais, or, cependant, néanmoins, pourtant, malgré, alors que, au contraire…*
exprimer la cause	*car, parce que, puisque, comme, en raison de…*
exprimer la conséquence	*donc, par conséquent, c'est pourquoi, si bien que…*

3. Conclure l'échange

À la fin du dialogue, le lecteur doit **savoir si l'argumentation a été efficace**. La position d'un des deux interlocuteurs a dû changer. On doit comprendre clairement quelle est la thèse victorieuse.

C'est vrai, je comprends qu'il y a certains dangers. Je ferai très attention dorénavant avant de publier des informations personnelles.

18 Écrire une lettre ouverte

Sais-tu ce qu'on entend par « lettre ouverte » ? S'agit-il d'une lettre non cachetée ? L'envoie-t-on par la poste ?

I Définir ce qu'est une lettre ouverte

1. Le destinataire

- Une lettre ouverte est un **texte argumentatif** qui, bien qu'adressé à une ou plusieurs personnes en particulier, est destiné à être **lu par un plus large lectorat**.
- Prenons un exemple : « J'accuse… ! » d'Émile Zola. Cette lettre est adressée au président de la République Félix Faure mais elle est rendue publique pour être lue par le plus grand nombre.

> « Monsieur le Président,
>
> Me permettez-vous, dans ma gratitude pour le bienveillant accueil que vous m'avez fait un jour, d'avoir le souci de votre juste gloire et de vous dire que votre étoile, si heureuse jusqu'ici, est menacée de la plus honteuse, de la plus ineffaçable des taches ? […]
>
> Veuillez agréer, monsieur le Président, l'assurance de mon profond respect.
>
> Émile Zola, 13 janvier 1898.

Cinq Centimes
L'AURORE
Littéraire, Artistique, Sociale
J'Accuse…!
LETTRE AU PRÉSIDENT DE LA RÉPUBLIQUE
Par ÉMILE ZOLA
LETTRE A M. FÉLIX FAURE
Président de la République

Émile Zola, « J'accuse… ! », *L'Aurore*, 13 janvier 1898.

2. Le support

- La lettre ouverte peut se présenter sous forme d'**article** de journal, d'**affiche**, de **chanson**, de **tract**.
- La lettre de Zola est publiée dans le quotidien *L'Aurore* du 13 janvier 1898.

II Analyser la visée et le ton d'une lettre ouverte

1. La visée

- L'objectif d'une lettre ouverte est de **propager une idée** auprès d'un large public ou bien de **se défendre contre des accusations**. La lettre ouverte expose une thèse et cherche à convaincre un très grand nombre de lecteurs.
- Dans « J'accuse… ! », Émile Zola prend la défense du capitaine Dreyfus, un officier juif condamné pour haute trahison alors qu'il est innocent et expédié au bagne de l'île du Diable, en Guyane française. C'est dans un contexte fortement antisémite que le procès s'est déroulé.

« Mais quelle tache de boue sur votre nom – j'allais dire sur votre règne – que cette abominable affaire Dreyfus ! [...] La vérité, je la dirai [...] Mon devoir est de parler, je ne veux pas être complice. Mes nuits seraient hantées par le spectre de l'innocent qui expie là-bas, dans la plus affreuse des tortures, un crime qu'il n'a pas commis.

Émile Zola, *ibid.*

2. Le ton et les procédés

- Le ton adopté est généralement polémique ou satirique (→ Fiche 19). L'auteur, pour convaincre, a recours à de nombreux procédés de style permettant de rendre son propos plus efficace.
- Dans sa lettre, Zola n'hésite pas à employer l'**emphase**, c'est-à-dire un style élevé et solennel, pour clamer l'innocence du capitaine Dreyfus.

Mot-clé

L'adjectif **polémique** qualifie une discussion violente ou passionnée dans le domaine politique ou intellectuel.

« Et l'acte que j'accomplis ici n'est qu'un moyen révolutionnaire pour hâter l'explosion de la vérité et de la justice. Je n'ai qu'une passion, celle de la lumière, au nom de l'humanité qui a tant souffert et qui a droit au bonheur. Ma protestation enflammée n'est que le cri de mon âme. Qu'on ose donc me traduire en cour d'assises et que l'enquête ait lieu au grand jour !

J'attends.

Émile Zola, *ibid.*

- Zola utilise différents procédés stylistiques :

- des **métaphores** : « tache de boue » (extrait 2), « la lumière », « cri de mon âme », « explosion de la vérité » (extrait 3) ;

- des **hyperboles** : « abominable affaire », « la plus affreuse des tortures » (extrait 2) ; « moyen révolutionnaire », « explosion », « protestation enflammée », « cri de mon âme » (extrait 3) ;

- une **ponctuation expressive** : le point d'exclamation.

- Ces différents procédés agissent avec force sur l'imagination du lecteur et cherchent à **susciter l'indignation** : l'objectif de Zola est de réveiller les consciences, de clamer qu'une grave injustice a été commise et qu'il est du devoir de tous de ne pas fermer les yeux et du devoir de chacun de faire entendre sa voix.

3. Quelques conseils pour t'aider à écrire une lettre ouverte

- Tu dois d'abord définir ton ou tes **destinataires** et ensuite préciser l'**objet de ta lettre** (rétablir la vérité, amener le lecteur à réagir...).
- Cherche à convaincre le lecteur par des **arguments logiques** mais aussi par l'**émotion**. Pour cela, n'hésite pas à utiliser des procédés stylistiques comme les métaphores et les comparaisons, ainsi qu'une ponctuation expressive.

19 Identifier un texte à visée satirique

Un texte satirique vise certes à faire rire mais aussi et surtout à attaquer les vices et les ridicules d'une personne ou d'une société, souvent dans un but argumentatif.

I Distinguer le genre et le registre satirique

1. La satire, un genre poétique de l'Antiquité

- La **satire**, au sens restreint du terme, est un poème qui dénonce un travers et le combat en s'en moquant. Dans l'Antiquité, les principaux auteurs de satires sont les Latins Horace et Juvénal.
- Le genre a perduré à travers les siècles. Ainsi, au XVIIe siècle, Boileau publie des *Satires* dans lesquelles il s'attaque aux défauts et aux ridicules de son temps.

2. La satire, un registre qui traverse les genres

- Le registre satirique donne au texte une tonalité particulière, dans le but de **moquer** et de **dénoncer les défauts des hommes ou de la société**. On le trouve dans tous les genres littéraires :

– dans la **fable** (XVIIe siècle) : celles de La Fontaine critiquent, entre autres, l'arbitraire royal et la vanité des courtisans ;

– dans la **comédie** (XVIIe siècle) : celles de Molière – *L'Avare, Tartuffe, Le Malade imaginaire* par exemple – s'attaquent aux problèmes et aux ridicules de la société ; chez Beaumarchais (XVIIIe siècle), *Le Mariage de Figaro* remet en question les privilèges de l'Ancien Régime ;

– dans le conte philosophique (XVIIIe siècle) : ceux de Voltaire (comme *Candide* ou *L'Ingénu*) dénoncent l'obscurantisme, l'intolérance religieuse, les préjugés ou encore l'absurdité de la guerre ;

– dans le **roman** : ainsi, ceux réunis par Balzac (XIXe siècle) sous le nom de *Comédie humaine* offrent, entre autres, une galerie de portraits satiriques de bourgeois provinciaux.

- Au XXe siècle, le registre satirique se retrouve dans les **chroniques télévisuelles** ou **radiophoniques** ainsi que dans les **spectacles d'humoristes**, tels ceux de Pierre Desproges qui se distinguent par un humour grinçant et un sens certain de l'absurde.

> **Mot-clé**
> Le **conte philosophique**, dont Voltaire est le créateur et le maître incontesté, met toutes les qualités du conte traditionnel (récit fictif bref et amusant) au service de questions philosophiques. Il unit la narration et l'argumentation.

II Connaître les procédés du registre satirique

■ L'**emphase** s'appuie sur des hyperboles, des superlatifs, des répétitions, des comparaisons et des métaphores, ou encore un lexique péjoratif.

Voici comment Boileau fustige les « embarras de Paris ».

« Tout conspire à la fois à troubler mon repos,
Et je me plains ici du moindre de mes maux :
Car à peine les coqs, commençant leur ramage,
Auront des cris aigus frappé le voisinage
Qu'un affreux serrurier, laborieux Vulcain,
Qu'éveillera bientôt l'ardente soif du gain,
Avec un fer maudit qu'à grand bruit il apprête,
De cent coups de marteau me va fendre la tête. ◆ Boileau, *Satire VI* (1660).

Boileau parodie le style épique pour traiter d'un sujet trivial. En comparant le serrurier à Vulcain, dieu romain du feu, il accentue l'idée de vacarme et de cacophonie.

■ L'**ironie** consiste à dire le contraire de ce que l'on pense. Elle est implicite : c'est au lecteur de décrypter ce que l'auteur sous-entend.

« On dit qu'un célèbre janséniste a proposé un édit par lequel il sera défendu à tous les philosophes de parler [...].

Pour moi, je pense qu'il serait beaucoup plus utile et plus convenable de leur *couper la main droite* pour les empêcher d'écrire, et de leur *arracher la langue* de peur qu'ils ne parlent.

Voltaire, *lettre à M. le comte de Rochefort* (2 novembre 1768).

Mot-clé

Est **implicite** (par opposition à *explicite*) ce qui n'est pas formellement exprimé, ce qui n'est *pas dit* dans un énoncé, mais doit être lu « entre les lignes ».

Il ne faut surtout pas prendre au premier degré ce que dit Voltaire en réponse à ce « célèbre janséniste » (adepte du *jansénisme*, mouvement religieux des XVIIe et XVIIIe siècles). L'auteur de *Candide*, ardent défenseur de la liberté d'expression, cherche ici à choquer pour mieux convaincre.

■ L'**éloge paradoxal**, variante de l'ironie, est une critique implicite.

Voici comment Sganarelle, dans Le Médecin malgré lui*, parle de la médecine.*

« Je trouve que c'est *le métier le meilleur de tous* ; car, soit qu'on fasse bien ou soit qu'on fasse mal, on est toujours payé de même sorte [...]. Les bévues ne sont point pour nous ; et *c'est toujours la faute de celui qui meurt*. Enfin le bon de cette profession est *qu'il y a parmi les morts une honnêteté, une discrétion la plus grande du monde ; et jamais on n'en voit se plaindre du médecin qui l'a tué*.

Molière, *Le Médecin malgré lui*, III, 1 (1666).

Derrière l'enthousiasme et le cynisme de Sganarelle, Molière dessine une violente satire de la médecine du XVIIe siècle.

20 Analyser un dessin satirique

Le dessin satirique possède les mêmes caractéristiques que le texte satirique, avec un avantage : il donne à *voir* immédiatement et peut s'afficher à la une des journaux ou sur les murs. Passée la première impression, il faut savoir se livrer à une lecture plus méthodique pour décrypter les intentions de l'auteur.

I Qu'est-ce qu'un dessin satirique ?

- Le dessin satirique cherche à dénoncer et à critiquer tout en se moquant. Il prend souvent la forme de la caricature.
- Le dessin satirique s'est développé à partir de la **Révolution française**. Son essor est lié à celui de la presse, qui en devient le principal canal de publication : au XIXe siècle, *La Caricature* ou *Le Charivari* ; au XXe siècle, *Le Canard enchaîné* ou *Hara-Kiri*, qui deviendra *Charlie Hebdo* en 1970.

Mot-clé

Une **caricature** (de l'italien *caricare*, « charger ») est la représentation grotesque d'un personnage, obtenue par l'exagération et la déformation des traits du visage ou des proportions du corps.

II Comment fonctionne-t-il ?

1. Les fonctions du dessin satirique

- Comme un texte, le dessin satirique cherche à se moquer et à ridiculiser, à accuser une personne ou à critiquer une situation, à affirmer ou à dénoncer une opinion politique.
- Mais il peut aussi être **mis au service du pouvoir à travers la propagande d'État**, comme ce fut le cas pendant la Seconde Guerre mondiale avec les caricatures antisémites destinées à diaboliser les Juifs.

2. Les procédés du dessin satirique

- Rapidité de lecture, caractère instantané du message (côté « coup de poing ») font la force du dessin satirique.
- Le dessin satirique s'appuie sur un certain nombre de procédés : **exagération** de particularités physiques, **animalisation**, **végétalisation** (ex. : Daumier métamorphosant le roi Louis-Philippe en poire, au XIXe siècle), **comparaison dévalorisante** (géant/nain) ou encore **diabolisation**.

III Un exemple : Victor Hugo par Benjamin Roubaud

1. Situer un dessin satirique dans son contexte

Observons cette caricature de Victor Hugo par Benjamin Roubaud, parue en 1841 dans *Le Charivari*. C'est l'écrivain prolifique qui est ici représenté, le chef de file du théâtre romantique. Il ne s'agit pas encore de l'homme politique.

Victor Hugo par Benjamin Roubaud,
Le Charivari, 1841.

2. Repérer les procédés employés

- Roubaud donne à Hugo une **grosse tête et** surtout un **front démesuré**, qui semblent bien lourds à soutenir.
- Le dessinateur accentue le **contraste** entre la taille de l'auteur juché sur ses livres et les monuments de Paris (Académie française, Théâtre-Français) qu'il domine de toute sa stature.
- Hugo est représenté une plume à la main, comme plongé dans les **affres de la création**. Mais une observation plus attentive laisse à penser que les yeux de l'écrivain sont dirigés vers son coffre à « rentes », posé à ses pieds.

3. Interpréter un dessin satirique

- Cette caricature hésite entre **éloge et critique**. Ce très haut front reprend une caractéristique physique de l'écrivain : Hugo avait bien, selon Théophile Gautier, « un front vraiment monumental qui couronnait comme un fronton de marbre blanc son visage d'une placidité sérieuse ». Mais il peut aussi suggérer le poids du génie créateur ou la « forte tête » romantique car un tel front, depuis l'Antiquité, est considéré comme le signe de l'inspiration divine.
- En montrant Hugo concentré sur son coffre, Roubaud le présente comme un homme intéressé par son enrichissement personnel. C'est là, semble-t-il, la **principale charge** qu'il dirige contre lui.

Se tester QUIZ

Vérifie que tu as bien compris les points clés des **fiches 16 à 20**.

Pour chaque quiz, vérifie ta réponse à l'aide du corrigé et consulte les fiches de cours si nécessaire.

1 La succession des arguments

→ CORRIGÉ P. 105

Voici un court texte argumentatif sur le thème du réchauffement climatique. Remets les phrases dans l'ordre.

☐ **a.** En effet, les émissions mondiales de CO_2 ont augmenté de 45 % depuis 1990.

☐ **b.** Limiter le réchauffement climatique reste une préoccupation majeure.

☐ **c.** Par conséquent, les engagements pris par les autres pays ne peuvent inverser la tendance.

☐ **d.** Mais certains États responsables de 40 % des émissions de CO_2 refusent toujours de réduire leurs émissions.

2 Les exemples illustrant les arguments

→ CORRIGÉ P. 105

Associe chaque argument (**1.**, **2.**, **3.**) à l'exemple qui l'illustre (**a.**, **b.**, **c.**). Indique le numéro correspondant devant la lettre.

1. La guerre est une véritable atrocité.
2. La guerre semble être une fatalité.
3. La guerre est perçue par certains comme répondant à des impératifs religieux.

☐ **a.** La conquête du Nouveau Monde devait révéler le christianisme aux indigènes.

☐ **b.** Il n'y a pas une région du monde ni une époque qui aient été épargnées par les conflits.

☐ **c.** L'explosion atomique a fait cent quarante mille morts à Hiroshima en 1945.

3 Les visées de la satire

→ CORRIGÉ P. 105

Parmi les affirmations suivantes, choisis celles qui sont vraies.
La satire a pour but de :

☐ **a.** faire rire, amuser

☐ **b.** faire l'éloge d'une personne

☐ **c.** se moquer de quelqu'un ou de quelque chose

☐ **d.** s'attaquer à une opinion

Vers le brevet

Exerce-toi en vue du brevet et révise les **fiches 16 à 20.**

Pour chaque exercice, aide-toi des conseils donnés et compare ta réponse à celle du corrigé.

4 Écrire une lettre ouverte

1 h 30

→ CORRIGÉ P. 105

En t'inspirant librement de la chanson de Boris Vian, écris, en prose, une lettre ouverte au président de la République pour l'alerter sur un problème qui te tient à cœur.

Document **Le Déserteur**

Cette chanson, composée par l'écrivain français Boris Vian en 1954, à la fin de la guerre d'Indochine, se présente comme une lettre ouverte au président de la République de l'époque, René Coty. C'est un cri de révolte contre la guerre, un refus de porter les armes et un appel à la désertion.

« Monsieur le Président
Je vous fais une lettre
Que vous lirez peut-être
Si vous avez le temps
Je viens de recevoir
Mes papiers militaires
Pour partir à la guerre
Avant mercredi soir
Monsieur le Président
Je ne veux pas la faire
Je ne suis pas sur terre
Pour tuer des pauvres gens
C'est pas pour vous fâcher
Il faut que je vous dise
Ma décision est prise
Je m'en vais déserter

Depuis que je suis né
J'ai vu mourir mon père
J'ai vu partir mes frères
Et pleurer mes enfants
Ma mère a tant souffert
Qu'elle est dedans sa tombe
Et se moque des bombes
Et se moque des vers
Quand j'étais prisonnier
On m'a volé ma femme
On m'a volé mon âme
Et tout mon cher passé
Demain de bon matin
Je fermerai ma porte
Au nez des années mortes
J'irai sur les chemins

Je mendierai ma vie
Sur les routes de France
De Bretagne en Provence
Et je dirai aux gens :
Refusez d'obéir
Refusez de la faire
N'allez pas à la guerre
Refusez de partir
S'il faut donner son sang
Allez donner le vôtre
Vous êtes bon apôtre
Monsieur le Président
Si vous me poursuivez
Prévenez vos gendarmes
Que je n'aurai pas d'armes
Et qu'ils pourront tirer

Boris Vian, « Le Déserteur », musique de Harold Berg,

21 Reconnaître les différentes formes de l'écriture de soi

Peut-être tiens-tu un blog où tu parles de ce que tu fais et de ce que tu aimes ? Si c'est le cas, tu perpétues une pratique littéraire que l'on appelle « l'écriture de soi », et qui peut prendre des formes variées.

I La situation d'énonciation

1. Qui parle ?

- Le texte est rédigé à la **1re personne** du singulier. L'auteur, l'énonciateur et le protagoniste sont une seule et même personne.
- L'énonciation est **subjective** : le *je* ne donne que son propre point de vue, qui peut être juste ou erroné.

« C'est un gosse qui parle. [...] Ce gosse, c'est moi quand j'étais gosse, avec mes exacts sentiments de ce temps-là. Enfin, je crois.

Cavanna, *Les Ritals*, © 1978 Éditions Belfond / 1996 Éditions Albin Michel.

2. De quoi et pour quelle raison ?

- Écrire sur soi repose sur l'**introspection**, c'est-à-dire l'observation méthodique de ce qui se trouve à l'intérieur de sa conscience. On prend la plume pour se présenter, raconter sa vie, mais aussi exposer ses pensées ou peindre ses sentiments.
- Les **raisons** d'écrire sur soi sont **variées** : trouver un sens à son existence, s'interroger sur son identité... Il peut aussi s'agir d'une recherche de vérité (sans crainte d'un regard extérieur) ou d'une justification.

Remarque
L'écriture de soi peut donc prendre la forme du poème lyrique → **Fiche 14**.

3. À qui ?

- Certains écrits ne sont **destinés... qu'à soi**. S'il arrive qu'ils donnent lieu ensuite à une publication, celle-ci n'était pas forcément voulue par l'auteur. Ainsi, le romancier Benjamin Constant (1767-1830) écrivait son journal pour lui seul, en utilisant des lettres grecques pour que personne ne le déchiffre.
- D'autres, **adressés à des proches**, ne sont pas non plus initialement destinés à être rendus publics. Rimbaud, par exemple, a envoyé beaucoup de ses poèmes à un ancien professeur.
- D'autres textes, enfin, sont clairement **écrits pour être publiés** : il s'agit de **léguer au public** une expérience particulière. Tel est l'objectif de Jean-Jacques Rousseau qui commence son autobiographie *Les Confessions* (1765-1770), en disant : « Je veux montrer à mes semblables un homme dans toute la vérité de la nature ; et cet homme, ce sera moi. »

II Les écrits privés

1. La lettre

Adressée à un proche, la lettre s'inscrit dans une **situation d'énonciation précise**. Dans les correspondances d'écrivains, souvent publiées après leur mort, on découvre leur intimité et le regard qu'ils portent sur leurs œuvres.

« Il m'est impossible, très impossible de vous dire, ma chère fille, la joie que j'ai reçue en ouvrant ce bienheureux paquet qui m'a appris votre heureux accouchement.

Mme de Sévigné, *Lettre* de l'année 1671.

2. Le journal

- Le journal est destiné à faire le point sur soi-même, et pour soi seul, **au jour le jour**. Il prend souvent la forme d'un **dialogue de l'auteur avec son double**. On parle de *journal intime* quand il est destiné à être gardé secret.

« Je vais pouvoir, j'espère, te confier toutes sortes de choses, comme je n'ai encore pu le faire à personne, et j'espère que tu me seras d'un grand soutien.

Anne Franck, *Journal*, © Calmann-Lévy (publié en 1947).

- Jeune juive allemande réfugiée et cachée à Amsterdam, Anne tient son journal entre 1942 et 1944. Ce sont moins les faits (forcément peu variés) que **le regard que l'énonciatrice porte sur eux** qui est intéressant.

Remarque

Certains écrivains tiennent leur journal dans l'intention avouée de le faire publier. Le journal sort alors du cadre privé pour devenir une pratique littéraire.

III Les écrits destinés à la publication

1. Les Mémoires

Les Mémoires (avec une majuscule, toujours au masculin pluriel), sont des écrits qui **mettent davantage l'accent sur l'Histoire** (les hommes célèbres, les grands événements) que sur la vie individuelle.

« Dès l'après-midi du 17 juin, j'exposai mes intentions à M. Winston Churchill. [...] Le lendemain, à 18 heures, je lus au micro le texte que l'on connaît.

Charles de Gaulle, *Mémoires de guerre, L'Appel* (1954).

2. L'autobiographie

- Dans l'autobiographie (→ Fiche 22), en revanche, c'est l'histoire de la **construction d'une personnalité** qui prime. Elle comporte un certain nombre de passages obligés, comme l'autoportrait.

« Je viens d'avoir trente-quatre ans, la moitié de la vie. Au physique, je suis de taille moyenne, plutôt petit.

Michel Leiris, *L'Âge d'homme*, © Éditions Gallimard (1939).

- Les **frontières** entre Mémoires et autobiographie ne sont **pas étanches**, et on parle plus largement d'« écrits ou de romans autobiographiques ».

22 Caractériser un récit d'enfance, un récit autobiographique

« J'avais déjà près de neuf ans lorsque je tombai amoureux pour la première fois. [...] Elle avait huit ans et s'appelait Valentine.

Romain Gary, *La Promesse de l'aube,* © Éditions Gallimard (1960).

À 46 ans, Romain Gary écrit un roman autobiographique, *La Promesse de l'aube,* dans lequel il commence par raconter son enfance. Dans la citation qui précède, il évoque son premier amour.

I Définir le récit d'enfance

■ Le récit d'enfance peut être un simple épisode à l'intérieur d'un roman ou bien constituer l'essentiel de l'histoire. Écrit par un adulte, il possède plusieurs caractéristiques :

– le personnage principal, réel ou imaginaire, est un **enfant** ou un **adolescent**. Le récit s'attarde sur cette période essentielle de la vie du personnage, et particulièrement sur les événements qui contribuent à la **formation de sa personnalité** ;

– le récit peut être mené à la **première** ou à la **troisième personne**.

■ Selon le récit, différents aspects du monde de l'enfance sont mis en avant : la **cruauté** (*Sa majesté des mouches,* de William Golding, 1954), le **goût de l'aventure** (*Tom Sawyer,* de Mark Twain, 1876), la **fantaisie** et le **rejet du monde** (*Le Baron perché,* d'Italo Calvino, 1957).

Prenons l'exemple de Vipère au poing, *le roman d'Hervé Bazin. Jean Rezeau, double de l'auteur, élevé jusqu'alors par sa grand-mère, se rend à la gare avec sa tante et son frère pour accueillir sa mère qui rentre de Chine.*

« Enthousiasmés, nous nous précipitâmes, dans ses jambes, à la portière.

– Allez-vous me laisser descendre, oui !

Nous écarter d'elle, à ce moment, nous eût semblé sacrilège. Mme Rezeau dut le comprendre et, pour couper court à toutes effusions, lança rapidement à droite, puis à gauche, ses mains gantées. Nous nous retrouvâmes par terre, giflés avec une force et une précision qui dénotaient beaucoup d'entraînement.

– Oh ! fit tante Thérèse.

Hervé Bazin, *Vipère au poing,* © Éditions Grasset & Fasquelle (1948).

Dans ce roman à la première personne, en grande partie autobiographique, la mère se révèle être une véritable marâtre. Cet extrait montre la crainte inspirée par une mère cruelle que le narrateur ne cessera par la suite de défier avec l'aide de ses frères, comme lui martyrisés.

II Reconnaître une autobiographie au sens strict

Dans un récit autobiographique, le récit d'enfance occupe généralement une place centrale. Bien souvent, l'auteur montre comment il a découvert son goût pour la lecture et l'écriture.

Mot-clé

Du grec *auto*, « soi-même », *bios*, « vie » et *graphein*, « écrire », l'**autobiographie** est un genre littéraire où l'auteur fait le récit de sa propre vie.

1. La narration

- L'autobiographie est un récit à la **première personne** dans lequel l'auteur raconte **sa propre vie** : auteur, narrateur et personnage principal sont une seule et même personne.
- Le **récit de la naissance et de l'enfance**, longuement développé, se trouve généralement au début de l'autobiographie, qui suit la chronologie des événements.
- C'est un récit ancré dans la réalité, qui relate des **faits réels**, des événements qui ont vraiment eu lieu. L'auteur s'engage à **être sincère**.

> « Le moment est peut-être venu de m'expliquer franchement sur un point délicat, au risque de choquer et de décevoir quelques-uns de mes lecteurs.
>
> Romain Gary, *ibid.*

- Romain Gary (1914-1980) est - entre autres - l'auteur d'un **roman autobiographique**, *La Promesse de l'aube* (1960) et d'un **récit d'enfance** imaginaire, *La Vie devant soi* (1976, sous le pseudonyme d'Émile Ajar). Dans *La Promesse de l'aube*, il consacre de longues séquences au récit de sa propre enfance. En revanche, dans *La Vie devant soi*, il invente un récit racontant l'enfance et l'adolescence du petit Momo, confié par sa mère à Mme Rosa, une ancienne prostituée.

Remarque

Romain Gary est à ce jour le seul écrivain français à avoir obtenu deux fois le prix Goncourt : en 1956 pour *Les Racines du ciel* et en 1976 pour *La Vie devant soi* (signé Émile Ajar).

2. Le système de temps

- L'autobiographie est un **récit rétrospectif** : le narrateur adulte se penche sur son passé et le recompose.
- Elle mêle donc **deux systèmes de temps** : le passé et le présent. Il y a un va-et-vient constant entre le ***je* adulte**, narrateur du récit et le ***je* enfant**, personnage.

> « En ce dimanche, ma mère et moi nous étions ridiculement bien habillés et je considère avec pitié ces deux naïfs d'antan, si inutilement bien habillés, car personne n'était avec eux, personne ne se préoccupait d'eux.
>
> Albert Cohen, *Le Livre de ma mère*, © Éditions Gallimard (1954).

Au moment de l'écriture, Albert Cohen adulte porte un jugement sur l'enfant qu'il était et sur la figure maternelle.

23 Analyser un autoportrait

Un autoportrait est la représentation qu'un artiste fait de lui-même. Qu'il s'agisse d'un texte, d'un tableau ou d'une photo, pour analyser un autoportrait, tu dois procéder avec ordre.

I Comprendre le contexte

Frida Kahlo,
Les Deux Frida (1939),
huile sur toile (1,73 x 1,73 m).
Musée national d'Art moderne, Mexico.

- Tu dois **chercher des informations** sur la nature de l'œuvre, sa date de création, sa place dans la vie de l'artiste.
- Prenons par exemple le tableau ci-dessus, qui a la particularité de présenter un double autoportrait.

De brèves recherches t'apprendront que l'artiste mexicaine **Frida Kahlo** (1907-1954) a peint cinquante-cinq autoportraits ; qu'elle a été longtemps immobilisée en raison de problèmes de santé dus à un très grave accident de la circulation ; et qu'en 1939, elle divorce du célèbre peintre Diego Rivera (1886-1957).

II Observer

- Identifie d'abord tout ce qui compose l'autoportrait. Pour que ta description soit complète, tu dois procéder de **manière ordonnée** : paragraphe par paragraphe pour un texte, plan par plan pour un tableau.
- Tu peux procéder de la manière suivante pour le tableau de Frida Kahlo :

– **au premier plan**, la toile offre deux représentations en pied de Frida Kahlo ; les deux Frida se tiennent la main et fixent le spectateur, sans sourire ;

– **à gauche**, Frida porte une robe blanche tachée de sang ; elle est pâle. Une lésion laisse voir son cœur blessé. Elle tient une pince chirurgicale qui réduit l'écoulement de sang d'une veine sortant du cœur ;

– **à droite**, Frida porte une robe mexicaine traditionnelle ; des couleurs vives sont utilisées pour les vêtements comme pour le visage. Son cœur, intact, est relié par une artère à celui de la Frida de gauche. Elle tient dans sa main gauche un petit médaillon qui représente son mari lorsqu'il était enfant ;

– de gros nuages sur fond gris et orageux occupent **l'arrière-plan**.

III Interpréter

1. L'impression d'ensemble

- Tu dois **partir de ta première impression**, et la mettre en rapport avec les éléments observés.

- Une impression de grande souffrance se dégage de ce tableau : le sang, la blessure, l'outil chirurgical nous montrent une **douleur physique**, dont on se doute qu'elle est tout autant **psychologique**. L'arrière-plan ténébreux, l'expression triste du visage, la taille des deux silhouettes provoquent un certain malaise chez le spectateur.

Remarque

Les **dimensions** du tableau (1,73 m sur 1,73 m) permettent d'affirmer que ces silhouettes sont presque « grandeur nature ».

2. Les pistes d'interprétation

- La figure de droite, plus forte et plus masculine, contrôle l'homme, représenté comme un enfant, et soutient la plus fragile, celle qui a « le cœur brisé ». La Frida forte saura prendre le pas sur la Frida fragile.

- Pourtant, on s'aperçoit que le petit portrait que tient dans la main la Frida forte est relié à une veine de son cœur : sans ce portrait, il ne reste qu'une Frida en train de se vider de son sang. La figure de droite n'est qu'une **image du passé** alors que la figure de gauche, la Frida mourante, représente l'**état actuel du peintre**, qui ne se remet pas de la séparation avec l'être aimé, son mari dont elle vient de divorcer : la robe blanche chevauche en effet la robe colorée.

Remarque

Il est fréquent que, pour l'analyse d'un autoportrait, **plusieurs interprétations** soient possibles. Tel est le cas ici.

3. L'intérêt de l'autoportrait

- Tu dois enfin t'interroger sur les raisons pour lesquelles l'artiste a fait le choix de l'autoportrait, et ne pas le réduire à une forme de narcissisme. En offrant une représentation de lui-même au public, l'artiste exprime ses doutes, extériorise le regard qu'il porte sur lui-même, **réfléchit à son identité**.

- C'est par le biais du corps que Frida Kahlo raconte ses pensées et ses états d'âme. L'autoportrait sert moins à reproduire la réalité qu'à **traduire une émotion intérieure**.

Se tester QUIZ

Vérifie que tu as bien compris les points clés des **fiches 21 à 23.**

Pour chaque quiz, coche la ou les bonne(s) réponse(s). Vérifie ta réponse à l'aide du corrigé et consulte les fiches de cours si nécessaire.

1 Les différentes formes de l'écriture de soi

→ CORRIGÉ P. 106

Journal, autobiographie ou lettre ?

1. Lundi 2 septembre 2005
Les vacances sont finies. Les longues journées passées à ne rien faire sont derrière moi. La nouvelle année scolaire commence. Je suis contente. J'entre en troisième. J'ai hâte de revoir mes amis.

☐ **a.** autobiographie ☐ **b.** lettre ☐ **c.** journal

2. Paris, le 9 janvier 1974
Alicia,
Je ne sais pas encore quand je te reverrai. Je suis bloqué en province pour quelques semaines encore, et je me languis de toi.

☐ **a.** autobiographie ☐ **b.** lettre ☐ **c.** journal

3.

« Je suis né le samedi 7 mars 1936, vers neuf heures du soir, dans une maternité sise 19, rue de l'Atlas, à Paris, 19e arrondissement. C'est mon père, je crois, qui alla me déclarer à la mairie. Il me donna un unique prénom – Georges – et déclara que j'étais français.

Georges Perec, *W ou le Souvenir d'enfance*,
© Éditions Denoël (1975).

☐ **a.** autobiographie ☐ **b.** lettre ☐ **c.** journal

2 Récit d'enfance et récit autobiographique

→ CORRIGÉ P. 106

1. De quel type de récit s'agit-il ?

« Il y a quinze ans, je ne savais pas encore si le sang d'où je sortais était noble ou non, si j'étais bâtarde ou légitime. Ce début paraît annoncer un roman : ce n'en est pas un pourtant que je raconte ; je dis la vérité comme je l'ai apprise de ceux qui m'ont élevée.

Marivaux, *La Vie de Marianne* (1731-1742).

☐ **a.** d'un récit rétrospectif ☐ **b.** d'un récit écrit par un enfant
☐ **c.** d'un récit autobiographique ☐ **d.** d'un récit d'enfance

2. Qu'est-ce qui caractérise ce texte ?

« J'ai failli m'appeler Félix, car je suis né le jour de la Saint-Félix. J'arrivais en septième position ; les prénoms se faisaient rares chez nous. Chez nous, c'est tout un programme. [...] Le problème de mon prénom fut débattu dans le chœur familial. [...] En fin de compte, on s'accorda sur Claude, avec cependant droit de regard sur les autres prénoms. Ce qui donne à l'état civil : Claude, Marie, Dominique, Antoine, Félix.

Claude Michelet, *Une fois sept*, © Pocket (1983).

- ☐ **a.** auteur ≠ narrateur
- ☐ **b.** auteur = narrateur = personnage principal
- ☐ **c.** ce texte est écrit dans le système du passé
- ☐ **d.** ce texte mêle les systèmes du passé et du présent
- ☐ **e.** il s'agit d'une autobiographie
- ☐ **f.** il s'agit d'un récit d'enfance

S'entraîner

Utilise les connaissances acquises dans les **fiches 21 à 23.**

Pour chaque exercice, compare ta réponse à celle du corrigé.

3 Analyser un autoportrait

→ CORRIGÉ P. 106

Observe le tableau de Francis Bacon, reproduit en p. 69. Puis complète l'analyse de cet autoportrait proposée ci-dessous.

1. Le lieu

Il s'agit d'une **(a)** ..., lieu intime, voire trop intime pour être présenté publiquement. Le **(b)** ... sur lequel s'appuie le personnage est disposé de manière étrange : il semble flotter dans l'espace. Les **(c)** ... et les reflets eux aussi sont déroutants.

2. Le personnage

La couleur dominante du personnage, situé au centre de la toile, est le **(a)** ... . Le teint, la forme des yeux, du nez et du visage lui donnent une apparence **(b)** ... . La position du personnage, **(c)** ... sur lui-même, peut trahir un sentiment : l'**(d)** ... .

3. Les rapports entre le lieu et le personnage

Le spectateur est donc face à une vision **(a)** ... de l'espace. Cet espace peut se lire comme une image de l'état intérieur du peintre, qui offre également une vision déformée de **(b)** ... : le repli sur soi et le malaise sont évidents. Francis Bacon nous offre donc un autoportrait **(c)** ..., valable à un moment donné et non de manière intemporelle, comme le suggère la montre au poignet du personnage, qui fixe le temps à un moment précis.

Vers le brevet

Exerce-toi en vue du brevet et révise les **fiches 21 à 23.**

Pour chaque exercice, aide-toi des conseils donnés et compare ta réponse à celle du corrigé.

4 Comprendre un texte littéraire et un document artistique

1 h

→ CORRIGÉ P. 106

Document A Un portrait surprenant

À trente-quatre ans, Michel Leiris écrit son autobiographie, qui débute par ce portrait de lui-même.

« Je viens d'avoir trente-quatre ans, la moitié de la vie. Au physique, je suis de taille moyenne, plutôt petit. J'ai des cheveux châtains coupés court afin d'éviter qu'ils ondulent, par crainte aussi que ne se développe une calvitie[1] menaçante. Autant que je puisse en juger, les traits caractéristiques de ma physionomie sont : une nuque très droite, tombant verticalement comme une muraille ou une falaise, marque classique (si l'on en croit les astrologues) des personnes nées sous le signe du Taureau, un front développé, plutôt bossué, aux veines temporales[2] exagérément noueuses et saillantes. Cette ampleur de front est en rapport (selon le dire des astrologues) avec le signe du Bélier ; et en effet je suis né un 20 avril, donc aux confins de ces deux signes : le Bélier et le Taureau. Mes yeux sont bruns, avec le bord des paupières habituellement enflammé ; mon teint est coloré ; j'ai honte d'une fâcheuse tendance aux rougeurs et à la peau luisante. Mes mains sont maigres, assez velues, avec des veines très dessinées ; mes deux majeurs, incurvés vers le bout, doivent dénoter quelque chose d'assez faible ou d'assez fuyant dans mon caractère.

Ma tête est plutôt grosse pour mon corps ; j'ai les jambes un peu courtes par rapport à mon torse, les épaules trop étroites relativement aux hanches. Je marche le haut du corps incliné en avant ; j'ai tendance, lorsque je suis assis, à me tenir le dos voûté ; ma poitrine n'est pas très large et je n'ai guère de muscles. J'aime à me vêtir avec le maximum d'élégance ; pourtant à cause des défauts que je viens de relever dans ma structure et de mes moyens qui, sans que je puisse me dire pauvre, sont plutôt limités, je me juge d'ordinaire profondément inélégant ; j'ai horreur de me voir à l'improviste dans une glace car, faute de m'y être préparé, je me trouve à chaque fois d'une laideur humiliante.

Michel Leiris, *L'Âge d'homme*,
in *L'Âge d'homme* précédé de *De la littérature comme une tauromachie*

1. **Calvitie** : absence de cheveux.
2. **Veines temporales** : veines des tempes.

Document B Francis Bacon, *Autoportrait* (1973)

Collection privée.

Sur le texte littéraire (document A)

1. S'agit-il d'un portrait physique ou d'un portrait moral ? Étudie sa construction.

2. Quels sont les outils de la description utilisés dans ce texte ? Coche la ou les bonnes réponses.

- ☐ imparfait
- ☐ métaphore
- ☐ comparaison
- ☐ adjectifs

3. a. Relève trois marques des sentiments ou du jugement du narrateur.

b. Expriment-elles le doute ou la certitude ?

4. Ce portrait te semble-t-il flatteur ? Comment l'auteur se juge-t-il ?

Sur le texte et l'image (documents A et B)

5. Quelle impression ce texte produit-il sur toi ?

6. a. Quelle impression suscite en toi le tableau de Francis Bacon ?

b. Quels sont les éléments qui rapprochent le texte et l'image ?

24 Accorder un verbe avec son sujet

« Enfin, il me guida jusqu'à une salle gigantesque dans laquelle travaillaient environ quarante personnes. Il me désigna ma place, qui était juste en face de celle de ma supérieure directe, mademoiselle Mori.

Amélie Nothomb, *Stupeur et Tremblements*,
© Albin Michel (1999).

Les trois verbes en couleur s'accordent chacun avec leur sujet souligné.

I Appliquer la règle d'accord

Le verbe s'accorde **en personne et en nombre** avec son sujet.

Remarque
On trouve le **sujet** en posant la question *Qui est-ce qui ?* ou *Qu'est-ce qui ?* devant le verbe.

1. Quelle que soit la place du sujet

- Le sujet est en général placé juste avant le verbe. Mais il peut être aussi placé après : on parle alors d'**inversion du sujet**.

« […] une salle gigantesque dans laquelle travaillaient environ quarante personnes.

- Lorsque le sujet est un groupe nominal (GN) avec des expansions, il faut repérer le **nom noyau** du GN. C'est avec celui-ci que le verbe s'accorde.

Tandis que je rêve, les souvenirs de mon enfance et de ma jeunesse me reviennent un à un.
Le verbe *reviennent* s'accorde avec le nom noyau du GN sujet : *souvenirs*.

- Un complément peut s'intercaler entre le sujet et le verbe.

Mon bureau, situé près de la fenêtre, me convient parfaitement.

2. Quelle que soit la classe grammaticale du sujet

- Le sujet peut appartenir à différentes **classes grammaticales**.

Classe du sujet	Exemple
nom ou groupe nominal	*L'héroïne découvre le monde du travail au Japon.*
pronom (personnel, relatif, interrogatif, etc.)	*Il me désigna ma place qui était juste en face de la sienne.*
verbe à l'infinitif	*Démissionner n'était pas envisageable.*
proposition subordonnée	*Qui est jugé inutile est relégué dans un bureau isolé.*

- Si le sujet est un verbe à l'infinitif ou une proposition subordonnée, l'accord du verbe se fait toujours à la troisième personne du singulier.
- Quand le sujet est le pronom relatif *qui*, il faut prendre garde à identifier son antécédent (le nom ou le pronom qu'il remplace), pour accorder correctement le verbe de la relative.

Toi qui connais bien le Japon, qu'en penses-tu ?

II Connaître les cas particuliers

1. Le verbe a plusieurs sujets

- Si les sujets sont à la 3e personne, le verbe se met à la 3e personne du pluriel.

Le frère et la sœur se confondent dans mes souvenirs.

- Si l'un des sujets est à la 1re personne, le verbe se met à la 1re personne du pluriel.

Jules et moi (= nous) *sommes de vieux camarades.*

- Si l'un des sujets est à la 2e personne, le verbe se met à la 2e personne du pluriel.

Cécile et toi (= vous) *êtes de vraies amies.*

2. Troisième personne du singulier ou du pluriel ?

Sujet	Règle d'accord	Exemple
il dans une construction impersonnelle	accord avec le sujet grammatical *il* et non avec le sujet réel	*Il reste quelques personnes devant nous.*
chacun, aucun, nul, personne, rien…	accord à la 3e personne du singulier	*Chacun prépare son intervention.*
peu, plusieurs, beaucoup, la plupart, trop, combien…	accord à la 3e personne du pluriel	*La plupart sont arrivés en avance.*
un GN ayant pour noyau un nom collectif (*un groupe de…, la majorité de…*)	accord à la 3e personne du singulier ou du pluriel	*Une quarantaine de personnes travaillai(en)t dans cette salle.*

25 Accorder un adjectif qualificatif

« Giorgino était un monsieur très gros, orné de deux petites moustaches et de quelques cheveux. Mais il était extrêmement distingué et ses pieds plats ne parvenaient pas à lui ôter de sa naturelle dignité.

Giovanni Guareschi, *L'Extravagante Mademoiselle Troll*, © Éditions du Seuil (1982, pour la traduction française).

Quelle que soit leur fonction dans la phrase, tous les adjectifs surlignés en bleu s'accordent avec le nom ou le pronom auquel ils se rapportent.

I Appliquer la règle d'accord

Un adjectif qualificatif s'accorde toujours **en genre et en nombre** avec le nom ou le pronom auquel il se rapporte.

Mot-clé

On parle d'**épithète liée** lorsque l'adjectif est placé juste à côté du nom (ou du pronom) qu'il qualifie. Lorsque l'adjectif est séparé par une virgule du nom (ou du pronom) qu'il qualifie, on parle d'**épithète détachée** ; cette construction est aussi appelée **apposition**.

1. Quelle que soit la fonction de l'adjectif (épithète, attribut)

- L'adjectif épithète, qu'il soit en position liée ou en position détachée, s'accorde avec le nom noyau du groupe nominal (ou avec le pronom remplaçant le GN).

Pensif et préoccupé, le gros homme allait et venait dans la pièce.

L'adjectif *gros* (épithète liée) et les adjectifs *pensif* et *préoccupé* (épithètes détachées) s'accordent tous les trois au masculin singulier avec le nom *homme*.

- L'adjectif **attribut** s'accorde lui aussi avec le nom (ou le pronom) sujet ou complément d'objet direct (COD) (→ Fiche 32) auquel il se rapporte par l'intermédiaire d'un verbe.

Il était enveloppé. Mais on le trouvait extrêmement distingué.

L'adjectif attribut du sujet *enveloppé* s'accorde au masculin singulier avec le sujet *il*.
L'adjectif attribut du COD *distingué* s'accorde au masculin singulier avec le COD *le*.

2. Que l'adjectif se rapporte à un ou à plusieurs noms

Lorsque l'adjectif qualifie plusieurs noms, il s'accorde :

- au **féminin pluriel**, si les noms sont tous féminins :

*La mère et sa jeune sœur étaient également très élégant**es**.*

- au **masculin pluriel**, dans les autres cas. Ainsi, si l'un des noms est au masculin et l'autre au féminin, l'adjectif s'accorde au masculin pluriel :

*La femme et son enfant, grand**s** et très blond**s**, attiraient le regard.*

II Connaître les cas particuliers

Dans certains cas, l'adjectif qualificatif **ne s'accorde pas**.

Adjectif	Règle d'accord	Exemple
adjectif de couleur dérivé d'un nom	pas d'accord EXCEPTIONS : *rose, mauve, fauve, pourpre, écarlate*	*des livres orange* MAIS *des rubans roses*
adjectif de couleur composé	pas d'accord	*des sandales rose saumon* *des chaussures bleu marine*
nu et *demi*	• avant le nom → pas d'accord • après le nom → accord en genre et en nombre de *nu* ; accord en genre de *demi*	*sortir nu-tête* *une demi-part* MAIS *être pieds nus* *trois heures et demie*
possible	pas d'accord quand il est employé comme adverbe avec *le plus de…*, *le moins de…*	*Il fait le moins d'efforts possible.* MAIS *Il fait tous les efforts possibles.*

III Accorder ou non les formes verbales en *-ant*

- Quand la forme verbale en *-ant* a la valeur d'un adjectif (on parle d'**adjectif verbal**), elle **s'accorde** comme un adjectif qualificatif.

  Cette couleur est trop voyante.

  Elle s'est invitée à une soirée dansante.

- Sinon, il s'agit d'un participe présent ; celui-ci a la valeur d'un verbe et reste **invariable**.

  Voyant venir les ennuis, elles se sont éclipsées.

- Attention ! L'orthographe de l'adjectif verbal diffère parfois de celle du participe présent, formé par l'ajout du suffixe *-ant* à l'infinitif.

Adjectif verbal (variable)	Participe présent (invariable)
fatigant	*fatiguant*
précédent	*précédant*
provocant	*provoquant*
convaincant	*convainquant*

26 Accorder le participe passé : cas simples

Les efforts que tu as fournis pour essayer d'apprendre ces règles compliquées sont enfin récompensés !

Ces trois participes passés s'accordent, mais pour des raisons différentes.

I Accorder le participe passé employé seul

Le participe passé employé seul, sans auxiliaire, fonctionne **comme un adjectif qualificatif**. Il s'accorde en genre et en nombre avec le nom auquel il se rapporte.

Les équipes, fatiguées par le voyage, firent une pause.

> **Attention !**
> Le **participe passé** de certains verbes du 3e groupe se termine par une consonne muette : *fait, offert, mis, pris*... Mets-le au féminin pour vérifier sa terminaison : *pris → prise*.

II Accorder le participe passé employé avec l'auxiliaire *être*

Les verbes *être* et *avoir* sont appelés **auxiliaires** quand ils servent à conjuguer les autres verbes en se joignant à leur participe passé.

- Le participe passé employé avec l'auxiliaire *être* **s'accorde en genre et en nombre avec le sujet** du verbe, aussi bien à la voix active qu'à la voix passive.

Les voisins sont partis (= voix active) sans nous dire au revoir.

Les voisins ont été obligés (= voix passive) de déménager.

- Si le sujet est un **verbe à l'infinitif** ou une **proposition subordonnée**, le participe passé s'accorde au masculin singulier.

Gagner était devenu sa seule raison de vivre.

- Lorsque le sujet est *on*, mis pour *nous* (niveau de langue familier), le participe passé s'accorde selon les personnes représentées.

Virginie et moi aimons le cinéma. Samedi, on est allé(e)s ensemble voir deux films.

III Accorder le participe passé employé avec l'auxiliaire *avoir*

1. Première règle

Le participe passé employé avec l'auxiliaire *avoir* **ne s'accorde jamais avec le sujet**.

Les garçons ont perdu leur pari.

2. Deuxième règle

- Le participe passé employé avec *avoir* s'accorde **avec le complément d'objet direct** (COD), si celui-ci est placé avant le participe passé (antéposé).
- Si le COD est un pronom, il faut trouver le GN que le pronom remplace pour bien accorder le participe passé.

*J'ai trouvé ses lettres et je les ai **lues**.*
Le participe passé *lues* s'accorde avec le pronom COD *les*, qui remplace *ses lettres*.

*Les maquettes que tu as fabriqu**ées** sont très réussies.*
Le participe passé *fabriquées* s'accorde avec le pronom relatif *que*, qui remplace *les maquettes*.

Conseil

Pour trouver le **COD**, pose la question *qui ?* ou *quoi ?* après le verbe. Pour trouver le COI, pose la question *à qui ? de qui ? à quoi ?...*
Je lui pardonne (*lui* = COI).

3. Cas particuliers

Dans certains cas, le participe passé employé avec *avoir* **ne s'accorde pas** avec le COD antéposé.

Cas	Exemple
Le COD est le pronom *l'* neutre, mis pour une proposition.	*La journée s'est passée comme on l'avait prévu.*
Le COD est le pronom *en*.	*Des histoires de ce type, j'en ai entendu beaucoup.*
Le participe passé de *faire* et *laisser* est suivi d'un infinitif.	*Ces pièces, elle les a fait repeindre en bleu.* *Ces rumeurs, il les a laissé se répandre.*

IV Récapitulons

Voici les trois cas de figure principaux de l'accord du participe passé.

Participe passé employé seul	Participe passé employé avec *être**	Participe passé employé avec *avoir*
accord avec le nom (ou le pronom)	accord avec le sujet	pas d'accord avec le sujet mais avec le COD s'il est placé avant le verbe

* mis à part les participes passés des verbes pronominaux (→ **Fiche 27**).

27 Accorder le participe passé : cas complexes

Tous se sont lavés ; les filles se sont lavé les cheveux.

Observe que le participe passé du verbe *se laver* ne s'accorde que lorsque *se* est COD.

I Accorder le participe passé d'un verbe suivi d'un infinitif

Quand le participe passé du verbe est suivi d'un infinitif et que le verbe est précédé d'un COD, deux cas se présentent.

1. Le COD complète le verbe à l'infinitif

Si le COD complète le verbe à l'infinitif, le participe passé **ne s'accorde pas**.

Je n'ai pas réussi à mener de front tous les projets <u>que</u> j'aurais souhaité réaliser.
Le COD *que* (qui reprend *tous les projets*) est placé avant le verbe, mais il complète l'infinitif *réaliser* et non le verbe *aurais souhaité*. Le participe passé ne s'accorde donc pas.

2. Le COD complète le verbe conjugué

Si le COD complète le verbe conjugué, le participe passé **s'accorde avec lui**.

*Les enfants ont détruit les châteaux de sable, je <u>les</u> ai **vus** faire.*
Le COD *les* (qui reprend *les enfants*) complète le verbe conjugué (*j'ai vu les enfants faire cela*) : le participe passé s'accorde avec le COD.

II Cas du participe passé de *faire* suivi d'un infinitif

- Le participe passé du verbe *faire* suivi d'un infinitif est toujours **invariable**, même si le COD est placé avant.

Je n'ai toujours pas reçu les places de théâtre <u>que</u> j'ai fait réserver par ma mère il y a un mois.
Le COD *que*, qui représente *les places de théâtre*, n'est pas COD du seul participe passé *fait* mais de la locution verbale *fait réserver* : je n'ai pas *fait* les places de théâtre mais je les ai *fait réserver*.

- À l'exemple du verbe *faire*, on recommande aujourd'hui l'invariabilité du participe passé du verbe ***laisser*** suivi d'un infinitif.

Ces rumeurs, le village les a laissé se propager durant tout l'été.
Le COD *les*, qui reprend *les rumeurs*, n'est pas COD de *laissé* mais de *laissé se propager* : le village n'a pas *laissé* les rumeurs mais il les a *laissé se propager*.

■ Quand *faire* et *laisser* sont employés seuls, on applique la règle générale : le participe passé s'accorde avec le COD placé avant.

*Te souviens-tu des promenades <u>que</u> nous avons **faites** le long de la plage ?*
*Ces vieux vêtements, nous <u>les</u> avons **laissés** à la Croix-Rouge.*

III Accorder le participe passé d'un verbe à la forme pronominale

■ Un verbe à la forme pronominale est toujours accompagné d'un **pronom personnel réfléchi**. Aux temps composés, il se conjugue avec l'auxiliaire *être*.

Je me suis levé(e).

■ L'accord du participe passé varie selon le type de verbe pronominal.

Verbe	Règle d'accord	Exemple
Verbes n'existant qu'à la forme pronominale : *s'écrier, s'évanouir, se souvenir...*	Accord du participe passé avec le sujet	*Elle s'est **évanouie**.*
Verbes pronominaux de sens passif : *se construire, se vendre, s'ennuyer...*		*La maison s'est **vendue** rapidement* (*a été vendue*).
Verbes pronominaux de sens réfléchi (le sujet exerce l'action sur lui-même) : *s'appeler, se laver, se regarder...*	Accord avec le COD uniquement si celui-ci est placé avant le verbe	*Elle s'est **jetée** sur la voiture* (*s'* = COD, accord). *Elle s'est **cogné** la tête* (*s'* = COI, *tête* = COD placé après, pas d'accord).
Verbes pronominaux de sens réciproque (les sujets exercent leur action les uns sur les autres) : *s'embrasser, s'empoigner, se battre...*	Accord avec le COD uniquement si celui-ci est placé avant le verbe	*Ils se sont **battus*** (ils ont battu eux-mêmes : *se* = COD, accord). *Ils se sont **souri*** (ils ont souri à eux-mêmes : *se* = COI, pas d'accord).

IV Un exemple pour récapituler

Retiens bien cet exemple qui réunit deux cas d'accord du participe passé un peu difficiles.

*Je <u>les</u> ai **vues** tomber : elles se sont **tordu** <u>la cheville</u> !*

Le COD antéposé *les* complète le verbe conjugué *ai vues* (et non l'infinitif *tomber*) → accord avec le COD.
Le COD *la cheville* est placé après le verbe → pas d'accord.

Se tester QUIZ

Vérifie que tu as bien compris les points clés des **fiches 24 à 27.**

Pour chaque quiz, vérifie ta réponse à l'aide du corrigé et consulte les fiches de cours si nécessaire.

1 L'accord sujet-verbe

→ CORRIGÉ P. 107

1. Vrai ou faux ?

	Vrai	Faux
a. Le verbe s'accorde toujours avec son sujet.	☐	☐
b. Le sujet est toujours un nom, un GN ou un pronom.	☐	☐
c. Le sujet est toujours placé avant le verbe.	☐	☐
d. Plusieurs verbes peuvent avoir le même sujet.	☐	☐
e. Dans une construction impersonnelle, le verbe s'accorde toujours à la 3e personne du singulier avec le sujet *il*.	☐	☐

2. Singulier ou pluriel ?

a. L'air vif du matin les … ☐ ranime ☐ raniment

b. Peu de parents … ☐ se déplace ☐ se déplacent

c. La plupart … au travail. ☐ est ☐ sont

3. Complète les phrases suivantes.

a. C'est moi qui … ☐ a gagné ☐ ai gagné

b. Je pense que c'est elle qui … ☐ a raison ☐ as raison

c. C'est bien eux qui … ☐ chante ☐ chantent

2 L'accord de l'adjectif qualificatif

→ CORRIGÉ P. 107

1. L'adjectif s'accorde-t-il ou non ?

a. des harmonies (*bleu clair*) •

b. des fleurs (*pourpre*) •

c. des rideaux (*orange*) •

d. des gilets (*blanc crème*) •

• s'accorde

• ne s'accorde pas

2. Dans les phrases ci-dessous, la forme en *-ant* est-elle un adjectif verbal ?

	Oui	Non
a. Il manque la page précédant la conclusion.	☐	☐
b. Ce regard provocant était inhabituel chez elle.	☐	☐
c. Jérémy, ramant de toutes ses forces, arrive bon dernier.	☐	☐

3 L'accord du participe passé

→ CORRIGÉ P. 107

1. Complète les phrases suivantes.

a. J'ai hâte de connaître les détails du voyage qu'il a…

☐ effectué ☐ effectués ☐ effectuées

b. Il a lu leurs lettres et leur a…

☐ répondu ☐ répondus ☐ répondues

c. Il a emprunté tous les livres que j'aurais…

☐ aimé lire ☐ aimés lire ☐ aimée lire

2. Choisis la bonne orthographe.

a. Ils se sont… ☐ regardé ☐ regardés

b. Ils se sont… ☐ souri ☐ souris

c. Ils se sont… ☐ parlé ☐ parlés

d. Ils se sont… ☐ réconcilié ☐ réconciliés

Vers le brevet

Exerce-toi en vue du brevet et révise les **fiches 24 à 27.**

Pour chaque exercice, aide-toi des conseils donnés et compare ta réponse à celle du corrigé.

4 Dictée : accorder les adjectifs

20 min

→ CORRIGÉ P. 107

Document **La pauvre Mathilde**

Le ménage Loisel s'est affreusement endetté pour faire refaire à l'identique une parure de diamants qui leur avait été prêtée pour un bal et que Mathilde Loisel a perdue.

« Madame Loisel semblait vieille, maintenant. Elle était devenue la femme forte, et dure, et rude, des ménages pauvres. Mal peignée, avec les jupes de travers et les mains rouges, elle parlait haut, lavait à grande eau les planchers. Mais parfois, lorsque son mari était au bureau, elle s'asseyait auprès de la fenêtre, et elle songeait à cette soirée d'autrefois, à ce bal où elle avait été si belle et si fêtée. Que serait-il arrivé si elle n'avait point perdu cette parure ? Qui sait ? qui sait ? Comme la vie est singulière, changeante ! Comme il faut peu de chose pour vous perdre ou vous sauver !

Guy de Maupassant, « La Parure », *Le Gaulois* (17 février 1884).

28 Maîtriser l'écriture d'un verbe au présent et au passé composé

je peux, je peins, je prends

Ces trois verbes sont conjugués au présent, mais tu vois que leurs terminaisons sont différentes. Quelles sont alors les règles à retenir ?

I Orthographier un verbe conjugué au présent

1. Comprendre le fonctionnement

- Le présent est un **temps simple** : il ne se compose que d'une seule forme verbale.

je lis, j'apprends, j'applique

- Le radical du verbe est suivi au singulier :

– des terminaisons ***-e, -es, -e*** pour les verbes du 1er groupe ;

je fabrique

-s, -s, -t pour les verbes du 2e groupe et de nombreux verbes du 3e groupe.

tu choisis, il voit

- Aux personnes du pluriel, les terminaisons sont les mêmes pour tous les verbes : ***-ons, -ez, -ent***.

nous voulons, vous hésitez, ils croient

Remarque

Il existe toutefois des **exceptions**. Ainsi les verbes *être*, *dire* et *faire* prennent la terminaison *-tes* à la 2e personne du pluriel : *vous êtes*, *vous dites*, *vous faites*.

2. Connaître les difficultés

Aux trois personnes du singulier, certains verbes du 3e groupe présentent des terminaisons particulières.

- Les verbes *pouvoir*, *vouloir* et *valoir* ont pour terminaisons : ***-x, -x, -t***.

je peux, tu veux, il vaut

- Les verbes qui ont un infinitif en *-dre* (sauf ceux qui ont un infinitif en *-indre* et *-soudre*) ont pour terminaisons : ***-ds, -ds, -d***.

je comprends, tu défends, il attend

- Les verbes comme *cueillir* et *offrir* prennent, comme les verbes du 1er groupe, les terminaisons ***-e, -es, -e***.

j'accueille, tu souffres, il offre

3. Mémoriser la conjugaison des verbes irréguliers

Certains verbes du 3e groupe prennent des formes particulières au présent. Le radical change à certaines personnes.

Infinitif	Formes particulières
avoir	*j'ai, tu as, il a, nous avons, vous avez, ils ont*
être	*je suis, tu es, il est, nous sommes, vous êtes, ils sont*
aller	*je vais, tu vas, il va, nous allons, vous allez, ils vont*
faire	*je fais, tu fais, il fait, nous faisons, vous faites, ils font*
dire	*je dis, tu dis, il dit, nous disons, vous dites, ils disent*

II Orthographier un verbe conjugué au passé composé

Le passé composé de l'indicatif est, comme son nom l'indique, un **temps composé**. Il se conjugue à l'aide de deux formes verbales : l'**auxiliaire** *être* ou *avoir* au **présent**, suivi du **participe passé** du verbe conjugué.

1. Choisir le bon auxiliaire

- Aux temps composés, la plupart des verbes se conjuguent avec l'auxiliaire *avoir*.

  *j'**ai** espéré, j'**ai** réfléchi, j'**ai** retenu*

- Cependant les verbes intransitifs qui expriment un mouvement ou un changement d'état utilisent l'auxiliaire *être* aux temps composés.

  *je **suis** parti, je **suis** venu, je **suis** mort*

Remarque
Un verbe **intransitif** est un verbe qui se construit sans complément d'objet.

2. Orthographier correctement le participe passé

- Les verbes du 1er groupe ont un participe passé en ***-é***.

  *Tu as hésit**é** à partir.*

- Les verbes du 2e groupe ont un participe passé en ***-i***.

  *Ils ont beaucoup vieill**i**.*

- Les participes passés des verbes du 3e groupe se terminent le plus souvent par ***-i*** (*parti, souri…*) ou ***-u*** (*connu, venu…*). Certains, cependant, se terminent par une consonne muette, ***-t*** ou ***-s***, au masculin singulier (*peint, compris…*). Pour **identifier la lettre finale** du participe passé, il faut mettre celui-ci au féminin.

  *vous avez concl**u** → conclue*
  *nous avons décri**t** → décrite*
  *je me suis assi**s** → assise*

Attention !
Une fois que tu sais quelle est la forme du participe passé d'un verbe, tu dois **appliquer les règles d'accord** du participe passé → Fiches 26 et 27.

29 Employer des verbes à l'imparfait et au passé simple

« Un jour, comme je me promenais sur le quai, je rencontrai un homme que je crus reconnaître.

Guy de Maupassant, « Apparition » (1883).

Dans cet exemple, la prononciation des deux verbes en bleu est identique, mais l'orthographe est différente : le premier verbe est à l'imparfait, le second au passé simple.

I Orthographier un verbe conjugué à l'imparfait

1. Connaître les terminaisons

- À l'imparfait de l'indicatif, les terminaisons sont les mêmes pour tous les verbes, quel que soit leur groupe : ***-ais, -ais, -ait, -ions, -iez, -aient***.

*j'ét**ais**, tu racont**ais**, elle vieilliss**ait**,*
*nous ment**ions**, vous sav**iez**, ils promett**aient***

- Ces terminaisons s'ajoutent au radical de la 1re personne du pluriel du présent de l'indicatif.

*nous **écriv**ons → j'écrivais ; nous **buv**ons → tu buvais ;*
*nous **croy**ons → il croyait*

Remarque
Cette règle est surtout utile pour les **verbes irréguliers**.
Pour les verbes du 1er groupe, le radical est en général le même à tous les temps et à toutes les personnes.

2. Connaître les particularités

- Les verbes en ***-ier*** : la 1re et la 2e personnes du pluriel s'écrivent avec **deux *i*** (le *i* du radical + le *i* de la terminaison).

nous ri/ions, vous ri/iez
La prononciation est quasiment identique au présent de l'indicatif : *nous rions, vous riez*. Si tu as un doute, conjugue le verbe à la 2e personne du singulier : *tu ris* (présent) → *tu riais* (imparfait).

- Les verbes en ***-gner***, ***-ller***, ***-yer*** : il ne faut pas oublier le *i* aux personnes du pluriel, même si on ne l'entend pas.

*nous ga**gni**ons, nous cuei**lli**ons, vous bala**yi**ez*

- Les verbes en ***-cer*** et ***-ger*** : ils s'écrivent ç ou *ge* à certaines personnes pour obtenir la prononciation convenable.

*je lan**ç**ais, nous lan**c**ions*
*je man**ge**ais, nous man**g**ions*

II Orthographier un verbe conjugué au passé simple

Les terminaisons diffèrent selon le groupe du verbe, et il n'y a pas de règle absolue concernant les verbes du 3e groupe. L'emploi du passé simple est aujourd'hui réservé à la langue écrite, notamment littéraire.

1. Connaître les terminaisons

Personne	1er groupe + *aller*	2e groupe + 3e groupe (la plupart en *-ir* ou en *-re*)	Autres verbes du 3e groupe + *être* et *avoir*
je	*-ai*	*-is*	*-us*
tu	*-as*	*-is*	*-us*
il	*-a*	*-it*	*-ut*
nous	*-âmes*	*-îmes*	*-ûmes*
vous	*-âtes*	*-îtes*	*-ûtes*
ils	*-èrent*	*-irent*	*-urent*

2. Retenir quelques particularités

- Les verbes *tenir, venir* et leurs composés (*retenir, parvenir*…) ont des terminaisons particulières : ***-ins, -ins, -int, -înmes, -întes, -inrent***.

  *il rev**int**, nous interv**înmes**, ils parv**inrent***

- Le radical de certains verbes est modifié.

  *être → je **f**us ; avoir → tu **eus** ; vivre → je **vé**cus ; naître → je **naqu**is*
  *devoir → il **d**ut ; savoir → il **s**ut ; pouvoir → il **p**ut*

III Choisir entre la 1re personne du singulier de l'imparfait et celle du passé simple

- *Je me promenais* (imparfait) et *je rencontrai* (passé simple) ont une terminaison qui se prononce de la même manière. Pour identifier de quel temps il s'agit, notamment dans une dictée, rappelle-toi que dans un récit :

– le passé simple sert à mettre l'**action au premier plan** ;

– l'imparfait sert à décrire ou à évoquer des **actions à l'arrière-plan**.

« Un jour, comme je me promenais sur le quai [action à l'arrière-plan], je rencontrai [action au premier plan] un homme que je crus reconnaître.

- Pour t'aider, tu peux également changer de personne.

  Un jour, comme il se promenait sur le quai, il rencontra un homme qu'il crut reconnaître.

  Un jour, comme nous nous promenions sur le quai, nous rencontrâmes un homme qui nous crûmes reconnaître.

30 Distinguer le futur simple du conditionnel présent

Je serai content si elle n'oublie pas encore une fois mon anniversaire.
Je serais content si elle m'offrait autre chose qu'un vilain pull.

Les deux verbes en bleu se confondent à l'oral, mais pas à l'écrit. Le premier est au futur simple de l'indicatif ; le second, au présent du conditionnel.

I Orthographier un verbe conjugué au futur simple

1. Connaître les terminaisons

Au futur simple de l'indicatif, les terminaisons sont les mêmes pour tous les verbes, quel que soit leur groupe : ***-ai, -as, -a, -ons, -ez, -ont***. Elles sont toujours précédées de la lettre ***r***.

j'aimerai, tu finiras, il cédera, nous croirons, vous parlerez, elles permettront

2. Écrire correctement le radical

- Les verbes du 1er et du 2e groupe font apparaître l'**infinitif entier** devant la terminaison.

danser → je danserai ; vieillir → je vieillirai

- Pour les verbes du 3e groupe qui ont un **infinitif en *-re***, le *e* de l'infinitif disparaît.

cuire → il cuira ; prendre → il prendra

- Certains verbes du 3e groupe présentent un radical spécifique au futur.

aller → j'irai ; faire → je ferai ; savoir → je saurai ; vouloir → je voudrai…

Attention !
Les **verbes en *-yer*** changent le **y** en un ***i*** à toutes les personnes du futur simple : *essuyer* donne *j'essuierai*. Le *e* de l'infinitif ne se prononce pas : *ils paieront*.

Il faut noter que certains verbes du 3e groupe **doublent le *r*** du radical à toutes les personnes.

Infinitif	Futur simple
pouvoir	*je pourrai, elles pourront*
courir	*je courrai, ils courront*
mourir	*je mourrai, elles mourront*
voir	*je verrai, ils verront*

II Orthographier un verbe conjugué au conditionnel présent

1. Connaître les terminaisons

Au conditionnel présent, les terminaisons sont les mêmes pour tous les verbes, quel que soit leur groupe : ***-rais, -rais, -rait, -rions , -riez, -raient***.

j'aimerais, tu finirais, il cèderait, nous croirions,
vous parleriez, elles permettraient

2. Écrire correctement le radical

Si le radical du verbe a été modifié au futur, il le sera également au conditionnel présent.

vouloir → je voudrai [futur simple], *je **voud**rais* [conditionnel présent]
mourir → il mourra [futur simple], *il **mour**rait* [conditionnel présent]

III Choisir entre la 1re personne du singulier du futur simple et celle du conditionnel présent

- ***-rai*** est la terminaison de la 1re personne du singulier du futur alors que ***-rais*** est la terminaison de la 1re personne du singulier du conditionnel présent.

Pour distinguer ces deux formes identiques à l'oral, il faut les conjuguer à la 2e personne du singulier.

Je serai malade si je mange tous ces gâteaux.
→ Tu seras malade si tu manges tous ces gâteaux. [futur simple]

Je serais malade si je mangeais tous ces gâteaux.
→ Tu serais malade si tu mangeais tous ces gâteaux. [conditionnel présent]

- N'oublie pas, par ailleurs, que le futur pose un **fait à venir** comme certain, tandis que le conditionnel est utilisé lorsque le fait envisagé est soumis à une *condition*, lorsqu'il est **hypothétique**.

« ÉLISE. – Je suis très humble servante au seigneur Anselme ; mais *(faisant encore la révérence)*, avec votre permission, je ne l'épouserai point.

HARPAGON. – Je suis votre très humble valet *(contrefaisant Élise)* ; mais, avec votre permission, vous l'épouserez dès ce soir.

Molière, *L'Avare*, I, 4 (1668).

Élise est sûre de ne pas vouloir épouser Anselme : *je ne l'épouserai pas* ; la réponse d'Harpagon confirme l'emploi du futur : c'est une certitude, le mariage aura lieu.

31 Connaître les emplois et les formes du subjonctif

« Voilà où les jeunes gens sont réduits par la maudite avarice des pères ; et on s'étonne, après cela, que les fils souhaitent qu'ils meurent.

Molière, *L'Avare*, II, 1 (1668).

Ainsi que le montre cet exemple, le subjonctif présent (*meurent*) peut ressembler à un présent de l'indicatif (*souhaitent*).

I Connaître les emplois du subjonctif

Le subjonctif est le mode des actions présentées comme possibles.

- Dans les **propositions indépendantes**, le subjonctif peut exprimer l'ordre, la défense, le souhait.

Qu'elle revienne !

- On rencontre également le subjonctif dans de nombreuses propositions **subordonnées** :

– les subordonnées **complétives conjonctives** compléments d'un verbe de volonté, de sentiment ou de doute ;

Je voudrais tant qu'elle revienne pour les fêtes de fin d'année.

– les subordonnées **circonstancielles de but** (*pour que, afin que*), **de concession** (*bien que, quoique*), **de temps** introduites par *avant que, jusqu'à ce que.*

Préviens-moi avant qu'il soit minuit.

II Connaître les formes du subjonctif

- Le subjonctif a deux temps simples : le présent et l'imparfait.
Le subjonctif a deux temps composés : le passé et le plus-que-parfait.
Dans la langue courante, seuls le subjonctif présent et le subjonctif passé sont employés.

Remarque
Les **deux autres temps** du subjonctif, l'imparfait et le plus-que-parfait, relèvent d'un registre nettement plus littéraire.

- Au **subjonctif présent**, tous les verbes (sauf *avoir* et *être*) prennent les terminaisons : ***-e, -es, -e, -ions, -iez, -ent*** ; ces terminaisons s'ajoutent au radical de la 1re personne du pluriel de l'indicatif présent.

que je chante, que tu finisses, qu'elle sorte

■ Au **subjonctif passé**, le participe passé est précédé selon le cas :

– de l'auxiliaire ***avoir*** au subjonctif présent : *que j'aie, que tu aies, qu'il ait, que nous ayons, que vous ayez, qu'ils aient ;*

que j'aie pensé

– de l'auxiliaire ***être*** au subjonctif présent : *que je sois, que tu sois, qu'elle soit, que nous soyons, que vous soyez, qu'elles soient.*

que je sois parti(e)

■ Voici le tableau de conjugaison du verbe *voir* aux quatre temps du subjonctif.

Subjonctif présent	Subjonctif passé
que je voie	que j'aie vu
que tu voies	que tu aies vu
qu'il voie	qu'il ait vu
que nous voyions	que nous ayons vu
que vous voyiez	que vous ayez vu
qu'ils voient	qu'ils aient vu
Subjonctif imparfait	**Subjonctif plus-que-parfait**
que je visse	que j'eusse vu
que tu visses	que tu eusses vu
qu'il vît	qu'il eût vu
que nous vissions	que nous eussions vu
que vous vissiez	que vous eussiez vu
qu'ils vissent	qu'ils eussent vu

III Distinguer indicatif et subjonctif

■ Certaines formes se prononcent de la même manière à l'indicatif et au subjonctif présent.

j'ai ; que j'aie
il voit ; qu'il voie

■ Pour les différencier, il faut remplacer le verbe par un autre verbe dont la forme est différente au subjonctif et à l'indicatif.

Nous voulons que tu voies/vois (?) un médecin.
→ Nous voulons que tu partes.

Le présent de l'indicatif *tu pars* serait ici incorrect. Il s'agit donc du subjonctif présent du verbe *voir* : il faut écrire *voies.*

Se tester QUIZ

Vérifie que tu as bien compris les points clés des **fiches 28 à 31.**

Pour chaque quiz, vérifie ta réponse à l'aide du corrigé et consulte les fiches de cours si nécessaire.

1 Présent et passé composé

→ CORRIGÉ P. 108

1 On veut conjuguer les verbes au présent. Quelle est la forme correcte ?

a. ☐ je feins ☐ je feinds

b. ☐ tu résouds ☐ tu résous

c. ☐ vous faisez ☐ vous faites

2 Avec quel auxiliaire se conjugue chaque verbe ?

a. devenir • • avoir

b. être • • être

c. s'envoler •

2 Imparfait et passé simple

→ CORRIGÉ P. 108

1. Parmi ces verbes, lesquels sont conjugués au passé simple ?

☐ **a.** il écrit ☐ **d.** tu décidais

☐ **b.** je semblai ☐ **e.** j'apprendrai

☐ **c.** nous voulûmes ☐ **f.** ils vinrent

2. Pour chaque verbe, indique ses terminaisons au passé simple à la 3e personne du singulier et à la 3e personne du pluriel.

a. espérer ☐ -a, -èrent ☐ -it, -irent ☐ -ut, -urent

b. déplaire ☐ -a, -èrent ☐ -it, -irent ☐ -ut, -urent

c. retenir ☐ -a, -èrent ☐ -it, -irent ☐ -int, -inrent

3 Futur simple et conditionnel présent

→ CORRIGÉ P. 108

1. Futur ou conditionnel présent ? Choisis la forme qui convient.

a. Si j'avais su, je ne … pas venu. ☐ serai ☐ serais

b. Nous … ce qu'il deviendra. ☐ verrons ☐ verrions

c. Sans mon frère, je m'… ☐ ennuierai ☐ ennuierais

2. On veut conjuguer les verbes au futur simple. Quelle est la forme correcte ?

a. Je ne … pas idiote. ☐ mourrai ☐ mourai

b. Il … vite. ☐ s'ennuiera ☐ s'ennuyera

c. Nous … toute la journée. ☐ couserons ☐ coudrons

4 Le subjonctif

→ CORRIGÉ P. 108

Parmi ces phrases, dans lesquelles le verbe en gras est-il au subjonctif ?

- ☐ **1.** Qu'elle **chantât** toute la nuit n'était pas pour lui déplaire.
- ☐ **2.** Il faut qu'il **ait** bien peu d'orgueil pour agir ainsi.
- ☐ **3.** Cela **aurait été** trop dommage de partir sans lui.
- ☐ **4.** Je doute qu'il **tienne** compte de mes avis.
- ☐ **5.** Et il faudrait que j'**accepte** de le revoir !

Vers le brevet

Exerce-toi en vue du brevet et révise les **fiches 28 à 31.**

Pour chaque exercice, aide-toi des conseils donnés et compare ta réponse à celle du corrigé.

5 Dictée : orthographier correctement des verbes

20 min

→ CORRIGÉ P. 108

Document **Un monde perdu**

Des scientifiques, parmi lesquels le docteur Simon et l'anthropologue Léonova, découvrent dans une sphère en or les membres d'une civilisation disparue.

« Avec mille précautions, Léonova poussa la porte métallique de la salle ronde. Elle s'ouvrit lentement. Léonova entra et s'effaça pour laisser passer Simon. Ils se tournèrent vers l'intérieur de la salle et regardèrent. La salle n'était éclairée que par les reflets que laissait entrer la porte ouverte. Dans cette pénombre d'or se tenaient six êtres humains. Deux étaient debout et les regardaient entrer. Celui de droite, dans un geste immobile, les invitait à venir s'asseoir sur une sorte de siège horizontal dont on n'apercevait pas le support. Celui de gauche ouvrait les bras comme pour une accolade de bienvenue. Tous deux étaient vêtus d'une lourde et ample robe rouge qui tombait jusqu'au sol et leur cachait les pieds.

René Barjavel, *La Nuit des temps*, © Presses de la Cité, un département de Place des Éditeurs, 1968, 2011.

Démarrons ensemble

- Deux sujets sont inversés : « les reflets que laiss**ait** entrer **la porte ouverte** » (l. 4) et « dans cette pénombre [...] se ten**aient six êtres humains** » (l. 4-5).
- Dans une des phrases, la négation *ne* ne s'entend pas. Mais la présence du mot *pas* te permet de reconnaître la forme négative : « on **n'**apercevait **pas** » (l. 7).

32 Repérer le sujet et les compléments du verbe

Ce groupe de rock compte trois musiciens et un chanteur.

Cette phrase comprend un sujet, bien sûr, mais aussi des compléments du verbe. Sais-tu les reconnaître ?

I Repérer le sujet

Le sujet accomplit l'action exprimée par le verbe à la forme active. Il est essentiel de le repérer car il commande l'**accord du verbe** → **Fiche 24**.

1. Comment procéder ?

Il te suffit de poser la question ***Qui est-ce qui ?*** ou ***Qu'est-ce qui ?*** suivie du verbe.
Tu peux aussi utiliser la formule ***c'est... qui...***

Ce groupe de rock a donné un concert mémorable.
Qui est-ce qui a donné un concert mémorable ?
Ce groupe de rock.
C'est ce groupe de rock qui a donné un concert mémorable.

2. Les pièges à éviter

Le sujet peut être **inversé** ou **séparé** du verbe par un complément.

La semaine prochaine, aura lieu à Paris un festival de rock international.
Ces morceaux, le groupe Nelson les joue à chaque concert.

II Identifier les compléments du verbe

1. Les compléments d'objet

- Certains verbes, dits transitifs, sont obligatoirement suivis d'un complément. Leur sens n'est pas complet sans ce complément appelé **complément d'objet**.
- Le complément d'objet peut être construit **directement** (COD) ou **indirectement** (COI ou COS), par l'intermédiaire d'une préposition, généralement *à* ou *de*.
- Pour identifier un complément d'objet, commence par observer la construction du verbe. Tu peux aussi **remplacer le complément par un pronom** : *le, la, les, en* (si c'est un COD) ; *lui, leur, en, y* (si c'est un COI) ; *lui, leur* (si c'est un COS).

Remarque
Le **COI** (complément d'objet indirect) ne peut pas être supprimé car il participe du sens du verbe. On parle de **COS** (complément d'objet second) quand le verbe a déjà un premier complément d'objet.

Verbe + complément	Exemple
jouer + COD	*Je joue ce morceau de rock. Je le joue.*
appartenir à + COI *s'inspirer de* + COI	*La guitare appartient à Tim. La guitare lui appartient.* *Les mélodies de ce guitariste s'inspirent de la musique country. Les mélodies de ce guitariste s'en inspirent.*
jouer + COD + COS	*J'ai joué ce morceau à mes amis. Je le leur ai joué.*

2. Le complément d'agent

Lorsqu'on transforme une phrase active en phrase passive, le sujet devient le complément d'agent. Ce complément est introduit par *de* ou *par*.

Les adolescents aiment beaucoup cette chanson.
→ *Cette chanson est très aimée par les adolescents.*

III Identifier les attributs du sujet et du COD

1. L'attribut du sujet

- Il permet de **caractériser le sujet** par l'intermédiaire du verbe *être* ou d'un verbe équivalent (*sembler, paraître, devenir*…).

La musique rock est devenue très populaire dans les années 1960.

- Attention aux confusions : certains verbes ont différents sens.

Cet album demeure (= est) inégalé.
C'est *cet album* [sujet] qui est *inégalé*.
Inégalé est un attribut du sujet.

Le guitariste demeure (= habite) rue de Maubeuge.
Rue de Maubeuge n'est pas un attribut du sujet mais un complément du verbe.

Remarque
Les verbes introduisant un attribut du sujet sont dits **attributifs**.
Une astuce pour les reconnaître : essaye de les remplacer par le signe =.

2. L'attribut du COD

- Il permet de **caractériser le COD** par l'intermédiaire d'un verbe exprimant le plus souvent un jugement : *trouver, considérer comme, tenir pour*…
- Il ne faut pas confondre l'adjectif attribut du COD et l'adjectif épithète appartenant au COD. Pour éviter la confusion, il te suffit de remplacer le COD par un des pronoms personnels *le, la, les*.

Je trouve le clip de ce groupe de rock très original. (Je le trouve très original.)
J'ai trouvé un enregistrement inédit de ce clip. (Je l'ai trouvé.)
Dans la première phrase, *très original* est bien un attribut du COD alors que, dans la seconde, *inédit* est un adjectif épithète qualifiant *un enregistrement*.

33 Analyser une phrase complexe

Tu sais ce qu'est une phrase : une suite de mots qui possède un sens complet et qui, à l'écrit, commence par une majuscule et se termine par un point. Mais qu'est-ce qu'une phrase complexe ?

I Repérer une phrase complexe

- Une phrase simple ne contient qu'**un seul verbe conjugué**.

La redoutable Milady veut tuer d'Artagnan.

- Une phrase complexe contient **plusieurs verbes conjugués**. Chaque verbe conjugué est le noyau d'une proposition.

« Pâle et terrible, Milady se redressa, et, repoussant d'Artagnan d'un violent coup dans la poitrine, elle s'élança hors du lit.

Alexandre Dumas, *Les Trois Mousquetaires* (1844).

Cette phrase compte deux verbes conjugués, donc deux propositions : c'est une phrase complexe.

Mot-clé

Une **proposition** est un ensemble de mots organisé grammaticalement autour d'un verbe afin de produire un sens cohérent.

II Analyser les liens entre les propositions

Dans une phrase complexe, les différentes propositions peuvent être juxtaposées, coordonnées, ou bien subordonnées.

1. Les propositions juxtaposées

Les propositions sont juxtaposées lorsqu'elles sont simplement séparées par un **signe de ponctuation** tel qu'une virgule, un point-virgule ou un deux-points.

« Et elle courut à un coffret de marqueterie posé sur la toilette, l'ouvrit d'une main fiévreuse et tremblante, en tira un petit poignard […].

Alexandre Dumas, *ibid.*

La phrase comprend trois propositions séparées par des virgules : ce sont des propositions indépendantes juxtaposées.

Remarque

Une **proposition indépendante** est une proposition qui ne dépend d'aucune autre et dont aucune autre ne dépend. Elle se suffit à elle-même.

2. Les propositions coordonnées

Les propositions sont coordonnées lorsqu'elles sont reliées par une **conjonction de coordination** (*mais, ou, et, donc, or, ni, car*) ou un **adverbe de liaison** (*cependant, puis, en effet*…).

« D'Artagnan la retint par son peignoir de fine toile des Indes pour implorer son pardon mais elle, d'un mouvement puissant et résolu, elle essaya de fuir.

Alexandre Dumas, *ibid.*

3. Les propositions subordonnées

- Une proposition est subordonnée lorsqu'elle est reliée à une autre proposition, appelée proposition principale, par un **mot subordonnant**, le plus souvent une conjonction de subordination ou un pronom relatif.
- La proposition subordonnée ne peut exister sans la proposition principale.

« Il recula, [comme il eût fait à l'approche d'un serpent] [qui eût rampé vers lui].

Alexandre Dumas, *ibid.*

Dans cette phrase, il y a trois propositions, dont deux propositions subordonnées (délimitées par les crochets). L'une est introduite par la conjonction de subordination *comme*, l'autre par le pronom relatif *qui*.

III Connaître les différentes propositions subordonnées

Voici un tableau répertoriant les différentes subordonnées selon la fonction qu'elles ont dans une phrase. Les exemples sont issus ou inspirés des *Trois Mousquetaires*, d'Alexandre Dumas.

Proposition subordonnée	Fonction	Exemple
relative	complément de l'antécédent	*D'Artagnan [...] reconnut la fleur de lis, cette marque indélébile [qu'imprime la main infamante du bourreau].* → subordonnée relative, complément de l'antécédent *cette marque indélébile*
complétive	complément d'objet	*Milady annonce à d'Artagnan [qu'elle va le tuer].* → subordonnée COD du verbe *annonce*
circonstancielle	complément circonstanciel	*[Quoique le jeune homme fût brave], on le sait, il fut épouvanté de cette figure bouleversée.* → subordonnée CC de concession

34 Distinguer deux types d'énoncés

Un énoncé peut être ancré dans la situation d'énonciation ou coupé de la situation d'énonciation.

I Identifier un énoncé ancré dans la situation d'énonciation

1. Définitions

- On appelle « **énonciation** » le fait de produire un énoncé, c'est-à-dire un message, écrit ou oral, adressé à quelqu'un dans une situation précise. Pour déterminer cette situation, dite « **situation d'énonciation** », il faut répondre aux questions suivantes : *qui parle ? à qui ? où ? quand ?*
- On dit d'un énoncé qu'il est ancré dans la situation d'énonciation quand on a besoin de connaître la situation d'énonciation pour le comprendre.

Remarque

On dit aussi que l'énoncé **fait référence** à la situation d'énonciation. Les deux expressions sont synonymes.

2. Les indices de l'énonciation

- Un énoncé ancré dans la situation d'énonciation comporte des indices de l'énonciation. Parmi ceux-ci, on distingue :

- les **indices de personne**, qui font référence au locuteur ou au destinataire ;
- les **indices de lieu et de temps**, qui font référence au lieu et au moment de l'énonciation ;
- les différentes **traces de la subjectivité** du locuteur.

- Prenons un exemple.

Témoignage recueilli au commissariat du Xe arrondissement de Paris, le samedi 6 novembre, par le policier de garde, auprès d'un jeune témoin.

Je promenais mon chien, aujourd'hui, vers quatre heures, lorsque j'ai vu un homme se faire violemment agresser par deux individus qui semblaient avoir une vingtaine d'années. Ils lui ont arraché son téléphone et se sont sauvés vers le métro. Je pense qu'ils sont entrés dans la station mais je ne peux pas vous l'affirmer. J'espère que vous pourrez les retrouver.

- indices de personne
- indice de temps
- traces de subjectivité

Sans les informations sur la situation d'énonciation données en introduction, on a du mal à interpréter le témoignage. Celui-ci comprend en effet des mots faisant référence à la situation d'énonciation : des indices de personne (en rose), qui se rapportent au jeune témoin et au policier de garde, un indice de temps (en vert), qui fait référence à la journée du 6 novembre, et les modalisateurs (en bleu) qui révèlent la subjectivité du locuteur.

3. Les temps employés

Dans un énoncé ancré dans la situation d'énonciation, le temps de base est le présent d'énonciation qui exprime des faits se déroulant au moment de l'énonciation. Ce temps est associé :

– à l'**imparfait** et au **passé composé**, pour exprimer un fait antérieur ;

Je promenais mon chien, aujourd'hui, vers quatre heures, lorsque j'ai vu un homme.

– au **futur**, pour exprimer un fait postérieur.

J'espère que vous pourrez les retrouver.

> **Attention !**
> Ne confonds pas **présent d'énonciation** et **présent de narration**. Ce dernier est employé dans un énoncé coupé de la situation d'énonciation à la place d'un passé simple, pour créer un effet dramatique : *Il promenait tranquillement son chien, soudain deux hommes surgissent et lui arrachent son téléphone.*

II Identifier un énoncé coupé de la situation d'énonciation

1. Définition

- Un énoncé qui se comprend **sans qu'on ait besoin de connaître la situation d'énonciation** est dit « coupé de la situation d'énonciation ». Il ne comporte aucun indice de l'énonciation.
- Prenons un exemple.

Ce jour-là, un jeune garçon promenait son chien, lorsqu'il vit un homme se faire violemment agresser par deux individus d'une vingtaine d'années qui lui arrachèrent son téléphone et se sauvèrent vers le métro. Le jeune témoin espérait que la police pourrait retrouver rapidement ses agresseurs.

Ce récit se comprend sans qu'on ait besoin de savoir qui l'a produit, quand et où.

2. Les temps employés

- Dans un récit au passé coupé de la situation d'énonciation, le **passé simple** et l'**imparfait** sont les temps de base. Ils sont associés :

– au **plus-que-parfait** pour exprimer le passé dans le passé ;

– au **conditionnel présent** pour exprimer le futur dans le passé.

- Dans le récit ci-dessus, les temps dominants sont bien le passé simple (*vit, arrachèrent, se sauvèrent*) et l'imparfait (*promenait*). S'y ajoute le conditionnel présent (*pourrait*) qui exprime le futur dans le passé.

35 Identifier les éléments qui contribuent à la cohérence du texte

Certains procédés grammaticaux relient les phrases entre elles et donnent au texte son unité : il s'agit des procédés de reprise et des connecteurs.

I Repérer les procédés de reprise

Pour qu'un texte progresse, il doit apporter des informations nouvelles. Mais cette progression repose aussi sur la reprise d'éléments déjà mentionnés. On distingue la reprise par un pronom et la reprise par un groupe nominal.

1. Les reprises pronominales

Elles reposent sur l'emploi d'un **pronom** qui est le plus souvent :
- un pronom personnel de la 3e personne ;
- un pronom démonstratif (*celui-ci, celle-là, cela*...) ;
- un pronom possessif (*le sien, la sienne*...) ;
- un pronom indéfini (*certains, quelques-uns*...).

« Gavroche, fusillé, taquinait la fusillade. Il avait l'air de s'amuser beaucoup. […] On le visait sans cesse, on le manquait toujours.

Victor Hugo, *Les Misérables* (1862).

Les pronoms personnels *il* et *le* reprennent le nom *Gavroche* sans le répéter. Ce sont des substituts du nom.

Mot-clé
Un **substitut** est un mot qui est employé à la place d'un autre.

2. Les reprises nominales

L'élément est repris à l'aide d'un **groupe nominal**, qui souvent apporte une information nouvelle ou précise le point de vue du locuteur. Il peut s'agir :

- d'un **synonyme**, avec parfois une différence d'intensité ou de niveau de langage ;

« Il jouait on ne sait quel effrayant jeu de cache-cache avec la mort ; chaque fois que la face camarde du spectre s'approchait, le gamin lui donnait une pichenette. ◆ Victor Hugo, *ibid.*

Gamin est un synonyme d'*enfant*, dans un niveau de langue plus familier.

- d'une **périphrase**, qui exprime en plusieurs mots ce qui peut l'être par un seul ;

« Une balle pourtant, mieux ajustée ou plus traître que les autres, finit par atteindre l'enfant feu follet. ◆ Victor Hugo, *ibid.*

– d'un **terme générique** qui englobe des termes plus spécifiques.

Jean Valjean, Gavroche, Cosette sont inoubliables : ces personnages tiennent une grande place dans l'imaginaire populaire.

II Repérer les connecteurs

On distingue trois grands groupes de connecteurs.

> **Mot-clé**
> Les **connecteurs** sont des mots de liaison : ils permettent d'établir une *connexion* entre les phrases dans un texte, et entre les propositions à l'intérieur d'une phrase complexe.

1. Les connecteurs spatiaux

Les connecteurs spatiaux organisent le texte par rapport à l'espace. Il peut s'agir d'adverbes ou de groupes nominaux **compléments circonstanciels de lieu**.

« L'homme avait à droite une palissade, quelque mur de grosses planches fermant une voie ferrée ; tandis qu'un talus d'herbe s'élevait à gauche, surmonté de pignons confus, d'une vision de village aux toitures basses et uniformes. [...] Mais, au ras du sol, un autre spectacle venait de l'arrêter.

Émile Zola, *Germinal* (1885).

2. Les connecteurs temporels

Les connecteurs temporels organisent le texte par rapport au temps. Ils précisent le déroulement chronologique du texte. Il peut s'agir d'adverbes ou de groupes nominaux **compléments circonstanciels de temps**.

« Alors, l'homme reconnut une fosse. [...] Maintenant, il entendait les moulineurs pousser les trains sur les tréteaux, il distinguait des ombres vivantes culbutant les berlines, près de chaque feu. ◆ Émile Zola, *ibid.*

3. Les connecteurs logiques

Les connecteurs logiques peuvent exprimer un rapport de **cause** (*car, en effet...*), de **conséquence** (*donc, ainsi, c'est pourquoi...*), d'**opposition** (*mais, pourtant...*) ou d'**addition** (*et, puis, ensuite, enfin...*).

« Si tu te crois autorisé à m'opprimer, **parce que** tu es plus fort et plus adroit que moi, ne te plains **donc** pas quand mon bras vigoureux ouvrira ton sein pour y chercher ton cœur.

Denis Diderot, « Sur l'esclavage », *Contribution à l'histoire des deux Indes de l'abbé Raynal* (1780).

Les connecteurs *parce que* [cause] et *donc* [conséquence] mettent en évidence la logique de l'argument de l'esclave.

Se tester QUIZ

Vérifie que tu as bien compris les points clés des **fiches 32 à 35.**

Pour chaque quiz, vérifie ta réponse à l'aide du corrigé et consulte les fiches de cours si nécessaire.

1 Deux types d'énoncés

→ CORRIGÉ P. 108

1. Indique à quel énoncé correspondent les types de textes cités ci-dessous. Relie les éléments entre eux.

a. lettre •	• énoncé faisant référence à la situation d'énonciation
b. article de dictionnaire •	• énoncé coupé de la situation d'énonciation
c. journal intime •	
d. dialogue •	

2. Indique dans quel type d'énoncé on trouve les temps cités ci-dessous. Relie les éléments entre eux.

a. présent d'énonciation •	• énoncé faisant référence à la situation d'énonciation
b. passé composé •	• énoncé coupé de la situation d'énonciation
c. passé simple •	
d. présent de narration •	

2 Les éléments de cohérence du texte

→ CORRIGÉ P. 108

1. Précise pour chaque reprise s'il s'agit d'un synonyme (S), d'un terme générique (G) ou d'une périphrase (P).

	S	G	P
a. J'ai lu *Les Fleurs du mal* : j'ai beaucoup aimé **ce recueil de poèmes de Baudelaire**.	☐	☐	☐
b. Je ne prends plus le train : **ce moyen de transport** est devenu trop cher.	☐	☐	☐
c. Je vais beaucoup au cinéma : je suis un adepte du **septième art**.	☐	☐	☐
d. J'ai égaré mon agenda : comment vais-je faire sans **ce carnet** ?	☐	☐	☐

2. Dans le texte ci-dessous, souligne en bleu les connecteurs temporels et en vert les connecteurs spatiaux.

« L'homme était parti de Marchiennes vers deux heures. […] Depuis une heure, il avançait ainsi, lorsque sur la gauche, à deux kilomètres de Montsou, il aperçut des feux rouges, trois brasiers […]. D'abord, il hésita, pris de crainte ; puis, il ne put résister au besoin douloureux de se chauffer un instant les mains.

Émile Zola, *Germinal* (1885).

S'entraîner

Utilise les connaissances acquises dans les **fiches 32 à 35.**

Pour chaque exercice, compare ta réponse à celle du corrigé.

3 Repérer les marques de la présence de l'émetteur et les niveaux de langue

→ CORRIGÉ P. 108

Document

Le narrateur, Ferdinand Bardamu, est plongé dans l'horreur de la Première Guerre mondiale…

« Notons qu'au début de la monstrueuse entreprise, c'est-à-dire au mois d'août, jusqu'en septembre même, certaines heures, des journées entières quelquefois, des bouts de routes, des coins de bois demeuraient favorables aux condamnés… On pouvait s'y laisser approcher par l'illusion d'être à peu près tranquille et croûter par exemple une boîte de conserve avec son pain, jusqu'au bout, sans être trop lancinés par le pressentiment que ce serait la dernière. Mais à partir d'octobre ce fut bien fini ces petites accalmies, la grêle devint de plus en plus épaisse, plus dense, mieux truffée, farcie d'obus et de balles. Bientôt on serait en plein orage et ce qu'on cherchait à ne pas voir serait alors en plein devant soi et on ne pourrait plus voir qu'elle : sa propre mort.

Louis-Ferdinand Céline, *Voyage au bout de la nuit*,

1. Dans l'extrait ci-dessus, relève les marques de la présence du narrateur et les modalisateurs, puis classe-les dans le tableau.

marques de la 1re personne	marques des sentiments	marques du jugement	marques du doute ou de la certitude

2. Relève dans le texte un mot appartenant au registre familier et traduis-le en langage courant.

Corrigés

I Lire des récits

1 **1. a.** • **2. b.** • **3. c.**

2 **1.** Vrai. • **2.** Vrai. • **3.** Faux. • **4.** Vrai.

3 **1. a.** • **2. c.** • **3. b.**

4 **1. c.** • **2. d.** • **3. b.**

5 **1.** Vrai. • **2.** Faux. • **3.** Vrai. • **4.** Faux : le lecteur hésite : le narrateur est-il fou ou y a-t-il intervention du surnaturel ?

6 **1.** Les **nouveaux immeubles**, baptisés « Villes Hautes », s'opposent aux **anciens quartiers de Paris**, sales et malsains, comme Montmartre. Les villes hautes sont présentées comme des innovations technologiques de **2050**, et bénéficient de noms connotés positivement (« masse dorée, ville radieuse »), tandis que les vieux quartiers correspondent à l'époque de publication du texte, soit la **première moitié du XXe siècle**. Le dernier paragraphe évoque le quartier de Montparnasse : c'est l'un des derniers anciens quartiers qui subsistent dans le Paris de 2050. Comme pour Montmartre, les connotations péjoratives semblent l'emporter : « océan de bruit, grondement énorme et confus ».

> **Rappel**
> La **dénotation** est le sens neutre d'un mot.
> La **connotation** est la valeur que le mot prend selon le contexte.

2. a. Le temps majoritairement employé dans le texte est l'**imparfait**, temps de la **description**.

b. Le passé composé exprime une action passée, mais qui s'interprète par rapport au présent du narrateur : celui-ci interrompt en effet son récit pour faire un commentaire personnel (« nous ont dit »). Cette phrase est donc **ancrée dans la situation d'énonciation**. Le reste du récit, lui, est coupé de la situation d'énonciation .

3. a. L'adjectif « innombrables » est formé du préfixe privatif *in-*, du radical *nombr-*, suivi du suffixe *-able* (qui indique l'idée de possibilité).

b. Étudier la formation du mot nous permet de comprendre précisément ce qu'il signifie : est « innombrable » ce qui ne peut pas être compté, car présent en trop grand nombre. Dans le texte, les avions sont trop nombreux pour être comptés.

c. On peut rapprocher ce terme de tous les nombres présents dans ce paragraphe, qui vont en augmentant : « cent mille » (usines), « millions » (d'autos), « vingt-cinq millions » (d'êtres humains).

4. Publié en 1943, le roman de Barjavel décrit le monde un siècle plus tard. Il s'agit donc d'un **roman d'anticipation**. Les progrès scientifiques et technologiques sont un thème essentiel de ce genre littéraire. Ici, les progrès mentionnés ont un caractère parfaitement plausible.

5. Le Paris du futur imaginé par Barjavel peut sembler moderne et plaisant. Cependant, l'auteur laisse entendre que plusieurs problèmes se posent. La très forte concentration humaine, par exemple, est effrayante (« vingt-cinq millions d'êtres humains entassés »). En outre, le progrès s'accompagne d'une certaine déshumanisation : le vacarme couvre « les simples bruits de vie, d'amour et de mort ».

Remarque

Le titre *Ravage* laisse à penser qu'il est impossible que la société décrite dans les premières pages du roman puisse perdurer sans conduire l'humanité à sa perte.

6. La photographie nous montre une maquette de Le Corbusier où de nombreux gratte-ciel sont répartis très géométriquement dans la ville de Paris. La photographie, qui rappelle le quartier de Manhattan à New York, peut provoquer une **impression positive** de modernité et de confort.

7. Le texte nous dévoile une ville où les principes de l'architecte (dont le nom est très reconnaissable) ont été appliqués. Mais l'auteur choisit de présenter cette application sous un jour déplaisant, car le progrès s'accompagne d'une certaine déshumanisation : « la passion », « le talent » et « l'amour » de l'art semblent absents de cette ville où le vacarme du monde moderne couvre « les simples bruits de vie, d'amour et de mort ».

II Écrire un récit

1 **1. a.** • **2. b.** • **3. b.** • **4. c.**

2 1. Vrai. • 2. Vrai. • 3. Faux. • 4. Faux.

3 **1. a.** • **2. b.** • **3. c.** • **4. a.**

4 **1. c.** • **2. d.** • **3. a.** • **4. b.**

5 **b.**, **c.** et **d.**

6 Cela faisait déjà plusieurs mois que Gabriel, mon frère, plus vieux de huit ans, avait terminé ses études et ne trouvait pas de travail. Sa spécialité, c'était... le renard. Après son bac, il s'était consacré à l'étude du comportement de ce mammifère dans son milieu naturel. Je me souviens de lui juste après l'obtention de son diplôme de biologie : il paradait en donnant pompeusement le nom de son métier – éthologue –, nom que personne ne connaissait mais qui « faisait bien ». Cependant il n'y avait pas beaucoup, voire pas du tout d'offres d'emploi pour les éthologues. Le voir désormais abattu et inquiet me fendait le cœur.

« J'ai trouvé du travail ! Tu as devant toi l'éthologue en titre de la cité scientifique internationale du Spitzberg, chargé d'étudier l'*alopex lagopus* ! »
Devant mon air ahuri, il s'aperçut de la nécessité de s'exprimer plus clairement :
« Je pars après-demain pour six mois étudier le renard blanc de l'Arctique au Spitzberg !
– Pour six mois ! répétai-je, horrifié. Mais c'est très long... Et c'est loin le Spitzberg ?
– C'est dans l'océan Arctique, près du Groenland », précisa-t-il, les yeux brillants d'enthousiasme.
Il partait au pôle Nord ! Bien sûr, je comprenais ce que ça pouvait représenter pour lui. Mais je n'arrivais pas à cacher ma détresse. Mon grand frère, celui que j'aimais plus que tout, allait partir pour de bon !

vocabulaire des sentiments

C'était terrible de savoir qu'aujourd'hui encore il était là, mais qu'après-demain... L'incrédulité le disputait au chagrin. Mais je ne pouvais pas me permettre de pleurer. Seulement j'avais beau me raisonner, ma peine débordait. Je ne pus réussir à retenir une larme, et courus me réfugier dans ma chambre.

III Le théâtre

1 **a.**

2 **1. b.** • **2. b.**

3 **1. b.**, **c.**, **d.** et **i.** • **2. d.** • **3. b.**

4 **1.** Ce texte est une **scène de théâtre**, comme le montrent le nom des personnages placés devant les répliques et les **didascalies** en italique.
Elle est extraite d'une **tragédie** antique revisitée par un auteur moderne. Les personnages sont de **condition royale**, à l'exception du garde.
Il y est question de **devoir**, de **vie** et de **mort**.

2. a. Antigone tente de recouvrir de terre le corps de son frère Polynice, laissé sans sépulture sur l'ordre du roi Créon.

b. Elle s'impose cette tâche car elle veut qu'il trouve le repos dans la mort.
c. Elle encourt la **peine de mort**.

3. Le garde s'exprime dans un niveau de langage **familier**. Il emploie des constructions et des expressions familières : « je voyais plus » à la place de « Je ne voyais plus » (l. 15), ou bien encore : « Je vais **au** camarade lui demander une chique pour passer ça » (l. 15-16).

4. Les paroles sont rapportées au **discours direct**, telles qu'elles ont été prononcées, entre guillemets. Cela rend la scène **plus vivante**, plus naturelle et conserve au dialogue des gardes toute sa truculence.

5. On peut bien sûr penser que le geste d'Antigone est inutile face à l'intransigeance de Créon : elle devrait plutôt choisir de vivre. Cependant, s'il n'existait pas des Antigones pour s'opposer à l'inacceptable, que serait le monde dans lequel nous vivons ? Ainsi, le sacrifice des résistants ou les risques pris par certains Français pour protéger des familles juives pendant la Seconde Guerre mondiale ne doivent pas être oubliés.
Sans aller jusqu'au sacrifice de sa vie, il faut être capable de ne pas se laisser aller à de petites lâchetés lorsque l'on est témoin d'une injustice.

6. Pour cette version d'*Antigone*, le metteur en scène a opté pour un **décor simple**, dépouillé, dans des teintes de gris.
Les **costumes** sont modernes : Antigone porte un pantalon gris, une chemise d'homme et les cheveux courts à la garçonne. Créon est en bras de chemise et bretelles. Rien ne rappelle qu'il est le roi, ni sceptre ni couronne.
Antigone, derrière Créon, semble révoltée et déterminée. Créon, lui, apparaît fatigué, accablé par sa tâche de roi et par son impuissance à faire entendre raison à la jeune insoumise.

7. Bien sûr, il existe bien d'autres possibilités de mise en scène : certains pourront préférer des costumes antiques, d'autres insisteront sur le contexte de l'occupation nazie. Cependant, cette version épurée, pleine de sobriété, semble à même d'emmener les spectateurs au plus proche de l'universalité du mythe.

IV La poésie

1 **1. a.** faux. **b.** faux. **c.** vrai. **d.** vrai • **2. a.** alexandrin. **b.** décasyllabe. **c.** octosyllabe.

2 **1. a.** vrai. **b.** faux (schéma « abba »). **c.** vrai. **d.** faux (c'est la répétition d'un même son consonne). **2.** rimes embrassées.

3 **1. b.** • **2. a.**

4 **1.** Le poète s'adresse d'abord à **Paris** (v. 6 à 9) : « Ne crie pas au secours Paris / Tu es vivant d'une vie sans égale. »
Il s'adresse ensuite aux **Parisiens**, ses « frères » d'armes, qu'il appelle à la révolte (v. 20 à 34).

2. a. Éluard **personnifie** Paris qu'il décrit vêtu comme une « vieille » qui « ne mange plus de marrons dans la rue », « qui dort debout dans le métro », qui souffre des privations et a perdu toute joie de vivre. Par cette personnification, il rend la ville humaine et émouvante.

> **Mot-clé**
> La **personnification** est un procédé stylistique consistant à évoquer une chose, une idée comme s'il s'agissait d'un être vivant.

b. Les comparaisons employées par Éluard sont **valorisantes**, parfois **contradictoires** : Paris est à la fois « fine comme une aiguille » et « forte comme une épée », elle tremble « comme une étoile », fragile mais lumineuse.

3. Ce poème est une déclaration d'amour à Paris. Éluard éprouve à la fois de la **compassion** et de l'**admiration** pour sa « belle ville ».

4. Il s'agit de **métaphores** : le « matin », c'est la lumière qui succède à l'obscurité ; le « printemps », c'est la saison du renouveau. Par ces métaphores, Éluard évoque donc l'espoir qui renaît, celui de la libération.

5. a. « Courage » est un **poème engagé**, écrit en 1942, durant l'Occupation. Son titre l'annonce d'emblée : c'est un appel à la révolte, à la résistance.

b. Par l'anaphore des quatre premiers vers (« Paris... »), qui crée un sentiment d'urgence, par l'emploi des 1re et 2e personnes (« tu » et « nous ») et par ses **phrases injonctives**, Éluard vise à provoquer un élan fraternel et patriotique chez les Parisiens : « Tu vas te libérer Paris », « Frères ayons du courage ».
Au **champ lexical de la guerre** (« casqués », « bottés », « morts », « sang », « ennemis », etc.) il superpose celui de l'**espérance**, employé surtout de manière métaphorique : « espoir survivant », « un rayon s'allume en nos veines », « lumière », « matin », « délivrance », « printemps naissant ».

Mot-clé
Figure d'insistance, l'**anaphore** est la répétition, en tête de vers, de phrase ou de membres de phrases, d'un mot ou d'un groupe de mots.

6. Par le pouvoir des mots, des images, des sons, l'art peut agir sur l'imaginaire, il peut rendre espoir, communiquer force et élan, constituer un rempart contre la barbarie. En témoigne le *Chant des partisans* (1943), hymne de la Résistance que sifflotaient les combattants des maquis. En témoignent également les milliers de textes, de dessins, de fleurs, de bougies qui ont surgi dans les rues de Paris après les attentats terroristes de janvier et novembre 2015.

7. a. La photographie de Doisneau fait écho à la deuxième partie du poème d'Éluard : « Tu vas te libérer de la fatigue et de la boue... » Elle est une sorte de réponse à l'appel du poète : Paris a pris les armes, les Parisiens se sont soulevés.

b. La photographie évoque les scènes de barricades qui jalonnent l'histoire de Paris. Elle exprime la **vulnérabilité** face à « la force Idiote » : ces hommes en costume civil, armés seulement de fusils et sommairement protégés derrière des sacs de sable, évoquent ceux décrits par Éluard (« Frères ayons du courage / Nous qui ne sommes pas casqués / Ni bottés ni gantés ni bien élevés »). Sur leurs visages se lit la **détermination** de ceux qui luttent pour la liberté.

V L'argumentation, la satire

1 1. b., a., d., c.

2 1. c. • 2. b. • 3. a.

3 a., c., d.

4 Lettre ouverte au président de la République et à tous ceux qui aiment notre belle planète.

Marseille, le 2 décembre 2015

Monsieur le Président,

Je me permets de solliciter votre attention sur le sort de notre planète et de tous les êtres qui la peuplent.
Tout ce que les médias rapportent m'inquiète. Serait-il possible que l'homme saccage irrémédiablement notre merveilleuse planète bleue ?
Ces images d'ours blanc pris au piège de la banquise qui se disloque me poursuivent. Et comment admettre que tant d'îles du Pacifique pourraient disparaître sous les eaux, contraignant leurs habitants à s'exiler et à abandonner un mode de vie séculaire ? J'ai le sentiment d'un immense gâchis. L'homme serait-il un apprenti sorcier ?
Je ne suis pas climatologue, mais je pense avoir compris l'essentiel en ce qui concerne les dangers qui menacent la planète : c'est à cause de notre pollution que le climat se réchauffe de façon si alarmante ; c'est en raison de ce réchauffement que les glaciers ont commencé à fondre ; c'est parce que la disparition de la banquise s'accélère que l'ours blanc et d'autres espèces polaires sont menacés.
Bien sûr, Monsieur le Président, je n'ai que quinze ans, mais il me semble qu'il est de notre devoir à nous, les jeunes, d'imaginer et de proposer une autre vision du monde et de la politique, moins égoïste, plus généreuse.

> **Attention !**
> N'oublie pas les **conventions épistolaires** : lieu et date, formule de politesse au début et à la fin de la lettre.

> **Conseil**
> Emploie des **connecteurs logiques** pour organiser tes arguments.

Nous pouvons peu et pourtant cela pourrait être beaucoup si nous nous donnions tous le mot : trions nos déchets, marchons, faisons du vélo, limitons notre consommation et tournons-nous vers la nature… Y a-t-il plus beau programme de vie ?
Et c'est à vous qu'il revient, Monsieur le Président, en fonction des pouvoirs qui sont les vôtres, d'influer sur la politique mondiale, de promouvoir et d'imposer les énergies renouvelables, de privilégier l'écologie plutôt que les profits économiques, de devenir celui qui aura su défendre notre planète et toutes les espèces animales et végétales qui la rendent unique. Nous en avons hérité : pouvons-nous accepter de la laisser, appauvrie, aux générations futures ?

J'espère, Monsieur le Président, avoir su vous convaincre de l'urgence de lutter pour la planète, notre bien à tous.
Je vous prie d'agréer, Monsieur le Président, l'expression de ma très haute considération.

Un jeune terrien amoureux de notre planète bleue.

Attention !
Ne signe pas ta lettre car ton identité ne doit pas apparaître sur ta copie.

VI Les genres autobiographiques

1 **1. c.** • **2. b.** • **3. a.**

2 **1. a.** et **d.** • 2. **b.**, **d.** et **e.**

3 **1. a.** salle de bain. **b.** lavabo. **c.** ombres

2. a. noir. **b.** monstrueuse. **c.** recroquevillé. **d.** anxiété

3. a. déformée. **b.** lui-même. **c.** psychologique

4 **1.** Le portrait est au premier abord essentiellement **physique**, et suit un certain ordre : il commence par des notations générales (taille, cheveux), puis s'intéresse au visage (nuque, front, yeux, teint), et enfin au corps (mains, jambes, épaules, hanches, posture, habillement). Mais les considérations physiques débouchent souvent sur des **caractéristiques morales ou psychologiques** : l'auteur a honte de sa tendance aux rougeurs, ses majeurs dénotent « quelque chose d'assez faible ou d'assez fuyant dans [son] caractère » (l. 14-15), et le choix de ses vêtements révèle des traits de caractère précis (« j'aime à..., j'ai horreur de... » (l. 19 et 22)).

2. La description repose principalement sur l'emploi d'**adjectifs**. On note également la présence d'une **comparaison** (« comme une muraille », l. 6).

3. a. Ces marques sont nombreuses : on peut notamment relever des verbes d'opinion (« Autant que je puisse en juger », l. 3-4) et des adverbes (« plutôt », l. 7, 16, 21 ; « trop », l. 17).

b. Ces modalisateurs expriment plus le doute que la certitude.

Mot-clé
On appelle **modalisateurs** les procédés utilisés pour dire l'adhésion plus ou moins grande de l'émetteur à son énoncé.

4. C'est un portrait **peu flatteur**, comme en témoignent de nombreux adjectifs péjoratifs : « front *bossué*, veines *saillantes*, peau *luisante*, mains *velues*, dos *voûté* ». Le champ lexical de la **petitesse** (« petit, maigres, courtes, étroites, guère de, pas très large ») insiste sur la faiblesse du corps. Les **notations psychologiques** sont elles aussi très **dévalorisantes** : « fuyant, faible, inélégant, humiliante ». Ce n'est donc pas un portrait nuancé.

5. On peut éprouver une certaine **pitié** pour cet homme qui se présente sous un jour si défavorable. Mais il faut également **s'interroger sur la sincérité** de ce portrait : l'auteur n'essaierait-il pas de désamorcer les critiques en les devançant ? Ou peut-être essaie-t-il de surprendre son lecteur en proposant dès la première page une image si étonnante de lui-même ? Les références amusées à l'astrologie, qui offrent une **parenthèse humoristique** inattendue, indiquent qu'il ne faut peut-être pas prendre totalement au sérieux ce portrait aussi sombre.

6. a. L'autoportrait de Francis Bacon peut provoquer une **impression dérangeante** : la déformation des traits, des ombres, de l'espace accentue la tonalité triste de la représentation, sans pourtant éveiller la compassion.

b. Le texte de Michel Leiris peut **être rapproché** de l'autoportrait de Francis Bacon, puisqu'il s'agit dans les deux cas de montrer une intériorité laide et dérangeante, propre à frapper le lecteur ou le spectateur. Ces autoportraits sont donc à lire comme **la transcription fidèle d'un état d'esprit** (subjectivité) **et non comme la reproduction de la réalité** (objectivité).

> **Remarque**
> **Francis Bacon** (1909-1992) a peint un portrait de Michel Leiris, caractérisé lui aussi par la déformation des traits du visage.

VII Les règles d'accord

1 **1. a.** vrai. **b.** faux. **c.** faux. **d.** vrai. **e.** vrai. • **2. a.** ranime. **b.** se déplacent. **c.** sont. • **3. a.** ai gagné. **b.** a raison. **c.** chantent.

2 **1. a.** ne s'accorde pas. **b.** s'accorde (*pourpres*). **c.** et **d.** ne s'accorde pas. • **2. a.** faux (ne s'accorde pas avec *page*). **b.** vrai (pourrait s'accorder : *cette œillade provocante*). **c.** faux.

3 **1. a.** effectué. **b.** répondu. **c.** aimé lire (le COD *tous les livres* complète l'infinitif *lire*, et non le verbe conjugué) • **2. a.** regardés (*se* = eux-mêmes = COD). **b.** souri (*se* = à eux-mêmes = COI). **c.** parlé (*se* = à eux-mêmes = COI). **d.** réconciliés (*se* = eux-mêmes = COD).

4

« Madame Loisel semblait vieille, maintenant. Elle était devenue la femme forte, et dure, et rude, des ménages pauvres. Mal peignée, avec les jupes de travers et les mains rouges, elle parlait haut[1], lavait à grande eau les planchers. Mais parfois, lorsque son mari était au bureau, elle s'asseyait auprès de la fenêtre, et elle songeait à cette soirée d'autrefois, à ce bal où elle avait été si belle et si fêtée.

Que serait-il arrivé si elle n'avait point perdu cette parure ? Qui sait ? qui sait ? Comme la vie est singulière, changeante ! Comme il faut peu de chose pour vous perdre ou vous sauver !

> adjectifs se rapportant à madame Loisel (vieille, forte, dure, rude, peignée, belle, fêtée)
> autres adjectifs (pauvres, rouges, grande, singulière, changeante)

1. **Haut** : ici, il ne s'agit pas ici de l'adjectif mais d'un adverbe (donc d'un mot invariable).

VIII L'orthographe des verbes

1 1. a. je feins. b. tu résous. c.vous faites. • 2. Avoir : b. Être : a. et c.

2 1. b., c. et f. • 2. a. *-a, -èrent*. b. *-ut, -urent*. c. *-int, -inrent*.

3 1. a. serais. b. partira. c. verrons. d. aimerais. e. ennuierais • 2. a. mourrai. b. s'ennuiera. c. courrez. d. coudrons. e. conduira.

4 Les phrases 1, 2, 4 et 5.

5

passé simple
imparfait

« Avec mille précautions, Léonova poussa la porte métallique de la salle ronde. Elle s'ouvrit lentement. Léonova entra et s'effaça pour laisser passer Simon. Ils se tournèrent vers l'intérieur de la salle et regardèrent. La salle n'était éclairée que par les reflets que laissait entrer la porte ouverte. Dans cette pénombre d'or se tenaient six êtres humains. Deux étaient debout et les regardaient entrer. Celui de droite, dans un geste immobile, les invitait à venir s'asseoir sur une sorte de siège horizontal dont on n'apercevait pas le support. Celui de gauche ouvrait les bras comme pour une accolade de bienvenue. Tous deux étaient vêtus d'une lourde et ample robe rouge qui tombait jusqu'au sol et leur cachait les pieds.

IX De la phrase au texte

1 1. a., c. et d. : énoncés faisant référence à la situation d'énonciation. b. : énoncé coupé de la situation d'énonciation. • 2. a. et b. : dans un énoncé faisant référence à la situation d'énonciation. c. et d. : dans un énoncé coupé de la situation d'énonciation.

2 1. a. : P – b. : G – c. : P – d. : S. • 2. connecteurs temporels : « vers deux heures, depuis une heure, d'abord, puis » ; connecteurs spatiaux : « de Marchiennes, sur la gauche, à deux kilomètres de Montsou ».

3 1.

Marques de la 1re personne	Marques des sentiments	Marques du jugement	Marques du doute ou de la certitude
notons • on (= nous) • soi • sa propre mort	être lancinés	monstrueuse	illusion • pressentiment

2. « croûter » = manger. L'écriture de Céline mêle continuellement un langage familier, voire trivial, et des passages soutenus d'une grande poésie.

HISTOIRE

HISTOIRE

1 Civils et militaires dans la Première Guerre mondiale

Conflit d'une durée inattendue, la Première Guerre mondiale mobilise les populations entières et les confronte à une violence inédite (1914-1918).

I L'expérience combattante

1. Une guerre à l'ampleur inédite

- La Grande Guerre, déclenchée en août 1914, est **d'abord européenne**. Elle oppose les **empires centraux** (Allemagne et Autriche-Hongrie) et la **Triple Entente** (France, Russie et Royaume-Uni).
- Le conflit **s'étend au monde**. D'août à novembre 1914, l'échec des offensives révèle l'équilibre des forces. La guerre de mouvement se transforme en guerre de tranchées. Les métropoles font appel à leurs colonies et, en avril 1917, les États-Unis s'engagent aux côtés de l'Entente.
- L'année 1917 marque un **tournant**. Les offensives meurtrières sapent le moral des troupes et des mutineries éclatent. En octobre, la défection russe (→ Fiche 2) affaiblit l'Entente. Au printemps 1918, la dernière tentative allemande de rompre le front est brisée. L'armistice est signé le 11 novembre 1918.
- La guerre a fragilisé les empires centraux et leurs alliés. En 1918, quatre empires ont disparu : l'Empire allemand, l'Empire austro-hongrois, l'Empire russe et l'Empire ottoman.

Mots-clés

La **guerre de mouvement** se caractérise par des offensives rapides et un front mobile. La **guerre de tranchées** (ou de position) se distingue par le maintien de positions fortifiées dans les tranchées et un front presque immobile.

2. La violence de la guerre de masse

- Durant les quatre années de guerre, l'**armement** connaît de grandes évolutions. La puissance de feu est considérablement augmentée. La combinaison d'armes classiques (mitrailleuses) avec le moteur et l'avion élargit les champs de bataille. L'armement chimique (gaz utilisés pour la première fois en 1915) a des effets physiques et psychologiques très lourds.
- L'enlisement du conflit entraîne une **mobilisation sans précédent** des populations : 70 millions d'Occidentaux (entre 1914 et 1918).
- La vie des soldats dans les tranchées est difficile (froid, boue, vermine) et rythmée par les montées en première ligne. Les offensives (toujours vaines), par leur durée et les masses humaines qu'elles mobilisent, se transforment en boucheries. À l'issue de la **bataille de Verdun** (février-décembre 1916), on compte 770 000 morts, blessés ou disparus, à part égale entre Français et Allemands.

II Les civils dans la guerre totale

1. L'effacement de la séparation traditionnelle entre combattants et civils

- Les **civils** connaissent des **conditions de vie difficiles** (pénuries, rationnements). Ils subissent également les **violences de la guerre** (bombardements) et représentent 40 % du total des victimes.

- Des **populations entières** sont prises pour cibles. En 1915-1916, le pouvoir ottoman déporte et massacre les **Arméniens**, accusés de pactiser avec l'ennemi russe. Ce génocide, le premier du XXe siècle, fait 1,5 million de victimes.

Mot-clé
Un **génocide** est l'extermination systématique et planifiée de nations ou de groupes ethniques.

2. La mobilisation de l'arrière

- La guerre totale suppose la mobilisation de l'ensemble de la société : individus, entreprises, économie. La répartition des matières premières, les salaires et les prix sont fixés par l'État. L'arrière, zone éloignée du front et des combats, doit armer des millions de soldats et peupler les usines vidées par la mobilisation. L'**appel aux non-combattants** (femmes, travailleurs coloniaux) se généralise.

Mot-clé
La **guerre totale** désigne un conflit dont les conséquences touchent l'ensemble des sociétés des pays mobilisés.

- La **propagande** joue un rôle central pour contrôler les esprits. La censure (dans la presse, la correspondance des soldats), la diffusion des nouvelles contrôlée par les états-majors et le « bourrage de crâne » doivent empêcher le découragement des populations.

- Le **bilan** est lourd : la Première Guerre mondiale fait au total 9 millions de morts et 20 millions de blessés.

HISTOIRE

Soldats français durant la bataille de Verdun, lors d'un arrêt des combats.
La guerre de 1914-1918 plonge les hommes dans une expérience combattante inédite.

2 De la révolution bolchevique au régime stalinien

Avec la lassitude de la guerre et l'affaiblissement du régime tsariste, la Russie connaît deux révolutions, puis l'instauration par Staline d'un régime totalitaire (1917-1939).

I Les révolutions de 1917

1. La fin du tsarisme

En Russie, alors que les mutineries se multiplient sur le front et que l'arrière est épuisé par les pénuries, une **première révolution spontanée en février 1917** entraîne le renversement du régime et l'abdication du tsar Nicolas II. Mais le gouvernement provisoire, issu de cette révolution, décide de maintenir le pays dans la guerre, ce qui le discrédite auprès du peuple.

2. La prise du pouvoir par Lénine

- En **octobre 1917**, l'insurrection des **bolcheviks**, minutieusement préparée par Léon Trotski, entraîne un coup d'État et l'arrivée au pouvoir de Lénine. L'objectif des bolcheviks est de poursuivre la révolution jusqu'au triomphe du communisme.
- Après l'armistice de décembre, les bolcheviks signent à **Brest-Litovsk** une paix séparée avec les empires centraux en mars 1918.

Mot-clé

Le **communisme** est la doctrine politique qui s'appuie sur les principes marxistes-léninistes et vise l'instauration d'une société sans classes sociales.

3. La guerre civile

- Pendant trois ans, une guerre civile meurtrière oppose Rouges (communistes) et Blancs (anticommunistes). Victorieux, **le régime bolchevik s'impose** en 1921.
- L'Union des Républiques soviétiques socialistes (URSS) est proclamée en 1922.

II La prise du pouvoir par Staline

1. Un pouvoir personnel

- Secrétaire général du parti bolchevik depuis 1922, Joseph Staline concentre peu à peu **tous les pouvoirs**. Après la mort de Lénine en 1924, il s'impose progressivement en éliminant ses principaux adversaires politiques.
- La **propagande** construit dès lors l'image d'un guide du Parti et de l'État soviétique, héritier de Lénine. Bientôt, c'est un véritable **culte de la personnalité** qui se met en place autour de Staline, surnommé le « petit père des peuples ».

2. La terreur comme instrument de pouvoir

- Le régime stalinien repose sur un système de terreur, organisé par la police politique, le **NKVD**. Les opposants sont envoyés au Goulag.
- Entre 1936 et 1938, la **« Grande Terreur »** frappe 680 000 personnes et les procès de Moscou permettent à Staline d'éliminer plusieurs personnalités du Parti.

Mot-clé
Le **Goulag** désigne l'ensemble des camps de travail forcé en URSS.

III La construction de l'État soviétique

1. Naissance et reconnaissance officielle de l'URSS

- L'adoption de la Constitution de l'URSS (1924) renforce la **centralisation**.
- La réinsertion du pays dans le jeu diplomatique s'effectue dans les années 1930, grâce à son engagement antifasciste. L'URSS adhère à la SDN en 1934. Mais Staline signe un pacte de non-agression avec l'Allemagne nazie en août 1939.

2. 1929, « le grand tournant »

- Staline veut transformer l'URSS en **grande puissance industrielle**. La planification de l'économie, lancée en 1928, accompagne l'étatisation des moyens de production.
- La **collectivisation** qui prévoit la création de fermes collectives (kolkhozes et sovkhozes) met fin à la propriété privée des terres.
- **Ses effets sont désastreux** : le niveau de la production agricole régresse. La famine de 1932-1933 ainsi que la « liquidation » des koulaks (paysans riches), font plus de 5 millions de victimes.

Mot-clé
La **planification** est la définition par l'État d'objectifs de production que les entreprises sont chargées de mettre en œuvre.

3. Un régime totalitaire

- L'État poursuit l'objectif de forger un Homme nouveau. La propagande présente l'*Homo Sovieticus* sous les traits d'un jeune travailleur, héros du travail tel **Stakhanov**.
- Seules les organisations syndicales et politiques qui dépendent du parti sont autorisées.

« La bannière de Lénine. »
Affiche (photomontage avec le portrait de Staline) réalisée par Gustav Kluzis, 1933.

3 L'installation du régime nazi

Porté au pouvoir par les élections, Hitler instaure en Allemagne une dictature totalitaire et raciste (1933-1945).

I Une arrivée légale au pouvoir

1. Une république allemande fragile

- En 1918, l'Allemagne fait l'expérience de la **défaite**. Le sentiment qu'un *Diktat* a été imposé par les vainqueurs, avec le **traité de Versailles**, alimente la **contestation** contre la République de Weimar instaurée en 1918.
- Adolf Hitler, à la tête du parti nazi (NSDAP), contribue à la **violence politique** par le biais de sa milice, les Sections d'assaut (SA). Les multiples confrontations avec les communistes sont brutales.

Mot-clé
Le terme **« nazi »** est d'abord la contraction du nom du parti national-socialiste des travailleurs allemands, fondé en 1920. Il désigne ensuite le régime instauré en Allemagne de 1933 à 1945.

2. Hitler chancelier

- Dans le contexte de la **Grande Dépression** qui touche de plein fouet l'Allemagne – le chômage atteint 30,8 % de la population active en 1932 –, le NSDAP réussit une percée électorale sur un **programme nationaliste, belliciste** (tourné vers la guerre) **et raciste**. Il devient le premier parti au Reichstag (l'assemblée).
- Le **30 janvier 1933**, le président Hindenburg nomme Hitler chancelier.

II La dictature hitlérienne

1. La suppression de la démocratie

- La dictature hitlérienne interdit les partis et les syndicats. La loi du 29 mars 1933 supprime les libertés individuelles. Le « Führer et chancelier du Reich » dirige à la fois le **parti unique** et l'État.
- Hitler jouit d'une **autorité sans partage** et d'une **immense popularité**. Son ministre de la Propagande, Josef Goebbels, organise de grandioses mises en scène lors des congrès du NSDAP.

Mot-clé
Une **dictature** est un régime politique qui rassemble tous les pouvoirs aux mains d'un seul homme ou parti qui s'impose par la force.

2. Terreur et répression

Les opposants sont poursuivis par la police politique, la **Gestapo**. Dès 1933, 50 000 Allemands sont internés dans le camp de concentration de Dachau. Ils sont près d'un million en 1939, répartis dans une trentaine de camps sous contrôle des **SS** (*Schutzstaffel*, « escadrons de protection »).

III Le projet nazi

1. Un régime totalitaire

- L'État veut forger un « homme nouveau » prêt à tous les sacrifices pour la réalisation de l'**idéal hitlérien**. Le régime totalitaire nazi repose sur un **embrigadement** de la population, visant à contrôler l'opinion et le comportement du plus grand nombre. Au sein des **Jeunesses hitlériennes**, les adolescents sont soumis à une discipline militaire.

Mot-clé
Un régime **totalitaire** cherche à contrôler tous les aspects de la vie publique et privée des individus.

- Les **« asociaux »** (handicapés, prostituées, homosexuels…) sont retranchés de la communauté : 50 000 d'entre eux sont **internés** entre 1937 et 1939.

2. Le mythe de la « race pure »

- Les nazis ont une **vision raciste** du monde : la « race » supposée supérieure, les Aryens, doit dominer les « races inférieures » (Slaves, Juifs, Tziganes).
- La politique **antisémite** est centrale : les **lois de Nuremberg (1935)** excluent les Juifs de la communauté nationale. Les pogroms se multiplient. Lors de la **Nuit de cristal** (9-10 novembre 1938), une centaine de Juifs sont tués, autant de synagogues brûlées et des milliers de magasins pillés.

3. Un régime expansionniste

- Dans *Mein Kampf* (1924), Hitler affirme la nécessité de conquérir un **« espace vital »** (*Lebensraum*) vers l'est pour la « race aryenne ». Cette conquête est présentée comme une revanche sur le *Diktat* de Versailles.
- Hitler ordonne la **remilitarisation** de l'Allemagne dès 1935, puis **noue des alliances** avec l'Italie mussolinienne (axe Rome-Berlin, 1936) et avec le Japon (Pacte anti-Komintern, 1936).

Adolf Hitler au congrès du parti nazi à Nuremberg, en septembre 1935.

HISTOIRE

4 L'expérience du Front populaire et la montée des périls

À l'origine d'importantes conquêtes sociales en France, le Front populaire ne peut se maintenir longtemps, dans un contexte de crise économique et de menaces extérieures (années 1930).

I La IIIe République affaiblie

1. La crise économique et sociale

Depuis 1931, la France est touchée par la **dépression économique mondiale**. Les faillites se multiplient et le **chômage** augmente fortement pour atteindre 10 % des salariés en 1936.

2. La violence politique

- La multiplication des scandales politico-financiers alimente un fort antiparlementarisme. Des associations (ligues) d'extrême-droite maintiennent un climat d'agitation mêlé de **xénophobie** (rejet de l'étranger).
- Le **6 février 1934**, à Paris, une manifestation à l'appel des ligues dégénère en **émeute** quand la foule approche du palais Bourbon. La gauche y voit une tentative de coup de force fasciste.

Mots-clés

L'**antiparlementarisme** est le rejet du système parlementaire, rendu responsable d'un affaiblissement du pouvoir.
Le courant politique d'**extrême droite** revendique un pouvoir fort, des valeurs nationalistes et une vision traditionnelle de la société.

3. L'union de la gauche dans un front antifasciste

- Le parti communiste (PCF) prend l'initiative d'un **Front populaire** unissant les partis de gauche contre le fascisme. **Communistes, socialistes (SFIO) et radicaux** forment une alliance électorale qui leur apporte la victoire aux élections législatives d'avril 1936.
- **Léon Blum** forme le gouvernement dans lequel entrent pour la première fois des femmes. Le PCF le soutient sans y participer.

Mot-clé

Au sens large, le **fascisme** désigne les courants et groupements politiques qui se revendiquent de la dictature de Mussolini en Italie.

II Le Front populaire : espoirs et déceptions

1. « Tout est possible » ?

- Des **« grèves de la joie »** éclatent en mai dans tout le pays pour exprimer l'espoir des ouvriers de conquérir de nouveaux droits. Les **lois sociales** de l'été imposent une augmentation des salaires de 7 à 15 % (accords de Matignon). Les salariés obtiennent deux semaines de congés payés et la semaine de travail de 40 heures.

■ Jean Zay, ministre de l'Éducation nationale, initie une ambitieuse **réforme scolaire** (l'âge de la scolarité obligatoire passe de 13 à 14 ans). Le gouvernement démocratise la **culture** en encourageant le cinéma et le théâtre populaires.

■ La Banque de France, la SNCF et plusieurs industries de guerre passent sous le **contrôle de l'État**.

2. Difficultés et oppositions

■ Mais le chômage et les prix augmentent. Les **difficultés financières** obligent le gouvernement à ralentir les réformes. Parallèlement, l'**extrême-droite** développe une propagande haineuse et violemment antisémite à l'égard de plusieurs membres du gouvernement.

■ Le Front populaire est **divisé**. Le PCF critique le refus d'intervenir dans la guerre civile espagnole (qui éclate en juillet 1936) pour aider le gouvernement républicain contre Franco, soutenu par Mussolini et Hitler. Les radicaux se font l'écho des classes moyennes et des paysans qui se sentent oubliés des réformes. En juin 1937, Blum démissionne.

III La France à la veille de la guerre

1. La montée des périls

■ Les gouvernements successifs restent passifs face aux **violations des clauses du traité de Versailles** par Hitler : occupation de la Rhénanie (mars 1936), rattachement avec l'Autriche (mars 1938).

■ En septembre 1938 à Munich, la France et la Grande-Bretagne cèdent devant les exigences d'Hitler sur les Sudètes (Tchécoslovaquie).

2. Une société en crise

En 1939, la **crise économique** qui persiste et le **vieillissement de la population** font douter les Français de la puissance du pays. Le pacifisme domine.

Les premiers congés payés des Français vus par le magazine *Regards* du 29 juillet 1937.

Se tester QUIZ

Vérifie que tu as bien compris les points clés des **fiches 1 à 4.**

Pour chaque quiz, coche la ou les bonne(s) réponse(s). Vérifie ta réponse à l'aide du corrigé et consulte les fiches de cours si nécessaire.

1 La Première Guerre mondiale

→ CORRIGÉ P. 162

1. Combien de morts la Première Guerre mondiale a-t-elle causé ?
- ☐ **a.** 2 millions.
- ☐ **b.** 9 millions.
- ☐ **c.** 20 millions.

2. Que peut-on dire de la guerre 1914-1918 ?
- ☐ **a.** C'est d'abord une guerre européenne.
- ☐ **b.** C'est une guerre totale.
- ☐ **c.** C'est une guerre mondiale.

2 Les régimes totalitaires dans l'Europe de l'entre-deux-guerres

→ CORRIGÉ P. 162

1. La collectivisation des terres en URSS entraîne :
- ☐ **a.** la redistribution des terres aux paysans.
- ☐ **b.** la réunion forcée des terres et des paysans dans des fermes collectives.
- ☐ **c.** la récupération des terres par leurs anciens propriétaires.

2. Qu'appelle-t-on la « Grande Terreur » en URSS ?
- ☐ **a.** la collectivisation.
- ☐ **b.** l'arrivée au pouvoir de Staline.
- ☐ **c.** les procès et les déportations décidés par Staline pour se débarrasser de ses ennemis politiques.

3. La théorie nazie de « l'espace vital » vise à :
- ☐ **a.** rassembler tous les Allemands dans le Reich.
- ☐ **b.** s'allier avec l'URSS en prévision d'une guerre européenne.
- ☐ **c.** conquérir des territoires à l'est de l'Europe pour la race aryenne.

3 Le Front populaire

→ CORRIGÉ P. 162

1. Le Front populaire est une alliance politique entre des partis :
- ☐ **a.** de gauche.
- ☐ **b.** de droite.
- ☐ **c.** de droite et du centre.

2. Le gouvernement du Front populaire instaure :
- ☐ **a.** le suffrage universel.
- ☐ **b.** la journée de 8 heures.
- ☐ **c.** les premiers congés payés.

Vers le brevet

Exerce-toi en vue du brevet et révise les **fiches 1 à 4.**

Pour chaque exercice, aide-toi des conseils donnés et compare ta réponse à celle du corrigé.

4 Rédiger un développement construit
45 min

→ CORRIGÉ P. 162

En quoi l'expérience de la guerre vécue par les soldats durant la Première Guerre mondiale est-elle inédite ?

Démarrons ensemble

- Commence par analyser les termes de la question : le sujet porte-t-il sur l'arrière ? Le front ? Que signifie « inédite » ?
- Réfléchis au quotidien du soldat (« expérience de la guerre ») : quel est-il ?

5 Analyser et comprendre un document
45 min

→ CORRIGÉ P. 162

Document Les lois de Nuremberg (1935)

« Certain que la pureté du sang allemand est la condition nécessaire pour assurer la vie du peuple allemand et animé par la volonté inflexible d'assurer l'avenir de la nation allemande, le Reichstag a décidé unanimement la loi promulguée ici :

1. Les mariages entre Juifs et citoyens allemands ou assimilé sont interdits. Les mariages consentis malgré cette interdiction n'ont pas de valeur, même s'ils ont été conclus à l'étranger pour ne pas tomber sous le coup de la présente loi.
2. Les relations extra-conjugales entre Juifs et citoyens allemands ou assimilé sont interdites. [...]
3. Les Juifs ne peuvent pas utiliser au service de leur ménage des femmes de sang allemand ou assimilé âgées de moins de quarante-cinq ans.
4. Il est interdit aux Juifs de pavoiser[1] aux couleurs allemandes nationales. Par contre, ils peuvent pavoiser aux couleurs juives : l'exercice de ce droit est protégé par l'État.

1. **Pavoiser** : orner un bâtiment de drapeaux.

1. Quelle est la nature du document ?
2. Comment le préambule présente-t-il l'objectif des lois de Nuremberg ?
3. De quelles caractéristiques du régime hitlérien ce document témoigne-t-il ?
4. Montre que ces mesures excluent les Juifs de la communauté allemande.

5 La Deuxième Guerre mondiale : une guerre planétaire (1939-1945)

Par la longueur du conflit, l'extension des théâtres d'opération, l'ampleur de la mobilisation des hommes et des économies, la guerre de 1939-1945 a entraîné un engagement total des sociétés.

I Les victoires de l'Axe

1. Les succès de la guerre-éclair d'Hitler

- De septembre 1939 à 1941, l'**Axe**, alliance militaire entre l'Allemagne nazie, l'Italie fasciste et le Japon, connaît des **succès militaires rapides**. La stratégie de la **guerre-éclair** (*Blitzkrieg*) menée par la **Wehrmacht** (l'armée du IIIe Reich) combine l'utilisation des blindés et de l'aviation. Elle permet l'invasion de la Pologne en quelques semaines, en septembre 1939, puis au printemps 1940, du Danemark, de la Norvège, des Pays-Bas et de la France qui signe l'armistice le 22 juin.
- La Grande-Bretagne, qui résiste aux bombardements stratégiques, se retrouve seule dans la guerre.
- La Yougoslavie et la Grèce sont occupées au printemps 1941 par les forces italo-allemandes.

Mot-clé

On appelle **bombardements stratégiques** une stratégie fondée sur des bombardements massifs visant à détruire les bases économiques de l'ennemi et à saper le moral des civils pris pour cibles.

2. La rupture du pacte germano-soviétique

- Hitler peut dès lors **envahir l'URSS**, conformément au projet nazi de **conquête d'un « espace vital » à l'est**. Le 21 juin 1941, il lance l'opération *Barbarossa*. La progression de la Wehrmacht est rapide : en septembre, elle est aux portes de Leningrad et menace Moscou.
- Staline appelle alors les Soviétiques à se mobiliser pour la « **grande guerre patriotique** ».

3. L'expansion japonaise en Asie

- En Asie, après la conquête de la **Mandchourie** par le Japon en 1931, la guerre reprend contre la **Chine** dès juillet 1937.
- Profitant de la guerre en Europe, le Japon s'empare des **colonies européennes**. Au printemps 1942, il **contrôle toute l'Asie du Sud-Est**.
- Le bombardement de la flotte américaine à **Pearl Harbor**, le 7 décembre 1941, déclenche l'**entrée en guerre des États-Unis**.

II La victoire de la Grande Alliance

1. Les années 1942-1943 : le tournant de la guerre

En juin 1942, dans le Pacifique, les Japonais perdent une partie de leur flotte à Midway. En Afrique du Nord, les Britanniques arrêtent l'avancée allemande à El Alamein en octobre 1942. Un mois plus tard, les Alliés débarquent en Algérie et au Maroc. Sur le front Est, la **victoire soviétique à Stalingrad** en janvier 1943 marque le début d'une lente reconquête.

2. Une guerre totale sans précédent

- La guerre suppose la **mobilisation des industries**. La machine industrielle américaine devient l'« arsenal des démocraties ».
- Le conflit est **idéologique**. Les Alliés, réunis autour des principes de liberté et de démocratie, s'opposent à la vision totalitaire et raciste de l'Axe.
- Le conflit ne peut se gagner sans l'adhésion des populations. La **propagande de guerre** utilise massivement la presse, la radio et le cinéma.

3. À partir de 1944, la progression alliée s'accélère

- Les débarquements en Sicile (juillet 1943) et en Calabre (septembre) entraînent la **capitulation de l'Italie**. Après l'opération *Overlord* en Normandie (6 juin 1944), le territoire français est peu à peu libéré tandis que l'Armée rouge progresse en Europe orientale et centrale.
- Les Alliés prennent en tenaille l'Allemagne, qui **capitule le 8 mai**. Après le largage de deux bombes atomiques sur Hiroshima et Nagasaki (6 et 9 août), **le Japon capitule à son tour le 2 septembre 1945**.

La Seconde Guerre mondiale fut le **conflit le plus meurtrier de l'histoire**, faisant entre 60 et 80 millions de morts, dont 65 % de civils.

Prise de Berlin par l'Armée rouge.
Cet événement marque la chute du IIIe Reich et la fin de la guerre en Europe.

6 Le génocide des Juifs et des Tziganes

Le régime nazi théorise et met en œuvre la destruction des Juifs et des Tziganes d'Europe.

I Le projet nazi : « purifier » l'Europe

1. L'antisémitisme « légal » dans l'Europe occupée

- Les Juifs représentent pour Hitler la « race inférieure » par excellence. L'occupation de l'Europe par les nazis s'accompagne d'abord de **lois visant à exclure les Juifs** de la communauté : interdiction de pratiquer certaines professions, d'accéder aux lieux publics, aryanisation de leurs biens.
- Puis vient le temps du **recensement**. Dans les pays occupés, les Juifs ont l'obligation de se faire inscrire sur des registres et de faire apposer la mention « juif » sur leur carte d'identité.

Mot-clé

L'**aryanisation** désigne la confiscation des biens juifs pour les confier ou les vendre à des « Aryens ».

- Le **port de l'étoile** est obligatoire en Pologne dès 1939, en Belgique, aux Pays-Bas et en France à partir de 1942.

2. Le rejet des Tziganes, « race hybride »

- Considérés comme « asociaux » du fait de leur mode de vie nomade, les Tziganes d'Allemagne sont soumis, à partir de 1937, à un examen « biologique ».
- Le régime nazi préconise leur rassemblement dans des **camps de travail forcé** et leur **stérilisation** en masse.

II Les étapes de l'extermination

1. Le regroupement dans des ghettos

- Les ghettos (quartiers réservés aux Juifs) sont conçus comme une **étape préalable à la déportation**. Des centaines sont ouverts de la Pologne à la Grèce. Des dizaines de milliers de Juifs y sont entassés dans des conditions très difficiles (sous-nutrition, épidémies…).
- Pour les nazis, les ghettos doivent s'autosuffire. La population y est louée aux entreprises qui travaillent pour l'armée.

2. Les premiers massacres collectifs à l'Est

L'invasion de l'URSS en juin 1941 marque le début du **génocide des Juifs européens**. Quatre *Einsatzgruppen* (« groupes mobiles d'intervention ») fusillent toutes les familles juives dans les territoires conquis.

Arrivée de déportés au camp d'Auschwitz-Birkenau. Les déportés sont divisés en deux groupes : à gauche, ceux qui seront immédiatement exterminés dans les chambres à gaz ; à droite, ceux qui sont « sélectionnés » pour le travail.

3. Les camps d'extermination : l'industrialisation de la mort

- Le 20 janvier 1942, à la conférence de Wannsee, est décidée la **« Solution finale »** de la question juive, c'est-à-dire l'extermination des Juifs. La mise à mort systématique est mise en œuvre dans six camps d'extermination installés en Pologne : Chelmno, Belzec, Sobibor, Treblinka, Auschwitz-Birkenau et Majdanek.
- **Auschwitz** est à la fois un camp de concentration et un camp d'extermination. Femmes, enfants, vieillards et malades sont soumis à un « traitement » immédiat : gazage et incinération des corps dans des fours crématoires. Les déportés les plus solides sont envoyés dans le camp de concentration où ils subissent l'extermination par le travail.
- En décembre 1942, les **familles tziganes** du Reich sont déportées à Auschwitz, avant leur « liquidation » décidée en mai 1944. De nombreux Tziganes sont soumis à des expérimentations médicales atroces.

Mots-clés

Dans les **camps de concentration**, opposants, « asociaux », résistants et Juifs subissent la mort par le travail. Les **camps d'extermination** sont voués à la destruction immédiate de populations entières.

III Le bilan

- Les camps de la mort sont organisés dans une **logique de secret** : les fours crématoires doivent faire disparaître les corps. À la Libération, les nazis tentent de cacher les preuves du génocide en détruisant les chambres à gaz.
- Au total, on considère que le génocide a fait **5,1 millions de victimes juives** et entre **200 000 et 500 000 victimes tziganes**.

7 Les résistances dans l'Europe nazie

D'abord minoritaire et éclatée, la résistance s'organise ensuite et joue un rôle non négligeable dans la libération de l'Europe.

I Les débuts de la résistance

1. La diversité des résistances intérieures

- En 1940, la résistance en Europe est d'abord le fait d'une minorité. Dans les pays occupés, des **civils** s'organisent spontanément pour faire face à l'occupant. Résistants du quotidien, ils cherchent à mobiliser la population pour la défense des libertés, la protection des proscrits.
- Peu à peu, une **résistance armée**, spécialisée dans la guérilla (attentats, sabotages, embuscades) et le renseignement, s'organise. En URSS, à partir de l'été 1941, les partisans mènent la guérilla contre l'occupant nazi.

Mot-clé
Les **partisans** sont les combattants clandestins qui opèrent derrière les lignes allemandes.

2. La clandestinité des résistants

- **Traqués par la Gestapo** (police politique allemande), **les SS et les États collaborateurs**, comme le régime de Vichy, les résistants sont plongés dans la clandestinité.
- Le décret *Nacht und Nebel*, de décembre 1941, permet de les arrêter et de les **déporter**. Beaucoup meurent sous la torture, fusillés ou en déportation.
- Pour empêcher les populations de soutenir la résistance, les nazis utilisent des otages ou pratiquent des représailles aveugles.

3. Les deux centres de la résistance extérieure

- La résistance extérieure est, dès 1940, constituée des gouvernements en exil à **Londres** – gouvernements polonais, hollandais, luxembourgeois, tchèque – ou d'individus isolés. Ainsi, **Charles de Gaulle** est reconnu par **Winston Churchill** comme le représentant légitime de la France. Tous cherchent à réunir des moyens humains et financiers pour lutter contre l'occupant.
- À l'Ouest, les Britanniques mettent sur pied les **SOE** (*Special Operations Executive*) en charge du soutien logistique à la résistance intérieure. Les contacts se font par la radio (BBC) et les filières d'évasion.
- À l'Est, après juin 1941, **Moscou** devient la deuxième capitale de la Résistance et abrite les *leaders* des partis communistes en exil.

II Le tournant de 1942-1943

1. La résistance s'organise

- La radicalisation de la politique nazie gonfle les rangs de la résistance. À partir de 1943, les réfractaires au STO (Service du travail obligatoire) prennent le maquis.
- Les mouvements s'organisent et s'unifient. Ainsi, la Résistance française se centralise autour de la figure du général de Gaulle, grâce à l'action de **Jean Moulin** et à la création, en mai 1943, du **Conseil national de la résistance** (CNR).

Mot-clé

On appelle **maquis** les lieux, peu accessibles, dans lesquels se réfugient les résistants pour mener la guérilla.

- Dans d'autres pays (Yougoslavie, Grèce), les mouvements ne parviennent pas à s'unir et la Libération débouche sur des situations de guerre civile.

2. La résistance participe à la Libération

- Après les **débarquements** (→ Fiche 5), les Alliés peuvent s'appuyer sur les « combattants de l'ombre ». Absorbés ensuite au sein de l'armée, ils participent à l'invasion de l'Allemagne. C'est le cas des Forces françaises de l'intérieur (FFI) qui rejoignent les **Forces françaises libres** (FFL).
- Certains pays tentent de se libérer sans l'aide des Alliés. Si l'insurrection de Varsovie, en août 1944, est écrasée par les Allemands, l'**Armée de libération nationale** du communiste **Tito** reprend le contrôle de l'ouest de la Yougoslavie durant l'automne 1944.
- Dans de nombreux pays, des résistants siègent dans les gouvernements d'après-guerre. En France, le **Gouvernement provisoire de la République** (GPRF), dirigé par de Gaulle, s'installe dans Paris libéré en août 1944. Il confirme l'élargissement du droit de vote aux femmes et met peu à peu en œuvre le programme du CNR (Sécurité sociale, allocations familiales).

Affiche du mouvement de libération nationale, 1945. Elle célèbre la victoire des Alliés et de la résistance en France avec en médaillon les portraits de Staline, de Gaulle, Roosevelt et Churchill.

8 La France défaite et occupée : collaboration et résistance (1940-1945)

La France, vaincue par l'Allemagne en 1940, voit s'installer un gouvernement qui rejette la République et collabore avec le régime hitlérien.

I La défaite de la France

1. La débâcle et l'exode

- Après plusieurs mois d'une **« drôle de guerre »**, l'armée française cède devant l'offensive lancée par la Wehrmacht le 10 mai 1940.
- Les combats se soldent par 95 000 morts et 1,8 million de prisonniers, tandis que 8 millions de Français, fuyant l'avancée allemande, prennent le chemin de l'exode.

2. Le choix du printemps 1940

- Le **maréchal Pétain**, nommé président du Conseil, demande l'armistice. Héros de Verdun, il apparaît comme un sauveur aux yeux des Français.
- L'**armistice**, signé le 22 juin 1940, impose l'occupation de la moitié du territoire, le désarmement des troupes et le paiement de 400 millions de francs par jour au Reich.

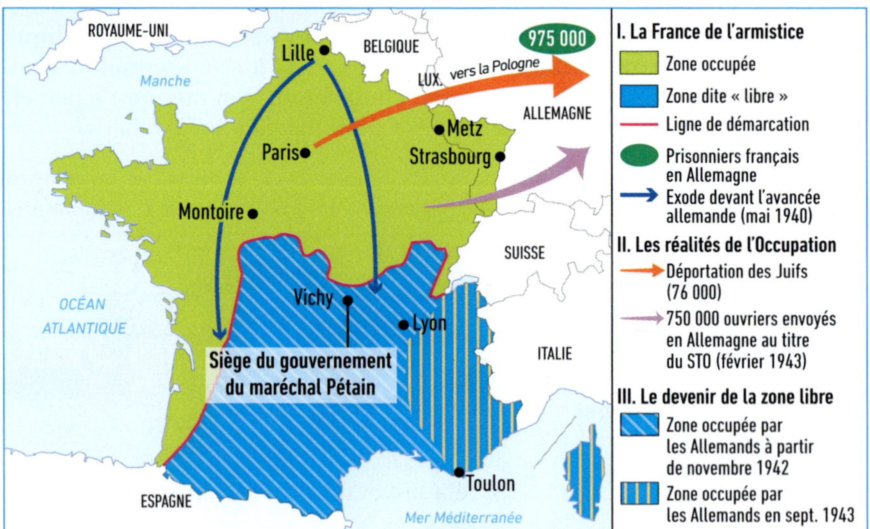

La France divisée et occupée.
La ligne de démarcation ne peut être franchie qu'avec un laissez-passer. Après l'invasion de la zone libre en novembre 1942, la tutelle nazie sur le gouvernement se renforce et la collaboration s'amplifie.

II Le régime de Vichy

1. La démocratie reniée par la « Révolution nationale »

- Le 10 juillet 1940, les parlementaires votent les **pleins pouvoirs à Pétain**. Les élections sont suspendues, les syndicats interdits, la presse et la radio censurées.
- La « Révolution nationale », promue par le gouvernement de Vichy, vise à réorganiser la France autour de **valeurs antirépublicaines**, synthétisées dans la devise « Travail, famille, patrie » que relaie la propagande. L'adoption d'un statut des Juifs (octobre 1940) traduit la nature **antisémite** du régime, qui prend le nom d'« État français ».
- Les Français sont peu sensibles à la Révolution nationale, mais le maréchal Pétain, objet d'un culte officiel, jouit d'une grande popularité.

2. La collaboration avec l'Allemagne nazie

- Inaugurée à Montoire par la rencontre entre Pétain et Hitler (24 octobre 1940), la collaboration est présentée comme un moyen de préserver la souveraineté française. Après l'occupation de la zone libre (novembre 1942), elle devient soumission.
- La **police** et l'**administration** épaulent l'occupant. La **Milice** soutient la Gestapo dans la traque des résistants. Les 16 et 17 juillet 1942, **16 000 Juifs sont raflés à Paris**, enfermés au Vélodrome d'hiver avant d'être déportés.

Mot-clé
Durant la Seconde Guerre mondiale, on appelle **collaboration** le soutien (individuel ou étatique) à l'Allemagne hitlérienne.

III La France du refus

1. Les « Français libres »

- Le **18 juin 1940**, à la BBC, le **général de Gaulle** appelle à continuer le combat. Il prétend assumer un pouvoir politique légitimé par le refus de la défaite.
- La France libre s'affirme. En 1941, de Gaulle est reconnu par les Alliés comme le représentant légitime de la France. Des **Forces françaises libres (FFL)** se battent aux côtés des Anglo-Américains dès 1942 en Afrique du Nord.

Mot-clé
Les individus qui ont fui à Londres, ainsi que les troupes et les colonies qui se sont placées sous l'autorité du général de Gaulle forment la **France libre**.

2. Vers la Libération

- À l'automne 1943, **Alger** devient la capitale de la France combattante. Le **Comité français de libération nationale** (CFLN) prépare la libération et le rétablissement de la légalité républicaine.
- Après le **débarquement** (6 juin 1944), la Résistance française soutient la progression alliée, ce qui permet à la France de figurer parmi les vainqueurs du conflit.

Se tester QUIZ

Vérifie que tu as bien compris les points clés des **fiches 5 à 8.**

Pour chaque quiz, coche la ou les bonne(s) réponse(s). Vérifie ta réponse à l'aide du corrigé et consulte les fiches de cours si nécessaire.

1 Une guerre planétaire

→ CORRIGÉ P. 162

1. Qu'appelle-t-on la guerre éclair ?

☐ **a.** la victoire de la Grande Alliance.
☐ **b.** les succès rapides du Reich en Europe.
☐ **c.** la reconquête du territoire soviétique.

2. Quand débute l'opération Barbarossa ?

☐ **a.** en juin 1941. ☐ **b.** en juin 1942. ☐ **c.** en juin 1943.

3. Quel est l'objectif des bombardements stratégiques ?

☐ **a.** Toucher les centres économiques de l'ennemi.
☐ **b.** Démoraliser les civils.
☐ **c.** Attaquer par surprise l'armée ennemie.

2 Le génocide des Juifs

→ CORRIGÉ P. 162

1. À la conférence de Wannsee de janvier 1942 est décidée :

☐ **a.** l'attaque de la Pologne.
☐ **b.** l'invasion de l'URSS.
☐ **c.** le génocide des Juifs européens.

2. Les camps d'extermination sont créés :

☐ **a.** en Pologne. ☐ **b.** en Allemagne. ☐ **c.** dans toute l'Europe.

3. Le génocide juif a fait :

☐ **a.** 1 million de morts. ☐ **b.** 3 millions de morts. ☐ **c.** 5 millions de morts.

3 La France occupée

→ CORRIGÉ P. 162

1. Le maréchal Pétain obtient les pleins pouvoirs légalement.

☐ **a.** Vrai. ☐ **b.** Faux.

2. En juin 1940, que propose le maréchal Pétain ?

☐ **a.** L'armistice. ☐ **b.** La capitulation. ☐ **c.** La paix.

3. Le régime de Vichy a protégé les Juifs et les résistants.

☐ **a.** Vrai. ☐ **b.** Faux.

4. Quelle est la mission de Jean Moulin en France ?

☐ **a.** Organiser la résistance extérieure.
☐ **b.** Créer de nouveaux maquis.
☐ **c.** Unir la résistance intérieure.

Vers le brevet

Exerce-toi en vue du brevet et révise les **fiches 5 à 8.**

Pour chaque exercice, aide-toi des conseils donnés et compare ta réponse à celle du corrigé.

4 Analyser et comprendre un document

45 min

→ CORRIGÉ P. 163

Document **Plan du camp d'Auschwitz-Birkenau**

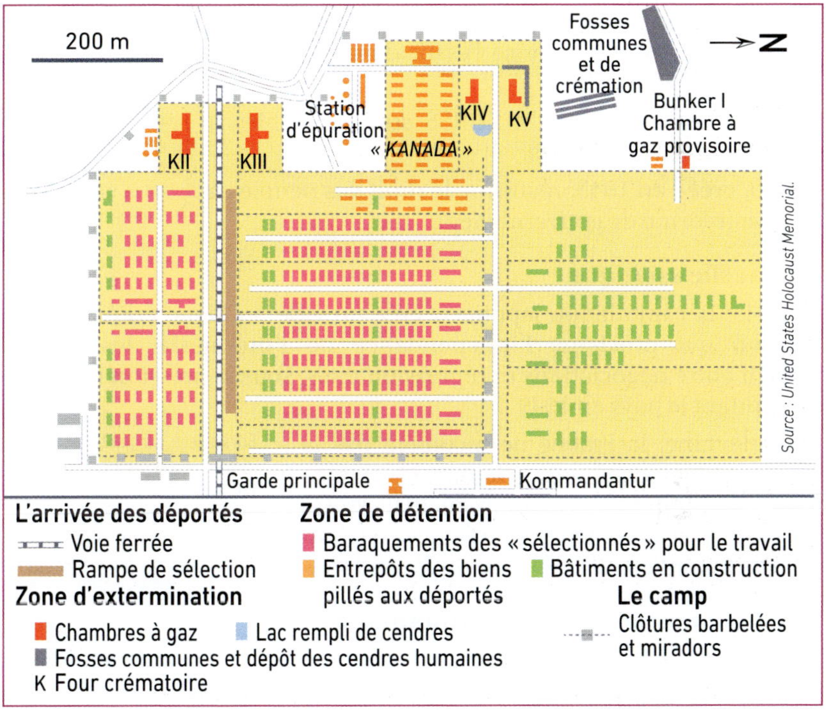

1. Identifie le document.

2. Où se situe le camp d'Auschwitz-Birkenau ? Qui les nazis y envoient-ils ?

3. Étudie le plan : comment le camp est-il organisé ? Que peux-tu en déduire sur sa finalité ?

4. Que nous apprend ce document sur le génocide juif et tzigane ? Quel en est le bilan ?

9 L'effondrement des empires coloniaux et l'indépendance des nouveaux États

La Seconde Guerre mondiale renforce le nationalisme dans les colonies et accélère l'émancipation de l'Asie, puis de l'Afrique.

I La décolonisation débute en Asie...

1. Les conséquences de la Seconde Guerre mondiale

- La défaite des métropoles européennes en 1940 met à mal leur image dans les colonies et y favorise l'essor de **mouvements indépendantistes**.
- En 1945, les États-Unis et l'URSS sont favorables à l'émancipation des colonies.
- L'**ONU, créée en 1945**, réaffirme le droit des peuples à choisir leur forme de gouvernement.

Mot-clé

L'**émancipation** désigne le processus par lequel un peuple dominé se libère de la tutelle coloniale.

2. L'étincelle asiatique

- En 1945, la capitulation japonaise crée un vide politique en Asie. Face à **Soekarno** qui proclame l'indépendance de l'**Indonésie**, les Pays-Bas alternent entre négociations et répression mais, sous la pression internationale, quittent le pays en 1949.
- En **Indochine**, la France ne reconnaît pas la République démocratique du **Vietnam** proclamée par Hô Chi Minh et le Vietminh en 1945. Après huit ans de guerre, les accords de Genève (en juillet 1954) reconnaissent le Vietnam indépendant.

Fondateur du parti communiste indochinois en 1930, **Hô Chi Minh** (1890-1969) est la principale figure du nationalisme vietnamien jusqu'à la fin des années 1960.

3. L'indépendance des Indes britanniques

- En **Inde**, les négociations entre le Royaume-Uni et les indépendantistes aboutissent à l'indépendance le 15 août 1947, mais au prix d'une partition : l'**Union indienne** majoritairement hindouiste et le **Pakistan** musulman.
- **Ceylan** (Sri Lanka) et la **Birmanie** s'émancipent en 1948, la **Malaisie** et **Singapour** en 1957 et 1959.

II ... et s'étend à l'Afrique

1. L'effet accélérateur de Bandung

En avril 1955, les leaders de 29 pays d'Asie, d'Afrique et du Moyen-Orient, nouvellement indépendants, organisent une **conférence internationale** à Bandung (Indonésie). Elle **condamne le colonialisme**, relance le processus de décolonisation et pose les bases d'une **solidarité entre pays dominés**.

2. L'émancipation des territoires français d'Afrique du Nord

- Les **protectorats tunisien et marocain** évoluent vers l'indépendance par la négociation. À la tête du Néo-Destour, le Tunisien Bourguiba obtient l'indépendance en 1956, comme le Maroc.
- En **Algérie**, le **Front de libération nationale (FLN)** entame la lutte armée en novembre 1954 par une série d'attentats. Au bout de huit ans, l'indépendance est reconnue en juillet 1962 par les accords d'Évian.

3. L'accès à l'indépendance de l'Afrique subsaharienne

- Dès 1957, grâce à l'action pacifique de Nkrumah, le **Ghana** ouvre la voie à la décolonisation des **territoires de l'Empire britannique**, qui s'achève dans les années 1960.

Nationaliste ghanéen, **Kwame Nkrumah** (1909-1972) appelle à la désobéissance civile contre la tutelle britannique et mène son pays jusqu'à l'indépendance (1957).

- Dans les colonies britanniques comptant une forte minorité blanche, des violences ont lieu. En Rhodésie, elles débouchent sur la partition entre le **Malawi** et la **Zambie**, dominés par la majorité noire (1963), et la **Rhodésie du Sud** où la minorité blanche accapare le pouvoir (1965).
- En 1960, alors que la Belgique quitte le **Congo**, les **territoires français d'Afrique subsaharienne** s'émancipent.
- Les **colonies portugaises** (Angola, Mozambique, Guinée-Bissau) accèdent à l'indépendance après 12 ans de guerre, à la chute de la dictature portugaise en 1975.

L'indépendance du Kenya. Le prince Philip, représentant la Grande-Bretagne, transmet solennellement le pouvoir au Premier ministre du Kenya, Jomo Kenyatta, lors de la cérémonie d'indépendance du pays, le 13 décembre 1963.

HISTOIRE

10 Un monde bipolaire au temps de la guerre froide

Après la Seconde Guerre mondiale, l'antagonisme idéologique entre les États-Unis et l'URSS entraîne une bipolarisation du monde lourde de dangers (1947-1962).

I Un monde bipolarisé

1. Un conflit de puissances

- Dès 1945, les relations entre les **États-Unis** et l'**URSS**, alliés dans la lutte contre le nazisme, se tendent. Les États-Unis s'inquiètent de l'expansion communiste en Europe de l'Est. En 1947, la politique américaine du ***containment*** (ou endiguement), énoncée par le président Truman, vise à contenir l'expansion communiste dans le monde, notamment par une aide économique via le plan Marshall.

Mot-clé

Le **plan Marshall** est l'aide financière (dons et subventions en nature et en dollars) versée par les États-Unis aux pays européens à partir de 1948, pour favoriser leur reconstruction.

- En réponse, le Soviétique Jdanov en appelle la même année à la lutte contre les États occidentaux qualifiés d'« impérialistes ». La création du **Kominform** vise à coordonner l'action des partis communistes d'Europe.

2. La constitution des blocs

- Le monde se divise dès lors en deux blocs structurés autour des États-Unis et de l'URSS (bloc de l'Ouest et bloc de l'Est) qui organisent des **réseaux d'alliances militaires** pour étendre leur zone d'influence.
- À l'**Alliance atlantique (OTAN)** organisée en 1949 autour des États-Unis, l'URSS répond par le **pacte de Varsovie** en 1955.

3. La concurrence entre deux modèles idéologiques

- Les **deux Grands** s'opposent dans tous les domaines : politique, diplomatique, militaire, économique… Mais c'est surtout l'**antagonisme idéologique** qui rend toute paix impossible. Le libéralisme politique et économique des Américains est incompatible avec le communisme soviétique.
- Le conflit idéologique prend la forme d'une **guerre de propagande**. Tous les moyens de communication sont mis au service de la dénonciation de l'adversaire : affiches, radio, cinéma…

II Un conflit par pays interposés, d'intensité variable

1. La course aux armements

La guerre froide voit alterner périodes de crises et d'apaisement. Mais l'**affrontement militaire direct est évité** par l'équilibre de la terreur.

Mot-clé
On appelle « **équilibre de la terreur** » la parité des moyens de destruction massive (bombe atomique) visant à dissuader l'adversaire de faire usage de la force.

2. Les crises répétées

- De 1947 à la mort de Staline (1953), les tensions sont fortes autour du sort de l'Allemagne occupée. L'échec du **blocus de Berlin** (juin 1948-mai 1949) décidé par Staline entraîne la partition du pays entre la **République fédérale d'Allemagne (RFA)** et la **République démocratique allemande (RDA)** en 1949.
- La guerre froide se déplace ensuite en Asie où est apparu un nouveau géant communiste, la **République populaire de Chine** dirigée par **Mao**. La tentative de la **Corée du Nord communiste** d'envahir le Sud est néanmoins mise en échec (guerre de Corée, 1950-1953).
- La fuite des Allemands de l'Est vers la RFA convainc l'URSS et la RDA de la nécessité de fermer le **« rideau de fer »**. Dans la nuit du 12 au 13 août 1961, l'érection d'un mur à travers Berlin bloque tout passage : le « mur de la honte » devient le **symbole de la guerre froide**.
- Lors de la **crise de Cuba** (1962), le risque de déflagration nucléaire met le monde « au bord du gouffre » et pousse Khrouchtchev et Kennedy à entrer dans une période de détente.

Est et Ouest. Caricature allemande de 1945.
Dès 1945, ce dessin souligne la division du monde en deux. Il présage qu'un affrontement est à venir entre les anciens alliés américain et soviétique.

HISTOIRE

11 De l'émergence du tiers-monde à la fin du monde bipolaire

Alors que chacun des deux Grands tente de maintenir la cohésion de son bloc, à partir des années 1960, la logique bipolaire est mise à mal par l'apparition de nouveaux acteurs sur la scène internationale (1962-1991).

I La détente à partir des années 1960

1. Un accord pour limiter le risque nucléaire

- Après la crise de Cuba, des **rencontres régulières entre les deux Grands** ont lieu. Le « téléphone rouge » facilite les communications.
- La **maîtrise des armements** paraît aussi la solution pour éviter un conflit fatal : le Traité de non-prolifération des armes nucléaires (1968) limite la possession de la bombe atomique aux cinq pays qui la maîtrisent (États-Unis, URSS, Chine, France, Royaume-Uni).

2. La remise en cause de la logique bipolaire

- Lors des **conférences de Bandung** (1955) et de **Belgrade** (1961), les États nouvellement indépendants s'opposent à la logique bipolaire : le tiers-monde refuse d'intégrer l'un ou l'autre bloc, affirmant ainsi sa volonté de **non-alignement**.

Mot-clé

Le **tiers-monde** désigne les pays anciennement colonisés et peu développés économiquement, affirmant leur solidarité sur la scène internationale.

- Dans le bloc communiste, rompant avec l'URSS (1959), la **Chine** offre au tiers-monde un **modèle concurrent** et condamne l'impérialisme des deux Grands. En Europe, la **contestation** monte dans le bloc de l'Est. En 1968, le « Printemps de Prague » est réprimé dans le sang.
- Parallèlement, les partenaires européens des États-Unis retrouvent plus d'**autonomie** avec la construction de la Communauté économique européenne (CEE).

3. Le repli américain

- Les États-Unis sont pris dans un engrenage au **Vietnam** où, pour contenir la poussée communiste du Nord, ils s'engagent massivement à partir du milieu des années 1960, dans une **guerre meurtrière** de plus en plus impopulaire. Ils sont contraints de partir en 1972, laissant la péninsule indochinoise aux communistes.
- En 1979, l'**invasion de l'Afghanistan** par l'URSS et l'installation d'une **République islamique en Iran**, ancien allié des États-Unis, sont autant de signes de l'affaiblissement américain sur la scène internationale.

La conférence de Bandung, avril 1955.
Le Premier ministre chinois, Zhou Enlai, prend la parole lors de la première conférence afro-asiatique qui se tient en Indonésie, nouvellement indépendante.

II La fin de la guerre froide

1. « America is back »

- Les États-Unis reviennent dans le jeu international avec, en 1980, l'élection de Reagan qui rompt avec la détente. Il entreprend une **croisade idéologique** contre « l'empire du Mal » et l'oblige à une nouvelle course aux armements ruineuse.
- Les États-Unis soutiennent les combattants afghans, contribuant à l'enlisement de l'Armée rouge, et arment la guérilla anticommuniste au Nicaragua.

2. L'arrivée au pouvoir de Gorbatchev et la chute du mur de Berlin

- En 1985, **Gorbatchev** lance de **profondes réformes** en URSS pour sauver le système communiste, à bout de souffle. Sa politique de restructuration économique (*perestroïka*) ébranle la cohésion du bloc de l'Est tandis que la politique de transparence (*glasnost*) libère la parole.
- La **chute du mur de Berlin** (novembre 1989) achève de déstabiliser l'URSS. En deux mois, tous les régimes communistes d'Europe de l'Est s'effondrent, la plupart pacifiquement.

3. La disparition de l'URSS

- Les revendications nationalistes dans les Républiques soviétiques, en particulier baltes, et un putsch conservateur raté en août 1991, provoquent l'**éclatement soviétique** : le 25 décembre 1991, la **démission de Gorbatchev** met fin à l'URSS et consacre la victoire des États-Unis dans la guerre froide.

12 La construction européenne jusqu'en 1992

En 1945 renaît l'idée de fonder une Europe politique unie. C'est pourtant sur des bases économiques que naît et s'approfondit la CEE.

I Les débuts de la construction européenne

1. La CECA

- En 1951, sous l'impulsion des Français **Jean Monnet** et **Robert Schuman**, une **Communauté européenne du charbon et de l'acier** (CECA) est instaurée entre six États européens : la France, la RFA, l'Italie, la Belgique, les Pays-Bas et le Luxembourg. Ces pays s'accordent sur la libre-circulation des produits sidérurgiques et du charbon.

2. L'échec de la CED

Dans le contexte de la guerre froide, les Américains incitent leurs alliés européens à créer une **défense commune**. Mais la Communauté européenne de défense (CED) échoue face au refus français (1954).

3. La Communauté économique européenne

- L'échec de la CED ouvre la voie à la relance de la construction européenne à partir de l'intégration économique.
- Le 26 mars 1957, les six membres de la CECA signent le **traité de Rome** qui fonde une Communauté économique européenne (CEE). Il prévoit l'établissement d'un **marché commun** fondé sur la libre circulation des personnes, des services et des capitaux. L'**Euratom** (Communauté européenne de l'énergie atomique) amorce une coopération dans le domaine nucléaire.
- Les premiers chantiers sont l'**union douanière** et l'organisation d'une **Politique agricole commune (PAC)** visant à rendre l'Europe autosuffisante sur le plan alimentaire : modernisation des exploitations, soutien du niveau de vie des agriculteurs par la stabilisation des prix et la sécurisation des approvisionnements.

Mot-clé

L'**intégration économique** est l'unification des politiques économiques de différents États pour l'établissement d'une zone de libre-échange.

II Quelle Europe ?

1. Le couple franco-allemand, moteur de la construction européenne

Avec le traité de l'Élysée (1963) signé entre le général **de Gaulle** et le chancelier **Adenauer** pour favoriser la **collaboration franco-allemande**, le couple devient le moteur de la construction européenne.

2. Les élargissements successifs

- En **1973**, le Danemark, le Royaume-Uni et l'Irlande adhèrent à la CEE.
- Les élargissements se font ensuite en direction de l'Europe du Sud : Grèce en **1981**, Espagne et Portugal en **1986**.

3. De lents approfondissements

À partir de 1974, les rencontres entre dirigeants européens deviennent régulières. En 1979, le **Parlement européen** est élu au suffrage universel direct. L'**Acte unique européen**, adopté en 1986, renforce les institutions européennes.

III Maastricht, une nouvelle ambition ?

1. La fin de la logique bipolaire en Europe

Entre 1989 et 1991, l'émancipation des pays du bloc de l'Est (Pologne, pays baltes, Tchécoslovaquie, Hongrie, Roumanie, Bulgarie) laisse présager un élargissement de la CEE. Il apparaît alors nécessaire de redéfinir les traités européens.

2. La naissance de l'Union européenne

- Pour préparer une future union politique, le **traité de Maastricht** (1992) institue l'Union européenne (UE), reposant sur « trois piliers » : la **Communauté européenne**, cadre de la libre circulation des marchandises, des services, des capitaux et des personnes ; la **Politique étrangère et de sécurité commune (PESC)** ; la **coopération policière et judiciaire** en matière pénale.
- Une **citoyenneté européenne** est créée, ainsi que la possibilité pour les ressortissants de l'UE de voter ou de se présenter aux élections locales et européennes dans leur État membre.
- Enfin, le traité institue l'**Union économique et monétaire (UEM)**, préparant ainsi l'adoption d'une future monnaie unique.

« L'Europe unie pour le progrès et pour la paix. »
Affiche italienne célébrant la signature, le 25 mars 1957 à Rome, des traités instituant la CEE et l'Euratom.

13 Le projet européen depuis le traité de Maastricht

Les élargissements successifs de l'Union européenne s'accompagnent d'un approfondissement de la logique communautaire, au prix de la mise en place d'une Europe à plusieurs vitesses (1992 à nos jours).

I Les enjeux d'une Europe élargie

1. De nouveaux candidats

- En **1995**, l'UE s'élargit à **trois nouveaux États** : l'Autriche, la Finlande et la Suède.
- Pour les pays candidats d'**Europe de l'Est**, des critères politiques - disposer d'institutions stables et démocratiques - et économiques - une économie de marché - sont fixés.

2. L'euro

- Dans le domaine économique, la Banque centrale européenne (BCE) est créée en 1998. Indépendante des institutions nationales et européennes, elle est chargée d'émettre la **monnaie unique européenne**, l'euro, mise en circulation dans 11 pays en janvier 2002.

Mot-clé

Institution monétaire de l'Union européenne, la **Banque centrale européenne** est en charge de l'émission de l'euro. Son siège se trouve à Francfort (Allemagne).

- En 2015, la **zone euro** concerne **19 pays** de l'UE. Devenu la deuxième devise internationale derrière le dollar américain, l'euro facilite les échanges et renforce l'influence économique de l'UE dans le monde.

3. Schengen, un espace de libre-circulation des personnes

En 1995, les pays signataires de la **convention de Schengen** (1985) mettent en place un espace de libre-circulation des personnes. Celui-ci prévoit la suppression des contrôles systématiques aux frontières intérieures et un renforcement des contrôles aux limites extérieures de l'UE.

II Une Europe à plusieurs dimensions

1. L'Europe-continent

- En **2004**, huit pays d'Europe de l'Est (Estonie, Hongrie, Lettonie, Lituanie, Pologne, République tchèque, Slovaquie et Slovénie) ainsi que deux d'Europe du Sud (Chypre et Malte) intègrent l'UE. En **2007**, c'est au tour de la Bulgarie et de la Roumanie, suivies en **2013** par la Croatie. L'Union compte désormais **28 pays** et 514 millions d'habitants.

■ Les élargissements visent à étendre la **zone de stabilité et de paix** à une large partie du continent, de stimuler la **croissance économique** et les échanges, et de renforcer la **place de l'UE dans les affaires mondiales**.

2. Une Europe à plusieurs vitesses

Les élargissements soulèvent aussi de **nouveaux défis**, du fait des retards en matière de développement économique et social des nouveaux entrants.

III Des solutions longtemps différées

1. L'échec du Traité constitutionnel européen

L'élargissement appelait une réorganisation des institutions communautaires. C'était l'objectif du Traité constitutionnel européen (TCE) présenté en 2004, rejeté lors des référendums français et néerlandais.

2. Le traité de Lisbonne

Le traité de Lisbonne (2009) augmente les pouvoirs du Parlement européen, dorénavant en charge de l'élection du président de la Commission de Bruxelles. Un poste de **président du Conseil européen**, élu par le Conseil des chefs d'État et de gouvernement, est créé, ainsi que celui de **Haut représentant de l'Union** pour les affaires étrangères et la sécurité.

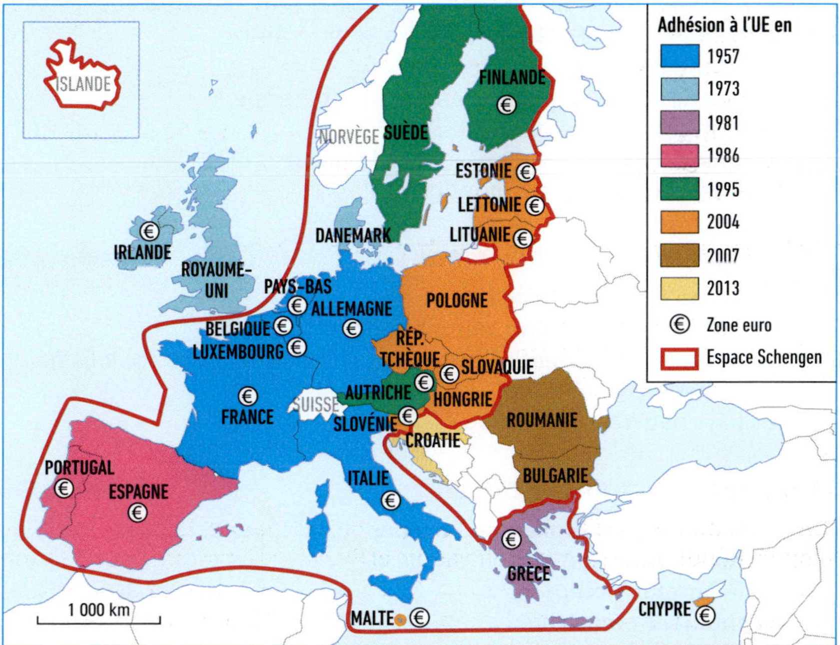

Une Europe à géométrie variable. L'élargissement de l'UE à de nouveaux États s'est accompagné d'un approfondissement de l'intégration économique et politique.

Se tester QUIZ

Vérifie que tu as bien compris les points clés des **fiches 9 à 13.**

Pour chaque quiz, coche la ou les bonne(s) réponse(s). Vérifie ta réponse à l'aide du corrigé et consulte les fiches de cours si nécessaire.

1 L'effondrement des empires coloniaux

→ CORRIGÉ P. 163

1. En 1945, Hô Chi Minh déclare l'indépendance :
- [ ] **a.** de la Birmanie.
- [ ] **b.** de l'Indonésie.
- [ ] **c.** du Vietnam.

2. Les accords d'Évian mettent fin à :
- [ ] **a.** la guerre d'Indochine.
- [ ] **b.** la guerre d'Algérie.
- [ ] **c.** la guerre du Vietnam.

2 La guerre froide

→ CORRIGÉ P. 163

1. La guerre froide est une période :
- [ ] **a.** d'affrontements directs entre les deux Grands.
- [ ] **b.** de confrontation entre les deux Grands par pays interposés.
- [ ] **c.** d'antagonisme idéologique entre les deux Grands.

2. Qu'est-ce que le plan Marshall ?
- [ ] **a.** Un plan de soutien militaire américain à l'Europe.
- [ ] **b.** Un plan d'attaque contre l'URSS.
- [ ] **c.** Une aide financière des États-Unis à l'Europe après la Seconde Guerre mondiale.

3 L'émergence du tiers-monde

→ CORRIGÉ P. 163

Qu'appelle-t-on le tiers-monde ?
- [ ] **a.** Les pays en guerre contre leur métropole.
- [ ] **b.** Des pays anciennement colonisés qui condamnent le colonialisme et affirment leur solidarité.
- [ ] **c.** Des pays pauvres.

4 La construction européenne

→ CORRIGÉ P. 163

Le traité de Rome met en place en Europe :
- [ ] **a.** un marché commun.
- [ ] **b.** une fédération politique.
- [ ] **c.** une monnaie commune.

Vers le brevet

Exerce-toi en vue du brevet et révise les **fiches 9 à 13.**

Pour chaque exercice, aide-toi des conseils donnés et compare ta réponse à celle du corrigé.

5 Analyser et comprendre un document

45 min

→ CORRIGÉ P. 163

Document **Le bras de fer entre les deux Grands**

« D'accord monsieur le Président, discutons. »
Caricature de Leslie Gilbert Illingworth, *Daily Mail*, 29 octobre 1962.

1. Présente le document et précise son contexte.
2. Décris le document et indique qui sont les acteurs de la crise de Cuba.
3. Comment comprends-tu la légende : « D'accord monsieur le Président, discutons » ?
4. Pourquoi la crise de Cuba est-elle considérée comme l'une des plus graves de la guerre froide ? Quelles ont été ses conséquences sur les relations américano-soviétiques ?

14 Un nouvel ordre mondial après 1989

La fin de la guerre froide a donné naissance à un nouvel ordre mondial dans lequel l'hégémonie américaine se trouve progressivement remise en cause.

I La superpuissance états-unienne

1. Un nouvel ordre mondial

- Avec la disparition de l'URSS en 1991, un ordre mondial **unipolaire**, dominé par les **États-Unis**, se met en place.
- La victoire rapide des États-Unis lors de la guerre du Golfe (1991) conforte le pays dans son statut de leader. En maintenant des dépenses militaires élevées, il s'impose comme la **seule puissance détentrice d'une force de projection planétaire**.
- Le président **Clinton** (1993-2001) veut promouvoir la **démocratie** et l'**économie de marché** à travers le monde. Il privilégie l'**action diplomatique** dans le règlement des conflits, malgré certains engagements militaires, comme en Bosnie en 1995.

2. La rupture du 11-Septembre

- Le 11 septembre 2001, les États-Unis sont frappés par des **attentats terroristes** perpétrés par des membres du réseau **Al-Qaïda**. Pour le président **Bush** (2001-2009), cela implique un **changement radical de la diplomatie américaine** et justifie la **guerre préventive** contre le terrorisme, avec l'intervention militaire en Afghanistan (octobre 2001) contre le régime taliban dénoncé comme base arrière d'Al-Qaïda.
- La même logique prévaut en 2003, lors de l'intervention en **Irak** pour renverser le régime de Saddam Hussein.

Mot-clé

Action violente à but politique, dirigée contre une institution, un État ou des civils, le **terrorisme** a pour but de créer un climat de peur.

II Les nouveaux conflits

1. Des enjeux complexes et de multiples acteurs

- Depuis les années 1990, les conflits combinent des **enjeux politiques, religieux et stratégiques** qui rendent les relations internationales plus complexes. Si le nombre de guerres entre États a diminué, les **conflits intraétatiques** (guerres civiles) ont augmenté.
- Les conflits mêlent de nombreux acteurs : **armées rebelles**, **minorités**, **groupes terroristes**. Les **civils** en sont les premières victimes. Ils fuient la guerre, grossissant les **flux de déplacés et de réfugiés**.

2. De nouvelles menaces

- Certains États cherchent à se doter de l'**arme nucléaire** (Corée du Nord, Iran), en violation du Traité de non-prolifération (1968) (→ Fiche 11).
- L'islamisme nourrit un **terrorisme de masse**. Al-Qaïda et son frère ennemi l'organisation **État islamique**, apparue en 2012, défendent le djihad et essaiment en Afrique, au Moyen-Orient et en Asie.

Mots-clés

L'**islamisme** est un mouvement politique qui veut imposer la loi musulmane dans l'organisation politique et sociale, au besoin par la violence (**djihad**).

III Vers un monde dépolarisé

1. L'échec américain et l'impuissance internationale

- À partir de 2011, les États-Unis incapables de rétablir la stabilité politique en Afghanistan et en Irak, décident d'**évacuer leurs troupes**.
- La déstabilisation de plusieurs régions du Moyen-Orient et d'Afrique révèle la **faiblesse des États** face à des contestations multiformes.
- Avec l'apparition de nouveaux acteurs non étatiques sur la scène internationale, les mécanismes traditionnels de sécurité collective, relevant en principe de l'ONU, semblent en panne.

2. Les nouveaux acteurs géopolitiques

- Dans un monde dépolarisé, où aucune puissance ne peut plus prétendre seule à l'hégémonie, la **Chine**, la **Russie** ou encore l'**Inde** veulent se faire entendre sur la scène internationale.
- L'**Union européenne** peine à parler d'une seule voix et laisse ses États membres agir seuls sur le plan diplomatique et militaire. Ainsi, la **France** intervient militairement au Mali en 2013 contre la menace islamiste.

Les attentats du World Trade Center, 11 septembre 2001.
Après l'attaque de la première tour, un autre avion vient s'encastrer dans la seconde. Ces attentats ont fait près de 3 000 victimes.

HISTOIRE

15 De nouveaux types de conflits : le Moyen-Orient

Au centre d'enjeux à la fois politiques, religieux et économiques, le Moyen-Orient est l'une des principales zones de conflit dans le monde contemporain.

I Une région en proie à de multiples tensions

1. Une mosaïque culturelle et religieuse

Carrefour de plusieurs civilisations, le Moyen-Orient brasse des **populations d'origines diverses** : Arabes, Turcs, Kurdes, Iraniens. De **multiples communautés religieuses** y cohabitent : juifs, chrétiens, musulmans divisés en une majorité sunnite et une minorité chiite.

> **Mots-clés**
> **Sunnisme** et **chiisme** sont les deux branches principales de l'islam. Leur antagonisme religieux donne lieu à des affrontements violents depuis plus d'un millénaire.

2. Des tensions liées aux ressources naturelles

- Première région au monde pour la production d'**hydrocarbures**, le Moyen-Orient recèle 90 % des réserves connues, ce qui représente un enjeu stratégique pour les grandes puissances.
- L'inégale répartition des ressources en **eau** y est aussi un facteur de tensions.

3. Une instabilité politique

- De nombreux **litiges territoriaux** persistent, comme le montrent la lutte des Palestiniens contre Israël et celle des Kurdes, dispersés entre la Turquie, l'Irak et la Syrie, pour obtenir la création d'un État-nation.
- Depuis les années 1980, l'**islamisme** alimente des **mouvements de contestation** divers dans de nombreux États (Égypte, Syrie, Irak). Il cristallise l'opposition contre les interventions étrangères.
- La **concurrence entre sunnisme et chiisme** prend des formes de plus en plus violentes. Elle est relayée par des rivalités entre puissances, notamment entre l'Arabie saoudite, sunnite, et l'Iran, chiite.

II Des conflits nombreux et multiformes

1. Le conflit israélo-palestinien

- Les **accords d'Oslo** (13 septembre 1993) entre Israël et les Palestiniens, sous l'égide des États-Unis, tentent de mettre fin au conflit démarré en 1948 (création de l'État d'Israël). Ils ouvrent la voie à la création d'un État palestinien. Mais l'objectif n'est pas atteint.

■ En 2000, la 2e Intifada est lancée. Israël y répond par la construction d'un **mur de 700 km** isolant les territoires sous tutelle palestinienne. Les attentats-suicides palestiniens et les représailles militaires israéliennes maintiennent une situation de **guerre larvée**.

Mot-clé
La **2e Intifada** (« guerre des pierres ») désigne le soulèvement des Palestiniens entre 2000 et 2004.

2. De la guerre du Golfe à la guerre d'Irak

■ En août 1990, **Saddam Hussein**, chef de l'État irakien, envahit le **Koweït**. En janvier-février 1991, l'ONU autorise l'intervention d'une **coalition de 34 États** sous commandement américain pour faire cesser cette occupation. La victoire militaire assure aux Américains une présence permanente au Moyen-Orient.

■ En 2003, les États-Unis lancent une nouvelle opération militaire pour renverser le régime irakien, accusé à tort de fabriquer des armes de destruction massive. La **chute de Saddam Hussein** n'entraîne pas de retour à la stabilité. Le désengagement des États-Unis (2011) laisse une situation de **guerre civile** entre sunnites et chiites.

3. De la guerre civile syrienne à la coalition internationale

■ En 2011, la Syrie sombre dans la guerre civile. Le **régime dictatorial d'Assad**, soutenu par l'Iran et la Russie, se bat contre l'**Armée syrienne libre** (ASL) et contre l'**opposition djihadiste**, de plus en plus puissante et organisée.

■ À partir d'août 2014, une **coalition arabo-occidentale** de 22 pays intervient par des bombardements aériens pour repousser la progression des djihadistes de l'État islamique, qui contrôlent un vaste territoire à cheval sur la Syrie et l'Irak.

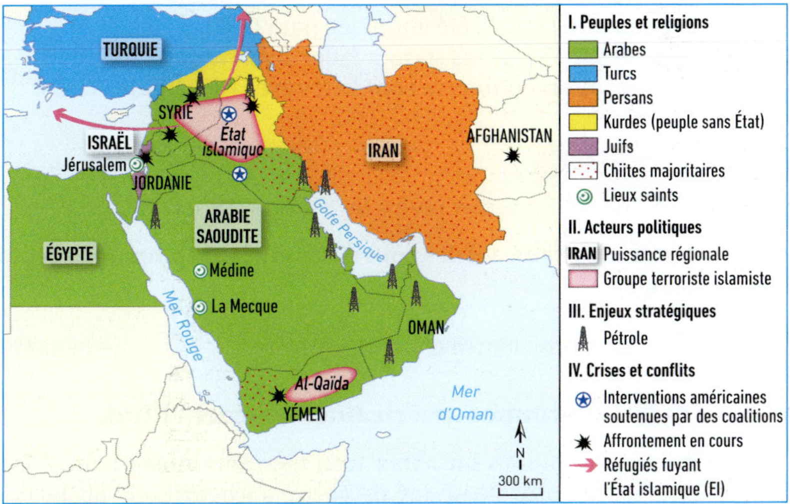

Le Moyen-Orient, un territoire de conflits : la situation depuis 2003.
L'imbrication des enjeux ethniques, religieux, politiques et stratégiques fait du Moyen-Orient l'une des principales zones de conflits du monde actuel.

Se tester QUIZ

Vérifie que tu as bien compris les points clés des **fiches 14 et 15.**

Pour chaque quiz, coche la ou les bonne(s) réponse(s). Vérifie ta réponse à l'aide du corrigé et consulte les fiches de cours si nécessaire.

1 Le monde après 1989

→ CORRIGÉ P. 164

1. Après la disparition de l'URSS, quel pays domine le nouvel ordre mondial ?

- ☐ **a.** Aucun.
- ☐ **b.** L'ensemble des pays du monde.
- ☐ **c.** Les États-Unis.

2. Quel type de conflit domine depuis la fin du XXe siècle ?

- ☐ **a.** Les conflits intraétatiques.
- ☐ **b.** Les conflits de civilisations.
- ☐ **c.** Les conflits interétatiques.

2 Les conflits du Moyen-Orient

→ CORRIGÉ P. 164

1. Quels types de guerres a connus le Moyen-Orient depuis la fin des années 1980 ?

- ☐ **a.** Des guerres régionales.
- ☐ **b.** Des guerres civiles.
- ☐ **c.** Des guerres aux enjeux internationaux.

2. Qu'est-ce qui distingue, sur le plan du droit international, la guerre du Golfe de 1991 de l'intervention américaine en Irak en 2003 ?

- ☐ **a.** Seule la guerre du Golfe a été autorisée par l'ONU.
- ☐ **b.** Rien, les deux interventions se sont faites sans l'accord de l'ONU.
- ☐ **c.** Rien, les deux interventions se sont faites avec l'accord de l'ONU.

Vers le brevet

Exerce-toi en vue du brevet et révise les **fiches 14 et 15.**

Pour chaque exercice, aide-toi des conseils donnés et compare ta réponse à celle du corrigé.

3 Analyser et comprendre un document

45 min

→ CORRIGÉ P. 164

Document **Les troupes américaines évacuent l'Irak**

« Barack Obama avait promis un retrait total des troupes américaines. Celui-ci est effectif depuis hier. Neuf ans de guerre s'achèvent sur un bilan très contrasté. […]

[…] L'opération « Iraqi Freedom » – la guerre la plus controversée depuis celle du Vietnam – s'achève donc dans l'amertume. Certes, le tyran Saddam Hussein a été renversé ; certes l'Irak a connu ses premières élections démocratiques depuis 50 ans. Mais à quel prix ? Plus de 100 000 morts parmi les civils sont à déplorer […] Des conflits ethnico-religieux entre sunnites, chiites et kurdes menacent la stabilité d'un gouvernement très fragile. […] L'économie du pays est exsangue : les services de base comme la distribution de l'électricité et de l'eau potable sont défectueux et la reprise des exportations du pétrole – 2,2 millions de barils par jour soit 7 milliards de dollars par mois – sont bien faibles. Cette troisième guerre du Golfe, guerre « préventive » théorisée par George W. Bush après les attentats du 11 septembre 2001 et qui a été émaillée de nombreux scandales […] aura aussi coûté cher aux États-Unis. Financièrement (770 milliards de dollars par an), humainement (4 484 soldats morts) et moralement.

Philippe Rioux, « Irak, la fin d'une sale guerre », *La Dépêche*, 19 décembre 2011.

1. Présente le document en rappelant quand a commencé la guerre en Irak.

2. Quel président américain a lancé l'intervention en Irak et sous quel prétexte ? L'ONU a-t-elle donné son accord ?

3. Pourquoi l'auteur du texte évoque-t-il une « guerre controversée » ?

4. Quel est le bilan de l'intervention ?

5. Explique la phrase soulignée et montre qu'elle annonce la déstabilisation générale de l'Irak à partir de 2012.

Démarrons ensemble

2. À l'aide du texte et de tes connaissances, rappelle le contexte dans lequel l'intervention militaire a été décidée.
3. À quelles critiques les Américains ont-ils dû répondre au sujet de cette intervention ?
4. Quel a été le prix de la guerre pour les États-Unis ? Pour l'Irak ? Envisage l'aspect économique et financier, mais aussi humain (le nombre de victimes).
5. Que sais-tu de la situation en Irak aujourd'hui ?

16 La refondation de la République en France après la Libération

Au sortir de la guerre, la reconstruction politique de la France passe par l'instauration d'une nouvelle république et la mise en place d'une démocratie sociale (1944-1947).

I Reconstruire

1. Le rétablissement de la paix civile

- Le **Gouvernement provisoire de la République française (GPRF)**, dirigé par de Gaulle, s'installe dans Paris libéré en août 1944. Il intègre les diverses forces politiques issues de la Résistance.
- Pour mettre fin aux règlements de compte qui suivent la Libération (exécutions, lynchages des personnes ayant collaboré avec l'ennemi), le GPRF organise l'épuration. Celle-ci s'opère alors dans un **cadre juridique légal** avec la création de tribunaux spéciaux et d'une Haute Cour de Justice. Les procès de Pétain et Laval (août et octobre 1945) permettent de ressouder les Français dans la réprobation du régime de Vichy.

Mot-clé

Dans la France de la Libération, l'**épuration** désigne la traque des anciens collaborateurs du régime de Vichy et de l'occupant. Elle aboutit d'abord à des exécutions sommaires avant la mise en place d'une épuration légale (procès).

2. La modernisation des structures de l'État et de l'économie

- La **réorganisation de la fonction publique** et la création d'une École nationale d'administration (ENA) doivent permettre de former les nouvelles élites dirigeantes.
- La reconstruction de l'économie passe par la **nationalisation des secteurs stratégiques**, comme l'énergie, le transport, le crédit et la banque.

II Refonder la République

1. La naissance difficile de la IVe République

- Le 21 octobre 1945, les Français se prononcent par référendum contre le maintien de la IIIe République et élisent une **Assemblée constituante**. Mais la forme à donner à la nouvelle Constitution divise la classe politique, notamment la question du **nombre des assemblées** : socialistes et communistes souhaiteraient qu'il n'y en ait qu'une seule.
- En outre, **de Gaulle**, hostile au nouveau projet (retour à un régime d'assemblée), démissionne le 20 janvier 1946. En fondant, en 1947, le **Rassemblement du peuple français (RPF)**, il se range dans l'**opposition** au nouveau régime.

- La Constitution de la IVe République est approuvée par référendum à une faible majorité des Français (53 % des suffrages) en octobre 1946.

2. Un régime parlementaire

- Le **pouvoir exécutif** est détenu par le président de la République et par le président du Conseil (désigné par le président de la République) qui choisit ses ministres.
- Le **pouvoir législatif** appartient aux deux Chambres : l'Assemblée nationale et le Conseil de la République. Celles-ci élisent le président de la République et contrôlent le gouvernement, qu'elles peuvent renverser (motion de censure).

HISTOIRE

III Redéfinir la démocratie

1. L'obtention du droit de vote pour les femmes

Le GPRF considère que la libération de la patrie doit s'accompagner d'une émancipation politique des femmes. Le 29 avril 1945, **les Françaises votent pour la première fois** à l'occasion des élections municipales.

2. L'élargissement des droits sociaux

- L'instauration de nouveaux droits s'inspire du **programme du Conseil national de la Résistance (CNR)**. La **création de la Sécurité sociale** en 1945 installe la France dans l'État-providence. La mise en place des **allocations familiales** (1946) encourage la reprise de la natalité.
- En étendant à l'ensemble des citoyens des droits économiques et sociaux, le nouveau régime entend instaurer une **République démocratique et sociale**.

Mot-clé
L'expression d'**« État-providence »** désigne l'intervention de l'État dans l'économie afin d'assurer une meilleure redistribution des richesses et de prendre en charge différents risques sociaux (maladies, accidents du travail, vieillesse).

« Marianne aux stigmates », affiche de Paul Colin, 17 août 1944.
Avec cette Marianne souffrante, mais debout, Paul Colin rappelle les souffrances de la guerre et célèbre le relèvement de la République que la libération du territoire, par les Alliés et la Résistance, va rendre possible.

17 De Gaulle et la naissance de la Ve République

De Gaulle est au centre de la vie politique de la Ve République dont il a façonné les institutions. La nouvelle Constitution donne une place centrale à la fonction présidentielle (1958-1969).

I D'une république à l'autre

1. La chute de la IVe République

Face à la **guerre qui dure en Algérie** depuis 1954, la IVe République, affaiblie par l'**instabilité gouvernementale**, apparaît impuissante aux yeux de beaucoup. De Gaulle, qui s'était retiré à Colombey-les-Deux-Églises, se pose alors en recours.

2. La crise du 13 mai 1958

- Lors d'une manifestation à Alger, les Français d'Algérie soutenus par des officiers, craignant que la France accorde l'indépendance, prennent d'assaut le siège du Gouvernement général. **Ils réclament un changement de régime et le retour du général de Gaulle.**
- De Gaulle se déclare prêt à assumer le pouvoir et à préparer un nouveau projet constitutionnel. Il est nommé chef du gouvernement le 1er juin 1958.

3. La nouvelle Constitution

La nouvelle Constitution est **approuvée par référendum** à plus de 80 % le 28 septembre 1958. **De Gaulle est élu président de la République** en décembre 1958.

II Un équilibre des pouvoirs repensé

1. Le renforcement du pouvoir exécutif

- Le **président de la République**, élu par un collège de 80 000 grands électeurs, nomme le Premier ministre, qu'il peut révoquer. Il peut consulter les citoyens par référendum et dissoudre l'Assemblée. En cas de crise sur les institutions ou le pays, il peut disposer des pleins-pouvoirs (art. 16). Chef des armées, il dirige la politique étrangère.
- Le **Premier ministre** coordonne l'action du **gouvernement**. Son gouvernement et lui sont responsables devant l'Assemblée qui peut les renverser par une motion de censure.

2. La limitation des pouvoirs du Parlement

- Le **Parlement**, qui détient le pouvoir législatif, est composé de deux chambres : l'**Assemblée nationale**, élue pour cinq ans au suffrage universel direct, et le **Sénat**, élu au suffrage indirect tous les neuf ans (renouvelable par tiers).

- Le Parlement n'a pas la maîtrise de son ordre du jour, fixé par le **gouvernement**. Celui-ci peut faire passer certaines lois sans débat ni vote (art. 49.3).
- Le scrutin majoritaire aux élections législatives assure des majorités parlementaires larges et stables, dont la vocation est de soutenir le gouvernement.
- Le **Conseil constitutionnel** vérifie que les lois sont conformes à la Constitution.

Mot-clé

Mode de scrutin adopté pour l'élection des députés, le **scrutin majoritaire** est uninominal (choix d'un seul nom) et à deux tours. Pour être élu au premier tour, le candidat doit obtenir la majorité absolue des voix. Au second tour, la majorité relative suffit.

III La pratique gaullienne du pouvoir

1. La révision constitutionnelle de 1962

- Dans le contexte de la crise algérienne (attentats, manifestations en Algérie et en métropole), de Gaulle veut **renforcer la légitimité présidentielle**.
- Le référendum d'octobre 1962, proposant l'**élection du président de la République au suffrage universel direct**, est largement approuvé.
- Les partis de gauche dénoncent une dérive monarchique du régime.

2. Les années de Gaulle

- Par ses voyages en province et ses conférences de presse télévisées, de Gaulle établit un **lien direct** avec les Français. Les référendums sont l'occasion de vérifier sa popularité.
- Il s'appuie sur un **parti gaulliste puissant** (UNR puis UDR) qui réunit une grande partie de la droite.
- En 1965, de Gaulle est élu pour un second mandat, mais il **démissionne** le 28 avril 1969, suite à l'échec du référendum sur la réforme du Sénat.

Affiche appelant à voter en faveur de la nouvelle Constitution, réalisée pour le référendum du 28 septembre 1958.
Le général de Gaulle apparaît en ombre portée de Marianne libérée de ses chaînes. L'adoption de la nouvelle Constitution est ainsi présentée comme un moyen de rompre avec la IVe République et le « système » des partis.

18 Les évolutions de la Ve République

Les évolutions de la vie politique, les alternances et les cohabitations montrent la souplesse des institutions de la Ve République (de 1969 au milieu des années 1980).

I Héritage et transition (1969-1981)

1. Georges Pompidou : héritier de De Gaulle à l'Élysée

Le gaulliste Pompidou est élu le 15 juin 1969. Il reprend à son compte la **pratique des institutions établie par de Gaulle** dont il a été le Premier ministre de 1962 à 1968. Le septennat est interrompu par sa mort le 2 avril 1974.

2. Valéry Giscard d'Estaing : continuité et rajeunissement

- Ministre des Finances de Pompidou, Giscard appartient à la **droite modérée** et s'affiche comme le **candidat du renouveau**. Il est élu le 19 mai 1974.
- À 48 ans, il est le plus jeune président de la Ve République. Il veut donner l'image d'un président **moderne et proche des Français**. Pour autant, il ne rompt pas avec la pratique des institutions érigée par ses prédécesseurs.
- Il prend acte des **évolutions de la société**. Répondant aux revendications exprimées par la jeunesse en mai 1968, il abaisse l'âge de la majorité à 18 ans.

3. La rénovation de la vie politique

- Face à la domination des partis de droite, **la gauche se rassemble** autour d'un grand parti, pour pouvoir gagner les élections. Le **PS** est créé en 1971 pour réunir tous les socialistes. Il se rapproche du PCF et des radicaux.
- À droite, la concurrence est forte entre le parti gaulliste, **RPR**, et les modérés, réunis dans le parti fondé par Giscard en 1978, l'**UDF**.

II Alternances et cohabitations (1981-1995)

1. François Mitterrand, premier président socialiste de la Ve République

- L'élection de Mitterrand le 10 mai 1981 marque la première alternance.
- La durée de sa présidence – **deux mandats** (1981-1988 et 1988-1995) – et sa pratique des institutions renforcent l'image d'un **« monarque républicain »**.
- Il innove en nommant le plus jeune Premier ministre (Laurent Fabius a 38 ans en 1984) et la première femme à cette fonction (Édith Cresson en 1991).

> **Mot-clé**
> L'**alternance** est la succession de majorités parlementaires et de présidents de la République appartenant à des familles politiques différentes.

2. Le « changement »

- Le gouvernement socialiste veut **élargir la démocratie sociale** : retraite à 60 ans, semaine de 39 heures, cinquième semaine de congés payés. Il engage des **réformes sociétales** : fin du délit d'homosexualité et remboursement de l'IVG par la Sécurité sociale.
- La mesure la plus emblématique est l'**abolition de la peine de mort** (1981).
- Parallèlement, le gouvernement lance une ambitieuse politique de **décentralisation**, élargie depuis.

3. Des institutions qui s'adaptent

- À deux reprises, sous les septennats de Mitterrand, une **majorité de droite** est élue à l'**Assemblée**. Cela oblige Mitterrand à choisir son Premier ministre dans la nouvelle majorité : Jacques Chirac (1986-1988) et Édouard Balladur (1993-1995).
- La cohabitation introduit une **division au sein de l'exécutif** : le président se replie sur la politique étrangère ; le gouvernement définit et mène la politique intérieure. Le rôle de l'Assemblée est renforcé, puisque le gouvernement ne peut s'appuyer que sur sa majorité parlementaire.
- L'élection de Jacques Chirac à la fonction présidentielle en 1995 marque une **nouvelle alternance**, cette fois en faveur de la droite gaulliste.

Mot-clé

On parle de **cohabitation** quand le président de la République et le pouvoir législatif, tous deux issus du suffrage universel, représentent des tendances politiques opposées. Dans ce cas, le président nomme un Premier ministre issu de la majorité parlementaire.

François Mitterrand devant la pyramide du Louvre, 28 juin 1989. Sous la Vᵉ République, les présidents successifs initient de grands travaux, notamment à Paris.

19 Économie et société : des Trente Glorieuses à la crise économique

À partir de 1945, la France entre dans une période de prospérité qui s'accompagne d'une transformation des structures économiques et de mutations sociales.

I Les bouleversements de l'économie française

1. Les Trente Glorieuses

- De 1945 à 1975, l'économie française connaît une période de forte prospérité, les Trente Glorieuses, marquée par des **taux de croissance du PIB élevés** (autour de 5 %) et le **plein emploi**.
- **L'État soutient la croissance** en favorisant la recherche et en lançant de grands travaux d'équipement.

Mot-clé

L'expression **« Trente Glorieuses »** désigne la période de forte croissance économique que connaissent la France et l'ensemble des pays industrialisés entre 1945 et 1975.

2. La récession

- Cette période faste prend fin dans les années 1970 : l'économie française subit de plein fouet la récession qui se traduit par une **forte hausse des prix** (inflation) et l'apparition d'un **chômage de masse**.
- Le chômage n'épargne aucune catégorie professionnelle, mais frappe davantage les **femmes** et les **jeunes non diplômés**, ainsi que les **secteurs industriels traditionnels** (mines, sidérurgie et textile).

Mot-clé

Une période de **récession** se caractérise par un ralentissement de la croissance qui peut se traduire par une baisse du PIB.

3. L'évolution de la population active

- Le développement du **salariat** (84 % de la population active en 1982) s'explique en grande partie par l'**essor des services** et la diminution du nombre des travailleurs indépendants (commerçants, artisans, etc.).
- Les salariés bénéficient d'une **législation favorable** (allongement des congés payés, salaire minimum).
- Parallèlement, la paysannerie et le monde ouvrier déclinent.

II La société française en mouvement

1. Du *baby-boom* au vieillissement

- Dans les années 1950 et 1960, la France connaît une **forte croissance démographique** encouragée par une **politique nataliste** (Sécurité sociale, allocations familiales) : c'est le *baby-boom*.
- À partir des années 1970, la **natalité baisse** du fait de la généralisation du travail féminin. Le nombre moyen d'enfant par femme diminue (1,86 en 1985).

■ La crise économique amplifie le phénomène. En même temps, l'allongement de l'espérance de vie entraîne un **vieillissement de la population**.

2. L'urbanisation du territoire

■ Les campagnes se dépeuplent et l'urbanisation s'accélère. De grands ensembles sont construits à la **périphérie des grandes villes** et les **banlieues** s'étalent.

■ Quand la crise économique éclate, les périphéries urbaines concentrent de nombreux **problèmes sociaux**.

3. Le triomphe de la société de consommation

■ L'augmentation du niveau de vie permet aux Français d'**accéder à la propriété** et de **s'équiper** (réfrigérateurs, machines à laver). La voiture, symbole de la société industrielle, se généralise. Les Français découvrent les **loisirs**.

■ La **crise des années 1970-1980** fait pourtant apparaître les limites de la société d'abondance. Toute une frange de la société sombre dans l'exclusion. Un **Revenu minimum d'insertion (RMI)** est créé par l'État en 1988.

4. Un nouveau groupe social : la jeunesse

■ Avec le *baby-boom*, le **poids des jeunes dans la société** s'accroît. En 1959, l'âge de fin de scolarité obligatoire passe à 16 ans.

■ Cette nouvelle classe d'âge développe une **« culture jeune »** avec ses propres codes : musique, vêtements, libération sexuelle.

■ Lors du mouvement de contestation de **mai 1968**, la jeunesse réclame davantage d'autonomie et de reconnaissance et conteste les autorités traditionnelles (famille, école, État). En réponse, Valéry Giscard d'Estaing décide l'abaissement de l'âge de la majorité à 18 ans en 1974.

Une publicité pour la 4 CV de Renault, 1959.
Dans les années 1950, les Français entrent dans la société de consommation et la voiture se démocratise. La 4 CV est produite à un million d'exemplaires.

20 L'évolution de la condition des femmes

Après 1945, les femmes gagnent une nouvelle visibilité dans la société française et obtiennent de nouveaux droits.

I Le statut de la femme

1. La femme sous tutelle, une condition remise en cause

- Le Code civil établi par Napoléon en 1804 pose le **cadre juridique** qui régit les rapports au sein de la famille en France jusqu'au milieu du XXe siècle.
- La femme mariée ne peut alors ni étudier, ni travailler, ni disposer de ses biens et de son salaire sans l'**autorisation de son mari**. L'homme est considéré comme le seul capable de faire vivre sa famille.
- En 1949, la philosophe **Simone de Beauvoir** (1908-1986) dénonce la domination subie par les femmes dans un ouvrage, *Le Deuxième Sexe*. Elle a une influence déterminante sur le féminisme français.

Mot-clé
Le **féminisme** est un mouvement qui combat pour l'égalité des droits entre les femmes et les hommes.

2. La féminisation de l'enseignement supérieur

- Durant les Trente Glorieuses, l'élévation générale du niveau de vie s'accompagne d'une **massification scolaire** qui profite aux filles.
- La **loi Haby** (1975) généralise la **mixité** dans tous les degrés de l'enseignement.
- Les filles accèdent massivement aux **études supérieures** : en 1946, à 20 ans, 3 % des filles étaient scolarisées (contre 6,5 % des garçons) ; en 1962, 11 % (11 % des garçons) ; en 1996, 62 % (54 % des garçons).

3. La féminisation du marché du travail

- Avec l'essor de l'emploi tertiaire, le travail féminin ne cesse d'augmenter depuis les années 1960. En 1965, la **réforme des régimes matrimoniaux** permet aux femmes d'exercer une activité professionnelle sans l'autorisation de leurs maris.
- Mais la distinction des emplois en fonction du sexe reste alors **discriminante**. Les femmes ont difficilement accès aux postes à responsabilité. Elles occupent le plus souvent des emplois peu qualifiés, en intérim, précaires. Les **inégalités de salaire** hommes-femmes sont importantes et perdurent aujourd'hui.

II L'intégration des femmes à la vie politique

1. Un droit de vote tardif

Alors que la France est le premier pays à instaurer le suffrage universel en 1848, elle est l'une des dernières démocraties à élargir ce droit aux femmes. Il faut attendre **1944** pour que le GPRF accorde le droit de vote aux femmes leur donnant ainsi l'**égalité politique** (→ Fiche 16).

2. Une faible représentation politique

- Malgré la création en 1974 d'un secrétariat d'État à la Condition féminine, transformé en 1981 en ministère des Droits de la femme, la vie politique s'ouvre très lentement aux femmes. En 1986, on ne compte que **5,8 % de femmes députés et 2,6 % de femmes sénateurs**.
- Il faut attendre 1991 pour voir la première femme nommée au poste de **Premier ministre**, Édith Cresson.

III Le droit à disposer de son corps

1. L'émergence de nouvelles revendications

- L'égalité politique une fois acquise, le processus d'émancipation des femmes se déplace sur le terrain de la procréation.
- Créé en 1960, le planning familial promeut l'éducation sexuelle et le droit à la **contraception**. Celle-ci est légalisée en 1967 par la **loi Neuwirth**.

Mot-clé

L'**émancipation** des femmes désigne le processus par lequel elles s'affranchissent de la domination qui pèse sur elles.

2. Un nouveau féminisme dans les années 1960-1970

- Le mouvement de mai 68 favorise l'émergence de nouveaux mouvements féministes, comme le **Mouvement de libération des femmes (MLF)** qui milite pour sortir la femme du rôle d'épouse et de mère auquel la société la cantonne.
- La légalisation de l'**avortement** en 1975 par le vote de la **loi Veil** est une victoire.

Affiche du Mouvement français pour le planning familial, 1980.
Elle rappelle les moments clés de l'émancipation des femmes en matière de procréation.

21 Les politiques d'immigration et la place des immigrés

Après 1945, la France fait appel à la main-d'œuvre étrangère pour accompagner la croissance, mais la récession des années 1970 met un terme à l'immigration.

I La France, un vieux pays d'immigration

1. Une immigration initiée très tôt

- La France a été le premier pays européen à connaître au XIXe siècle une forte **baisse de sa natalité**, nécessitant de recourir à l'**immigration de travail**.
- Jusqu'à la Seconde Guerre mondiale, les immigrés viennent des pays européens : Belgique et Italie d'abord, Pologne ensuite.

Mot-clé

Un **immigré** est un étranger né à l'étranger et résidant en France.

2. De nouveaux immigrants durant les Trente Glorieuses

- **Afin d'accompagner la croissance**, l'État et les entreprises encouragent l'immigration de **travailleurs étrangers**. L'Office national d'immigration est créé dès 1945 afin d'encadrer ces flux.
- Les travailleurs viennent alors surtout du Portugal, des pays du Maghreb récemment décolonisés, puis d'Afrique subsaharienne.
- Si la **provenance** des immigrés se modifie, leur **part dans la population** reste identique à celle du début du siècle (7 %).

3. La fin de l'immigration de travail

- En 1974, l'immigration de travailleurs est **stoppée** et les conditions d'entrée sur le territoire sont durcies. Ce virage s'explique par la **crise** qui fait suite au choc pétrolier de 1973.
- Pour favoriser l'intégration des immigrés déjà installés, le **regroupement familial** est néanmoins autorisé.

II La place des immigrés dans la société française

1. Un travail peu qualifié

- D'abord arrivés seuls, les immigrés sont souvent des hommes qui font vivre leur famille restée au pays en s'employant dans l'**industrie** et dans les **services**.
- Dans les entreprises, ils sont souvent **moins payés** que les ouvriers français et ne peuvent guère espérer une ascension dans la hiérarchie.

- Les **Algériens** constituent dans les années 1970 le quart des manœuvres et des ouvriers non qualifiés ; les **Portugais** et les **Espagnols** forment plus de 50 % du personnel de service.

2. Des conditions de vie difficiles

Dans les années 1950 et 1960, les immigrés s'entassent dans les **bidonvilles**. Dans les années 1970, la construction de grands ensembles à la périphérie des villes constitue une amélioration matérielle.

3. Quelle intégration ?

- Si le nombre d'immigrés est stable, c'est l'intégration des derniers arrivants qui semble en panne. La **ségrégation spatiale** et les **inégalités** de réussite scolaire semblent en être les principaux facteurs. La « deuxième génération », née en France, souffre de **discriminations**.
- Avec la récession économique, la **xénophobie** (hostilité envers les étrangers) réapparaît.

Mot-clé
L'**intégration** est le processus par lequel des individus acquièrent le sentiment d'appartenir à la communauté dans laquelle ils vivent.

- Pour autant, la hausse des **mariages mixtes**, celle des **naturalisations** et l'**ascension sociale** des fils et filles d'immigrés sont autant de signes encourageants.
- La question de l'immigration devient un **enjeu central** du débat politique. Dans les années 1980, l'essor du Front national qui en a fait son principal argument de campagne électorale, en témoigne.

Travailleur immigré dans une usine Renault (1963).
Comme cet ouvrier travaillant sur une chaîne de montage automobile, les travailleurs immigrés sont nombreux dans l'industrie durant les Trente Glorieuses, et sont le plus souvent cantonnés dans des tâches peu qualifiées.

Se tester QUIZ

Vérifie que tu as bien compris les points clés des **fiches 16 à 21.**

Pour chaque quiz, coche la ou les bonne(s) réponse(s). Vérifie ta réponse à l'aide du corrigé et consulte les fiches de cours si nécessaire.

1 La refondation de la République

→ CORRIGÉ P. 165

1. Le GPRF est constitué :
- ☐ **a.** uniquement de résistants gaullistes.
- ☐ **b.** de toutes les forces politiques issues de la Résistance.
- ☐ **c.** de résistants communistes et gaullistes.

2. Quel est l'objectif de L'État-providence ?
- ☐ **a.** Élargir les droits sociaux.
- ☐ **b.** Établir une démocratie sociale.
- ☐ **c.** Assurer la redistribution des richesses.

2 De Gaulle et la Ve République

→ CORRIGÉ P. 165

1. Quelles sont les causes de l'effondrement de la IVe République ?
- ☐ **a.** La crise économique.
- ☐ **b.** La guerre d'Algérie.
- ☐ **c.** L'instabilité ministérielle.

2. La Constitution de la Ve République donne la primauté :
- ☐ **a.** au pouvoir exécutif.
- ☐ **b.** au pouvoir législatif.
- ☐ **c.** à aucun, mais maintient un équilibre entre les deux.

3 Économie et société : des Trente Glorieuses à la crise économique

→ CORRIGÉ P. 165

1. Qu'appelle-t-on les Trente Glorieuses ?
- ☐ **a.** Une période d'essor de la natalité.
- ☐ **b.** Une période d'augmentation de l'emploi.
- ☐ **c.** Une période de forte croissance économique.

2. Quel secteur d'activité a connu le plus fort développement depuis 1945 ?

☐ **a.** L'agriculture. ☐ **b.** L'industrie. ☐ **c.** Les services.

3. Quand l'immigration de travail légale a-t-elle pris fin ?

☐ **a.** En 1964. ☐ **b.** En 1974. ☐ **c.** En 1984.

Vers le brevet

Exerce-toi en vue du brevet et révise les **fiches 16 à 21.**

Pour chaque exercice, aide-toi des conseils donnés et compare ta réponse à celle du corrigé.

4 Rédiger un développement construit
45 min

→ CORRIGÉ P. 165

Comment et sur quelles bases s'est opérée la refondation républicaine à la Libération ?

Démarrons ensemble

- Commence par te rappeler pourquoi il faut refonder la République à la Libération. Quel régime s'est effondré en 1944 ?
- Quel pouvoir le remplace ? Qui est à sa tête ?
- L'idée de refondation implique que les principes républicains sont restaurés : de quels principes s'agit-il ?
- Quels nouveaux droits les citoyens obtiennent-ils ?

5 Rédiger un développement construit
45 min

→ CORRIGÉ P. 165

Quelles ont été les étapes de l'émancipation des femmes dans la société française depuis 1945 ?

Démarrons ensemble

- Commence par définir le mot « émancipation » et précise de quoi les femmes veulent s'émanciper (condition de la femme en 1945).
- Le mot « étapes » implique de dégager des moments clés : structure ton développement de façon chronologique, avec un paragraphe pour chacune des étapes identifiées.

Corrigés

I La Première Guerre mondiale et l'entre-deux-guerres

1 1. b • 2. a, b et c.

2 1. b • 2. c • 3. c.

3 1. a • 2. b et c.

4 L'expérience de la guerre vécue par les soldats durant la Première Guerre mondiale est inédite par les conditions de vie imposées aux combattants, par l'ampleur de la mortalité ainsi que par le degré et la nature de la violence déployée.

> **Mot-clé**
> **Inédit** est synonyme de « nouveau ».

• L'échec des grandes offensives d'août à novembre 1914 ruine l'espoir d'une guerre courte. Malgré des pertes humaines considérables, aucun camp n'est parvenu à l'emporter. Les armées s'enterrent dans des **tranchées** pour se protéger. Les soldats y connaissent des **conditions de vie difficiles** : ils vivent dans la boue, côtoyant poux et rats.

• De **nouveaux armements** sont développés. Obus et mitrailleuses causent un très grand nombre de morts, infligent des blessures affreuses et des traumatismes psychologiques.

• Les multiples offensives destinées à percer le front se soldent par des **bilans effroyables** : 700 000 morts, blessés ou disparus à Verdun, entre février et décembre 1916. La mortalité quotidienne est élevée tout au long du conflit.

> **Conseil**
> Étaye ton argument par un exemple vu en cours.

5 1. Il s'agit d'un **texte législatif** adopté en 1935. Il instaure un antisémitisme officiel et légal dans l'Allemagne hitlérienne.

2. Le préambule évoque la volonté du régime de préserver « la pureté du sang allemand », assumant ainsi un racisme officiel.

3. Ce document illustre l'une des principales caractéristiques du régime nazi : l'**antisémitisme officiel**, inscrit dans la loi.

4. Les Juifs ne peuvent plus porter les couleurs nationales (art. 4) ; ils ne sont plus considérés comme des citoyens allemands.

II La Deuxième Guerre mondiale. Collaboration et résistance

1 1. b • 2. a • 3. a et b.

2 1. c • 2. a • 3. c.

3 1. a • 2. a • 3. b • 4. c.

4 **1.** Ce document est un **plan du camp d'extermination d'Auschwitz-Birkenau**. Il s'agit donc d'un document réalisé à l'aide de données scientifiques et de relevés sur le terrain (malgré les destructions opérées par les nazis à la fin de la guerre).

2. Le camp est construit en **Pologne**. Ce sont essentiellement des **Juifs** et des **Tziganes** qui sont envoyés à Auschwitz. En effet, la fonction première du camp est l'extermination de ces populations, définies comme « inférieures » par le régime hitlérien. Néanmoins, Auschwitz comporte également un camp de travail. Les nazis y envoient donc également des résistants.

3. Le plan montre les **installations de mise à mort** : chambres à gaz et crématoires, ainsi que les bâtiments réservés au stockage et au tri des biens des déportés. Les corps des victimes sont voués à la destruction et à la disparition : aucune preuve du crime ne doit être visible. Les déportés qui ne sont pas « sélectionnés » pour une mort immédiate sont désignés pour le travail.

4. Le document illustre le **caractère industriel** du génocide juif et tzigane. La machine de mort est organisée pour exterminer à **grande échelle**. Le génocide juif a fait 5 millions de victimes. Pour les Tziganes, le chiffre se situe entre 200 000 et 500 000 morts.

III Indépendances, guerre froide et projet européen

1 **1. c** • **2. b**.

2 **1. b** et **c** • **2. c**.

3 **b**.

4 **a**.

5 **1.** Ce document est une **caricature** réalisée par le dessinateur britannique Leslie Gilbert Illingworth et parue dans le quotidien *Daily Mail*, le 29 octobre 1962. À cette date, le monde est **« au bord du gouffre »**, depuis que le président américain Kennedy a menacé l'URSS de représailles atomiques après la découverte de rampes de missiles soviétiques en construction sur l'île de Cuba.

2. La caricature met en scène le leader soviétique, **Khrouchtchev** (à gauche) et le président américain, **Kennedy** (à droite), assis chacun sur un énorme missile, s'opposant dans un bras de fer. Kennedy pointe le doigt sur le bouton qui pourrait déclencher la bombe sur laquelle Khrouchtchev est installé.

3. La légende est ironique, puisqu'elle souligne que la discussion entre les deux Grands se résume à une **épreuve de force**.

4. La course aux armements entre les deux Grands a installé un **équilibre de la terreur**. La crise de Cuba est considérée comme l'une des plus graves de la guerre froide, car elle a mis le monde **au bord de la déflagration nucléaire**. Conscients de ce danger, les deux Grands n'eurent de cesse, ensuite, de mettre en place le cadre d'un dialogue plus pacifique.

Remarque
La discussion nucléaire est centrale dans la stratégie des deux Grands.

IV Enjeux et conflits dans le monde après 1989

1 **1. c** • **2. a**.

2 **1. a**, **b** et **c** • **2. a**.

3 **1.** Ce document est extrait d'un article de Philippe Rioux, intitulé « Irak, la fin d'une sale guerre » et paru dans *La Dépêche*, le 19 décembre 2011. Il évoque le **retrait des troupes américaines d'Irak** qui prend fin en **décembre 2011**.

2. L'intervention américaine en Irak a été décidée en **2003** par l'**administration Bush**. Dans le contexte de l'après 11-Septembre, G.W. Bush voit dans le régime de S. Hussein, qu'il accuse de détenir des armes de destruction massive, une menace contre la paix mondiale. C'est donc une **guerre « préventive »** que les États-Unis veulent mener en Irak, contre l'avis de la communauté internationale : l'ONU n'a pas donné son accord. L'objectif politique est de renverser le régime de S. Hussein, l'objectif économique est de se maintenir dans un pays riche en pétrole.

3. L'auteur évoque les controverses suscitées par l'intervention. Les États-Unis sont accusés de mener une guerre **dans leur seul intérêt**. Le résultat immédiat – la chute de S. Hussein – n'a pas permis d'installer une démocratie durable. Les troupes américaines doivent se maintenir pendant huit ans et constatent une **déstabilisation totale du pays** (économique et politique).

4. La guerre a coûté **très cher** aux États-Unis : l'auteur évoque le coût financier (770 milliards de dollars par an), humain (4 484 soldats morts) et moral (l'image des États-Unis dans le monde). En Irak, l'intervention s'est traduite par des **pertes immenses** (100 000 morts) et une **désorganisation de la vie économique**.

5. Sur le plan politique, les **oppositions de plus en plus violentes**, dans un pays où les **divisions religieuses** (sunnisme contre chiisme) et **ethniques** (majorité arabe contre minorité kurde) sont nombreuses, ont fait sombrer le pays dans l'**anarchie** et ont vu l'émergence d'un nouvel acteur politique dans la région : l'**État islamique**.

V Françaises et Français dans une République repensée

1 **1. b** • **2. a**, **b** et **c**.

2 **1. b** et **c** • **2. a**.

3 **1. c** • **2. c** • **3. b**.

> **Conseil**
> Rappelle quel est le statut du GPRF. Sur quelles bases s'est-il constitué ?

4 Alors que le territoire français est progressivement libéré par les Alliés, **le régime de Vichy s'effondre**. De retour à Paris en août 1944, le général de Gaulle y installe le **GPRF** reconnu par les Alliés.

• Dès lors, il s'agit de **restaurer la légalité républicaine** en déclarant nulles et non avenues toutes les mesures du régime précédent. La devise et les valeurs républicaines sont rétablies. Il s'agit également de **restaurer l'ordre** en mettant fin au déchaînement de violences contre les « collabos », par la mise en place d'une **épuration légale** (Pétain et Laval sont jugés).

• Sur le plan politique, **les Françaises obtiennent le droit de vote**. Elles participent ainsi au référendum qui décide l'instauration d'une nouvelle République : la Constitution de la **IVe République** est adoptée en octobre 1946. Elle octroie de **nouveaux droits sociaux** aux citoyens (Sécurité sociale, allocations familiales) conformément au programme de gouvernement établi par le CNR en mars 1944.

5 L'émancipation désigne le processus par lequel un individu, un groupe se libèrent d'une domination.

• **Après la Seconde Guerre mondiale**, le contexte politique, économique et social est favorable à une **reconnaissance des revendications des femmes** : fin de la domination du mari dans le couple et du père sur la famille, quête d'une autonomie et d'une égalité économiques, contrôle de la natalité. Les acteurs de ce processus sont multiples : l'État, les militantes et associations féministes, les intellectuel(le)s. En 1945, les Françaises votent pour la première fois. Elles ont obtenu l'égalité politique.

• Dès lors, **dans les années 1950 et 1960**, les luttes se déplacent sur le terrain **économique** (le travail) et **social** (le contrôle de la natalité). La création du planning familial (1960), la légalisation de la contraception (1967), le vote de la loi Veil sont des jalons importants de cette émancipation.

GÉOGRAPHIE

GÉOGRAPHIE

Dynamiques territoriales de la France contemporaine

L'aménagement du territoire français

La France et l'Union européenne

Corrigés

1 Les nouvelles formes de l'urbanisation de la France

Comment les Français vivent-ils en ville aujourd'hui ?

I Une France de citadins

85 % de la population française résident aujourd'hui **dans une aire urbaine**, et jusqu'à **95 % vivent dans un territoire sous influence urbaine**. La France est un pays de citadins.

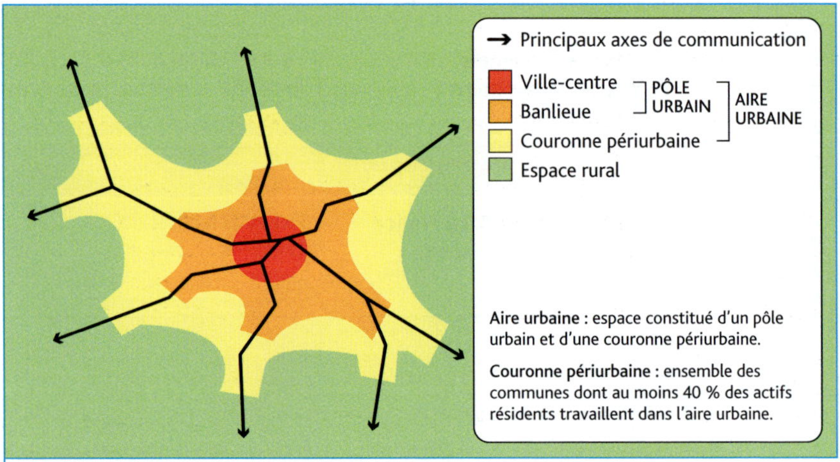

Schéma d'une aire urbaine.
Une aire urbaine est un espace constitué d'un pôle urbain et d'une couronne périurbaine.

On peut distinguer les **différentes parties d'une aire urbaine** par leur morphologie :
- la **ville-centre** est une agglomération, un espace bâti en continu, très dense, pratiquement dépourvu de maisons individuelles ;
- les **banlieues** peuvent être des banlieues résidentielles en **habitat pavillonnaire**, moins dense, ou des banlieues de **grands ensembles**, d'habitat collectif.

Ville-centre et banlieues forment ensemble un **pôle urbain**, c'est-à-dire une unité urbaine qui offre **au moins 10 000 emplois**.

Au-delà du pôle urbain commence la **couronne périurbaine** : l'habitat n'est plus continu, il s'agglomère autour de petits villages-centres qui grossissent par **développement d'habitats pavillonnaires**. Au moins 40 % des actifs résidant dans la couronne périurbaine travaillent en fait dans le pôle urbain ou dans une autre commune de l'aire urbaine. Ces populations donnent l'impression de vivre pratiquement à la campagne, mais sont en fait citadines.

II La croissance urbaine par étalement

- La France est devenue majoritairement urbaine en 1931. De 1945 à 1975, le *baby-boom* et la poursuite de l'**exode rural** ont accéléré la **concentration urbaine** : les banlieues ont explosé, généralement sous la forme de grands ensembles d'habitats collectifs. Les villes françaises sont devenues plus denses.

> **Mot-clé**
> Le ***baby-boom*** est la période de forte natalité qu'a connue la France entre 1943 et 1965.

- À partir de 1975, l'urbanisation se poursuit sous une forme différente : les banlieues deviennent majoritairement des banlieues pavillonnaires, d'habitats individuels. Conséquence logique : **les villes s'étalent et leur densité diminue**. La **périurbanisation** gagne sur les campagnes proches, grignotant l'espace rural environnant, à la faveur du développement de l'automobile et de prix fonciers plus attractifs.
- Depuis une dizaine d'années, les **communes rurales proches des aires urbaines** se développent à leur tour, à condition d'être bien reliées au pôle urbain proche. L'urbain colonise la campagne. L'exode rural étant stoppé depuis 1975, l'espace rural tend aujourd'hui à regagner des habitants. Seul le rural profond, à l'écart des grandes aires urbaines, mal desservi, poursuit son déclin.

III L'explosion des mobilités

- La dissociation entre lieu de vie, lieu de travail, lieu de loisirs ou de consommation, a été permise par le développement de l'automobile. Elle a donc entraîné l'**explosion des mobilités**, c'est-à-dire des changements de lieux quotidiens ou hebdomadaires.
- Les mobilités sont liées aux **déplacements quotidiens** pour se rendre au travail, conduire les enfants à l'école, rentrer chez soi. Le week-end, si les mobilités de travail cessent, les mobilités de loisirs et de consommation prennent le relai : courses ou loisirs dans les centres commerciaux périphériques ou dans le centre-ville.
- Les axes de communication, vides en dehors des heures de pointe, sont ainsi périodiquement saturés par les migrations pendulaires. Pour faire face au trafic sans cesse croissant, les équipements de transport se multiplient, génèrant pertes de temps et pollution. La gestion des mobilités représente donc un **enjeu majeur du développement durable**.

> **Mot-clé**
> Les **migrations pendulaires** sont les déplacements quotidiens qui se produisent à certaines heures de la journée, par exemple de 7 à 9 heures, lorsque les populations se rendent sur leur lieu de travail.

2 Les dynamiques de métropolisation en France

Comment la mondialisation influence-t-elle le système urbain français ?

I Paris, capitale et ville mondiale

■ La mondialisation privilégie l'essor des grandes villes, lieux de commandement, connectées aux villes mondiales. Ainsi, le territoire français est touché par un phénomène de métropolisation. Celle-ci favorise au premier chef la capitale, Paris. L'aire urbaine de Paris regroupe 12,4 millions d'habitants et compte pour 20 % de la croissance démographique totale de la France.

Mot-clé

La **métropolisation** peut être définie comme la concentration croissante des hommes, des activités et des fonctions de commandement dans les grandes villes les mieux connectées aux grands réseaux.

■ La métropolisation rejoint une **très ancienne tradition de** macrocéphalie parisienne. Paris domine de très loin le réseau urbain français. Héritière de mille ans de centralisation royale, impériale et républicaine, la capitale de la France concentre les **fonctions supérieures de l'État**. Paris abrite à présent aussi les **fonctions de commandement du capitalisme mondialisé**. La région-capitale produit 30 % du PIB français.

■ Paris est une **ville mondiale**, hyperconnectée aux autres villes mondiales. Elle est **l'interface primaire du pays avec le reste du monde**, notamment via ses aéroports, Roissy-Charles-de-Gaulle et Orly.

II Un système métropolitain polycentrique

■ Hors Paris, le territoire français est structuré par un **réseau de métropoles régionales** qui dominent et organisent le système urbain. La loi MAPTAM de 2014 a élevé 14 d'entre elles au statut de métropole aux compétences élargies.

Mot-clé

La **loi MAPTAM** (loi de modernisation de l'action publique territoriale et d'affirmation des métropoles du 27 janvier 2014) a notamment créé le statut de métropole et vise à en développer les compétences.

■ Un demi-siècle d'aménagement du territoire a fini par créer un véritable **archipel métropolitain** en France. Dans sa stratégie de développement, chaque métropole s'efforce d'attirer le plus grand nombre d'activités, grâce à des projets d'équipement et des plans de communication. Les métropoles dominent donc de plus en plus fortement leur espace régional.

■ Mais elles développent également des **relations hors de leur système régional**, avec d'autres métropoles, françaises ou européennes. Les **coopérations transfrontalières** sont largement sollicitées (Lille avec la Belgique, Mulhouse avec la métropole suisse de Bâle).

III Les villes petites et moyennes sous dépendance

- On parle de **villes moyennes** pour désigner les aires urbaines dont la ville-centre compte **20 000 à 100 000 habitants**. Au-dessus sont les grandes villes et métropoles. En dessous sont les petites villes. Depuis la Révolution, le **maillage territorial** a favorisé le développement d'un tissu de chefs-lieux de cantons et de départements, bénéficiaires de l'exode rural.
- Dans ces villes sont surreprésentés les **activités industrielles** et les services aux populations, l'**économie résidentielle** (→ Fiche 7). Or, la mondialisation a durement frappé les industries les moins compétitives. Les deux tiers des villes petites et moyennes perdent aujourd'hui des habitants.
- Ces villes sont **dépendantes de leur proximité avec une métropole** (la croissance métropolitaine rejaillit sur elles). Elles **dépendent aussi du dynamisme régional** : les villes petites et moyennes du Sud et de l'Ouest continuent de gagner des habitants.

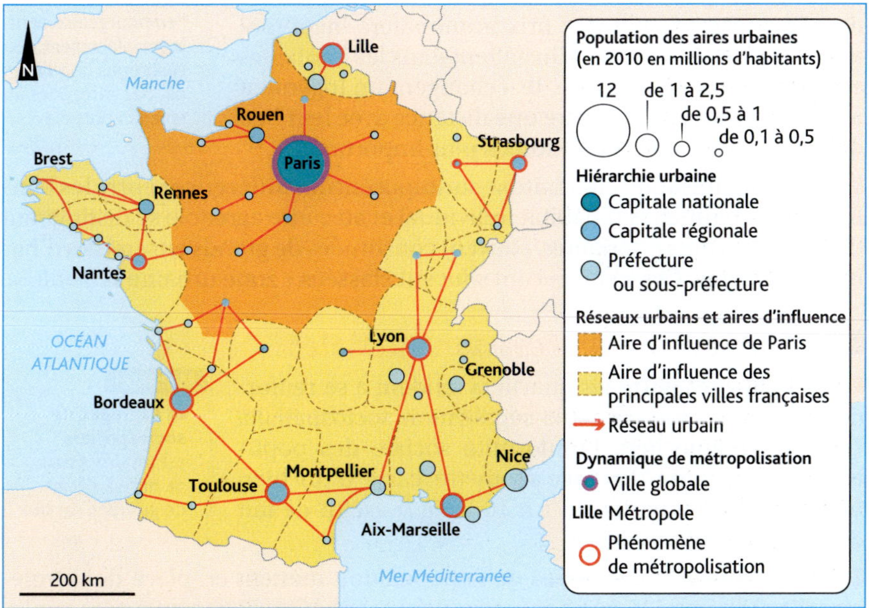

Le système urbain français.
Les métropoles, au premier rang desquelles Paris, structurent le réseau urbain et l'ensemble du territoire.

3 Les inégalités sociospatiales à l'échelle urbaine

Dans quelle mesure les inégalités sociospatiales sont-elles corrigées à l'échelle urbaine ?

I Mondialisation et inégalités sociospatiales

- Les villes ont toujours compté des quartiers réservés à une population aisée et des quartiers plus populaires. Mais les **phénomènes de métropolisation impulsés par la mondialisation**, en faisant monter drastiquement les prix immobiliers, ont exacerbé cette tendance.
- Les centres-villes et les beaux quartiers historiques connaissent un puissant processus de gentrification. Les couches populaires de la population et les jeunes ménages, chassés par des prix immobiliers incompatibles avec leurs revenus, s'installent dans les banlieues et la couronne périurbaine. Ils échangent un logement individuel plus grand contre une distance avec leur lieu de travail et des trajets quotidiens plus importants.

> **Mot-clé**
> La **gentrification** signifie l'embourgeoisement, le remplacement des catégories populaires par des catégories aux revenus plus élevés.

- À cette organisation circulaire se surimposent des **différences entre les banlieues** : les banlieues d'habitat individuel et au cadre agréable se distinguent de banlieues plus populaires, souvent constituées de grands ensembles d'habitats collectifs. Ces « cités » sont souvent classées « zone urbaine sensible ».

II Ségrégation et sécession spatiales

- Ces inégalités entre les quartiers tendent à se renforcer, induisant une véritable ségrégation sociospatiale. Dans un même lieu, l'uniformité sociale des populations s'accentue. Le prix au mètre carré d'un bien immobilier peut varier de 1 à 10, ce qui exclut de fait certaines populations.

> **Mot-clé**
> La **ségrégation sociospatiale** est un processus de mise à l'écart de groupes sociaux.

- Les couches les plus aisées de la population mettent en place des **stratégies d'évitement** des couches jugées infréquentables ou dangereuses : par les transactions immobilières ou le choix des écoles, mais aussi par le refus de certaines communes de construire le pourcentage légal de logements sociaux.
- Certains micro-quartiers, dans les métropoles et à Paris en particulier, privatisent leur accès ; des résidences fermées se construisent, permettant d'en réserver l'accès à des riverains sélectionnés. Ces tendances posent la question d'une véritable **sécession urbaine**, c'est-à-dire une séparation entre « riches » et « pauvres » qui vivraient dans des quartiers étanches les uns aux autres.

III Corriger les inégalités sociospatiales

■ Les **politiques de la ville** naissent en France après 1975, quand les premiers problèmes apparaissent dans les cités populaires, que les classes moyennes ont délaissées pour les couronnes périurbaines, et qui accueillent de plus en plus une population défavorisée, souvent d'origine immigrée. Un premier axe de lutte contre les inégalités sociospatiales apparaît, par des opérations de **réhabilitation de l'habitat**, menées jusqu'à aujourd'hui, sans résultat tangible.

■ Un deuxième axe consiste à **favoriser la mixité sociale**. La loi SRU, votée en 2000 et durcie en 2013, impose aux communes importantes de disposer d'au moins 20 % de logements sociaux (25 % depuis 2013). Mais le bilan est encore relativement mitigé.

Remarque
La **loi SRU** (loi relative à la solidarité et au renouvellement urbain) prévoit des amendes pour les communes récalcitrantes.

■ Le **déficit de logements** en France, et de logements bon marché dans les métropoles, a conduit à l'adoption en 2007 de la **loi DALO** (droit au logement opposable). Celle-ci permet aux mal-logés de saisir la justice pour faire respecter leur droit au logement. Mais l'offre de logements reste insuffisante. **Les inégalités sociospatiales perdurent donc.**

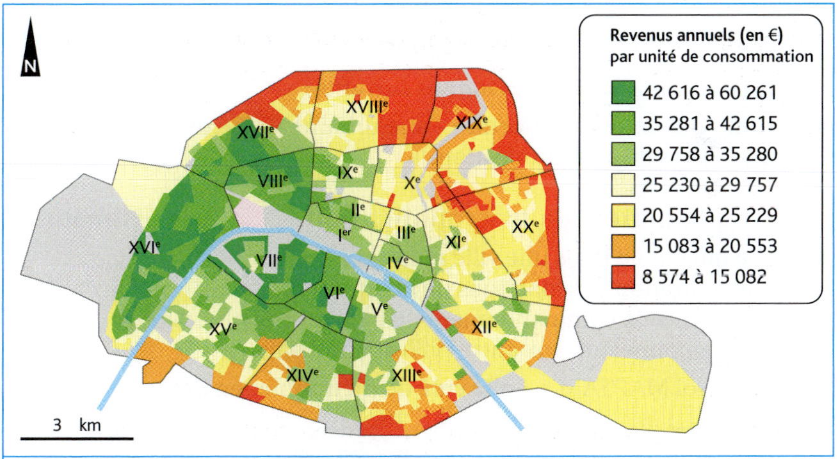

Les disparités de revenus à Paris.
Les disparités de revenus dans la capitale opposent un centre-ouest (arr. centraux, VIIe, VIIIe, XVIe et XVIIe), très riche, aux zones périphériques (ceinture rouge) et aux arrondissements nord et est.

Se tester QUIZ

Vérifie que tu as bien compris les points clés des **fiches 1 à 3.**

Pour chaque quiz, vérifie ta réponse à l'aide du corrigé et consulte les fiches de cours si nécessaire.

1 Les nouvelles formes de l'urbanisation

→ CORRIGÉ P. 216

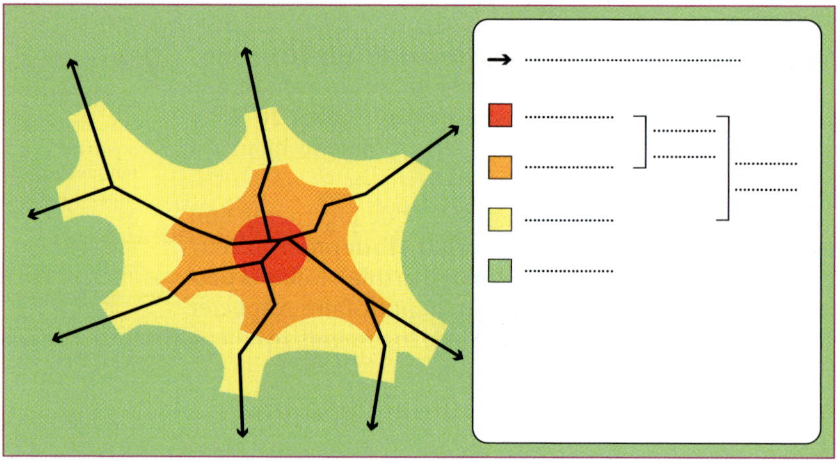

Complète ce schéma à l'aide des termes suivants :

espace rural – banlieue – ville-centre – aire urbaine – pôle urbain – couronne périurbaine – axes de communication.

2 Les dynamiques de métropolisation

→ CORRIGÉ P. 216

1. Qu'est-ce qui fait de Paris une ville mondiale ?

☐ **a.** Sa concentration des fonctions de l'État.
☐ **b.** Ses fonctions de commandement du capitalisme mondialisé.
☐ **c.** Son hyperconnexion aux autres villes mondiales.

2. Combien la loi MAPTAM a-t-elle créé de métropoles en France ?

☐ **a.** 10. ☐ **b.** 14. ☐ **c.** 18.

3 Les inégalités sociospatiales à l'échelle urbaine

→ CORRIGÉ P. 216

1. Qu'est-ce que la gentrification ?

☐ **a.** Une conséquence de la mondialisation.
☐ **b.** Le remplacement des couches populaires de la population par des couches aisées.
☐ **c.** Une politique urbaine de réimplantation de populations modestes.

2. Comment appelle-t-on la mise à l'écart de certains groupes sociaux ?
- ☐ a. La ségrégation ethnique.
- ☐ b. La ségrégation sociospatiale.
- ☐ c. L'apartheid.

Vers le brevet

Exerce-toi en vue du brevet et révise les **fiches 1 à 3.**

Pour chaque exercice, aide-toi des conseils donnés et compare ta réponse à celle du corrigé.

4 Analyser et comprendre un document

45 min

→ CORRIGÉ P. 216

Document **Les espaces urbains : l'exemple de Rouen**

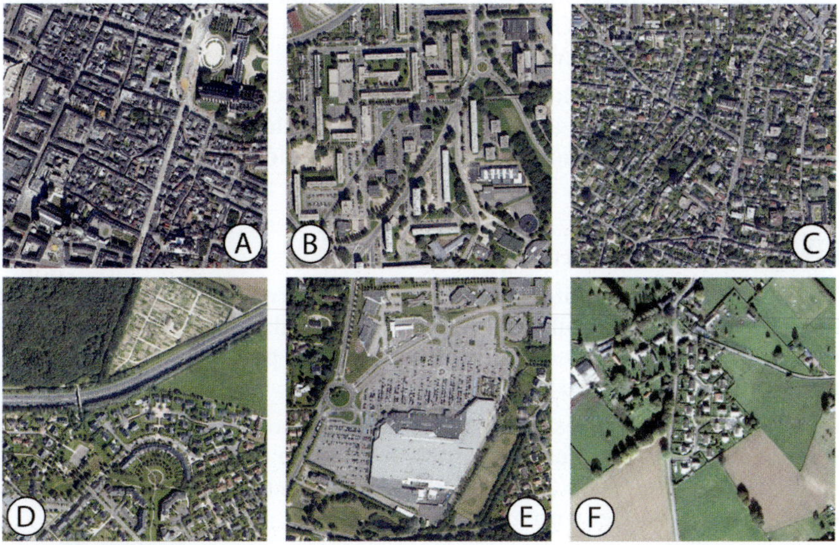

1. Pour chaque type d'espace urbain de la liste suivante, quelle est la photo correspondante ? Indique la lettre qui convient.

Centre-ville – Banlieue pavillonnaire – Banlieue grands ensembles – Couronne périurbaine – Zone commerciale – Espace rural en voie de périurbanisation

2. Explique ton choix pour chaque vignette.

4 Les espaces productifs français au cœur des logiques mondialisées

Un espace productif est une partie du territoire dédiée à la production de richesses. Comment les espaces productifs français s'adaptent-ils aux logiques de la mondialisation ?

I Une grande économie en perte de vitesse

- Avec un PIB de 2 135 milliards d'euros en 2014, la France se situe au **6e rang économique mondial**, et au 3e dans l'Union européenne (UE). Elle fait partie des pays les plus développés de la planète.
- La France bénéficie d'**atouts économiques importants** : une économie diversifiée, des capacités technologiques de pointe, de grandes firmes transnationales figurant parmi les leaders mondiaux dans leur secteur : Total (industrie pétrolière), Carrefour (distribution), Engie ou EDF (énergie), L'Oréal (cosmétiques), LVMH (luxe)...
- Le rang économique de la France a toutefois reculé, passant derrière celui du Royaume-Uni en 2014. **Sa croissance économique est au plus bas** depuis la fin des Trente Glorieuses et particulièrement déprimée depuis la crise de 2008 (+ 0,2 % en 2014).

II Un territoire encore attractif ?

- **Les avantages du territoire français sont encore conséquents** : un État de droit, d'une grande stabilité politique ; une population à haut niveau de vie et d'éducation ; des réseaux de communication performants, de mieux en mieux interconnectés au reste de l'UE.
- Le territoire français est **inséré dans la mondialisation. Paris, ville mondiale**, en est le point d'entrée principal : lieu de commandement, Paris et sa région créent près de 30 % du PIB français ; le tiers des 500 plus grandes entreprises mondiales y ont un siège social.
- Pourtant, **la France perd de son attractivité**. Les investissements directs étrangers (IDE) sont en baisse : la France est la 21e destination mondiale (2014), loin derrière ses voisins européens. **Le *made in France* perd des parts de marché**, passant entre 1993 et 2011 du 4e au 6e rang des exportateurs mondiaux de marchandises. Depuis 1975, l'essentiel des emplois créés en France sont des emplois présentiels et les emplois productifs diminuent, passant de 10 à 8,9 millions.

Mots-clés

Les **emplois présentiels** produisent des biens et services destinés à la population locale : ils dépendent de la démographie.
Les **emplois productifs** répondent à une demande extérieure : ils dépendent de la compétitivité du territoire.

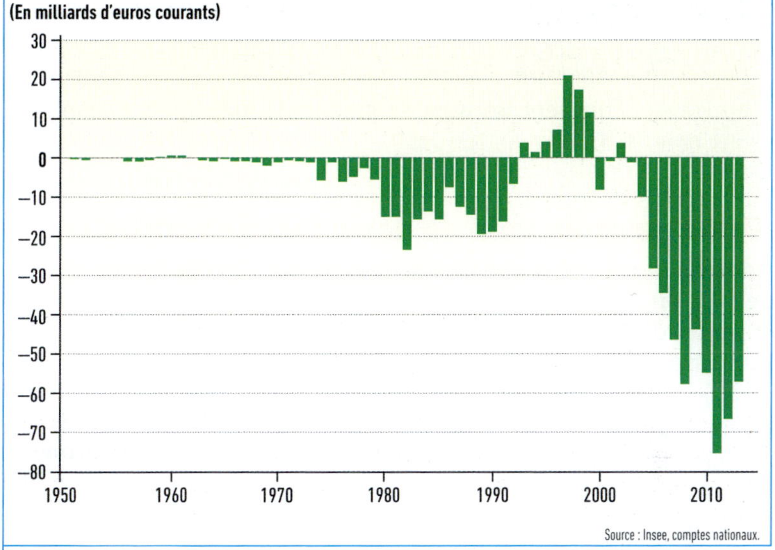

Évolution du solde de la balance commerciale de la France (1950-2013).

Elle traduit la dégradation de la position française dans la mondialisation. La balance commerciale est la différence entre les exportations et les importations de biens. Si elle est négative, cela signifie que les exportations sont inférieures aux importations, ce qui est synonyme de déficit commercial.

III Les mutations différenciées des espaces productifs français

■ La mondialisation modèle puissamment les espaces productifs français. Certes, les activités présentielles sont peu affectées, mais **les emplois productifs sont exposés à la concurrence internationale**.

■ Les espaces gagnants sont **les régions métropolitaines, certaines régions littorales et frontalières**. Industries et services modernes s'y développent. À l'inverse, les régions anciennement industrialisées ont perdu une grande partie de leur tissu productif et poursuivent leur reconversion. Les espaces productifs agricoles tendent à se spécialiser afin de gagner en compétitivité.

■ Ces dynamiques territoriales liées à la mondialisation **altèrent donc progressivement la géographie des activités sur le territoire**. La ligne Le Havre-Marseille, qui différenciait jadis une France industrielle à l'est d'une France agricole à l'ouest, n'a ainsi plus grand sens.

5 Les espaces productifs industriels

Depuis une vingtaine d'années, les fermetures d'usines se multiplient en France. Comment les espaces productifs industriels s'adaptent-ils aux défis de la mondialisation ?

I Une France en voie de désindustrialisation ?

- L'industrie ne crée plus que **12,5 % de la valeur ajoutée nationale** en 2011, contre 18 % en 2000. La part de l'emploi industriel a chuté de 26 % en 1980 à 12,6 % aujourd'hui : 2 millions d'emplois industriels ont été détruits ! L'industrie française atteint un **seuil critique**.
- Certes, cette désindustrialisation doit être **nuancée** : de nombreux emplois industriels ont été déplacés vers les services : ce sont des emplois périproductifs, au service d'entreprises industrielles dont la production est toujours plus robotisée.
- L'industrie française n'est **pas assez compétitive dans la mondialisation** actuelle (insuffisance de la recherche-développement, du financement ; coûts trop élevés pour des produits de gamme trop moyenne).

> **Mot-clé**
> Les **emplois périproductifs** assurent des services consommés par les entreprises industrielles, par exemple des services de transport, financement, vente, publicité, conseil, nettoyage, sécurité.

II Les mutations récentes des espaces industriels français

Le passage à un système industriel post-fordiste met les territoires en concurrence, entraînant d'importantes mutations dans les espaces industriels.

> **Mot-clé**
> Le **système industriel post-fordiste** est fondé non plus sur une production de masse standardisée, mais sur une production plus flexible, en flux tendus, adaptée à la demande et très dépendante des réseaux.

- Grâce aux **politiques d'aménagement et de déconcentration industrielle** des années 1960-1980, la France de l'Ouest, autrefois agricole et rurale, a bénéficié de nombreuses implantations industrielles (Basse-Seine, Centre, Bretagne).
- La mondialisation a entraîné le **déclin des anciennes régions industrielles** du Nord et de l'Est, fondées sur l'exploitation de matières premières aujourd'hui abandonnées. Toutefois, **délocalisations** et **fermetures** ont été partiellement compensées par de **nouvelles activités liées aux IDE** (investissements directs à l'étranger), attirées par la proximité de la mégalopole européenne (Toyota à Valenciennes).
- Les **espaces littoraux** ont bénéficié de la **maritimisation** de l'économie (ports de Marseille, Le Havre et Dunkerque) : les activités industrielles ont fleuri dans les **zones industrialo-portuaires (ZIP)**, mieux placées que les localisations plus continentales. La sidérurgie lorraine a ainsi glissé vers la ZIP de Dunkerque.

III Industrie et métropoles : un duo gagnant ?

■ Dans une économie post-fordiste où les **facteurs de localisation** sont la qualité de la main-d'œuvre, les capacités d'innovation technologique et des réseaux de communication performants, **les métropoles sont les grandes gagnantes**. La région parisienne est la première région industrielle française, devant Lyon.

■ L'industrie contemporaine privilégie des formes spatiales particulières : les ***clusters*** (regroupement d'entreprises du même secteur), les **technopôles**, qui mêlent fonctions de recherche et de production, ou les **systèmes productifs locaux**, aux activités complémentaires. En 2004, l'État a créé les **pôles de compétitivité** (aujourd'hui 71) autour de thématiques ciblées.

■ La réforme territoriale, qui a fait passer les régions de 22 à 13 et créé 14 métropoles aux compétences renforcées, va dans le sens d'une **dynamique industrielle impulsée par des acteurs plus puissants**. Pourtant, les métropoles créent surtout des emplois présentiels et assez peu d'emplois productifs.

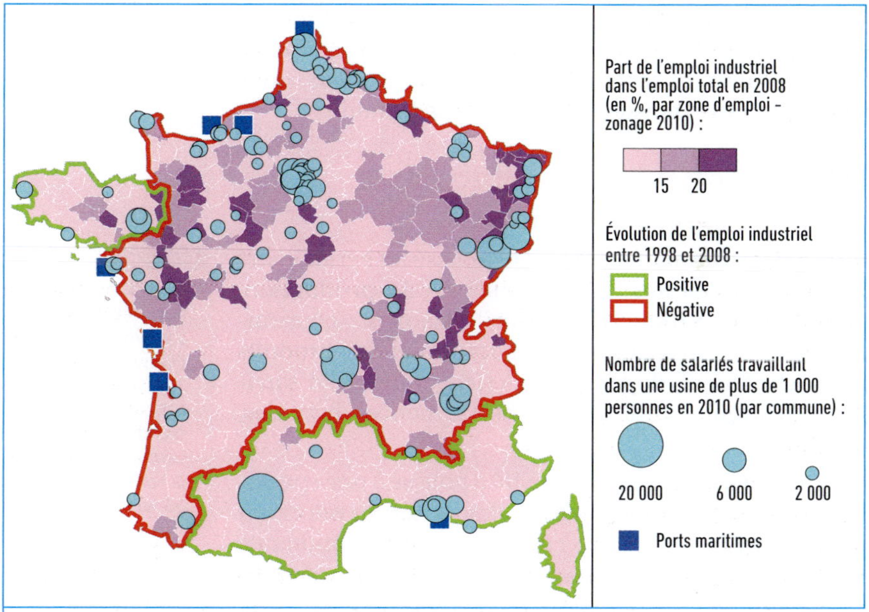

Les nouveaux espaces industriels de la France.
L'ancienne spécialisation industrielle du Nord et de l'Est est en fort recul. Le Sud et la Bretagne, au contraire, connaissent une progression des emplois industriels. Les pôles de compétitivité se concentrent dans les métropoles. Les nœuds logistiques portuaires confirment la littoralisation industrielle.

6 Les espaces productifs agricoles

Les difficultés des éleveurs français, régulièrement sous les feux de l'actualité, montrent que le monde agricole subit d'importantes mutations. Comment les espaces productifs agricoles s'adaptent-ils aux défis de la mondialisation ?

I La France, une grande puissance agricole

- **Premier producteur européen**, la France est aussi le **5e exportateur mondial**. C'est le pays du monde où la valeur ajoutée par agriculteur est la plus forte. L'agriculture ne représente que 2,3 % du PIB, mais 6,5 % si l'on y ajoute les industries agroalimentaires.
- C'est pourtant une agriculture aux effectifs peu importants : **3 % de la population active**, qui se partagent 29 millions d'hectares, soit 53 % du territoire, malgré le grignotage périurbain. Le nombre d'exploitations a été divisé par deux en 20 ans, mais leur superficie moyenne a augmenté : 55 ha en 2014.
- Les produits bruts de l'agriculture sont transformés par de **puissantes industries agroalimentaires**, qui génèrent 18 % du chiffre d'affaires de l'industrie et constituent un **secteur fortement exportateur**, notamment au travers de grands groupes transnationaux, comme Danone.

II Une agriculture productiviste, des espaces spécialisés

- La PAC et la mondialisation ont poussé les agriculteurs à la **modernisation de leur système de production**. L'agriculture productiviste est fortement consommatrice de matériels, d'intrants (engrais, produits phytosanitaires), de techniques (irrigation, suivi satellite), de capitaux, de recherche (semences hybrides, agronomie).

Mot-clé

La **PAC** ou **politique agricole commune** a été mise en place par l'Union européenne dès 1957 pour soutenir les agricultures des pays membres. Pour la période 2014-2020, la France reçoit à ce titre 58 milliards d'euros.

- La recherche de la compétitivité a poussé à une **spécialisation des espaces productifs**, chaque terroir valorisant ses avantages comparatifs : grande culture à dominante céréalière dans le Bassin parisien, élevage intensif en Bretagne, viticulture en Bourgogne, dans le Bordelais, en Champagne.
- L'agriculture productiviste a cependant conduit à des **excès** : pollutions, surconsommation d'eau, crises sanitaires (maladie de la vache folle ou grippe aviaire). La réforme de la PAC introduite en 2015 est en conséquence plus qualitative, visant davantage le **développement rural**. De nouvelles pratiques d'agriculture raisonnée ou biologique se répandent.

III Une insertion différenciée dans la mondialisation

L'insertion différenciée dans la mondialisation se traduit dans l'espace. Les **régions les plus intégrées, compétitives et exportatrices** (grande céréaliculture, élevage industriel, vignobles de renom), comptent des exploitations de grandes dimensions, aux revenus souvent élevés. Ces exploitations restent malgré tout exposées à la concurrence étrangère, celle du poulet brésilien par exemple.

Les **espaces peu insérés** dans les réseaux de la mondialisation se marginalisent progressivement. Les exploitations sont de plus petites dimensions, les revenus plus faibles, les cultures moins spécialisées (polyculture). Les friches progressent, les exploitations n'y trouvent pas toujours de repreneur.

Certains de ces espaces connaissent cependant parfois une **certaine revitalisation**. Les agriculteurs créent des labels, des produits de terroir artisanaux, vendus en filières courtes. Souvent situés en moyenne montagne, ils développent une seconde activité liée au tourisme vert.

Mot-clé

Le **tourisme vert** est un tourisme diffus, pratiqué en milieu rural et qui se consacre à la découverte de la nature, du terroir et de ses traditions.

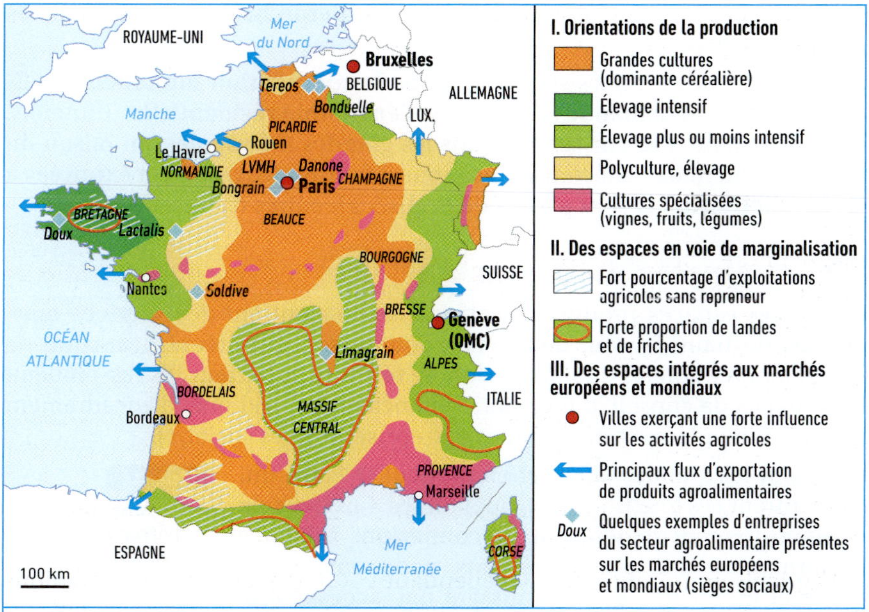

Les espaces productifs agricoles français.
Ils tendent à se spécialiser dans les productions les mieux adaptées à leurs terroirs et à leurs structures productives. Leur avenir dépend de leur insertion plus ou moins réussie dans la mondialisation.

7 Les espaces productifs de services

Comment les espaces productifs de services, notamment touristiques ou d'affaires, s'adaptent-ils aux défis de la mondialisation ?

I Les services, un secteur dominant

- Le secteur tertiaire produit des services, non des biens. **76 % des actifs** y sont employés actuellement en France. Le secteur tertiaire est aujourd'hui le seul à créer des emplois. La fonction publique, qui emploie 20 % des actifs, propose des **services non marchands**, c'est-à-dire rémunérés par l'impôt. Ils se distinguent des services **marchands** du secteur privé, rémunérés à l'acte (médecin libéral, entreprise d'aide à la personne...).

Remarque
On distingue la **fonction publique** d'État (armée, enseignement...), territoriale (dépendant des collectivités) et hospitalière.

- La répartition des espaces de services sur le territoire dépend de la **fréquence d'accès** (les services de base sont disséminés sur le territoire), de l'**importance de la demande** (une zone peuplée offrira plus de services) et de la **solvabilité de la demande** (une zone plus riche offrira plus de services par habitant). Les services sont donc **fortement hiérarchisés** et privilégient les grandes métropoles.
- Une partie des services sont **à l'abri de la compétition mondiale**, car ils dépendent de la demande locale : c'est l'**économie résidentielle**. Toutefois, une partie tend à se concentrer dans les grandes métropoles, en raison du développement des télécommunications. D'autres activités sont **exposées à la mondialisation** et sont parfois délocalisées (centres d'appel au Maroc).

II Les espaces productifs d'affaires

- Dans les espaces productifs d'affaires se concentrent des **services marchands de haut niveau**, dédiés aux entreprises, qui créent beaucoup de valeur ajoutée : on les qualifie parfois de **tertiaire supérieur**. Ils rassemblent les activités de conseil, d'ingénierie financière ou juridique, d'encadrement et de commandement des grandes entreprises (sièges sociaux).
- Ce sont les grandes villes, et en particulier Paris, qui concentrent ces fonctions métropolitaines. Ces **lieux de commandement** bénéficient de connexions à hautes performances aux grands réseaux nationaux, européens et mondiaux, qui garantissent une **accessibilité optimale**.

Mot-clé
Les **fonctions métropolitaines** sont des fonctions de commandement, public ou privé.

- Les quartiers d'affaires des métropoles, au premier rang desquelles **Paris, ville mondiale**, produisent des espaces spécifiques, marqués par la verticalité. Il en est ainsi de **La Défense**, premier quartier d'affaires européen, qui concentre 1 500 sièges sociaux, avec l'Arche ou la tour Total.

III Les espaces productifs touristiques

- Le tourisme est une activité majeure sur le territoire français : la France est le **premier pays touristique mondial** (2 millions d'emplois, 6,5 % du PIB). Elle bénéficie ainsi de la mondialisation, avec près de **85 millions de touristes étrangers**, européens, mais de plus en plus américains, chinois et russes, qui génèrent plus de 42 milliards d'euros de recettes.
- Cette fréquentation s'explique par la **grande variété du territoire** et l'**extrême richesse du patrimoine français**. Tous les types de tourisme y sont représentés : culturel, d'affaires, historique, religieux, gastronomique, balnéaire, montagnard, vert...
- L'activité touristique peut être diffuse (tourisme vert), mais **elle marque souvent fortement l'espace**, par les aménagements qu'elle entraîne. Le tourisme balnéaire, par exemple, suppose des voies d'accès (autoroutes), des hébergements (hôtels, campings, *marinas*), des infrastructures de loisirs (ports de plaisance, parcs d'attractions) et de commerce.

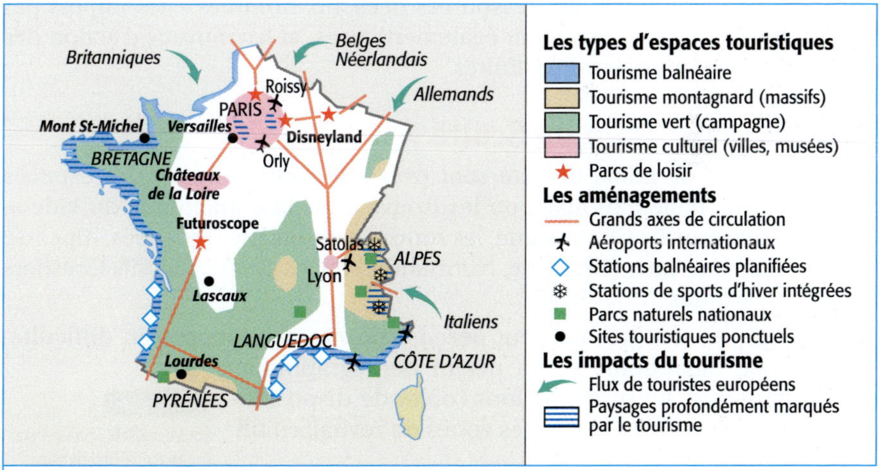

Les espaces productifs touristiques.
Ils sont bien représentés sur le territoire français, en raison de la vocation touristique particulière de la France.

8 Qu'est-ce que les espaces de la faible densité ?

Quelles sont les critères qui permettent de définir les espaces de la faible densité ?

I Définir la faible densité

- Avec une **densité moyenne de 118 hab./km²**, la France est en situation intermédiaire entre une Europe du Nord-Ouest très dense et une Europe du Nord ou du Sud qui le sont beaucoup moins. Cette moyenne française cache cependant des **disparités importantes** sur le territoire.
- La France compte ainsi des **espaces de faible densité** (moins de 30 hab./km², selon la définition de l'Insee) et même, parmi eux, des **espaces désertifiés** (moins de 10 hab./km²). 42 % des communes de France appartiennent aux espaces de faible densité, 10 % aux espaces désertifiés. Les espaces de faible densité comptent **près de 4 millions d'habitants**, dont un demi-million dans les espaces désertifiés.
- Ces espaces de la faible densité définissent donc des **lieux où les hommes sont rares**, plus rares qu'ailleurs. Leur présence y est **plus ponctuelle, plus dispersée, plus diffuse**. Les ressources liées aux hommes – les impôts par exemple – sont par conséquent également rares, et les moyens d'action des collectivités territoriales plus limités.

II Des espaces en difficulté ?

- Les espaces de faible densité sont **presque exclusivement des espaces ruraux**. À l'échelle nationale, on les trouve dans la **« diagonale du vide »**, dans les plateaux de Champagne, les zones de montagne (Pyrénées, Alpes du Sud), les arrière-pays (Bretagne, Normandie) ou les grands massifs forestiers (Morvan, Landes, Ardennes).
- Ces espaces sont très souvent **perçus comme des espaces en difficulté**, en déprise (abandonnés), en déclin démographique et économique. En outre, ils font l'objet de dispositifs d'aide publique : c'est le cas des zones de revitalisation rurale (ZRR).
- Pourtant, la faible densité correspond parfois à un **système d'occupation très ancien**, selon un équilibre validé par l'Histoire entre un groupe humain et un milieu fragile ou contraignant, comme les zones de montagne. La déprise humaine elle-même doit être relativisée.

Mot-clé

Les **ZRR**, créées par la loi d'orientation pour l'aménagement et le développement du territoire de 1995, sont notamment définies par une densité inférieure à 33 hab./km².

III Un retournement démographique des campagnes ?

- En effet, **l'exode rural s'est achevé** en France dans les années 1970. Depuis une quinzaine d'années, on observe une **reprise démographique dans les territoires ruraux**. Entre 1999 et 2006, l'espace à dominante rurale a connu une croissance de 0,7 % par an, et de 0,3 % pour le rural isolé. Entre 2006 et 2011, la population des communes très peu denses a augmenté de 3,3 %.

Mot-clé

Le **rural isolé** correspond à l'espace rural non soumis à l'influence d'une aire urbaine. C'est donc théoriquement la partie la plus fragile de l'espace rural.

- Cette croissance est faible, mais réelle. **La « diagonale du vide » se fracture** : si sa partie nord poursuit sa désertification, sa partie sud connaît une poussée démographique sensible. Celle-ci ne tient pas au solde naturel (différence entre naissances et décès), généralement négatif, mais au **solde migratoire** (différence entre arrivées et départs d'habitants).

- Les espaces ruraux de faible densité sont **redevenus attractifs** pour des populations qui rejettent le mode de vie périurbain. La rurbanisation est d'autant plus manifeste que l'**accessibilité** des espaces à faible densité demeure acceptable. Elle dénote une sorte de processus d'évasion urbaine.

Mot-clé

La **rurbanisation** est le développement des espaces ruraux par l'arrivée de citadins dans un espace qui demeure rural. La rurbanisation se situe au-delà de la périurbanisation.

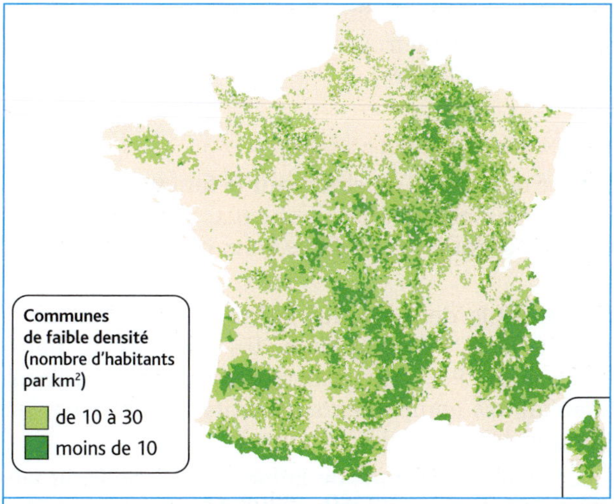

Les espaces de faible densité en France.
Une large part du territoire métropolitain appartient au monde de la faible densité, très présent dans la « diagonale du vide », les intérieurs, les montagnes et les grands massifs forestiers.

9 Des sociétés en mutation

Quelles sont les caractéristiques spécifiques des sociétés dans les espaces de faible densité ?

I Des sociétés aux caractéristiques spécifiques

- Les sociétés vivant dans les espaces de faible densité présentent, malgré leur extrême diversité, des points communs. La faible densité est généralement associée à des **populations plus âgées que la moyenne** nationale. Ce **vieillissement** est particulièrement accentué dans le sud de la diagonale du vide.

- Les espaces de faible densité étant presque exclusivement ruraux, ils sont davantage marqués que les autres par l'**activité agricole**. Les espaces artificialisés y sont moins présents que sur le reste du territoire. L'**emploi agricole**, si faible dans la population active générale (moins de 3 %), y est surreprésenté. Dans certains secteurs de petites exploitations (sud du Massif central ou Préalpes), il peut atteindre 30 % !

- Si certains espaces de faible densité sont plutôt aisés, notamment dans les régions marquées par l'héliotropisme, **les niveaux de revenus sont globalement plus faibles** que sur le reste du territoire national, en raison de l'absence de grandes métropoles productrices de richesses (voir la carte ci-contre).

Mot-clé

Les **espaces artificialisés** sont ceux construits par l'Homme, tels les espaces résidentiels, les voies de communication, les zones industrielles.

Mot-clé

L'**héliotropisme** est la tendance à préférer les régions au climat plus chaud et ensoleillé, du moins en été.

II Des sociétés dépendantes ?

- La faible densité représente un **coût pour le fonctionnement des sociétés**. La présence d'équipements publics, hôpitaux, écoles ou bureaux de poste, par exemple, n'est pas toujours rentable et leur maintien relève de la solidarité nationale.

- Les sociétés de faible densité, plus âgées, sont également plus souvent qu'ailleurs dépendantes du **versement des retraites ou pensions** et des **équipements de santé**. Pourtant, malgré la distance et la discontinuité fréquente de l'habitat, les équipements de santé sont souvent presque aussi bien implantés que dans les pôles urbains.

- La relative pauvreté des régions de faible densité pourrait laisser croire à leur dépendance envers les prestations sociales. Mais c'est loin d'être le cas. D'autant qu'on y sous-estime souvent les **échanges non monétaires** entre personnes, l'**autoconsommation** ou les **solidarités** familiales et villageoises.

III Un laboratoire de mixité sociale ?

■ La reprise démographique des espaces de faible densité produit des sociétés très complexes, marquées fondamentalement par une **très grande diversité**. Des **couches de population très différentes** les unes des autres y cohabitent : les espaces de faible densité sont ainsi les laboratoires d'une véritable mixité sociale.

■ La différence est visible entre les anciens habitants demeurés sur place, ceux qui sont partis puis revenus vivre au pays, les nouveaux habitants, les résidents permanents ou les résidents secondaires. Les **résidences secondaires** sont ainsi particulièrement présentes dans les massifs montagneux, les arrière-pays breton, normand ou bourguignon. Des taux de 25 % de résidences secondaires y sont fréquents.

■ La coexistence de groupes sociaux aux aspirations parfois très différentes peut se traduire plus qu'ailleurs par des **conflits d'usage de l'espace**, par exemple entre un paysan aux bruyantes machines agricoles et un retraité revenu au pays chercher la tranquillité loin de la ville.

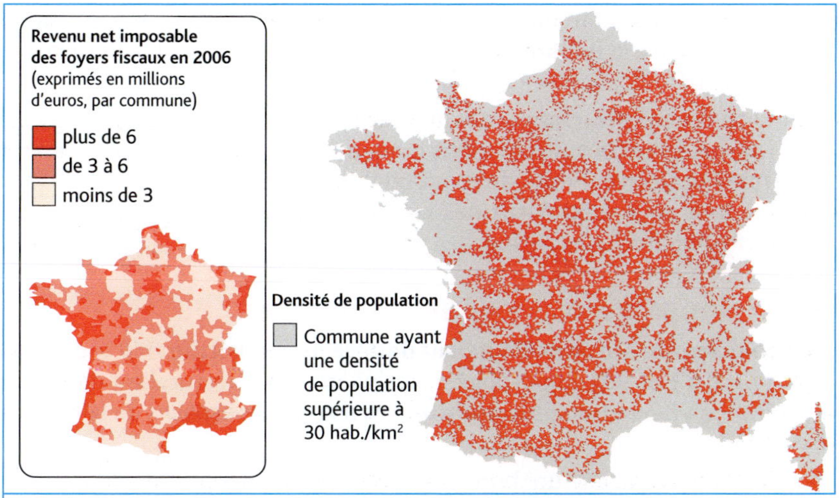

Le niveau des revenus dans les espaces de faible densité.
Compare les couleurs : les espaces de faible densité sont nettement moins riches, à l'exception de quelques zones marquées par l'héliotropisme (côte landaise ou Provence intérieure) ou les fonctions récréatives (Sologne).

10 Des bases économiques fragiles mais renouvelées

Les activités économiques pratiquées dans les espaces de faible densité sont consommatrices d'espace. Aux activités traditionnelles s'ajoutent aujourd'hui de nouvelles activités qui recomposent l'économie de ces espaces. Sur quelles bases économiques peut s'appuyer le développement des espaces de faible densité ?

I L'activité traditionnelle : l'agriculture

- L'activité productive la plus ancienne, qui organise l'espace, est l'agriculture. Les **pratiques agricoles anciennes**, tel l'élevage extensif, sont cependant en voie de disparition.
- En d'autres régions, comme l'est du Bassin parisien, des **systèmes intégrés** se sont développés, tournés vers l'exportation, dans une **logique mondialisée**. Ces exploitations ont été fortement modernisées depuis un demi-siècle, notamment grâce à la Politique agricole commune (PAC) dont la France a été la principale bénéficiaire (→ **Fiche 6**).
- Plus récemment sont apparues de **nouvelles pratiques** tournées vers des productions de qualité, au terroir identifié et aux méthodes de production contrôlées. Leurs produits sont vendus sur des marchés de proximité. Les exploitants sont parfois des néo-ruraux.

Mot-clé

On appelle **néo-ruraux** les citadins venus s'installer à la campagne.

II Développement rural, développement durable

- Avec l'émergence des problématiques de développement durable, le développement rural a pris une importance particulière. L'espace rural est désormais **perçu de façon beaucoup plus positive**. Les usages des espaces de faible densité ont évolué.
- La sylviculture en est un bon exemple. La surface forestière augmente en France depuis la seconde moitié du XIXe siècle et atteint aujourd'hui 16,5 M ha, soit 30 % du territoire. Se développent de **nouveaux usages du bois**, dans la construction ou les biocombustibles.

Mot-clé

La **sylviculture** est l'exploitation de la forêt (*silva* en latin). On utilise aussi le terme de « foresterie ».

- Avec le développement des **énergies renouvelables**, les espaces de faible densité retrouvent des **activités de production d'énergie**. Outre l'hydroélectricité et les biocombustibles, déjà anciens, les réserves d'espace disponible ont permis le développement des **installations éoliennes et solaires photovoltaïques**, gourmandes en surface au sol.

III La gestion des aménités de la faible densité

- Les aménités sont les éléments qui contribuent à l'agrément d'un lieu pour ceux qui y vivent (environnement, climat, paysage). La **préservation des ressources environnementales** (eau, biodiversité, sols...) prend aujourd'hui un caractère stratégique. On attribue même aux agriculteurs la mission d'entretien des paysages.
- Les espaces de faible densité apparaissent aussi comme des **lieux récréatifs**, fondés sur la valorisation de leurs **ressources patrimoniales culturelles et naturelles**. Ils sont le théâtre privilégié du **tourisme vert**, fondé sur la découverte de la nature et des patrimoines culturels locaux, des séjours à la ferme ou dans les **parcs naturels** nationaux et régionaux.
- L'**économie résidentielle** enfin, liée à la présence permanente ou temporaire des populations locales, est peu exposée à la concurrence mondiale et commence à profiter du regain démographique qui touche certains espaces de faible densité.

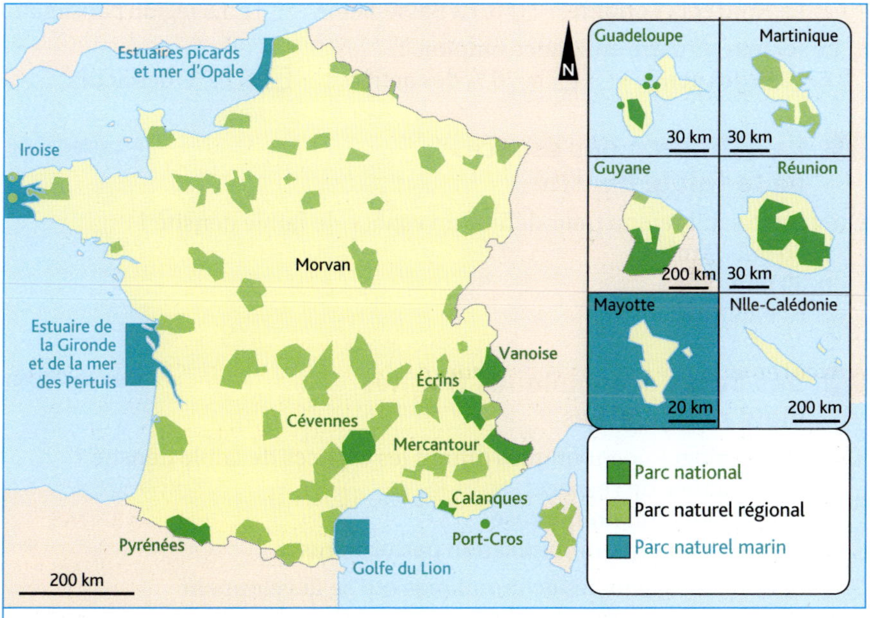

Les parcs naturels en France.
La localisation des parcs naturels – régionaux, nationaux ou marins – est fortement corrélée à celle des espaces de faible densité.

Se tester QUIZ

Vérifie que tu as bien compris les points clés des **fiches 4 à 10.**

Pour chaque quiz, coche la ou les bonne(s) réponse(s). Vérifie ta réponse à l'aide du corrigé et consulte les fiches de cours si nécessaire.

1 Les espaces productifs français au cœur des logiques mondialisées

→ CORRIGÉ P. 216

1. Quel est le rang mondial de l'économie française ?

☐ **a.** 4ᵉ. ☐ **b.** 5ᵉ. ☐ **c.** 6ᵉ.

2. Entre 1993 et 2011, les exportations françaises dans le monde :

☐ **a.** ont reculé. ☐ **b.** sont restées stables. ☐ **c.** ont progressé.

2 Les différents espaces productifs

→ CORRIGÉ P. 216

1. Quelle est la première région industrielle française ?

☐ **a.** Le Nord et la Lorraine. ☐ **b.** La Basse-Seine. ☐ **c.** La région parisienne.

2. Le secteur tertiaire en France emploie :

☐ **a.** 70 % des actifs. ☐ **b.** 76 % des actifs. ☐ **c.** 82 % des actifs.

3 La définition des espaces de la faible densité

→ CORRIGÉ P. 216

Quel est le seuil retenu pour définir un espace de faible densité ?

☐ **a.** 50 hab./km^2.

☐ **b.** 30 hab./km^2.

☐ **c.** 10 hab./km^2.

4 Des bases économiques fragiles mais renouvelées

→ CORRIGÉ P. 216

1. Quels avantages économiques offrent les espaces de faible densité ?

☐ **a.** L'abondance de l'espace.

☐ **b.** Une population nombreuse.

☐ **c.** Des réseaux de communication performants.

2. Quelles sont les activités économiques qui se développent dans les espaces de faible densité ?

☐ **a.** L'agriculture.

☐ **b.** La production d'énergie.

☐ **c.** Le tourisme vert.

Vers le brevet

Exerce-toi en vue du brevet et révise les **fiches 4 à 10.**

Pour chaque exercice, aide-toi des conseils donnés et compare ta réponse à celle du corrigé.

5 Analyser et comprendre un document
45 min

→ CORRIGÉ P. 217

Document **Cap d'Agde, un espace touristique languedocien**

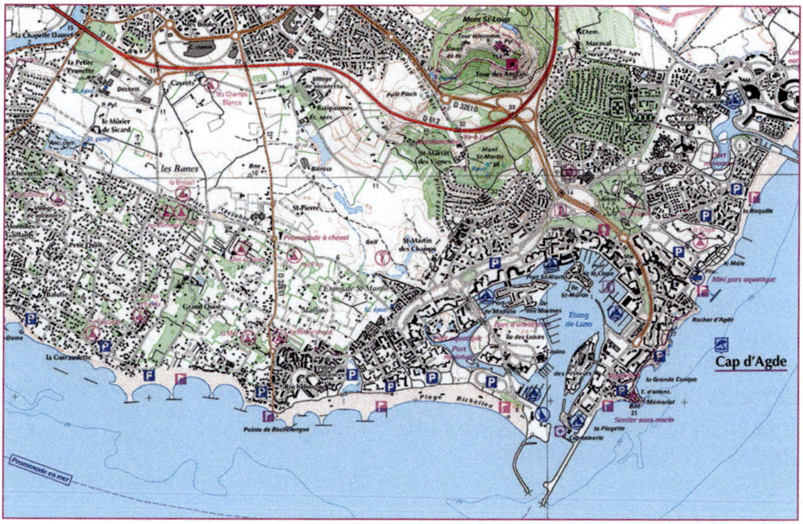

1. Quel est le type de tourisme représenté sur la carte ? Où se situe-t-il ?
2. Qu'est-ce qui montre sur la carte l'usage massif de l'automobile ?
3. Quels sont les types d'hébergement visibles sur la carte ?
4. Montre que les équipements touristiques sont très présents dans l'espace.

6 Rédiger un développement construit
45 min

→ CORRIGÉ P. 217

Sur quelles bases économiques peut s'appuyer le développement des espaces de faible densité ?

Démarrons ensemble

- Réfléchis aux caractéristiques des espaces de faible densité : ce sont des espaces presque exclusivement ruraux, donc agricoles.
- Quelles sont les nouvelles activités liées au développement durable ?
- Développe les aspects liés aux aménités : as-tu déjà fait du « tourisme vert » ?

GÉOGRAPHIE

11 Des inégalités territoriales croissantes à toutes les échelles

Quels sont les différents types d'inégalités qui affectent les territoires français ?

I Les inégalités sociales des territoires

■ On peut mesurer les inégalités entre territoires par le **taux de pauvreté**. De premières disparités sont observées **à l'échelle régionale** : les régions méridionales (Corse, Languedoc-Roussillon) et septentrionales (Nord-Pas-de-Calais) apparaissent comme les plus défavorisées.

■ **À l'échelle départementale**, le Sud et le Nord sont plus pauvres que l'Ouest (Bretagne) et l'Est (Alsace, Rhône-Alpes). Mais une même région - telle l'Île-de-France - peut regrouper les départements ayant les taux de pauvreté le plus faible (Yvelines, 9 %) et le plus fort (Seine-Saint-Denis, 27 %) du pays.

■ C'est à l'échelle communale et infra-communale que les inégalités sociales sont les plus grandes (→ Fiche 3). Ce sont les **villes-centres des grandes aires urbaines** qui comptent le plus de personnes pauvres. La seule aire urbaine de Paris concentre 20 % des Français vivant en dessous du seuil de pauvreté. Le taux de pauvreté est plus élevé dans les pôles urbains (16 %) que dans les couronnes périurbaines (10 %).

Mots-clés

À l'**échelle communale**, on compare les communes entre elles. À l'**échelle infra-communale**, on s'intéresse à ce qui se passe à l'intérieur d'une même commune.

II Les inégalités économiques des territoires

■ Les inégalités se mesurent aussi **par l'activité et l'emploi**. Le nombre d'actifs augmente en France d'environ 140 000 personnes par an. Deux tiers de cette croissance sont le fait de cadres, surtout du secteur privé.

Mot-clé

Les **cadres** exercent des fonctions de contrôle, création et décision.

■ Les régions qui connaissent la plus forte croissance du nombre de cadres sont les **régions dynamiques : atlantiques, méridionales, alpines, et l'Île-de-France**. À l'inverse, les régions les moins dynamiques sont la Lorraine et les régions de la diagonale du vide.

■ À une autre échelle, **la croissance du nombre de cadres profite aux capitales régionales** beaucoup plus qu'aux villes petites et moyennes. Cette concentration est d'autant plus importante que la région est dynamique. Certaines villes moyennes tirent ainsi parti de leur localisation littorale ou frontalière.

III Les inégalités spatiales des territoires

- Les inégalités peuvent enfin se mesurer dans **l'accès des populations aux services**, notamment ceux de la vie courante (supermarché, école, hôpital). Là encore, **les inégalités sont croissantes et mesurables à toutes les échelles**. Dans l'ensemble, les temps d'accès aux services sont fonction de la **densité** de la commune.
- Dans les **régions très urbanisées** (Île-de-France, PACA), la quasi-totalité des habitants accède ainsi aux services en moins de sept minutes. Mais c'est le cas pour moins de la moitié de la population en Corse.
- Les différences sont plus importantes encore entre les **grands espaces urbanisés**, notamment les métropoles, et le reste du territoire. Ce phénomène est aggravé par les **contraintes de relief** (Pyrénées, Alpes du Sud). Les disparités s'accroissent si l'on monte en gamme dans les services (→ Fiche 7).

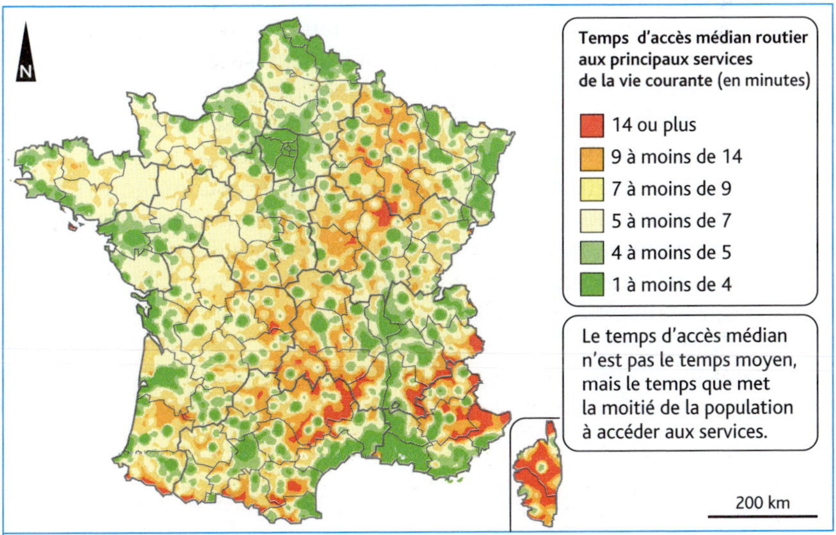

En combien de temps la population accède-t-elle aux services de la vie courante ? L'accès aux services courants présente de fortes disparités territoriales, non seulement entre régions, mais aussi entre les métropoles et les espaces moins denses. Le relief joue un rôle aggravant.

GÉOGRAPHIE

12 Acteurs et actions de l'aménagement du territoire

Quels acteurs multiples tentent d'aménager le territoire ?

I La multiplication des acteurs de l'aménagement

■ Le premier acteur de l'aménagement du territoire français a naturellement été **l'État**. Les années 1960, avec la création de la DATAR, voient le lancement de **grandes politiques** : métropoles d'équilibre, création de stations touristiques intégrées, développement des lignes à grande vitesse…

> **Mot-clé**
> La **DATAR** est la Délégation à l'aménagement du territoire et à l'action régionale. En 2014, elle est fusionnée avec d'autres agences d'État, dans le Commissariat général à l'égalité des territoires.

■ Mais l'État, depuis les années 1980, n'est plus le seul à intervenir dans l'aménagement du territoire national : il est concurrencé par l'Union européenne et les régions. L'action de **l'Union européenne** se manifeste via les **fonds structurels et d'investissements européens**. La France reçoit ainsi 27 milliards d'euros pour la période 2014-2020.

■ Les **collectivités territoriales** (régions, départements, communes), depuis les lois de décentralisation de 1982 et 2003, ont bénéficié d'importants transferts de compétences dans le développement économique, les transports, l'enseignement, l'action sociale. La **multiplicité des acteurs**, institutionnels ou citoyens, complexifie toutefois l'aménagement à un degré jusqu'alors inconnu. Les doublons coûteux se multiplient, tels à Marseille le musée des Civilisations de l'Europe et de la Méditerranée (MUCEM), créé sous l'égide de l'État, et la villa Méditerranée, bâtie par le Conseil général, à 30 mètres du premier…

II Les nouveaux enjeux de l'aménagement du territoire

■ L'aménagement du territoire ne peut plus, aujourd'hui, être pensé dans un cadre uniquement national. L'**intégration européenne** est un impératif catégorique pour les territoires qui affirment ainsi leur compétitivité, en concurrence, mais aussi en complémentarité, avec les autres métropoles ou régions de l'Union (→ Fiche 18).

■ La compétitivité des territoires se joue également **au niveau mondial**. La France fait partie des pays les plus touchés par la **mondialisation** (→ Fiche 4). Aussi la question de l'égalité entre territoires fait-elle débat : les territoires les plus compétitifs ne doivent-ils pas être renforcés, quitte à sacrifier une égalité coûteuse et peu efficace ?

- Le **développement durable** fait aussi partie des nouveaux enjeux de l'aménagement, comme l'a montré la COP 21 de 2015 à Paris. Les collectivités territoriales développent ainsi leurs politiques dans des Agendas 21 destinés à « verdir » le développement économique.

Mot-clé
La **COP 21** est la 21e rencontre de la conférence des parties, c'est-à-dire des pays engagés dans les discussions sur le réchauffement climatique.

III Les nouveaux territoires de l'aménagement

- Malgré la dénonciation régulière du « mille-feuille administratif », de nouveaux acteurs se sont développés depuis 1999, les EPCI, sans toutefois remplacer les structures existantes. Ces structures dites « de projet » mettent en œuvre des opérations d'aménagement à l'échelle des communautés de communes ou d'agglomération, dans le cadre des **schémas de cohérence et d'organisation territoriale (SCOT)** apparus en 2000.

Mot-clé
Les **EPCI** sont des Établissements publics de coopération intercommunale.

- La Nouvelle organisation territoriale de la République (NOTRe) a créé **14 métropoles** (→ Fiche 2), agglomérations de plus de 400 000 habitants, chargées du développement économique et de l'innovation, de la transition énergétique et de l'urbanisme.
- La réforme territoriale a mis en place, au 1er janvier 2016, **13 régions agrandies**, aux compétences stratégiques renforcées, en lieu et place des 22 précédentes (sans compter l'outre-mer).

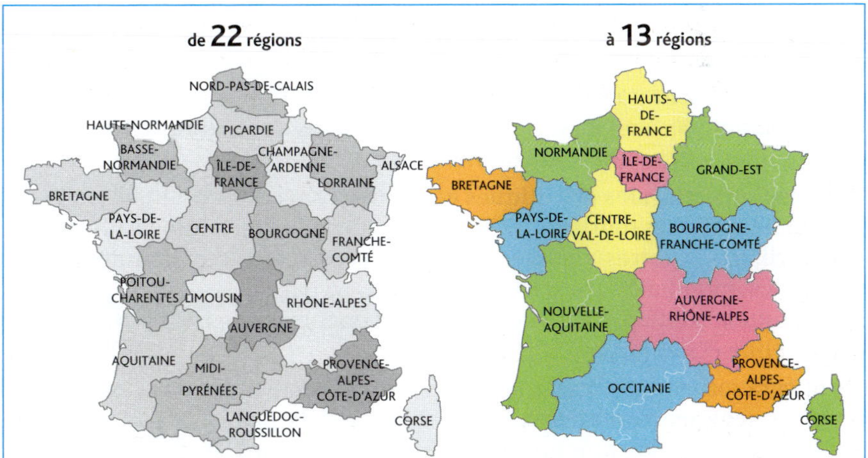

De 22 à 13 régions.
Le passage à 13 régions aux compétences renforcées doit permettre à celles-ci de mieux développer leur compétitivité face aux autres régions européennes.

13 L'organisation du territoire français

Comment l'organisation du territoire français est-elle affectée par la mondialisation ?

I La grande gagnante : la région parisienne

- Parmi les régions qui sortent renforcées des processus de mondialisation, la **région parisienne** est de loin la première. Rassemblant 19 % de la population et créant 30 % du PIB du pays, c'est la première région industrielle et la première région touristique.
- Paris, **3e ville mondiale**, cumule les pouvoirs : **pouvoirs politiques** et **diplomatiques**, mais aussi pouvoirs **économiques**, notamment à travers le centre d'affaires de La Défense, **technologiques et culturels**. La région parisienne est celle qui reçoit le plus d'IDE (investissements directs étrangers) en provenance du reste du monde.
- Si, longtemps, l'État a tenté de maîtriser la croissance parisienne, favorisant la déconcentration industrielle ou urbaine, la politique actuelle consiste plutôt à valoriser les atouts parisiens dans la compétition mondiale. C'est le sens de la création du Grand Paris, le 1er janvier 2016.

Mot-clé

Le **Grand Paris** désigne un projet de développement visant la création de pôles économiques majeurs autour de Paris, structurés par un réseau de transport ultramoderne, incluant notamment un métro automatique.

II Les autres régions gagnantes

- La mondialisation favorisant les métropoles, les **autres métropoles** françaises connaissent un développement plus rapide que le reste du territoire. C'est d'autant plus vrai lorsqu'elles se situent dans des **régions elles-mêmes dynamiques**, offrant un cadre de vie réputé agréable.
- Les **régions littorales atlantiques et méditerranéennes** profitent non seulement des activités touristiques, mais aussi de haute technologie (Toulouse, Montpellier). **D'autres régions littorales**, connectées aux grandes routes maritimes mondiales (ports de Marseille, Le Havre, Dunkerque), souffrent cependant de la concurrence européenne et mondiale.
- L'intégration européenne a renversé les perspectives pour les **régions frontalières**, jadis angles morts des politiques nationales, aujourd'hui espaces dynamiques de la construction européenne (→ Fiche 18). La proximité de la mégalopole européenne et la connexion à celle-ci sont des atouts décisifs.

Mot-clé

La **mégalopole européenne**, de Londres à Milan, centrée sur l'Europe rhénane, concentre les hommes et les activités. C'est une des trois grandes zones de commandement de l'économie mondiale.

III Les régions perdantes

- Les régions perdantes sont celles qui sont **exposées à la mondialisation** sans être suffisamment compétitives : en dehors des **outre-mer** (→ Fiches 14 à 16), on peut citer les **régions anciennement industrialisées**, comme le Nord et la Lorraine, qui se reconvertissent avec plus ou moins de succès.
- Les **régions de faible densité**, notamment situées dans la « **diagonale du vide** », possèdent certes des atouts (→ Fiches 8 à 10), notamment une certaine qualité de vie. Mais les activités économiques y sont de plus en plus strictement résidentielles. Le déclin démographique dans les intérieurs montagnards ou le rural le plus à l'écart des zones urbaines y menace parfois le maintien des équipements de base.
- **À l'échelle infra-urbaine**, toutes les métropoles françaises doivent gérer la situation faite de violences et de désespérance de banlieues défavorisées qui cumulent les difficultés socio-économiques, malgré 30 ans de politiques urbaines sans grand résultat.

Remarque

La France compte 751 « zones urbaines sensibles », cibles prioritaires de la politique de la ville. Ces ZUS ont été remplacées en 2015 par les « quartiers prioritaires de la politique de la ville ».

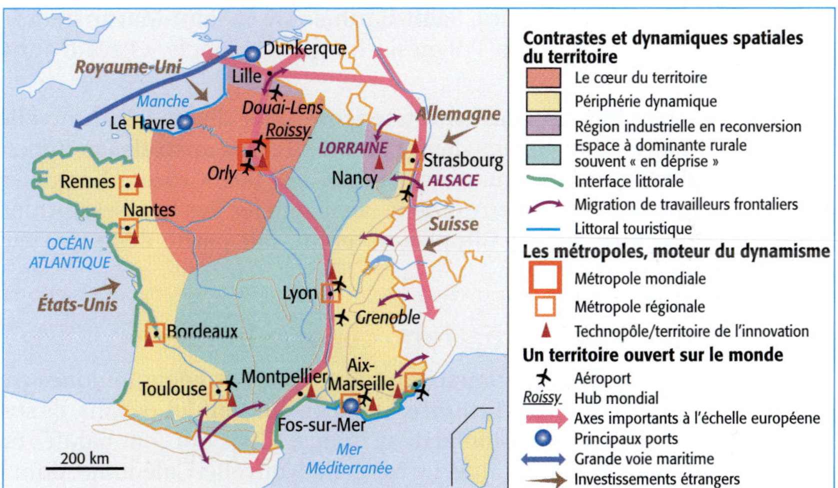

L'organisation du territoire français dans la dynamique de la mondialisation.
L'impact de la mondialisation sur le territoire détermine des régions gagnantes et des régions perdantes.

14 La diversité de la France d'outre-mer

La France d'outre-mer compte plus d'une vingtaine de territoires très divers. Peut-on néanmoins percevoir certains traits communs entre ces territoires d'outre-mer (on dit aussi « ultramarins ») ?

I La diversité des statuts

- Les territoires d'outre-mer présentent une grande diversité de statuts administratifs, liés à leur histoire propre. Les plus anciens sont aujourd'hui des **départements et régions d'outre-mer (DROM)**. Ce sont la Guadeloupe, la Martinique, la Guyane, la Réunion et, depuis 2011, Mayotte (voir carte, p. 149). Ces DROM ont un statut identique à celui des départements et régions de métropole. Depuis le traité d'Amsterdam (1997), les cinq DROM ont également reçu le statut de **régions ultrapériphériques (RUP)**, ce qui leur permet de bénéficier de programmes d'aide européens spécifiques.
- Les **collectivités d'outre-mer (COM)** constituent une catégorie imprécise, qui rassemble cinq territoires aux statuts assez divers : Saint-Pierre-et-Miquelon dans l'Atlantique Nord, Saint-Barthélemy et Saint-Martin dans les Antilles, Wallis-et-Futuna et la Polynésie française (appelé « Pays d'outre-mer ») dans le Pacifique.
- Les autres territoires ont des statuts encore plus divers : la **Nouvelle-Calédonie** constitue une collectivité à part ; les **Terres australes et antarctiques françaises (TAAF)**, qui rassemblent les îles Crozet, Kerguelen, Saint-Paul et Amsterdam, et Terre-Adélie, ainsi que les îles Éparses, forment un « territoire d'outre-mer » ; **Clipperton**, enfin, fait partie des propriétés domaniales de l'État français.

II La diversité des situations géographiques

- Ces territoires ultramarins connaissent des situations géographiques très variées. Véritables **« confettis d'empire »** répartis sur tous les océans, ils sont tout ce qui reste de l'empire colonial de la France. Ceux qui sont habités ont choisi de rester dans la République. Le cas de la Nouvelle-Calédonie, dont la population est mélangée, est plus complexe : un référendum d'autodétermination doit s'y tenir en 2018 pour décider ou non de l'indépendance.
- La diversité des outre-mer français se lit à travers des **climats très différents**, souvent de type tropical (Antilles) ou équatorial (Guyane) pour les plus peuplés, mais aussi polaire (Terre-Adélie) ou subpolaire (Kerguelen).

■ Ces territoires partagent cependant certains **points communs** :

- ils sont tous **insulaires** – à l'exception de la Guyane et de Terre-Adélie ;
- leur **biodiversité** est très importante, notamment en Guyane ;
- les aléas naturels (cyclones, volcanisme, séismes) y sont fréquents (Antilles, Réunion).

Remarque

Parmi les **aléas naturels**, la montée du niveau marin concerne particulièrement les territoires ultramarins, notamment les archipels du Pacifique.

III La diversité des populations

■ Les outre-mer comptent **2,7 millions d'habitants**, soit **4 % de la population française** totale, aux trois quarts citadins. Avec 2,1 millions à eux seuls, les DROM en représentent l'essentiel, dont 844 000 pour la seule île de la Réunion.

■ L'exiguïté insulaire entraîne **souvent de fortes densités.** Mais certains territoires sont quasi vides (Guyane, TAAF, Clipperton).

■ La **démographie** des outre-mer est assez spécifique : la fécondité y est plus élevée qu'en métropole, en raison de la jeunesse de la population. L'accroissement naturel y est le double de la métropole (surtout Guyane et Mayotte), mais tend à ralentir. La population vieillit donc rapidement.

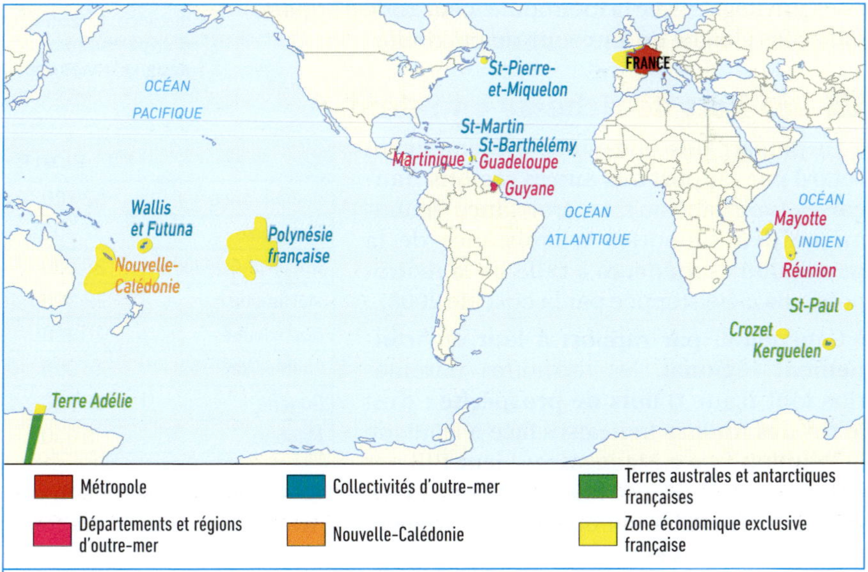

La France d'outre-mer.
Ces territoires aux statuts variés sont presque tous insulaires. Leur situation géographique assure une présence française sur tous les océans du globe (→ **Fiche 16**).

GÉOGRAPHIE

15 Des régions périphériques

L'outre-mer est perçu comme un espace moins développé que la métropole. Quelles sont les problématiques spécifiques qui handicapent le développement des outre-mer français ?

I Insularité, distance, isolement

- L'**insularité** concerne la plupart des territoires ultramarins. Même la Guyane, qui n'est pas une île, est isolée par la forêt équatoriale. Exiguïté et insularité posent des problèmes liés à l'**échelle des territoires** souvent trop petits pour s'autosuffire. Les ressources y sont rares, en dehors du nickel de Nouvelle-Calédonie.
- La **distance** impose ses lois : il faut 8 heures de vol depuis la métropole pour atteindre les Antilles françaises, 11 pour la Réunion, 22 pour Tahiti. **La distance renchérit les prix**, notamment des produits alimentaires presque tous importés : en Martinique, ils sont 44 % plus chers qu'en métropole, 49 % en Guyane.
- L'**isolement** des territoires ultramarins est double : isolés des métropoles par la distance, ils sont aussi **isolés de leur environnement régional** en raison de leurs liens privilégiés avec la métropole. Leur zone d'appartenance les éloigne de leur zone de proximité.

Mots-clés

La **zone de proximité** désigne les territoires situés à faible distance. La **zone d'appartenance** désigne la métropole.

II Des îlots de richesse en retard

- La plupart des outre-mer présentent un **retard par rapport aux autres régions françaises** (voir tableau). La croissance économique doit supporter la croissance de la population : supérieure à celle de la métropole, elle a été stoppée par la crise de 2008.

Région	PIB/hab. en €
Île-de-France	52 300
Métropole	32 300
Nouvelle-Calédonie	28 000
Martinique	22 000
Guadeloupe	20 100
La Réunion	17 000
Guyane	15 900
Mayotte	8 000

- Cependant, **par rapport à leur environnement régional**, les territoires ultramarins font figure d'**îlots de prospérité** : c'est le cas des Antilles françaises face à Haïti, de la Réunion face à Madagascar : leur PIB par habitant est de 30 à 40 fois supérieur ! Cette richesse relative trouve son origine dans les aides nationales ou européennes, les salaires versés aux fonctionnaires locaux et les prestations sociales.

■ Les économies ultramarines, dépourvues de firmes transnationales donneuses d'ordres ou de métropoles de rang mondial, ne créent pas suffisamment d'activité sur place, et leur richesse relative les prive des investissements étrangers qui profitent des faibles coûts salariaux des pays voisins.

III Des économies déséquilibrées

■ **Les économies ultramarines sont donc très fragiles**. L'absence de matières premières, la faiblesse du niveau de formation, mais en même temps le niveau de vie plutôt élevé, l'étroitesse du marché intérieur et les coûts liés à la distance freinent le développement des territoires. Les taux de chômage sont souvent élevés : 25 % en Guadeloupe, 28 % à la Réunion contre 10 % en métropole.

■ Les économies ultramarines **dépendent souvent d'un seul produit ou activité** (nickel en Nouvelle-Calédonie, ylang-ylang pour Mayotte, pêche pour Saint-Pierre-et-Miquelon, tourisme dans les Antilles) : en cas de crise, toute l'économie du territoire est affectée. Les exportations ne couvrent les importations qu'à 9 % en Guyane, 2 % à Mayotte et 0,08 % à Wallis-et-Futuna...

■ La **dépendance envers la métropole** est donc forte. En Guyane, l'activité spatiale dépend ainsi des décisions prises à Paris et à Bruxelles ; le tourisme est peu compétitif à la Réunion face à Maurice, aux Antilles françaises face à Saint-Domingue, mais peut heureusement compter sur les touristes affinitaires.

Mot-clé
Les **touristes affinitaires** sont ceux venant visiter des parents ou amis.

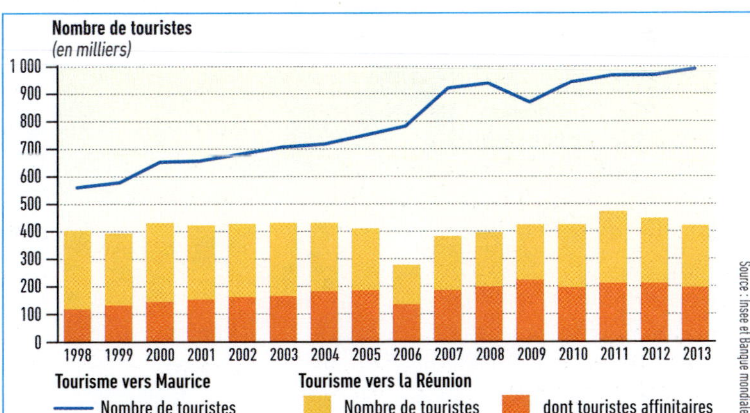

L'évolution du tourisme à La Réunion et à Maurice.
L'écart grandissant entre les arrivées touristiques à la Réunion et à Maurice, malgré le maintien d'un tourisme affinitaire, révèle la fragilité de l'économie ultramarine.

16 Aménager les territoires ultramarins

Comment les pouvoirs publics, de la France mais aussi de l'UE, tentent-ils de compenser les inégalités territoriales qui affectent l'outre-mer ?

I Les enjeux des territoires ultramarins

■ L'outre-mer français bénéficie de nombreuses **ressources**. Grâce à lui, la France bénéficie de la **2e ZEE mondiale**. La découverte de gisements pétroliers probables au large de la Guyane souligne l'importance de cet atout. Les **ressources humaines** ne doivent pas être oubliées : avec un taux de fécondité de 2,4 pour la Réunion et même 3,49 en Guyane (1,98 en métropole), l'outre-mer contribue largement à la croissance démographique française.

> **Mot-clé**
> La **Zone économique exclusive (ZEE)** est une zone de 200 milles marins (370 km) où l'État côtier exerce des droits exclusifs sur les ressources naturelles.

■ Il existe aussi des **avantages liés à la situation et à l'isolement** : la position quasi équatoriale de la Guyane en fait un pas de tir idéal pour les lancements spatiaux et explique l'installation du CNES à Kourou ; l'isolement a maintenu des zones de biodiversité, comme dans la réserve naturelle des Nouragues, en Guyane.

■ Enfin, les territoires ultramarins permettent à la France de conserver une **présence sur tous les océans du globe**. Le contrôle des espaces maritimes demeure en effet un enjeu stratégique et militaire.

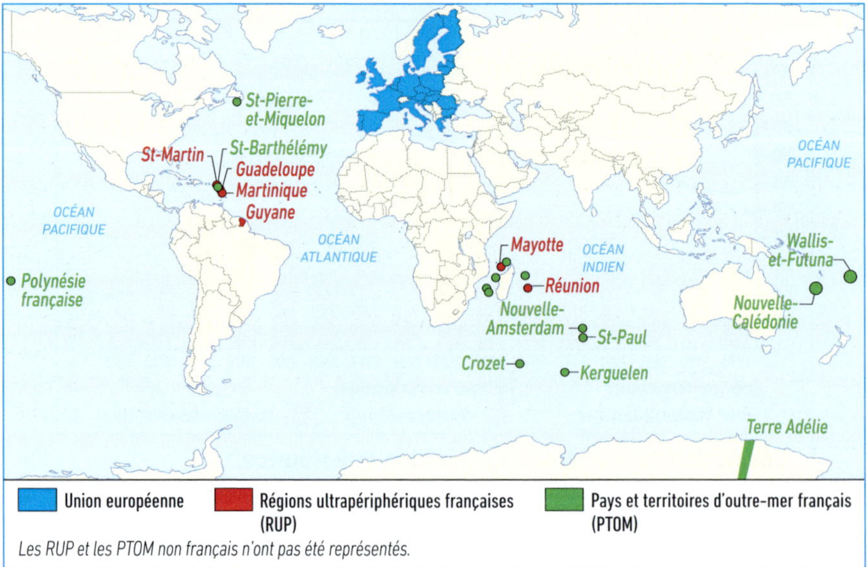

L'outre-mer français selon le cadre juridique européen.

II Une politique de continuité territoriale et de cohésion

- La France a défini depuis 2003 une **politique de continuité territoriale** qui doit permettre aux populations d'outre-mer le même accès aux services publics qu'en métropole, indépendamment des **coûts liés à leur situation ultrapériphérique**. D'autres lois nationales, notamment fiscales, permettent de promouvoir le développement ultramarin.

- Les DROM français et la collectivité de Saint-Martin ont reçu de l'Union européenne le statut de **régions ultrapériphériques (RUP)**. L'objectif affiché est celui de la **convergence** pour ces territoires en situation de retard économique. Les RUP françaises ont reçu 3,9 milliards d'euros de subventions européennes pour la période 2007-2013.

- L'Union fournit également une aide aux PTOM **français**, dans les domaines de la lutte contre la pauvreté, le développement durable et l'intégration économique. Pour 2014-2020, le Fonds européen du développement leur a attribué une enveloppe globale de 364,5 millions d'euros.

> **Mot-clé**
> En droit européen, l'outre-mer français se répartit entre **régions ultrapériphériques (RUP)** et **pays et territoires d'outre-mer (PTOM)**. Contrairement aux RUP, les PTOM ne font pas partie de l'UE, mais ils bénéficient toutefois de certains programmes européens.

III Axes et résultats de l'aménagement outre-mer

- Pour la période 2014-2020, l'Union européenne a mis en place **cinq axes stratégiques d'aménagement**, en vue d'améliorer l'accessibilité, la compétitivité, l'intégration régionale, la dimension sociale et la lutte contre le changement climatique.

- Parmi les projets financés par les programmes européens figurent des **réalisations d'infrastructures** compensant les handicaps de l'ultrapériphérie. Le programme POSEI tente de développer l'économie agricole des RUP ; figurent aussi des projets dans le domaine de la **recherche** ou du **développement durable** (géothermie en Guadeloupe, recyclage en Martinique).

- **Ces stratégies de développement portent leurs fruits**. Mayotte, département depuis 2011 et RUP depuis 2014, a ainsi vu son PIB augmenter de 8,7 % par an depuis 2005 grâce aux aides nationales et européennes. Néanmoins, la crise de la dette laisse planer des menaces sur la pérennité et le montant des aides.

GÉOGRAPHIE

Se tester QUIZ

Vérifie que tu as bien compris les points clés des **fiches 11 à 16.**

Pour chaque quiz, coche la ou les bonne(s) réponse(s). Vérifie ta réponse à l'aide du corrigé et consulte les fiches de cours si nécessaire.

1 Des inégalités territoriales croissantes à toutes les échelles

→ CORRIGÉ P. 218

1. À quelle échelle les inégalités sociales sont-elles les plus fortes ?

☐ **a.** à l'échelle régionale.
☐ **b.** à l'échelle départementale.
☐ **c.** à l'échelle communale et infra-communale.

2. Le temps d'accès des populations aux services dépend :

☐ **a.** de la densité de la commune.
☐ **b.** de l'urbanisation.
☐ **c.** des contraintes de relief.

2 L'organisation du territoire français

→ CORRIGÉ P. 218

1. Quelles sont les régions dynamiques du territoire français ?

☐ **a.** Les régions métropolitaines.
☐ **b.** Les régions frontalières.
☐ **c.** Les régions de faible densité.

2. Quelles sont les régions les moins dynamiques du territoire français ?

☐ **a.** Les régions anciennement industrialisées.
☐ **b.** Les régions de faible densité.
☐ **c.** Les outre-mer.

3 Aménager les territoires ultramarins

→ CORRIGÉ P. 218

1. Grâce à l'outre-mer, la France bénéficie de la :

☐ **a.** 2e zone économique exclusive mondiale.
☐ **b.** 4e zone économique exclusive mondiale.
☐ **c.** La France ne bénéficie pas de zone économique exclusive.

2. Comment appelle-t-on la politique qui vise à assurer aux populations ultramarines les mêmes services au même coût qu'en métropole ?

☐ **a.** La politique de convergence.
☐ **b.** La politique de cohérence.
☐ **c.** La politique de continuité territoriale.

Vers le brevet

Exerce-toi en vue du brevet et révise les **fiches 11 à 16.**

Pour chaque exercice, aide-toi des conseils donnés et compare ta réponse à celle du corrigé.

4 Analyser et comprendre un document

45 min

→ CORRIGÉ P. 218

Document **La croissance économique dans les régions**

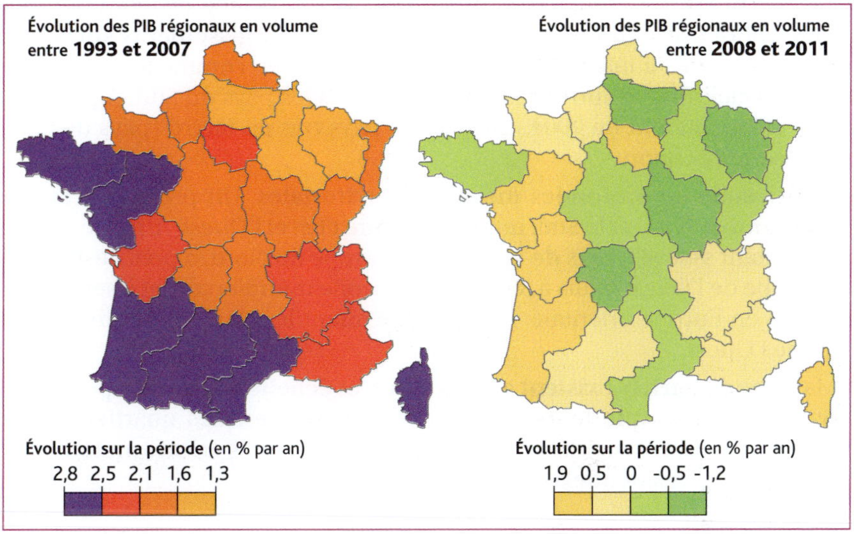

1. Que représentent ces deux cartes ?

2. Quelles sont les régions dont la croissance a été la plus forte entre 1993 et 2007 ? Comment peux-tu l'expliquer ?

3. Montre que la crise économique de 2008 a eu un impact très fort dans les régions.

4. Ce type de carte est-il suffisant pour décrire correctement la croissance économique dans les territoires ?

5 Rédiger un développement construit

45 min

→ CORRIGÉ P. 218

Comment les pouvoirs publics, de la France mais aussi de l'UE, tentent-ils de compenser les inégalités territoriales qui affectent l'outre-mer ?

Démarrons ensemble

- Analyse les politiques françaises et européennes d'aménagement.
- Donne quelques exemples d'aménagement et des résultats.

GÉOGRAPHIE

17 L'aménagement du territoire de l'Union européenne

Dans quelle mesure les politiques européennes contribuent-elles à aménager le territoire ?

I Des disparités spatiales

- Les **six membres fondateurs** ont connu la croissance économique des Trente Glorieuses à un rythme comparable. Les **élargissements successifs** ont certes permis d'intégrer des États très développés, comme les pays scandinaves, mais aussi d'autres moins avancés, tels les pays du Sud. À partir du grand élargissement de 2004, ce sont des pays très en retard (pays de l'Est) qui intègrent l'Union.
- Il en résulte de **profondes inégalités territoriales**. Un premier écart est visible entre le Nord et le Sud, un second entre l'Est et l'Ouest. Ainsi, le revenu par habitant s'élève à plus de 40 000 $ en Europe du Nord, à près de 45 000 $ en Europe de l'Ouest, mais à 30 000 $ en Europe méridionale, et à seulement 20 000 $ en Europe orientale. La mortalité infantile est, à l'Est, le double de celle de l'Ouest.
- Mais **des disparités existent aussi à d'autres échelles**. Les métropoles sont plus développées que leurs périphéries plus rurales. Les quartiers d'une même ville peuvent montrer des inégalités plus criantes encore, notamment entre quartiers résidentiels centraux et banlieues.

II Une Europe, des territoires

- Au total, le territoire européen s'organise autour d'**un cœur, l'Europe du Nord-Ouest** et, en son sein, la **mégalopole européenne**, dorsale rhénane à haut niveau de vie et d'activité, flanquée de **deux villes mondiales, Londres et Paris**. Irriguée par un réseau de communication ultramoderne, la mégalopole européenne et les villes mondiales concentrent les activités et les fonctions de commandement de niveau mondial. Les capitales institutionnelles de l'UE s'y localisent.
- Les **périphéries du Sud** (Espagne, Portugal, Italie du Sud, Grèce), voire celles de l'extrême-Nord, ont certes convergé vers les niveaux du Nord-Ouest, mais la crise économique et celle de la dette les touchent à nouveau fortement. Le PIB par habitant grec a perdu 25 %, revenant 15 ans en arrière.
- Les **périphéries orientales**, avec près d'un demi-siècle de régime socialiste, ont accumulé un retard de développement conséquent. Leur intégration dans l'Union leur a toutefois donné dix années de rattrapage et la crise de la dette les a moins touchées que l'Europe du Sud.

III Les politiques territoriales de l'Union européenne

Mot-clé
Le **FEDER** est le Fonds européen de développement régional.

- Les politiques territoriales de l'UE ont dû faire face à ce défi redoutable d'un territoire dont les élargissements ont accru les inégalités. D'où la mise en place de **politiques de cohésion territoriale et de convergence**, dont le Fonds de cohésion et le FEDER sont les instruments privilégiés. L'Union a ainsi investi 23,3 milliards d'euros dans les régions françaises pour la période 2007-2013.
- Mais ce sont les **pays périphériques**, d'Europe méridionale, et plus encore orientale, qui ont le plus reçu d'aides européennes : pour 2007-2013, 35,4 milliards d'euros d'investissements en Espagne, 67 milliards d'euros en Pologne (et 82,5 milliards pour 2014-2020). Le développement y a donc été très rapide.
- La crise de la dette a aussi été l'occasion de mettre en œuvre des **politiques européennes de soutien d'urgence** aux États en difficultés. La Grèce, en situation de faillite, a bénéficié, malgré les divisions entre Européens, de 260 milliards d'euros de prêts et d'un effacement de dette de 100 milliards d'euros en 2012.

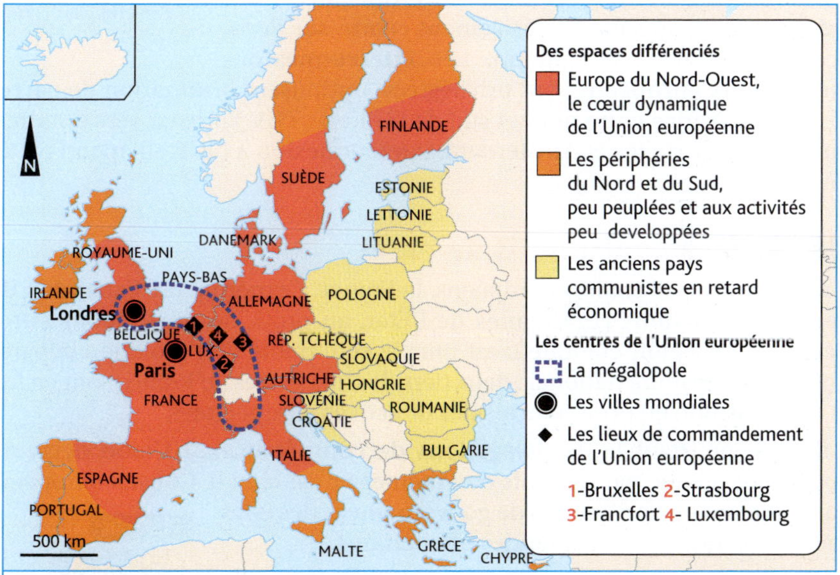

L'organisation territoriale de l'UE.
Les politiques territoriales de l'UE visent à réduire les disparités territoriales.

18 La France et l'intégration européenne

Dans quelle mesure l'intégration européenne représente-t-elle un potentiel de développement pour la France ?

I L'intégration européenne, moteur de l'économie française

- L'intégration de la France à l'Union européenne se traduit par une **intensification des flux**. L'Europe apparaît comme **l'espace privilégié de la mondialisation de l'économie française**. Ainsi, les deux tiers du commerce extérieur français se font avec nos partenaires européens.

- Les flux d'IDE témoignent de cette intégration : 75 % des IDE investis en France proviennent des pays de l'UE. 30 % de l'industrie française est ainsi sous contrôle de groupes européens, surtout dans les régions frontalières, bénéficiant à plein de **l'effet-frontière**.

Mot-clé

Les IDE sont les **investissements directs étrangers**, réalisés par des entreprises transnationales dans un pays étranger.

- **L'européanisation du réseau de transport français**, autrefois presque exclusivement centré sur Paris, accompagne cette intégration. Les **interconnexions aux réseaux européens** sont privilégiées, optimisant la **situation de carrefour de la France** entre nord et sud de l'Union : TGV Eurostar vers Londres, Thalys vers Bruxelles et Amsterdam, interconnexion à l'ICE allemand ou au TAV espagnol.

II L'effacement relatif de l'État

- Comme ses partenaires européens, la France a expérimenté **l'abandon de certaines fonctions régaliennes** de l'État, au profit des institutions européennes. L'échelon étatique n'est plus le seul pilote de l'évolution géographique du territoire national : deux tiers des lois votées en France sont en fait la transposition en droit français des directives européennes.

- Il s'agit pourtant là de **délégations de compétences**. L'Union demeure largement pilotée par les États eux-mêmes : c'est bien le Conseil européen, composé des chefs d'État ou de gouvernement des pays membres, qui définit les grandes orientations.

- L'intégration européenne a en revanche promu, par la décentralisation et le principe de subsidiarité, **de nouveaux acteurs territoriaux : les régions**, qui peuvent coopérer ou se concurrencer. C'est le sens de la nouvelle organisation territoriale, avec le passage à 13 grandes régions, plus compétitives (→ Fiche 12).

Mot-clé

Le principe de **subsidiarité** implique que l'échelon national n'intervient que si son action est jugée plus efficace que celle de l'échelon régional. L'action publique est ainsi plus proche des citoyens.

III Le développement des territoires frontaliers et transfrontaliers

- Avec la construction européenne, les régions frontalières françaises ont connu un retournement géographique majeur : de **périphériques, espaces de confrontation**, elles sont devenues **centrales, espaces de coopération**. C'est notamment le cas des régions frontalières du Nord et de l'Est.
- Ces **interfaces** profitent aujourd'hui, dans un contexte pacifié, d'**une frontière qui unit davantage qu'elle ne sépare**. En Alsace, 35 % des entreprises sont à participation étrangère. Les flux de travailleurs frontaliers reflètent ce différentiel entre des économies dynamiques (Belgique, Luxembourg, Allemagne ou Suisse) et des régions françaises à fort taux de chômage.
- L'UE a permis la **création d'eurorégions** qui associent des régions frontalières appartenant à des pays différents. L'eurorégion « Saar-Lor-Lux », par exemple, regroupe le Luxembourg, la Wallonie belge, la région Lorraine en France, ainsi que la Moselle et Meurthe-et-Moselle, et les Länder de Sarre et de Rhénanie-Palatinat.

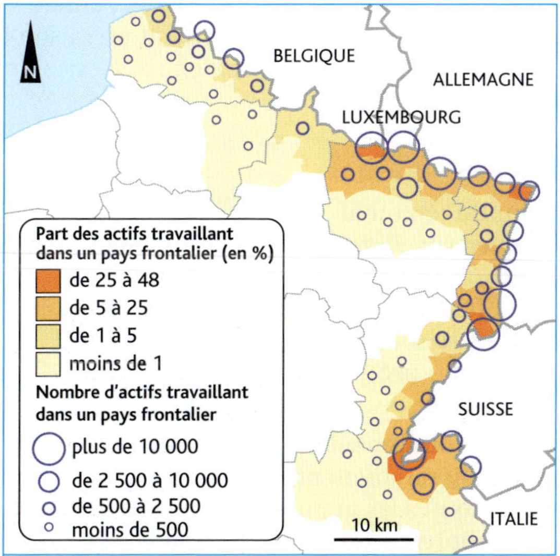

Les travailleurs transfrontaliers français du Nord et de l'Est.
Les espaces frontaliers sont devenus des espaces centraux dans l'Union européenne, animés par de nombreux flux de capitaux ou de travailleurs.

19 La France dans le monde

Quelles sont la place et l'influence de la France dans le monde aujourd'hui ?

I Une puissance en recul

■ Avec 66 millions d'habitants, la France compte **0,9 % de la population mondiale**. Son poids relatif diminue, quoique moins vite que celui de ses partenaires européens. 6e PIB mondial et 3e de l'Union européenne, l'économie française, riche et diversifiée, est encore une des grandes économies du monde actuel.

■ Mais la croissance du PIB français est inférieure à celle de la zone euro, elle-même peu dynamique par rapport à celle des États-Unis ou des pays émergents. Le décrochage français témoigne-t-il de la **« divergence atlantique »** (→ Fiche 20), l'ensemble de l'Union européenne reculant face aux États-Unis et plus encore face aux pays émergents ? Ou bien **est-il spécifiquement français ?**

■ Le **décrochage français** est manifeste (→ Fiche 5) : année après année, les parts de marché de l'industrie française reculent en raison d'une moindre compétitivité. Depuis 2000 et plus encore depuis la crise de 2008, ce recul semble s'accélérer.

II Un *hard power* inégal

■ Autrefois 2e empire colonial mondial, la France s'efforce de conserver son *hard power*. Elle maintient des liens privilégiés avec ses anciennes colonies qui lui consentent des facilités militaires (Sénégal, Côte d'Ivoire, Gabon). Mais ce sont surtout les outre-mer qui assurent à la France une **présence stratégique planétaire** (→ Fiche 14) et la place de 2e ZEE mondiale.

> **Mot-clé**
> Le ***hard power*** est la capacité de contrainte, par la force militaire, politique ou économique.

■ **Membre permanent du Conseil de sécurité** de l'ONU, la France conserve un droit de veto – en fait rarement utilisé – sur les affaires mondiales. Elle est surreprésentée dans toutes les grandes instances dirigeantes de la planète : G7, FMI. Son **réseau diplomatique**, le 2e au monde, est l'outil d'une diplomatie autonome, appuyée sur sa puissance militaire.

■ La France bénéficie en effet de la **force de frappe nucléaire**. Son armée, professionnelle depuis 2002, est équipée d'armements de pointe : avion de combat Rafale, porte-avions nucléaire Charles-de-Gaulle, satellites… Mais les multiples interventions récentes (Libye, Côte d'Ivoire, Centrafrique, Sahel, Irak-Syrie…) montrent les limites atteintes par un **budget militaire en baisse** de 20 % depuis 1990.

III Un *soft power* encore mondial

Mot-clé
Le ***soft power*** est la capacité d'influence, de persuasion, de séduction par la culture, le mode de vie, le *leadership* moral.

■ Le *soft power* de la France demeure incontestable. La France bénéficie d'un rayonnement mondial sur le plan culturel, en raison d'un **héritage historique exceptionnel**. La France apparaît comme le pays de la Révolution de 1789, de la liberté et des droits de l'Homme. Mais ce modèle est contesté, notamment par l'islamisme radical, dont les attentats de 2015 ont durement touché le pays.

■ L'héritage colonial fait du français la langue officielle de 29 pays et 220 millions de personnes. L'Organisation internationale de la **francophonie** (OIF) rassemble 55 États et s'attache à promouvoir la langue et la culture françaises, comme le font les médias francophones internationaux (Agence France Presse, France 24). Pourtant, le français n'est plus aujourd'hui que la 9e langue mondiale.

■ La France reste la patrie d'un certain art de vivre qui fascine les élites du monde entier, à travers la gastronomie, la mode, le luxe, les arts et la littérature. Mais l'**« exception culturelle »** n'est pas toujours facile à défendre face à une culture mondialisée plutôt anglo-saxonne.

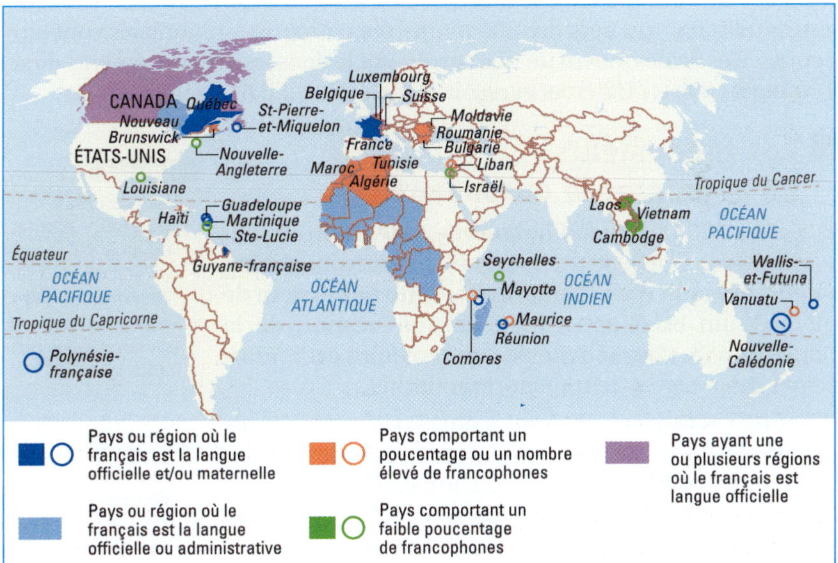

Les pays francophones.
La francophonie perpétue l'usage du français dans le monde, essentiellement dans l'ancien empire colonial.

20 L'Europe dans le monde

Quelles sont la place et l'influence de l'Europe dans le monde aujourd'hui ?

L'Union européenne n'est pas toute l'Europe. Hors UE, on trouve des pays très développés : Suisse, Norvège, Islande. Les pays restants (Ukraine, Biélorussie, Moldavie), moins riches, font partie du monde ex-soviétique.

I Un espace de production majeur dans la mondialisation

- L'Europe est un **espace de production de niveau mondial**, au 1er rang, à égalité avec les États-Unis. Son industrie représente encore près de 20 % de la production mondiale, même si ce pourcentage se réduit année après année. La part de l'UE dans le PIB mondial a ainsi chuté de 30 % à 24 % en 10 ans (Europe : 28 %).
- L'Europe est un **ensemble ouvert** qui réalise 38 % du commerce mondial (UE : 32 %), dont les deux tiers à l'intérieur de l'UE. C'est le premier espace touristique mondial et un centre financier de premier ordre, avec la City de Londres.
- La place de l'Europe dans le monde se mesure aussi à l'activité de ses **firmes transnationales** : un tiers des 500 premières entreprises mondiales sont européennes. Ces firmes jouent un rôle considérable dans les investissements directs à l'étranger (IDE) : l'UE émet et reçoit 21 % des flux d'IDE mondiaux.

II Les fondements de la puissance européenne

- Avec ses **508 millions d'habitants**, dotés d'un niveau de vie élevé, l'UE est un **marché de consommation majeur**, qui jouit d'un État de droit. Cette richesse va de pair avec un excellent niveau de qualification de la main-d'œuvre. L'attractivité de son territoire est renforcée par des réseaux de transport modernes.
- La **construction européenne** a porté ses fruits : depuis le traité de Rome de 1957, aucun membre de l'Union n'a livré de guerre à un autre. L'intégration des pays d'Europe centrale et orientale, de 2004 à 2013, a mis un terme à la coupure de l'Europe en deux.
- Les **dynamiques de l'intégration européenne** ont constitué un puissant moteur économique : politique agricole commune (PAC), projets industriels (Airbus, Ariane), unification monétaire de 2002 (euro), politique de convergence.

Mot-clé

Dans un **État de droit**, l'application du droit est garantie et reconnue. La sécurité des contrats et des affaires est un facteur de développement majeur.

Mot-clé

La **politique de convergence** est une politique d'investissements européenne destinée à rapprocher le niveau de vie des pays est-européens de celui des pays d'Europe occidentale.

III Une puissance en recul

- L'Europe est un **« vieux continent »** : le solde naturel (différence entre naissances et décès) est nul et même négatif pour de nombreux pays (Allemagne). Le vieillissement entraîne des problèmes de financement (retraite, dépendance). Les migrations internationales, pourtant seul remède efficace, sont mal acceptées, comme le montre la crise des réfugiés de 2015.
- **L'UE n'est plus une zone de forte croissance économique** : la zone euro est celle où la croissance a été la plus faible ces dernières années, d'autant que les pays les plus riches et les plus dynamiques du continent (Suisse, Norvège) refusent d'entrer dans l'Union. La crise de la dette en zone euro ne permet pas de relance efficace de cette croissance.
- Après les Trente Glorieuses, qui ont vu les pays de l'Union rattraper le niveau de vie américain, les pays européens ont décroché face aux États-Unis. Ces derniers sont aujourd'hui 20 % plus riches que les Européens de l'Ouest, 40 % de plus que l'ensemble des Européens : c'est la **« divergence atlantique »**. L'UE souffre aussi de la **concurrence des pays émergents**, où la main d'œuvre est moins chère, l'esprit d'entreprise plus vif, les normes moins contraignantes...

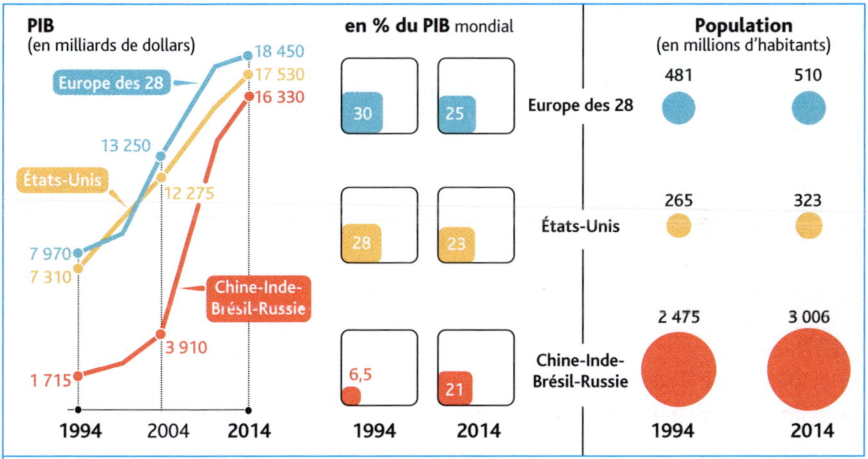

Le rattrapage des pays émergents.
Les grands pays émergents rattrapent les pays occidentaux. L'UE créait le tiers de la richesse mondiale il y a 20 ans, moins du quart aujourd'hui.

Se tester QUIZ

Vérifie que tu as bien compris les points clés des **fiches 17 à 20.**

Pour chaque quiz, coche la ou les bonne(s) réponse(s). Vérifie ta réponse à l'aide du corrigé et consulte les fiches de cours si nécessaire.

1 La France et l'intégration européenne

→ CORRIGÉ P. 219

1. Quelle proportion du commerce extérieur français est réalisée avec l'UE ?
- ☐ **a.** 50 %.
- ☐ **b.** Les deux tiers.
- ☐ **c.** Les trois quarts.

2. Les régions frontalières de la France :
- ☐ **a.** étaient des régions centrales.
- ☐ **b.** étaient des régions périphériques.
- ☐ **c.** sont devenus des régions centrales.

2 La France dans le monde

→ CORRIGÉ P. 219

1. La France rassemble :
- ☐ **a.** 0,9 % de la population mondiale.
- ☐ **b.** 1,9 % de la population mondiale.
- ☐ **c.** 2,9 % de la population mondiale.

2. La France fait-elle partie du Conseil de sécurité de l'ONU ?
- ☐ **a.** Non.
- ☐ **b.** Oui, comme membre non permanent.
- ☐ **c.** Oui, comme membre permanent.

3 L'Europe dans le monde

→ CORRIGÉ P. 219

1. L'UE crée :
- ☐ **a.** 24 % du PIB mondial.
- ☐ **b.** 28 % du PIB mondial.
- ☐ **c.** 32 % du PIB mondial.

2. L'écart de richesse par habitant entre l'UE et les États-Unis :
- ☐ **a.** a diminué depuis 1990.
- ☐ **b.** a diminué jusqu'en 1990.
- ☐ **c.** a augmenté depuis 1990.

Vers le brevet

Exerce-toi en vue du brevet et révise les **fiches 17 à 20.**

Pour chaque exercice, aide-toi des conseils donnés et compare ta réponse à celle du corrigé.

4 Analyser et comprendre un document

45 min

→ CORRIGÉ P. 219

Document **Les inégalités territoriales dans l'UE**

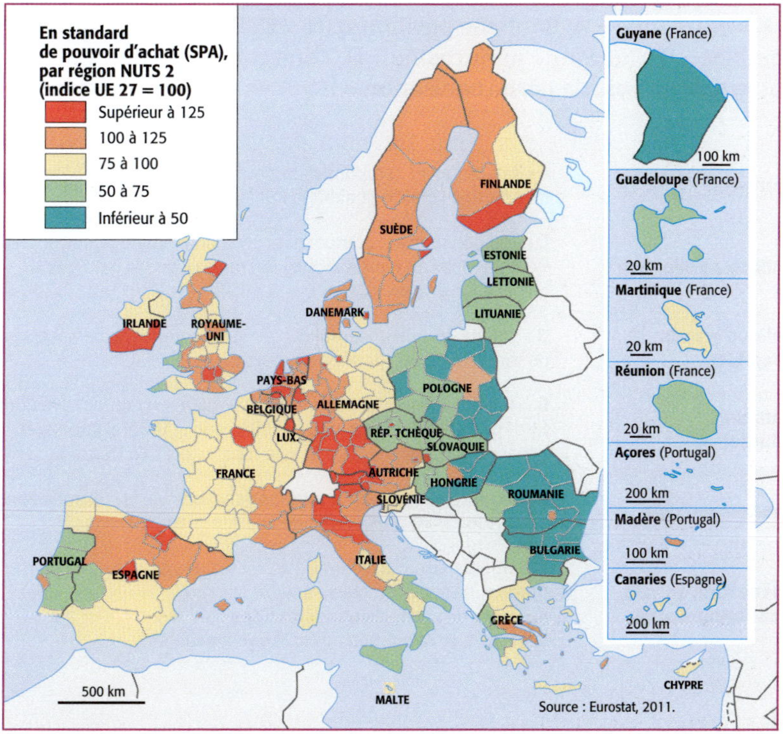

Source : Eurostat, 2011.

1. Que signifie, dans la légende, « inférieur à 50 » ?
2. Quelles sont les régions les plus riches ? Quelles sont les régions en retard ?
3. Cite un exemple d'inégalité régionale au sein d'un même État.
4. Quelles sont les régions qui sont en cartouche ? Dans quelle catégorie l'Union européenne les a-t-elle rassemblées ?

5 Rédiger un développement construit

45 min

→ CORRIGÉ P. 219

Quelles sont aujourd'hui la place et l'influence de la France dans le monde ?

GÉOGRAPHIE

Corrigés

I Les aires urbaines : une nouvelle géographie d'une France mondialisée

1 Voir la fiche 1, p. 168, pour compléter le schéma.

2 **1. a**, **b** et **c** • **2. b**.

3 **1. a** et **b** • **2. b**.

4 **1.** Centre-ville = A. Banlieue pavillonnaire = C. Banlieue grands ensembles = B. Couronne périurbaine = D. Zone commerciale = E. Espace rural en voie de périurbanisation = F.

2.

Centre-ville	**A :** Bâti dense et composé d'immeubles. Présence de bâtiments de prestige (mairie et abbaye sur la droite).
Banlieue pavillonnaire	**C :** Bâti dense, mais composé de pavillons individuels avec jardin. Petite église (en haut à droite) qui montre que la banlieue a englobé un ancien village.
Banlieue grands ensembles	**B :** Bâti de grands ensembles collectifs, composés de barres et de tours, avec des parkings à leurs pieds.
Couronne périurbaine	**D :** Habitat résidentiel de type pavillonnaire en contact avec une forêt périurbaine. Densité plus faible que C. Grands jardins et espaces verts. Au nord de la voie rapide, forêt de loisirs et serres.
Zone commerciale	**E :** En périphérie d'agglomération (espaces verts). Grande zone bâtie non résidentielle avec des parkings très étendus.
Espace rural en voie de périurbanisation	**F :** Lotissement pavillonnaire au milieu des champs. Prédominance des couleurs verte et brun, typiques des prairies et des champs cultivés. Bâtiment d'exploitation agricole sur la gauche.

II Espaces productifs et espaces de faible densité

1 **1. c** • **2. a**. Elles sont passées du 4e au 6e rang.

2 **1. c** • **2. b**. Comme tous les pays développés, la France a un secteur tertiaire très développé, qui rassemble 76 % des actifs (industrie/BTP : 21 % ; agriculture : 3 %). • **2. a** et **b**.

3 **1. b** • **2. a**.

4 **1. a** • **2. a**, **b** et **c**.

5 **1.** La carte présente un tourisme de type balnéaire. En effet, Cap d'Agde est une **station touristique balnéaire intégrée**, sur la côte languedocienne, en Méditerranée.

2. L'usage massif de l'automobile se constate par l'omniprésence des **voies rapides avec échangeurs**, qui arrivent directement sur le littoral, ainsi que par l'abondance des **parkings côtiers**.

3. On distingue des hébergements de type **camping** (à l'ouest), mais aussi des **hôtels et résidences** autour de la *marina* de l'étang de Luno.

> **Conseil**
> Essaie d'intégrer dans ta réponse des noms de lieux tirés de la carte.

4. Les équipements touristiques sont très présents dans l'espace : port de plaisance et *marina*, parcs aquatiques et d'attractions, hébergements collectifs (villages de vacances), activités diverses (golf, promenade à cheval ou en mer, accrobranche, tir à l'arc…). C'est un **espace productif dédié au tourisme**.

6 Le développement des espaces de faible densité, espaces ruraux par excellence, s'appuie tout d'abord sur l'**agriculture**. Dans l'est du Bassin parisien, des systèmes intégrés se sont développés, tournés vers l'**exportation**, avec des exploitations fortement modernisées grâce à la PAC. Plus récemment sont apparues de nouvelles pratiques, tournées vers des productions de qualité, dont les produits sont vendus sur des **marchés de proximité**.

> **Conseil**
> Efforce-toi de citer quelques exemples localisés, afin de préciser ton propos.

• Les espaces de faible densité profitent aussi de l'émergence des problématiques de développement durable. L'étendue de l'espace permet l'**exploitation de la forêt** ou le **développement des énergies renouvelables** (éolien et solaire photovoltaïque), gourmandes en surface au sol. L'espace rural est revalorisé à travers ces nouvelles fonctions.

> **Conseil**
> N'oublie pas de montrer en quoi ces activités de production d'énergie tirent profit de la faible densité, donc de l'abondance de l'espace.

• Enfin, les espaces de faible densité apparaissent aussi comme des **lieux récréatifs**, fondés sur la valorisation de leurs ressources patrimoniales culturelles et naturelles, le **tourisme vert**. L'**économie résidentielle** profite du regain démographique qui touche certains espaces de la faible densité.

III Pourquoi et comment aménager le territoire ?

1 **1. c • 2. a, b** et **c.**

2 **1. a** et **b • 2. a, b** et **c.**

3 **1. a • 2. c.**

4 **1.** Les cartes représentent l'**évolution des produits intérieurs bruts** (PIB) des régions françaises métropolitaines. L'évolution est calculée en pourcentage annuel. La carte de gauche montre l'évolution de 1993 à 2007, celle de droite l'évolution de 2008 à 2011.

2. Les régions dont la croissance a été la plus forte entre 1993 et 2007 sont celles de **l'arc méditerranéen et atlantique**. On peut y ajouter la région **Rhône-Alpes** et **l'Île-de-France**. Elles sont gagnantes, car pourvues de métropoles puissantes (Paris, Lyon, Marseille, Toulouse, Bordeaux, Nantes) et souvent d'un cadre de vie réputé agréable.

3. La crise économique a eu un impact très fort : la comparaison des deux cartes montre **l'effondrement des taux de croissance du PIB**. Sur la période 2008-2011, l'évolution du PIB devient même négative dans les espaces de faible densité (« diagonale du vide »), mais aussi dans des régions attractives, comme le Languedoc-Roussillon, la Bretagne ou même l'Alsace.

> **Conseil**
> Essaie toujours de répondre en reprenant les termes de la question, afin que le correcteur saisisse immédiatement ton propos.

4. Ce type de carte par régions est pénalisé par son **échelle d'analyse trop grossière**. Une échelle communale permettrait de distinguer des évolutions beaucoup plus fines, par exemple entre les aires urbaines et les espaces ruraux d'un même département, ou entre les communes d'une même aire urbaine.

5 La France met en œuvre une **politique de continuité territoriale** afin d'offrir aux populations d'outre-mer le même accès aux services publics qu'en métropole, indépendamment des **coûts liés à leur situation ultrapériphérique**, ainsi que des incitations fiscales. Les DROM français ont reçu de l'Union européenne le statut de **régions ultrapériphériques** (RUP), ainsi que 3,9 milliards d'euros de subventions européennes pour la période 2007-2013.

Ces politiques qui tentent de compenser les inconvénients de l'ultrapériphérie se traduisent dans des **programmes d'infrastructures** ou de développement durable. Les résultats sont notables : Mayotte, département depuis 2011, RUP depuis 2014, a ainsi vu son PIB augmenter de 8,7 % par an depuis 2005, grâce aux aides nationales et européennes.

IV Le territoire de l'UE. La France et l'Europe dans le monde

1 **1. b** • **2. b** et **c.**

2 **1. a** • **2. c.**

3 **1. a** • **2. b** et **c.**

4 **1.** « Inférieur à 50 » signifie que la région européenne considérée a un PIB par habitant **inférieur à la moitié de la moyenne** de l'Union européenne à 27.

2. Les régions les plus riches sont celles de **l'Europe du Nord-Ouest** et, en particulier, celles de la **mégalopole européenne**.

3. Les régions en retard sont surtout les **régions orientales**, des pays autrefois sous domination communiste.

4. L'Italie fournit un bon exemple d'inégalités régionales, entre un nord riche, partie prenante de la mégalopole, et un sud plus pauvre, le Mezzogiorno.

> **Conseil**
> Ne te contente pas de citer le pays : il faut toujours justifier sa réponse !

5. Les régions en cartouche sont les outre-mer européens. L'UE les a regroupées sous le statut de **« régions ultrapériphériques »**.

5 La France compte **0,9 % de la population mondiale**. C'est encore, avec le **6e PIB mondial** et 3e de l'Union européenne, une économie riche et diversifiée. Mais la croissance est atone, témoignant d'un certain **décrochage**. **La France est-elle une puissance en recul ?**

• Les attributs français de la puissance - son ***hard power*** - conservent quelque splendeur. Les outre-mer assurent à la France une **présence stratégique planétaire** et la 2e ZEE mondiale. Membre du G7 et membre permanent du **Conseil de sécurité de l'ONU**, la France possède encore une **puissance militaire** redoutable.

• Le **rayonnement mondial** de la France - son ***soft power*** - est incontestable sur le plan **culturel**, grâce à un héritage historique exceptionnel. L'Organisation internationale de la **francophonie** (55 États) promeut la langue et la culture françaises.

Ainsi, la France est en **recul relatif**, mais conserve des attributs de puissance qui défendent **son rang dans le monde**.

EMC

EMC

Corrigés

1 Quelles sont mes identités et comment les protéger ?

L'identité désigne l'ensemble des données qui permettent de définir une personne et de la différencier des autres. Chaque individu a plusieurs formes d'identités : une identité légale, une identité personnelle et une identité numérique (appelée aussi identité virtuelle). Ces données qui nous définissent au sein de la société doivent être protégées.

RÉFLÉCHIR

Faux profil Facebook.
Facebook est un réseau social permettant aux utilisateurs de publier du contenu et d'échanger des messages.

- Dans son profil Facebook, Joe Carmels est défini par une **identité légale** (ici son nom, son prénom, son sexe, le fait qu'il soit marié) et par une **identité personnelle** (l'université dans laquelle il a étudié, les employeurs pour qui il a travaillé, sa citation favorite). Sa présentation s'accompagne d'une photographie témoignant de son apparence physique.
- Ces données personnelles mises en ligne sur Internet permettent de le définir aux yeux des autres internautes. Elles forment son **identité numérique**.
- Sur Internet, Joe Carmels peut communiquer les éléments de son choix le concernant. Rien ne l'oblige à donner de véritables informations. En l'occurrence, il s'agit ici d'un faux profil avec de faux éléments d'identité.

RETENIR

I Mes différentes identités

1. L'identité légale

C'est celle qui permet de **reconnaître officiellement une personne**. Chacun de nous est **unique** et possède sa propre identité légale qui figure sur sa carte d'identité et sur des actes d'état civil. Elle rassemble notamment le nom, la date de naissance et la nationalité.

2. L'identité personnelle

- L'identité personnelle est liée au **parcours** et à la personnalité de l'individu. Chacun **construit sa propre identité** en interaction avec son entourage, au fil des événements de la vie, prévus ou imprévus.
- L'**adolescence** est un moment important dans la formation de l'identité personnelle, mais celle-ci continue ensuite d'évoluer, en particulier lorsque surviennent des **événements marquants** heureux (un voyage, une naissance) ou malheureux (une séparation, un décès).

Mot-clé
La **personnalité** désigne l'ensemble des attitudes, comportements et émotions qui caractérisent une personne.

3. L'identité numérique

Elle désigne l'**ensemble des données personnelles** que l'on trouve sur **Internet** au sujet d'une personne. Ces informations sont en général transmises par les individus eux-mêmes sur les blogs, les réseaux sociaux ou encore par les achats faits en ligne.

II Des identités exposées à des risques

1. Le vol de données personnelles

L'**usurpation d'identité** consiste à prendre l'identité d'une personne vivante dans le but d'en tirer divers avantages : faire des achats ou encore commettre des délits. Elle est interdite par la loi et **sévèrement sanctionnée** (jusqu'à un an d'emprisonnement et 15 000 euros d'amende).

2. Internet et vie privée

- Il est difficile pour les internautes de contrôler les données personnelles qu'ils ont mises en ligne. Même si des **précautions** peuvent être prises (comme le réglage des paramètres de confidentialité des réseaux sociaux), les informations personnelles ne sont jamais totalement confidentielles.
- Les internautes laissent des **traces volontaires** (un commentaire sur un blog), mais aussi des **traces involontaires** de leur activité numérique. Ainsi, les *cookies* peuvent permettre à une entreprise de suivre notre navigation sur Internet pour nous proposer des publicités ciblées.

Mot-clé
Un ***cookie*** est un petit fichier créé par un serveur lorsqu'on visite un site web. Il stocke des informations visant à faciliter et à personnaliser notre prochaine navigation sur ce site.

2 Quels sont mes sentiments d'appartenance et que m'apportent-ils ?

Le sentiment d'appartenance désigne la sensation de faire partie d'un groupe, d'une communauté. Notre identité personnelle se compose d'un emboîtement de multiples sentiments d'appartenance, parfois difficiles à identifier. Ils font de nous des êtres complexes et singuliers.

RÉFLÉCHIR

Document Les sentiments d'appartenance d'Amin Maalouf

« Depuis que j'ai quitté le Liban en 1976, pour m'installer en France, que de fois m'a-t-on demandé, avec les meilleures intentions du monde, si je me sentais « plutôt français » ou « plutôt libanais ». Je réponds invariablement : « L'un et l'autre ! » […]
Le fait d'être chrétien et d'avoir pour langue maternelle l'arabe, qui est la langue sacrée de l'islam, est un des paradoxes fondamentaux qui ont forgé mon identité. Parler cette langue tisse pour moi des liens avec tous ceux qui l'utilisent chaque jour dans leurs prières. […]
Ainsi, en considérant séparément ces deux éléments de mon identité, je me sens proche, soit par la langue soit par la religion, d'une bonne moitié de l'humanité ; en prenant ces deux mêmes critères simultanément, je me retrouve confronté à ma spécificité.

Amin Maalouf, *Les Identités meurtrières*,
© Éditions Grasset & Fasquelle, 1998.

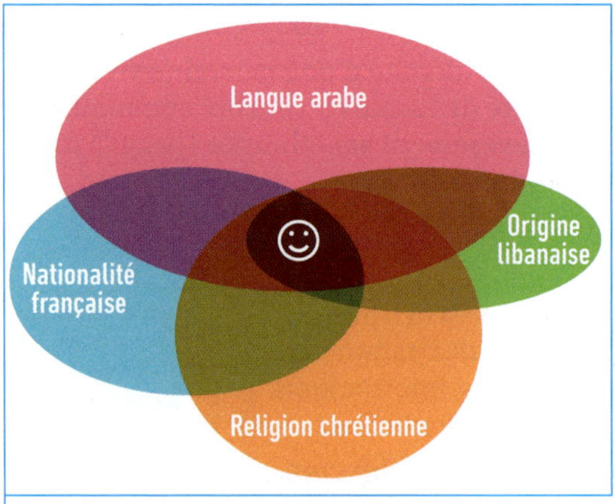

La pluralité d'appartenances d'Amin Maalouf.

- L'écrivain franco-libanais Amin Maalouf livre ici son expérience de la **pluralité d'appartenances** : communauté française/libanaise, communauté chrétienne et communauté de langue arabe.
- **L'emboîtement des sentiments d'appartenance** reflète la complexité de l'identité personnelle d'Amin Maalouf.
- Cet emboîtement est propre à chaque individu et fait la **singularité** de chacun.

RETENIR

I Les différents types de sentiments d'appartenance

1. Avoir des points communs

Se sentir appartenir à un groupe, c'est avant tout se sentir proche de ses membres, par le partage des **mêmes centres d'intérêt** (pratique d'un sport) ou des **mêmes expériences** (origine, métier).

2. Partager des valeurs

Aussi, des individus se sentent proches parce qu'ils partagent les mêmes valeurs : valeurs civiques (la liberté), ou valeurs portées par des groupes spécifiques (sens de l'effort mis en avant par des associations sportives).

Mot-clé
Une **valeur** est une cause à défendre ou un idéal à atteindre.

3. Adopter un mode de vie fédérateur

Au-delà des valeurs, des groupes humains partagent parfois toute une **manière de vivre**. Leurs membres ont les mêmes goûts (musicaux, vestimentaires) et une vision commune de la société (« gothiques », skateurs, etc.).

II Des appartenances multiples en chaque individu

1. Des appartenances à plusieurs échelles

- Beaucoup de nos sentiments d'appartenance portent sur des groupes réduits, tels que la **famille**, les **amis**. Mais ils peuvent aussi concerner des ensembles plus vastes, comme une **communauté nationale**, une **communauté religieuse** ou une **communauté de langue**. Par exemple, la Francophonie est une organisation internationale qui rassemble les pays ayant en commun l'usage de la langue française (soit 274 millions de personnes sur les cinq continents).
- L'ensemble le plus vaste qui soit est l'**humanité**. Par leur mode de vie ou leur engagement, certains individus ressentent profondément le sentiment d'appartenir à une seule et même communauté humaine. Ainsi, des hommes militent pour la cause écologiste afin de permettre aux futures générations de vivre sur une Terre préservée.

2. L'emboîtement des appartenances

- Comme pour Amin Maalouf, nos multiples **sentiments d'appartenance se superposent** et forment toute la complexité de nos identités. Cette superposition nous est propre et fait de nous des **individus uniques**.
- Il est parfois difficile d'identifier ses propres sentiments d'appartenance. Quels sont les centres d'intérêt, les expériences, les valeurs, voire le mode de vie, que nous partageons avec d'autres ? Connaître nos sentiments d'appartenance nous aide à **mieux comprendre notre personnalité**.

3 Quels liens unissent les citoyens en France et en Europe ?

Un citoyen est un membre d'une communauté citoyenne. Les valeurs, principes et symboles des citoyennetés française et européenne permettent de créer et d'affirmer un sentiment d'appartenance.

RÉFLÉCHIR

Paris, place de la Nation, le 11 janvier 2015.
Cette photographie a été prise lors de la manifestation organisée en réaction à l'attentat du 7 janvier 2015 perpétré contre les journalistes de *Charlie Hebdo*, ayant fait 12 victimes.

- Des citoyens se sont ici **rassemblés** pour dénoncer un attentat terroriste et défendre des **valeurs républicaines** jugées menacées (la liberté, la laïcité). Le crayon levé représente le principe de liberté d'expression, droit fondamental de la citoyenneté française et de toutes les sociétés démocratiques.
- Des **symboles républicains** sont visibles : le drapeau français et la figure de Marianne représentée ici par la statue *Le Triomphe de la République*. Le succès de cette photographie vient de sa ressemblance avec le célèbre tableau d'Eugène Delacroix, *La Liberté guidant le peuple* (1830).
- Les valeurs, principes et symboles mobilisés servent de **liens** permettant aux membres de la communauté citoyenne de se rassembler, de se sentir unis et de s'exprimer.

RETENIR

I Des principes et des valeurs à défendre

1. Les fondements de la citoyenneté

- La citoyenneté est le fait de reconnaître à une personne la qualité de citoyen, de membre actif d'une société. Cette qualité s'obtient avec la **nationalité**.
- Les citoyens ont des **droits** (liberté d'expression, vote...) et des **devoirs** (respecter les lois, payer ses impôts). Ils possèdent une part de la souveraineté nationale qu'ils exercent par l'élection de leur représentant.

Mot-clé
La **souveraineté** désigne le droit absolu d'exercer une autorité sur un pays ou sur un peuple.

2. Les valeurs républicaines

Se sentir citoyen, c'est aussi adhérer à des valeurs républicaines : la **liberté** (« faire tout ce qui ne nuit pas à autrui », selon la Déclaration des droits de l'Homme et du citoyen de 1789), l'**égalité** (tous les hommes ont les mêmes droits), la **fraternité** (solidarité entre les hommes) et la **laïcité** (liberté de croire ou de ne pas croire).

3. Les valeurs européennes

Depuis le traité de Maastricht (1992), les citoyens des pays membres de l'Union européenne (UE) sont aussi des **citoyens européens**. Cette citoyenneté s'accompagne de droits (ex. : pouvoir étudier dans tout pays de l'UE) et repose sur des valeurs : **liberté**, **égalité**, **démocratie** et respect des **droits de l'Homme**.

II Des symboles pour incarner ces valeurs

1. En France, des représentations symboliques fortes

Les valeurs de la citoyenneté française sont incarnées par des symboles : le **drapeau**, l'**hymne** (*La Marseillaise*), la **devise** qui reprend les grandes valeurs républicaines (« Liberté, Égalité, Fraternité »), **Marianne** ou le **14 juillet**.

2. La création de symboles européens

Des symboles de la citoyenneté européenne ont été instaurés pour renforcer le sentiment d'appartenance des Européens : un **drapeau**, une **devise** (« Unis dans la diversité ») et un **hymne** (dont l'air est tiré de la *Neuvième symphonie* de Beethoven). Une **journée de l'Europe** est instituée le 9 mai.

Le drapeau européen.
Composé de douze étoiles de taille égale, il symbolise l'union et la solidarité entre les peuples européens.

EMC

Se tester QUIZ

Vérifie que tu as bien compris les points clés des **fiches 1 à 3.**

Pour chaque quiz, vérifie ta réponse à l'aide du corrigé et consulte les fiches de cours si nécessaire.

1 Moi et les autres

→ CORRIGÉ P. 254

1. Mon identité numérique :

- ☐ **a.** correspond à mon identité légale.
- ☐ **b.** correspond à mon identité personnelle.
- ☐ **c.** dépend des informations que je transmets.

2. On peut se sentir appartenir à un groupe :

- ☐ **a.** en ayant des points communs avec les membres du groupe.
- ☐ **b.** en partageant des valeurs avec ceux qui en sont membres.
- ☐ **c.** en adoptant ses codes et son mode de vie.

2 La citoyenneté

→ CORRIGÉ P. 254

Que signifie être citoyen français ?

- ☐ **a.** Avoir la nationalité française.
- ☐ **b.** Avoir des droits et des devoirs.
- ☐ **c.** Avoir un emploi.

3 Les symboles de la République et de l'Union européenne

→ CORRIGÉ P. 254

Relie chaque symbole à sa définition.

1. *La Marseillaise.* •	• **a.** Elle reprend les valeurs de la citoyenneté française.
2. La devise française. •	• **b.** Fête nationale célébrant la prise de la Bastille en 1789.
3. Le 9 mai. •	• **c.** Chant patriotique écrit sous la Révolution française.
4. Le 14 juillet. •	• **d.** Journée de l'Europe en référence au discours de Robert Schuman de 1950, considéré comme un acte fondateur de la construction européenne.

Vers le brevet

Exerce-toi en vue du brevet et révise les **fiches 1 à 3.**

Pour chaque exercice, aide-toi des conseils donnés et compare ta réponse à celle du corrigé.

4 Comprendre la citoyenneté européenne

30 min

→ CORRIGÉ P. 254

Document **Extraits du traité de Maastricht (1992)**

« **Article 8**

1. Il est institué une citoyenneté de l'Union. Est citoyen de l'Union toute personne ayant la nationalité d'un État membre.
2. Les citoyens de l'Union jouissent des droits et sont soumis aux devoirs prévus par le présent traité.

Article 8 A

1. Tout citoyen de l'Union a le droit de circuler et de séjourner librement sur le territoire des États membres, sous réserve des limitations et conditions prévues par le présent traité et par les dispositions prises pour son application.

Article 8 B

1. Tout citoyen de l'Union résidant dans un État membre dont il n'est pas ressortissant a le droit de vote et d'éligibilité aux élections municipales dans l'État membre où il réside, dans les mêmes conditions que les ressortissants de cet État.
2. [...] Tout citoyen de l'Union résidant dans un État membre dont il n'est pas ressortissant a le droit de vote et d'éligibilité aux élections au Parlement européen dans l'État membre où il réside, dans les mêmes conditions que les rcssortissants de cet État. [...]

1. D'après le document, quelle est la condition à remplir pour avoir la citoyenneté européenne ?

2. Cite trois droits dont disposent les citoyens européens, mentionnés dans le document.

3. Ta classe a été invitée à visiter le Parlement européen à Strasbourg. À cette occasion, tu es chargé(e) de présenter à tes camarades le traité de Maastricht, à l'aide du document et de tes connaissances. En quelques lignes, comment leur montres-tu que ce traité permet aux Européens de se sentir appartenir à une même communauté ?

4 Quels sont les droits fondamentaux de tout être humain ?

Des textes fondateurs reconnaissent aux êtres humains un certain nombre de droits fondamentaux (appelés aussi droits de l'Homme). Une société est qualifiée de « démocratique » si ces droits sont officiellement accordés et surtout effectivement appliqués.

RÉFLÉCHIR

Les « enfants taupes » de Colombie.
Surnommés ainsi parce qu'ils travaillent dans les mines de charbon, ces enfants, grâce à leur petit gabarit, peuvent atteindre des endroits inaccessibles aux adultes. Ils sont mal payés, mal nourris, victimes d'accidents et de maladies.

- La loi colombienne **interdit le travail des enfants** depuis 1989. Mais l'absence de contrôle des autorités entraîne un contournement de cette loi par les compagnies minières qui profitent de cette main-d'œuvre abondante, docile et bon marché. La démocratie colombienne est encore très imparfaite, car de nombreux droits fondamentaux, pourtant reconnus, ne sont **pas réellement appliqués**.
- Selon l'Unicef, près de 150 millions d'enfants sont contraints à travailler dans le monde. Ils seraient environ 1,6 million en Colombie en 2012. Ces enfants sont non seulement **privés de droits fondamentaux**, tels la liberté ou le droit à la vie, mais aussi de **droits propres aux enfants**, comme le droit à l'instruction ou à la protection.

RETENIR

I Les droits de l'Homme : reconnaissance et application

1. Des textes fondateurs

- En 1789, les révolutionnaires français adoptent la **Déclaration des Droits de l'Homme et du citoyen (DDHC)** qui affirme l'existence de droits naturels, comme la liberté et l'égalité. Ces droits sont déclarés universels (ils concernent tous les êtres humains) et inaliénables (ils ne peuvent être retirés).
- En 1948, la **Déclaration universelle des droits de l'Homme (DUDH)** est adoptée par l'Organisation des Nations unies (ONU). Elle réaffirme ces droits fondamentaux et en ajoute d'autres, comme le **droit à la vie**. Ce dernier gouverne tous les autres : il exprime le droit, de chaque être humain, de grandir et de vivre correctement, dans le respect et la dignité.
- La DUDH est le texte fondateur du droit international relatif aux droits de l'Homme.

2. Des droits fondamentaux pas toujours respectés

- Proclamer des droits ne suffit pas, encore faut-il les faire appliquer. Ainsi, bien que la Colombie ait officiellement signé la DUDH dès 1948, une partie de sa population reste privée de nombreux droits (liberté d'expression, accès aux soins).
- Même dans des sociétés reconnues comme démocratiques, **des progrès restent souvent à accomplir** dans l'application des droits fondamentaux. Par exemple, en France, malgré le droit à l'égalité professionnelle, les femmes perçoivent toujours aujourd'hui des salaires inférieurs de 20 % à ceux des hommes.

II Les droits de l'enfant

1. Des droits spécifiques

Depuis la signature de la **Convention internationale des droits de l'enfant** en 1989, les enfants sont reconnus comme des **êtres humains à part entière** dotés de droits spécifiques, comme le droit à la protection et à l'instruction.

2. Un statut particulier

Les enfants ont aussi un **statut juridique particulier**. Leurs droits évoluent en fonction de leur âge. Ainsi, en France, un enfant possède des droits dès sa naissance (ex. : droit de recevoir un héritage), puis en obtient d'autres en fonction de son âge (ex. : droit de travailler en tant qu'apprenti à partir de 15 ans). Il reste, jusqu'à ses 18 ans, soumis à l'autorité parentale.

Mot-clé

L'**autorité parentale** désigne l'ensemble des droits et obligations des parents vis-à-vis de leurs enfants (sécurité, éducation...).

5 Comment la justice est-elle appliquée dans une société démocratique ?

Le terme de « justice » a un sens moral (faire une action juste, légitime) et un sens légal (respecter les lois). Il désigne aussi l'institution chargée de faire appliquer le droit. Dans une société démocratique, le fonctionnement de la justice doit respecter certains principes.

RÉFLÉCHIR

Les symboles de la justice.
Plusieurs symboles sont visibles ici : la balance exprime l'équilibre et la mesure (départager, peser le pour et le contre), le glaive représente la puissance (trancher et sanctionner) et la main de justice, la capacité de désigner le coupable.

- Ces symboles montrent que la justice sert non seulement à **résoudre les différends** entre les citoyens (en départageant, puis en tranchant), mais aussi à **punir** ceux qui ne respectent pas la loi (en désignant, puis en sanctionnant le coupable).
- La balance représente l'**équilibre** qui renvoie à l'impartialité du juge (ne pencher pour aucune des deux parties *a priori*). Elle symbolise aussi la **mesure** : le juge prend sa décision après avoir *pris la mesure* de chaque argument, devant être entendu et examiné au cours d'un débat contradictoire (droit de la défense).

RETENIR

I La nécessité de la justice

- La justice sert à **protéger** les libertés, intérêts et sécurité de chacun ; **punir** ceux qui ne respectent pas les règles (justice pénale) ; **trancher** les litiges entre personnes (justice civile) ou entre particuliers et administration (justice administrative).

> **Mot-clé**
> Un **litige** est un différend entre deux ou plusieurs parties.

- La justice est à la base du fonctionnement d'une **société démocratique**. Les citoyens peuvent y faire appel s'ils estiment leurs droits bafoués. Ils sont inculpés s'ils ne respectent pas les lois de la République.

II Les principes de la justice

Ils garantissent son fonctionnement démocratique : la **présomption d'innocence** (tout individu est considéré comme innocent jusqu'au verdict) ; les **droits de la défense** (avoir un avocat, échanger des arguments avec l'accusation) ; les **voies de recours** (demander à être rejugé) et l'**égalité d'accès**.

III Le fonctionnement de la justice

Il existe de nombreux tribunaux selon les types d'affaires :

- le **tribunal correctionnel,** pour les délits (jusqu'à 10 ans de prison) ;
- la **cour d'assises**, pour les crimes (prison, jusqu'à la perpétuité) ;
- la **cour d'appel**, qui rejuge une affaire lorsque l'une des parties conteste la décision du tribunal ;
- le **tribunal des prud'hommes**, pour les affaires opposant salariés et employeurs ;
- le **tribunal administratif**, pour les affaires mettant en cause l'État.

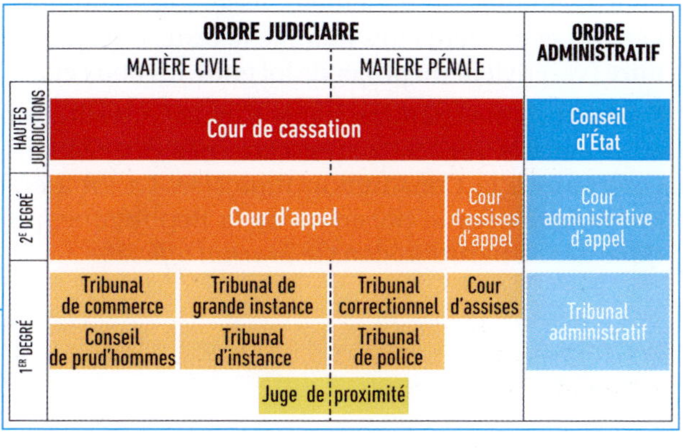

L'organisation juridictionnelle française.

6 Comment les lois sont-elles élaborées dans une démocratie représentative ?

Le parcours d'une loi montre le fonctionnement des institutions. Il est complexe en France, afin de respecter un certain nombre de règles et de garantir ainsi l'application des principes de la démocratie représentative.

RÉFLÉCHIR

Document L'élaboration de la loi pour l'égalité homme-femme

Cette loi vise à combattre les inégalités entre les hommes et les femmes en France par une série de mesures : renforcement de l'égalité salariale, lutte contre la violence conjugale, contre les stéréotypes sexistes dans les médias, etc.

- **3 juillet 2013 :** le projet de loi est adopté en Conseil des ministres et déposé au Sénat
- **du 3 juillet 2013 au 23 juillet 2014 :** le texte fait la navette parlementaire entre l'Assemblée nationale et le Sénat
- **28 janvier 2014 :** la loi est votée par l'Assemblée nationale
- **23 juillet 2014 :** la loi est votée par le Sénat
- **31 juillet 2014 :** le Conseil constitutionnel valide la loi
- **4 août 2014 :** la loi est promulguée
- **5 août 2014 :** la loi est publiée au *Journal officiel*

Cette chronologie illustre les **étapes** de l'élaboration d'une loi en France. Les deux chambres du Parlement, Assemblée nationale et Sénat, ont longtemps débattu et plusieurs fois modifié le texte, c'est pourquoi la **navette parlementaire** (va-et-vient du projet de loi entre les deux chambres) a duré plus d'un an.

Le texte a été examiné par le Conseil constitutionnel, car 60 sénateurs jugeaient que certaines dispositions étaient contraires à la Constitution française. La loi a ensuite été promulguée par le président de la République, puis appliquée dès sa parution dans le *Journal officiel*.

Mot-clé

La **Constitution** est la loi fondamentale fixant l'organisation et le fonctionnement de l'État.

RETENIR

I La loi et l'état de droit

1. La nécessité de la loi

- La loi est à la base de la vie en société organisée, car elle permet d'**adopter des règles communes** et d'éviter le développement de la « loi du plus fort ».
- Les lois sont la **source du droit** (appliqué ensuite par la justice). Elles imposent des obligations. Elles permettent de résoudre des conflits sans recourir à la violence, de mettre en œuvre des politiques publiques (ex. : réforme de l'école) ou de reconnaître et protéger des droits (ex. : le mariage pour tous, loi de 2013). Les lois sont la base de l'État de droit.

Mot-clé
Dans un **État de droit**, l'État est soumis au droit au même titre que les individus. Un particulier peut contester une action de l'État s'il la considère illégale.

2. L'expression du peuple

En France, le **peuple** est à l'origine des lois. Il exprime sa volonté par l'intermédiaire de **représentants élus**, c'est la démocratie représentative. Le référendum permet d'associer plus étroitement le peuple pour le vote de lois particulièrement importantes (ratification d'un traité, révision de la Constitution).

Mot-clé
Un **référendum** est un vote direct des électeurs qui répondent « oui » ou « non » à une question législative précise.

II Les étapes de l'élaboration d'une loi

1. Le parcours parlementaire

- L'initiative d'une loi peut venir du gouvernement (projet de loi) ou des parlementaires (proposition de loi). Néanmoins, le **pouvoir législatif** (pouvoir de faire les lois) appartient uniquement aux deux chambres du **Parlement**.
- La complexité du parcours d'une loi permet de respecter les règles de fonctionnement de la démocratie : les parlementaires (députés et sénateurs) débattent, modifient et votent les lois.

2. L'adoption de la loi

- Avant la promulgation d'une loi, le Conseil constitutionnel doit vérifier qu'elle respecte bien les règles de la **Constitution** (qui représente la loi suprême dans une société démocratique) et le Conseil d'État qu'elle est conforme aux **traités internationaux** signés par la France.
- Le président de la République peut ensuite **promulguer la loi**, puis veiller à son application. La loi est publiée dans le *Journal officiel*, qui diffuse quotidiennement les textes officiels auprès des citoyens.

EMC

Se tester QUIZ

Vérifie que tu as bien compris les points clés des **fiches 4 à 6.**

Pour chaque quiz, vérifie ta réponse à l'aide du corrigé et consulte les fiches de cours si nécessaire.

1 Les différentes juridictions

→ CORRIGÉ P. 254

Pour chacune de ces affaires, identifie le tribunal compétent.

1. Fabrice G. se plaint de harcèlement au travail.
2. Thomas et Jérôme ont violemment racketté plusieurs élèves à la sortie du collège.
3. Laure G. conteste le montant de sa taxe d'habitation.
4. Didier B. a tué un bijoutier lors d'un braquage.
5. Samuel C. conteste sa condamnation à trois ans de prison pour trafic de drogue.

Vers le brevet

Exerce-toi en vue du brevet et révise les **fiches 4 à 6.**

Pour chaque exercice, aide-toi des conseils donnés et compare ta réponse à celle du corrigé.

2 Mobiliser des compétences d'EMC à partir d'une situation pratique

30 min

→ CORRIGÉ P. 254

Document 1 La cour de récréation d'un collège

Le collège La Fontaine des Prés est situé à Senlis (Oise). Durant les récréations, les 600 élèves sont amenés à se croiser dans la cour.

Document 2 Règlement intérieur d'un collège

Le règlement intérieur d'un collège est adopté en conseil d'administration, composé des personnels de direction, des élus des collectivités locales, des représentants élus des personnels de l'établissement, des parents d'élèves et des élèves. Il peut être modifié en fonction des évolutions législatives et règlementaires.

« **Préambule**

[…] Le service public de l'éducation repose sur des valeurs et principes dont le respect s'impose à tous dans l'établissement : principes de gratuité de l'enseignement, de neutralité et de laïcité. Chacun est également tenu au devoir d'assiduité et de ponctualité, de tolérance et de respect d'autrui dans sa personne et ses convictions, au respect de l'égalité des chances et de traitement entre filles et garçons, à la protection contre toute forme de violence psychologique, physique ou morale. […] Toutes formes de discrimination (racisme, antisémitisme, homophobie, sexisme…) sont formellement interdites. De même le harcèlement discriminatoire portant atteinte à la dignité de la personne est interdit ainsi que tous propos injurieux ou diffamatoires.

Les sanctions

Les sanctions disciplinaires concernent les atteintes aux personnes et aux biens et les manquements graves aux obligations des élèves. Elles relèvent du chef d'établissement ou du conseil de discipline, sont inscrites au dossier administratif de l'élève et peuvent être assorties d'un sursis total ou partiel. Le principe du contradictoire s'applique à la politique de sanctions de l'établissement. Les parents sont informés des possibilités de recours.

Extrait du règlement intérieur du collège Camille-Claudel, Latresne (Gironde).

1. Quels droits sont ici reconnus aux élèves ?

2. Montre que l'élaboration d'un règlement intérieur suit les règles de la démocratie représentative.

3. Quels principes de la justice sont ici respectés ?

4. Tu es chargé(e) d'accueillir un nouvel élève dans ton collège. Explique-lui, en quelques phrases, pourquoi le règlement intérieur du collège est nécessaire au vivre-ensemble des élèves et des personnels.

Démarrons ensemble

4. Cherche au moins deux arguments montrant que le règlement intérieur d'un collège ne représente pas qu'un ensemble de contraintes, mais qu'il permet aux élèves et aux adultes de se côtoyer et de vivre ensemble. Cite des exemples.

7 Pourquoi faut-il lutter contre les discriminations ?

La discrimination consiste à moins bien traiter une personne ou un groupe par rapport au reste de la collectivité, en prenant prétexte d'une différence. Opérer cette distinction est en contradiction avec les valeurs de la République.

RÉFLÉCHIR

Document Un cas de discrimination envers un cadre homosexuel

« Un cadre de l'une des plus grandes banques françaises, diplômé de l'Essec, fut licencié pour faute grave […] alors qu'il comptait 29 ans d'ancienneté. […] [Il] a saisi le conseil de prud'hommes auquel il a demandé de juger qu'il avait été victime d'une discrimination homophobe […] La cour d'appel de Paris avait relevé que, bien que diplômé d'une grande école […] l'intéressé n'avait obtenu aucun poste [promotion] alors : qu'il avait postulé à 14 reprises ; […] qu'il était le seul cadre de sa promotion à ne pas avoir obtenu de poste ; qu'il présentait différentes attestations indiquant qu'il n'avait pu être promu en raison de l'ambiance homophobe qui régnait dans la banque concernée entre les années 70 et 90. […]

Le salarié a perçu 580 000 € au titre des préjudices de carrière et de retraite […] Il a également perçu 35 000 € de dommages et intérêts pour préjudice moral. […]

Bloquer la carrière d'un cadre à haut potentiel parce qu'il est homosexuel avant de le licencier pour une faute imaginaire, peut coûter beaucoup d'argent.

Philippe Ravisy, « Discrimination à l'encontre d'un cadre homosexuel : un arrêt pédagogique », *Les Échos*, 29 avril 2013.

- Le document présente les cas d'une banque condamnée pour **discrimination homophobe**. Elle a moins bien traité l'un de ses salariés en raison d'un **critère non professionnel**, jugé discriminatoire : son homosexualité.
- Il existe de nombreux cas de discrimination dans le monde du travail : ne pas embaucher une personne à cause de sa religion ou de son lieu d'habitation ; moins bien rémunérer une femme par rapport à un homme, à niveau de responsabilité égal, etc.
- Cependant, la discrimination est souvent **difficile à démontrer** devant le juge. Dans le cas ci-dessus, la banque a été condamnée parce qu'elle n'a pas pu prouver le caractère non discriminatoire des refus successifs de promotion opposés à ce cadre.

RETENIR

I L'égalité, une valeur au cœur du projet républicain

1. « Les hommes naissent et demeurent libres et égaux en droit »

Selon l'article 1er de la Déclaration des droits de l'Homme et du citoyen (1789), l'égalité est une des **valeurs principales de la République française**. Mais proclamer l'égalité ne suffit pas. En réalité, des inégalités existent dans la société. C'est une cause à défendre et un idéal à atteindre.

2. L'égalité, un des fondements de la démocratie

- Les sociétés démocratiques reconnaissent deux formes d'égalité : l'**égalité politique** (les citoyens ont tous les mêmes droits et devoirs) et l'**égalité morale** (tout le monde a droit au respect, à la dignité et à la liberté).
- La discrimination s'oppose à l'égalité : elle est **antirépublicaine**.

II Le combat contre la discrimination

1. Les différentes formes de discrimination

En France, la loi distingue 20 critères qui permettent de définir plusieurs types de discriminations : **raciales** (contre les personnes d'une autre couleur de peau), **religieuses** (contre les personnes d'une autre religion), **antisémites** (contre les personnes de religion juive), **xénophobes** (contre les personnes étrangères), **sexistes** (contre les personne de l'autre sexe) ou encore **homophobes**.

2. Les moyens d'action

Les discriminations sont punies par la loi française. Elles peuvent être difficiles à prouver, c'est pourquoi des associations s'engagent en soutenant les victimes, en les assistant lors des procès ou en recourant à des opérations de *testing*.

Mot-clé

Un ***testing*** (ou test de discrimination) est une expérimentation menée dans le but de déceler une discrimination (par exemple en envoyant deux CV équivalents à l'exception d'un critère pouvant donner lieu à une discrimination, comme un nom d'origine étrangère).

III La question des inégalités sociales

- Les inégalités sociales ne sont **pas des discriminations**, car elles ne reposent pas sur des critères illégaux. Les hommes sont libres d'entreprendre et de s'enrichir par leur activité professionnelle.
- Même si **l'égalité sociale n'est pas un droit reconnu**, il n'en est pas moins nécessaire, au nom de l'égalité morale et du droit à la vie, d'ouvrir des droits aux citoyens les plus pauvres pour améliorer leurs conditions de vie.

8 Qu'est-ce que la laïcité et quel est son rôle ?

La laïcité est un principe d'organisation de la société fondé sur la séparation du pouvoir religieux et du pouvoir politique. Elle occupe une place particulière parmi les valeurs fondatrices de la République française.

RÉFLÉCHIR

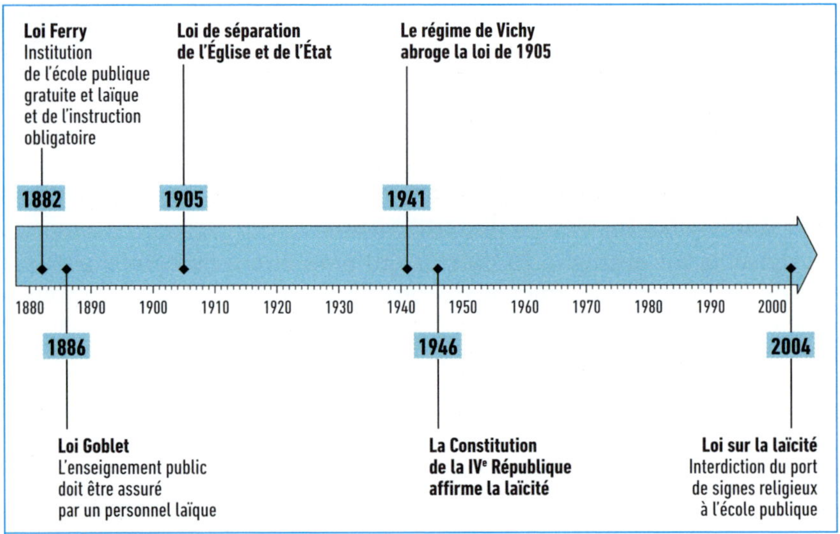

La laïcité en France depuis la fin du XIXe siècle.
Cette chronologie présente les principales lois adoptées en France entre 1882 et 2004 pour mettre en place et renforcer la laïcité à l'école.

- Depuis la loi Ferry de 1882 et la loi Goblet de 1886, la laïcité est un des **fondements de l'école républicaine**, avec la gratuité et l'obligation. Elle permet de renforcer l'égalité entre les élèves sans faire de distinctions religieuses entre eux.
- La loi de 1905 sépare strictement les Églises et l'État en France. Désormais, **aucune religion n'est reconnue par l'État**. Cette loi a été temporairement abrogée en 1941 par les dirigeants de Vichy afin de favoriser l'Église catholique. La laïcité fut ensuite réaffirmée et inscrite dans la Constitution.
- La laïcité fait aujourd'hui l'objet d'importants débats. Sa place dans l'école républicaine a dû être réaffirmée et défendue par la loi de 2004 et, plus récemment, par l'adoption en 2013 d'une **Charte de la laïcité**. Cette charte est affichée dans toutes les écoles publiques françaises.

RETENIR

I Un principe d'organisation de la société

1. Les origines de la loi de 1905

- L'idée de laïcité naît avec l'affirmation de la **liberté de conscience** au moment de la Révolution française. Elle s'enracine ensuite tout au long du XIXe siècle chez les défenseurs de la République, en réaction à l'influence de l'Église catholique qui s'oppose aux valeurs libérales et démocratiques.
- La laïcité, d'abord instaurée à l'école, est étendue à toute la société à partir de la **loi de 1905**. L'État adopte une stricte **neutralité à l'égard de toutes les religions** et ne finance plus aucun culte.

2. Un acquis républicain

- La laïcité devient un principe républicain. Le fonctionnement de la société repose désormais sur la séparation entre l'espace privé, lieu de la liberté de conscience, et l'espace public, lieu de la citoyenneté et de l'intérêt général.
- La France est définie comme une **République laïque** dans l'article 1er de sa Constitution.

Mot-clé

Un **principe** est une base sur laquelle repose le fonctionnement d'une société, d'une institution.

II Une valeur pilier de la République française

1. Un facteur d'égalité entre les citoyens

Aucune distinction fondée sur la religion ne peut être faite entre les citoyens : tous ont les mêmes droits et les mêmes devoirs.

2. Un atout pour le « vivre-ensemble »

La laïcité favorise la **tolérance** en instaurant un respect de toutes les croyances. Le « vivre-ensemble » suppose aussi des efforts d'ouverture : chacun est libre de croire en ce qu'il veut, mais cette liberté de conscience s'accompagne en retour d'une **acceptation des croyances des autres**.

III D'importants enjeux actuels

1. Laïcité et liberté d'expression

Au nom de la liberté d'expression, les citoyens sont libres d'exprimer des avis et des critiques sur les religions. La laïcité s'accompagne du **respect des opinions** de chacun, même si celles-ci peuvent heurter des croyances.

2. Réaffirmer la laïcité par l'école

La **Charte de la laïcité** reprend les différentes règles à appliquer dans les établissements scolaires, comme l'interdiction de porter des signes religieux trop visibles. En effet, cette valeur républicaine donne parfois lieu à de vifs débats et nécessite d'être **vécue**, **expliquée** et **défendue** à l'école.

9 Qu'est-ce qu'une démocratie ?

Une démocratie est un régime politique dans lequel la souveraineté émane du peuple. Pour être considéré comme une démocratie, un État doit respecter un certain nombre de principes bien définis.

RÉFLÉCHIR

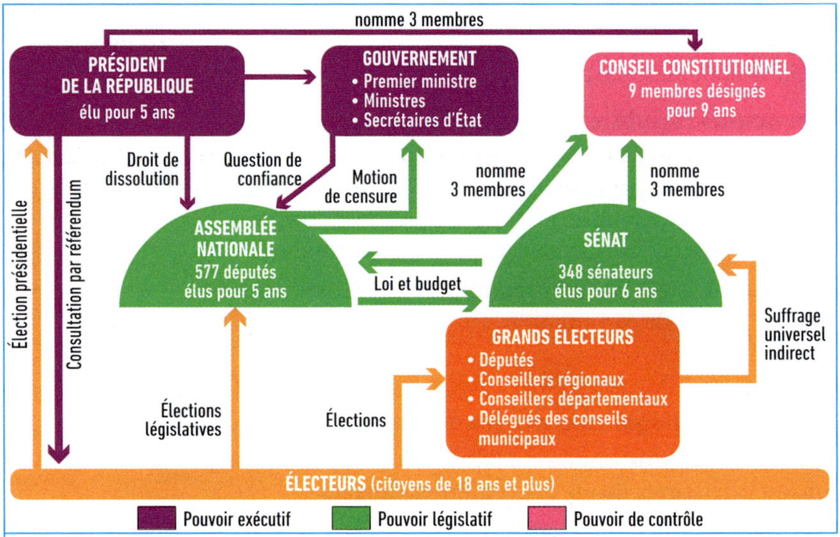

Les institutions de la Vᵉ République.
Ce schéma explique le fonctionnement de l'État et de ses institutions, à partir du texte de la Constitution de la Vᵉ République (1958).

■ Les fonctions législatives (qui font les lois) et exécutives (qui les appliquent) sont séparées. La **séparation des pouvoirs** est un principe de base de la démocratie, énoncé en France par Montesquieu au XVIIIᵉ siècle. Elle vise à éviter les abus liés à la concentration des pouvoirs entre les mains de quelques hommes.

■ La France est une **démocratie représentative (ou indirecte) :** les électeurs élisent des représentants chargés d'exercer pour eux les fonctions décisionnelles. Il existe néanmoins un mécanisme qui relève de la démocratie directe : le référendum.

Mot-clé
Organisé à l'initiative du président de la République, le **référendum** permet aux électeurs de répondre par « oui » ou « non » à une question précise.

RETENIR

I Les caractéristiques d'une démocratie

1. Les principes d'organisation de l'État

Des principes garantissent un fonctionnement démocratique de l'État : la **séparation des trois pouvoirs** législatif, exécutif et judiciaire, la **fréquente consultation du peuple** (élections, référendums) et le pluralisme politique.

Mot-clé
Le **pluralisme politique** désigne l'existence de plusieurs partis politiques, afin que toutes les opinions puissent être représentées.

2. La place des citoyens

- Dans une démocratie, le pouvoir est détenu ou contrôlé par le peuple qui exerce sa **souveraineté** par le suffrage universel.
- La démocratie repose sur l'**égalité politique** des citoyens. Ils bénéficient de **droits** et doivent respecter des **devoirs** (comme de payer leurs impôts).

II Les régimes démocratiques

1. Les différentes formes de démocratie

- Les **démocraties directes** (dans lesquelles le peuple exerce directement le pouvoir) ont aujourd'hui disparu au profit de **démocraties représentatives**.
- On parle de **démocratie participative** lorsque des dispositifs sont mis en place pour renforcer l'engagement des citoyens et augmenter leur rôle dans la prise de décision (ex. : conseils de quartier ouverts aux habitants).

2. Des démocraties souvent imparfaites

Un « indice de démocratie » a été créé pour **évaluer le niveau démocratique** d'un pays à l'aide d'un ensemble d'indicateurs. En 2014, la France a ainsi été classée au 23e rang mondial, ce qui révèle une marge de progrès. Par exemple, malgré les lois en faveur de la parité, la vie politique reste encore peu ouverte aux femmes en France.

III Les régimes non démocratiques

1. Les caractéristiques des dictatures

Les démocraties s'opposent aux **dictatures**. Celles-ci se caractérisent par la **concentration des pouvoirs** entre les mains d'une seule personne (dans une monarchie, par exemple) ou de quelques personnes (on parle alors d'oligarchie), par l'absence de consultation du peuple et d'alternance politique.

2. République et démocratie

Une république n'est **pas nécessairement une démocratie**. Dans la République populaire de Chine, seul le parti communiste est autorisé et des opposants politiques sont emprisonnés. À l'inverse, le Royaume-Uni est une monarchie parlementaire qui respecte les principes de la démocratie.

Se tester QUIZ

Vérifie que tu as bien compris les points clés des **fiches 7 à 9.**

Pour chaque quiz, vérifie ta réponse à l'aide du corrigé et consulte les fiches de cours si nécessaire.

1 Les droits et devoirs des citoyens

→ CORRIGÉ P. 255

Souligne en rouge les droits et en bleu les devoirs des citoyens français.

1. Payer ses impôts.
2. Pratiquer une religion.
3. Faire grève.
4. Respecter la loi.
5. Voter.
6. Participer à la JDC (Journée Défense et Citoyenneté).

2 Les principes démocratiques

→ CORRIGÉ P. 255

Ces caractéristiques appartiennent-elles à la démocratie ou à la dictature ?

1. Opposants emprisonnés.
2. Séparation des pouvoirs.
3. Pas d'alternance politique.
4. Parti unique.
5. Égalité politique.
6. Pluralisme politique.

Vers le brevet

Exerce-toi en vue du brevet et révise les **fiches 7 à 9.**

Pour chaque exercice, aide-toi des conseils donnés et compare ta réponse à celle du corrigé.

3 Mobiliser des compétences d'EMC à partir d'une situation pratique

30 min

→ CORRIGÉ P. 255

Document 1 La vidéosurveillance et les libertés individuelles

« **Dans quel but ?**

Des caméras peuvent être installées sur la voie publique pour prévenir des actes de terrorisme, des atteintes à la sécurité des personnes et des biens dans des lieux particulièrement exposés à des risques d'agression, de vol ou de trafic de stupéfiants. […]

Qui peut filmer la rue ?

Seules les autorités publiques (les mairies notamment) peuvent filmer la voie publique.

Ni les entreprises, ni les établissements publics ne peuvent filmer la voie publique. […]

Quelles garanties pour la protection de la vie privée ?

Ces caméras ne doivent pas permettre de visualiser l'intérieur des immeubles d'habitation ni, de façon spécifique, celles de leurs entrées. Des procédés de masquage irréversible de ces zones doivent être mis en œuvre.

Qui peut consulter les images ?

Seules les personnes habilitées par l'autorisation préfectorale, et dans le cadre de leurs fonctions (par exemple : les agents du centre de supervision urbain), peuvent visionner les images enregistrées. [...]

Source : Commission nationale de l'informatique et des libertés (CNIL) – www.cnil.fr.

Document 2 Les inconvénients de la vidéosurveillance

En 2011, la Cour des comptes évalue les frais d'installation d'une caméra de vidéosurveillance à 36 600 € et ses frais de fonctionnement (maintenance, personnel, liaisons entre les caméras et les centres de supervision) à 7 400 € par an. Même si la vidéosurveillance a un effet dissuasif, il existe des débats autour de son efficacité réelle (la plupart des images sont par exemple peu exploitables).

1. Pourquoi des caméras sont-elles installées sur la voie publique ?

2. Pourquoi la vidéosurveillance peut-elle être considérée comme une menace pour les libertés individuelles ? Comment ces libertés peuvent-elles néanmoins être préservées ?

3. Le conseil municipal de ta commune doit se réunir pour décider de recourir ou non à la vidéosurveillance. Tu es chargé(e) de présenter en quelques lignes les avantages et les inconvénients de celle-ci, puis de donner ton avis de manière argumentée.

EMC

10 Pourquoi et comment des citoyens s'engagent-ils au niveau associatif, syndical ou politique ?

En France, les citoyens ont la possibilité d'agir et de s'impliquer dans la vie publique au sein de différentes structures. Leur engagement a un sens individuel, collectif et démocratique.

RÉFLÉCHIR

Une opération de la Banque alimentaire en Alsace.
Les banques alimentaires organisent des collectes de dons pour venir en aide aux plus démunis. En 2014, l'équivalent de 26 millions de repas ont ainsi été collectés dans toute la France.

- Les banques alimentaires fonctionnent non seulement grâce aux **militants** (reconnaissables sur la photographie à leur gilet orange) qui s'engagent de manière **bénévole** sur leur temps libre, mais aussi grâce aux **donateurs**. Leur action permet d'améliorer les conditions de vie des personnes les plus pauvres.
- Ce sont des **associations à but non lucratif** (leur but ne doit pas être l'enrichissement personnel de leurs membres). Elles sont **reconnues d'utilité publique**, c'est-à-dire que l'État juge leur action bénéfique pour l'ensemble de la société, ce qui leur donne le droit de récolter des dons.

RETENIR

I La diversité des engagements

1. Un monde associatif riche et varié

- Depuis la **loi de 1901**, les associations doivent être composées d'au moins deux personnes et avoir des statuts déposés en préfecture. Celles-ci doivent **partager un but ou un intérêt commun**.
- La France compte un million d'associations (regroupant 11 millions de bénévoles) dont la variété est infinie, allant d'une petite association de quartier à une ONG présente dans différents pays, comme WWF.

Mot-clé
Une **organisation non gouvernementale (ONG)** fonctionne de manière autonome, sans dépendre d'un État.

2. D'autres possibilités de s'engager

Les citoyens peuvent aussi s'engager dans des syndicats ou dans des **partis politiques**. Il existe aujourd'hui une cinquantaine de partis nationaux et plusieurs centaines de micro-partis impliqués uniquement dans la vie politique locale.

Mot-clé
Les **syndicats** sont des associations professionnelles qui regroupent des personnes exerçant des métiers similaires pour défendre des intérêts communs.

3. De multiples formes d'engagements

Les citoyens peuvent s'impliquer de différentes façons : comme **sympathisants**, en approuvant les idées portées par une organisation sans en être membre ; comme **adhérents**, en devenant un membre ; comme **donateurs**, en donnant de l'argent ; ou comme **militants**, en agissant de manière active.

II Le sens de l'engagement citoyen

1. Les motivations individuelles

Intégrer des structures associatives, syndicales ou politiques relève d'une **démarche volontaire**. Les citoyens choisissent de s'y engager lorsqu'ils sont d'accord avec les objectifs et le mode de fonctionnement de ces structures.

2. Les actions collectives

Ces structures permettent aussi aux citoyens de mener des actions collectives **pour défendre leurs idées ou leurs intérêts**. Les syndicats peuvent par exemple engager des actions de protestations (comme des pétitions ou des grèves).

3. Le fonctionnement de la démocratie

Les associations, syndicats et partis politiques sont **nécessaires** au fonctionnement de la démocratie pour porter des attentes, défendre des droits ou exprimer des choix politiques (et permettre ainsi le pluralisme politique).

11 Comment assurer la sécurité de tous ?

La sécurité désigne la situation dans laquelle une personne n'est pas exposée à un danger. Elle est aujourd'hui reconnue comme un droit et l'État s'engage à protéger les hommes des risques qu'ils ont parfois contribué à créer.

RÉFLÉCHIR

Inondation à Mandelieu-la-Napoule, le 4 octobre 2015.
Des pluies d'une exceptionnelle intensité ont provoqué des inondations meurtrières dans tout le sud-est de la France. À Mandelieu-la-Napoule, sept personnes sont mortes piégées dans les garages de leur résidence.

- Les inondations sont liées à des **phénomènes naturels**, comme des orages violents entraînant des débordements de cours d'eau ou des remontées de nappes d'eau souterraine. La présence des hommes **fragilise le milieu** et peut créer le risque : par exemple, par la construction de résidences dans des zones inondables. Les inondations représentent le risque majeur le plus répandu en France: une commune sur deux y est exposée.
- Les **pouvoirs publics** agissent pour faire face à la catastrophe : gestion des secours, rétablissement rapide des réseaux électriques et des réseaux de transport, indemnisation des victimes par la reconnaissance de l'**état de catastrophe naturelle**.

RETENIR

I Les responsabilités face aux risques majeurs

- On distingue les **risques naturels**, liés à un aléa naturel (tremblement de terre) des **risques technologiques**, liés aux activités humaines (explosion d'une usine).

Mot-clé
Le mot « **aléa** » signifie « coup de dés » en latin. Il désigne un hasard défavorable.

- L'ensemble des biens et des personnes susceptibles d'être affectés par un aléa représente l'**enjeu**. Le risque est constitué de la superposition de l'aléa et des enjeux dans un même lieu. Les hommes peuvent donc, par leur présence, avoir occasionné le risque.

De l'aléa au risque.

II De la responsabilité à l'engagement

- Les pouvoirs publics mettent en place des mesures de **prévention**. Par exemple, chaque établissement scolaire doit élaborer un plan particulier de mise en sûreté (PPMS) en fonction des risques locaux.
- On parle de **catastrophe** lorsqu'un événement cause des dégâts très importants. Au niveau local, les secours (pompiers, SAMU, etc.) sont coordonnés par le **préfet** pour permettre des interventions rapides et efficaces.

III La sécurité au quotidien

- Les sociétés humaines sont confrontées à d'**autres formes d'insécurité**, liées à des dangers directement dus aux hommes : par exemple, les atteintes aux personnes et aux biens, la mortalité routière (3 464 morts en 2015) ou la mauvaise qualité de l'alimentation qui peut nuire à la santé des consommateurs.
- La police nationale (dans les zones urbaines) et la gendarmerie (en zones rurales et en particulier sur les routes) sont chargées de veiller à l'**ordre public**. Des mesures sont adoptées en faveur de la **sécurité routière** (limitation de vitesse sur les routes) et de la **sécurité alimentaire** (contrôle de la provenance des aliments).

12 Comment la France et les Français s'engagent-ils sur le plan international ?

La France s'engage pour faire face aux grands enjeux mondiaux et des citoyens participent aux interventions dans le cadre de la Défense nationale. Ces engagements prennent plusieurs formes.

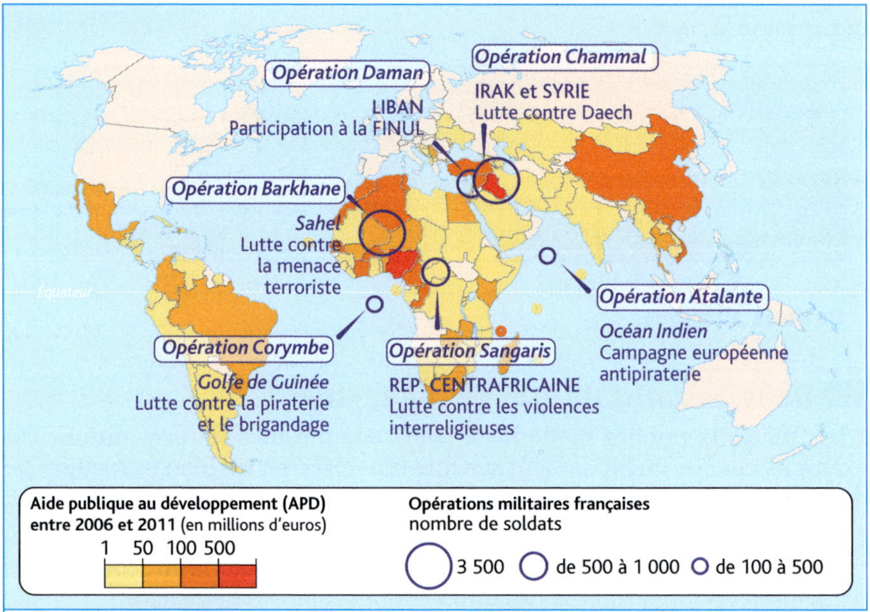

Les engagements de la France dans le monde. La France verse environ 10 milliards d'euros par an d'aides publiques au développement (APD), tandis que 7 000 soldats français participent à des opérations extérieures en septembre 2015.

- L'objectif affiché des engagements militaires français est de **venir en aide à des populations** qui en ont besoin, même s'il s'agit souvent de défendre des **intérêts nationaux**. Pour mener ces différentes opérations, la France privilégie la **coopération** avec d'autres pays (ceux du Sahel pour l'opération Barkhane).
- Par ses actions militaires et solidaires, la France est très engagée en **Afrique** pour des **raisons historiques** (beaucoup de pays africains sont d'anciennes colonies françaises) et **stratégiques** (ce sont des pays proches de l'Europe). Elle est nettement moins engagée en Océanie, en Amérique et dans une grande partie de l'Asie.

RETENIR

I Les engagements militaires français

- Avec une armée de 300 000 hommes, la France est une **puissance militaire** de premier plan.
- Elle est, en outre, capable d'intervenir rapidement partout dans le monde grâce aux 15 000 soldats de ses **bases militaires** (Guyane et Djibouti, par exemple). La France est intervenue militairement au Mali en 2013, en Irak en 2014, et opère des frappes aériennes en Syrie depuis 2015.

II Les engagements solidaires et coopératifs

1. Les coopérations internationales

Les interventions militaires françaises sont toujours menées avec l'accord de l'Organisation des Nations unies (ONU). La France participe aussi directement à des opérations militaires sous l'égide de l'**ONU** (en République centrafricaine), ou avec ses alliés de l'**OTAN** (en Syrie) ou de l'**Union européenne** (sur les côtes somaliennes).

2. Les actions humanitaires

- Pour aider les populations en difficulté, les militaires jouent souvent un **rôle humanitaire direct** (en distribuant de la nourriture, par exemple).
- La France apporte aussi un soutien financier aux pays en grande difficulté, sous la forme d'**aides publiques au développement (APD)**. Le but est de permettre à ces pays de se développer afin de limiter l'afflux de migrants vers les pays européens.

III Les Français et la Défense nationale

1. La journée défense et citoyenneté (JDC)

- La JDC est la troisième étape du **parcours de citoyenneté**. Tous les jeunes Français sont convoqués pour la suivre avant leurs 18 ans.
- Elle permet aux jeunes Français de découvrir la communauté militaire et ses métiers. Elle montre aussi que l'exercice des libertés démocratiques nécessite que des citoyens s'engagent de manière active.

2. Des citoyens engagés

Les citoyens qui font le **choix de s'engager** au service de la Défense nationale sont amenés à participer directement aux opérations extérieures en tant que **soldats**, mais ils peuvent aussi effectuer des missions d'intérêt général sur le territoire national (par exemple, au service d'une association dans le cadre du **service civique**).

Mot-clé
La **Défense nationale** désigne l'ensemble des moyens et des actions mises en œuvre pour garantir la sécurité du territoire et de sa population.

Se tester QUIZ

Vérifie que tu as bien compris les points clés des **fiches 10 à 12.**

Pour chaque quiz, coche la ou les bonne(s) réponse(s). Vérifie ta réponse à l'aide du corrigé et consulte les fiches de cours si nécessaire.

1 Les engagements individuels et collectifs

→ CORRIGÉ P. 256

Les syndicats :

- ☐ **a.** sont des associations professionnelles.
- ☐ **b.** sont des partis politiques.
- ☐ **c.** mènent des actions collectives.

2 Les risques

→ CORRIGÉ P. 256

1. Chaque année, le nombre de morts sur les routes en France s'élève à :

☐ **a.** environ 1 000. ☐ **b.** environ 3 000. ☐ **c.** environ 6 000.

2. La présence des hommes crée :

☐ **a.** l'aléa. ☐ **b.** l'enjeu. ☐ **c.** le risque.

Vers le brevet

Exerce-toi en vue du brevet et révise les **fiches 10 à 12.**

Pour chaque exercice, aide-toi des conseils donnés et compare ta réponse à celle du corrigé.

3 Mobiliser des compétences d'EMC à partir d'une situation pratique

30 min

→ CORRIGÉ P. 256

Document 1 Des collégiens participent à une action humanitaire

« Les collégiens de Jacques-Prévert ont effectué le bilan des actions qu'ils ont menées tout au long du premier trimestre au profit de leurs camarades du Mali. Après avoir étudié la situation dans ce pays, les élèves de 4e ont tout d'abord réalisé des affiches et sont intervenus dans les autres classes de l'établissement pour sensibiliser tous les élèves à la situation critique au Mali.

Ensuite, au mois de décembre, l'ensemble des collégiens a participé, durant une semaine, à l'opération « Un cahier, un crayon pour le Mali » initiée par l'association « Solidarité laïque », chacun à leur manière. Dans ce cadre-là, les élèves de 5e A ont, par exemple, avec l'aide de leurs professeurs, cuisiné des gâteaux qui ont évidemment fait des heureux à la récréation du matin, mais qui ont surtout permis de récolter 136 € qui serviront à acheter des fournitures scolaires pour les écoliers maliens. Depuis la rentrée de ce début de janvier, tous les élèves ont également pu déposer des fournitures scolaires neuves à la « Vie scolaire » du collège [...].

Source : « Les collégiens au service du Mali »,
www.letelegramme.fr, 16 janvier 2016,
© Archives Le Télégramme.

Document 2 Des collégiens récoltent des dons en faveur du Téléthon

En décembre 2014, les collégiens des Allières à Saint-Pierre-le-Moûtier (Nièvre) ont organisé une journée de mobilisation pour lutter contre les myopathies. Les animations proposées et les ventes de boissons et de pâtisseries ont permis de faire venir de nombreux spectateurs et de récolter 1 885 €, reversés ensuite à l'association AMF-Téléthon.

1. Quels sont les points communs et les différences entre ces deux actions solidaires ?

2. Montre que les associations jouent un rôle très important dans les engagements citoyens.

3. Tu es chargé d'écrire un texte sur le site Internet de ton collège pour présenter un engagement de jeunes collégiens. Présente une de ces deux actions solidaires et explique en quoi elle illustre la valeur républicaine de fraternité.

Corrigés

I La sensibilité : soi et les autres

1 **1. c** • **2. a, b** et **c.**

2 **a. b.**

3 **1. c** • **2. a** • **3. d** • **4. b.**

4 **1.** La citoyenneté repose sur la **nationalité**. Il faut être citoyen d'un des États de l'Union européenne pour obtenir la citoyenneté européenne.

2. Les droits évoqués ici sont le **droit de circuler et de séjourner** dans n'importe quel État de l'UE, et le **droit de vote et d'éligibilité** aux élections municipales et européennes.

4. Le traité de Maastricht cherche à renforcer chez les Européens le sentiment d'appartenir à une même communauté. Ainsi, il octroie des droits qui favorisent la création de liens et d'échanges entre citoyens européens : liberté de circulation et de résidence, participation aux mêmes élections locales et européennes. **Deux niveaux d'appartenance citoyenne** peuvent alors s'emboîter : l'appartenance à une communauté nationale et à la communauté européenne.

II Le droit et la règle : des principes pour vivre avec les autres

1 **1.** Conseil de prud'hommes. • **2.** Tribunal correctionnel. • **3.** Tribunal administratif. • **4.** Cour d'assises. • **5.** Cour d'appel.

2 **1.** Sont reconnus ici les **droits à l'éducation** (en bénéficiant d'un enseignement gratuit et laïc), **au respect et à la dignité, à l'égalité** (contre les discriminations en particulier) **et à la sécurité** (contre les violences physiques et verbales).

2. Le règlement intérieur d'un collège est, comme la loi, issu d'une instance représentative : le **conseil d'administration**, qui représente l'ensemble de la communauté éducative. Le règlement doit aussi se conformer à la **législation nationale** (aux lois de la République) considérée comme supérieure.

3. Les principes de la justice respectés ici sont les **droits de la défense** (par le débat contradictoire) et les **voies de recours** (auprès du tribunal administratif) pour contester une décision de sanction.

4. Au collège, de nombreux élèves et le personnel se côtoient quotidiennement. Des règles sont nécessaires pour **défendre leurs droits**, par exemple pour assurer leur sécurité. Elles assurent le **bon fonctionnement du collège**. Ainsi, elles fixent des horaires auxquels tout le monde doit se conformer. L'élaboration du règlement intérieur permet aussi de rapprocher les membres de la communauté scolaire qui y sont tous associés (par l'intermédiaire de représentants) et de faire concrètement l'**apprentissage de la démocratie**.

III Le jugement : penser par soi-même et avec les autres

1 Droits : **2.**, **3.**, **5.** • Devoirs : **1.**, **4.**, **6.**

2 Démocratie : **2.**, **5.**, **6.** • Dictature : **1.**, **3.**, **4.**

3 **1.** Les caméras de vidéosurveillance sur la voie publique servent à « **prévenir des actes de terrorisme**, des **atteintes à la sûreté** des personnes et des biens » (agressions, vols) et à **lutter contre le trafic de stupéfiants**.

2. La vidéosurveillance est parfois considérée comme une **atteinte à la vie privée**, puisque des personnes innocentes de tout crime ou délit sont filmées à leur insu. Des précautions sont prises pour **préserver les libertés individuelles** : le recours à la vidéosurveillance sur la voie publique est réservé aux autorités publiques, les caméras ne doivent pas filmer les entrées et l'intérieur des immeubles d'habitation, et les images ne peuvent être visualisées que par des personnes habilitées.

Remarque
Il est intéressant de reformuler certains arguments pour souligner les enjeux de la question de la vidéosurveillance. Ici, il y a une tension entre les libertés individuelles et le droit à la sécurité.

3. La vidéosurveillance a une utilité certaine pour assurer la sécurité des personnes et des biens. Elle permet de **prévenir des crimes et des délits** (en dissuadant ceux qui s'apprêtent à les commettre) et d'enregistrer des images qui peuvent être consultées pour **identifier des délinquants ou des criminels**. Les libertés individuelles sont préservées car certaines précautions sont prises, comme l'interdiction de filmer l'intérieur des immeubles d'habitation.
Certains considèrent néanmoins que ces précautions sont insuffisantes pour **garantir la liberté de chacun** : les passants innocents n'ont pas à être filmés à leur insu. Par ailleurs, l'installation et le fonctionnement des caméras de vidéosurveillance **coûtent cher** et la **qualité souvent médiocre des images** ne permet que rarement de les exploiter.

Remarque
Le troisième paragraphe est une opinion personnelle qui ne peut donner lieu à une correction. Mais cette opinion doit bien sûr être présentée de façon argumentée.

IV L'engagement : agir individuellement et collectivement

1 **a** et **c**.

2 **1. b** • **2. b** et **c**.

3 **1.** Ces deux actions solidaires ont permis de **récolter des fonds** et ont été menées grâce à l'**implication de collégiens et d'associations**. Il existe néanmoins des différences entre elles : l'action pour le Mali a demandé un investissement sur une **durée plus longue** et du matériel scolaire a aussi été collecté. Les **objectifs** sont différents : l'amélioration des conditions de vie dans un pays en difficulté et la lutte contre une maladie.

2. Dans les deux cas, **des associations** (Solidarité laïque et AMF-Téléthon) **ont encadré les engagements des collégiens** en les accompagnant dans leurs actions. Les fonds récoltés sont récupérés par ces associations qui les reversent pour l'une à de jeunes Maliens, pour l'autre à la recherche contre les myopathies.

3. Les collégiens de Jacques-Prévert ont mené une **série d'actions en faveur de jeunes Maliens** : sensibilisation par les élèves de 4e de tous les collégiens par des affiches et des interventions dans les classes ; collecte de matériel scolaire et vente de gâteaux durant les récréations. Les **élèves**, les **professeurs**, la **Vie scolaire** ainsi que l'**association « Solidarité laïque »** ont été impliqués dans ces actions. Cette mobilisation semble avoir été un succès (136 € ont ainsi été collectés par la vente des gâteaux). En menant ces actions, les collégiens ont pu créer un **lien solidaire et fraternel** avec des Maliens du même âge qu'eux, vivant et étudiant dans des conditions plus difficiles. La **fraternité** est une **valeur républicaine** qui a ainsi pu être appliquée et expérimentée par cette action.

Conseil

Avant de répondre à la dernière question, relis plusieurs fois l'énoncé pour te mettre en condition. Commence par faire la liste des idées à évoquer, puis organise-les dans un ordre logique. Rédige d'abord ta réponse au brouillon.

BREVETS BLANCS

BREVETS BLANCS

Comment réussir l'épreuve ?

Les sujets

Corrigés

1 Comment s'organise l'épreuve ?

La seconde épreuve écrite du brevet concerne le français, l'histoire, la géographie et l'enseignement moral et civique (EMC). Elle se décompose en deux parties.

I Combien de temps dure l'épreuve ?

L'épreuve dure **5 heures** :
- **3 heures** pour la première partie, qui a lieu le matin ;
- **2 heures** pour la seconde partie, qui a lieu l'après-midi.

II Comment se déroule l'épreuve ?

1. La première partie

- La première partie est consacrée à **la compréhension, l'analyse et l'interprétation de textes et de documents**. Elle comprend deux périodes, séparées par une pause de 15 minutes :
  - une **première période**, de 2 heures, porte sur les enseignements d'histoire, de géographie et d'EMC ;
  - une **seconde période**, d'1 heure, porte sur le programme de français. Tu dois répondre à des questions sur un texte littéraire et sur un document iconographique ou audiovisuel.

> **Remarque**
> Tous les exercices de français prennent appui, directement ou non, sur ce texte. Sa bonne compréhension est donc essentielle.

- Les documents de français et les questions associées peuvent porter sur un **thème commun** à ceux d'histoire, de géographie et d'EMC : l'espace urbain, les rapports entre individu et pouvoir, les guerres en Europe…

2. La seconde partie

La seconde partie évalue tes capacités de **rédaction** et ta **maîtrise de la langue française**. Elle comporte trois exercices :
- une **dictée** de 600 signes environ (20 minutes) ;
- un exercice de **réécriture** sur un court fragment de texte (10 minutes) ;
- un **travail d'écriture** (1 heure 30). Deux sujets de rédaction au choix te sont proposés : un sujet de réflexion et un sujet d'invention.

III Quel est le barème ?

L'ensemble de l'épreuve est notée sur **100 points** :
- dans la première partie, les questions d'histoire et de géographie sont notées sur 20 points chacune, celles d'EMC sur **10 points**. Les questions de français sur **20 points** ;
- dans la seconde partie, la dictée et la réécriture sont notées sur **10 points**, et la rédaction sur **20 points**.

> **Remarque**
> La répartition des points est équilibrée : tu ne dois négliger aucune partie !

2 Comment se préparer à l'examen ?

Les épreuves finales du brevet constituent ton premier examen. Cela peut générer du stress. Mais, si tu es en bonne forme et que tu as travaillé régulièrement tout au long de l'année, tu n'as aucune raison de t'inquiéter.

I De manière générale

1. La préparation physique

- Il est recommandé de **dormir correctement** dans les deux derniers mois avant l'examen. Le manque de sommeil risque en effet de réduire tes performances intellectuelles.
- Pour mieux gérer ton stress, continue de **faire du sport**, sans excès, dans les jours qui précèdent l'examen.

2. La préparation intellectuelle

Cette préparation-là s'effectue tout au long de l'année.

- En premier lieu, sois **attentif en cours**.
- **Apprends tes leçons** au fur et à mesure ; n'attends pas le contrôle. Donne du sens à ce que tu apprends : n'hésite pas à expliquer, par oral ou par écrit, le contenu de ta leçon à un proche ou un camarade de classe.
- Ce Prépabrevet vient compléter le cours délivré par tes professeurs, afin d'avoir un éclairage différent. Fais des **fiches de révision** sur les points principaux de chaque chapitre.
- Utilise les contrôles faits en cours et les brevets blancs comme autant de **répétitions générales** de l'épreuve finale. Lors de la préparation d'un contrôle, entraîne-toi à **extraire de ta mémoire** ce que tu y as mis. Révise pour de vrai !

Attention
Réviser n'est pas seulement relire. Il faut reformuler mentalement ce que tu révises et, si possible, par écrit, devant une feuille blanche.

II Dans chaque discipline

- En **histoire, géographie et EMC**, tu as intérêt à faire des fiches de révision : pour chaque chapitre, note les points principaux en t'appuyant sur ton cours ou ton manuel.
- En **français**, prends le temps nécessaire pour lire et apprécier les textes qu'on te donne à lire à la maison (sous forme d'extraits ou d'œuvre complète). Rédige avec soin les réponses aux questions posées : c'est le meilleur entraînement aux exercices de français qui composent l'épreuve.

3 Comment réussir les exercices d'histoire, géographie et EMC ?

Selon les exercices, les attentes diffèrent : ce ne sont pas les mêmes compétences qui sont évaluées.

I L'analyse de document

- Cet exercice est guidé par des questions. Il suppose cependant que tu maîtrises bien le cours sur lequel il porte.
- Tu es d'abord interrogé sur la nature du document : tu dois ainsi, selon l'exercice, identifier l'auteur ou la date, le type de document, présenter le contexte.
- Les questions suivantes t'amènent à **relever des informations** dans le document, à **expliquer** un point précis (une phrase d'un texte, un point d'une courbe, un chiffre d'un tableau). Parfois, il t'est demandé de porter un regard critique sur les limites du document.
- L'une des questions te conduit à **mettre en relation différents aspects** du document pour construire une réponse plus approfondie. Là, ta connaissance du cours est essentielle.

Conseil
Dans une analyse de document comme dans un développement construit, utilise le **vocabulaire spécifique** et les mots-clés du chapitre concerné.

II Le développement construit et la tâche graphique

- Rédiger un développement construit nécessite une bonne **connaissance du sujet** et une certaine **aisance rédactionnelle**. Les deux viennent avec l'entraînement.
- Le jour du brevet, commence par définir les **termes principaux** du sujet. Puis rédige ton développement en **organisant ton propos** en deux ou trois paragraphes.
- Les **tâches graphiques**, en histoire (frise chronologique) comme en géographie (carte ou schéma), doivent faire l'objet d'un apprentissage régulier au cours l'année. Tu dois être à l'aise avec les repères temporels et spatiaux du programme et savoir les présenter sous une forme visuelle claire.

III L'exercice d'enseignement moral et civique

- L'exercice d'EMC comporte **un ou deux documents** sur un thème : tu dois les étudier en répondant à quelques questions.
- La dernière question consiste en une **mise en situation**. Par exemple, tu dois expliquer à un correspondant étranger en quoi la France est une démocratie. Tu dois donc rédiger ta réponse en intégrant d'une part des éléments de connaissances, vus en cours, d'autre part des éléments rédactionnels qui montreront que tu as bien pris en compte la situation.

4 Comment réussir les questions de français ?

Les questions portent sur un texte d'une trentaine de lignes, d'un auteur de langue française. Ce texte est accompagné d'un document iconographique, sonore ou audiovisuel.

I Comprendre les documents

- **Lis deux ou trois fois le texte**. Identifie son **genre** : récit, théâtre, poésie... Mobilise tes connaissances sur l'auteur, si tu le connais, et sur l'époque de parution du livre (la date est toujours indiquée).
- Dans le cas d'un texte narratif, repère les personnages, le lieu et l'époque de l'action. S'agit-il d'un récit à la 1re personne ? à la 3e personne ?
- Regarde attentivement le document iconographique ou audiovisuel : quel élément permet de faire le lien avec le texte ?
- Note les **réactions que les deux documents provoquent en toi** : tristesse, rire, sentiment de révolte...

II Comprendre les questions

1. Les questions sur le texte

- Deux ou trois questions portent sur le **sens global** du texte : thème, personnage(s), point de vue, etc. D'autres questions t'interrogent sur des faits de langue : **vocabulaire**, **figures de style**, temps des **verbes**, etc.
- Les dernières questions te demandent de faire le bilan (visée de l'auteur, intérêt du texte) et de donner ton **avis personnel**.

2. Les questions sur le texte et l'image

Deux questions t'invitent à confronter le texte et le document iconographique. En général, l'une te fait travailler sur l'image, l'autre te demande de justifier le rapprochement avec le texte.

III Répondre aux questions

- Lis l'ensemble des questions avant de répondre. Elles suivent généralement une progression : tu as donc intérêt à les traiter **dans l'ordre**.
- **Toutes tes réponses doivent être rédigées**.
- La ou les question(s) faisant appel à ton avis personnel demandent une réponse plus longue et détaillée. Tu t'appuieras sur les documents pour **justifier ton point de vue**.

Conseil
C'est une question ouverte, qui n'attend pas de réponse prédéfinie : expose ton point de vue de manière claire et précise.

5 Comment réussir la dictée et la réécriture ?

Par le nombre de points, la réécriture et la dictée ont la même importance. Tu disposes de 20 minutes pour la dictée et de 10 minutes pour la réécriture.

I Réussir la dictée

■ Lors de la première lecture, écoute attentivement le texte pour bien en comprendre le sens. Repère le temps dominant et sois attentif aux liaisons.

■ Ensuite, relis-toi deux fois :
– la première fois, vérifie toutes les **formes verbales** : temps et accord avec le sujet. Quand tu entends le son [e], demande-toi s'il s'agit d'un participe passé ou d'un infinitif. N'oublie pas d'accorder les **participes passés** qui doivent l'être.
– la seconde fois, concentre-toi sur le nombre des noms et les **accords des adjectifs**. Pose-toi la question « Qui est-ce qui est... ? » ou « Qu'est-ce qui est... ? » devant chacun d'entre eux.

■ Sois également attentif aux **homophones grammaticaux** employés (*ou/où, quand/qu'en, c'est/s'est...*).

■ Soigne ton écriture et forme correctement les accents ; respecte la ponctuation. **Toutes les fautes comptent** !

Info +
Le texte de la dictée, de 600 signes environ, a toujours un rapport avec le texte support des questions : même œuvre, même auteur ou même thème.

II Réussir la réécriture

■ L'exercice te demande de réécrire un passage du texte en fonction de différentes **contraintes grammaticales** : selon le cas, il peut s'agir de modifier le sujet du premier verbe (changement de nombre, de genre et/ou de personne) ou son temps, ou de réécrire le texte au discours indirect, etc.

■ Le changement initial entraîne des transformations orthographiques. Avant de réécrire le texte, **souligne tous les mots qu'il faut modifier**. Lorsqu'on te demande de changer la personne du sujet, n'oublie pas que certains pronoms personnels et déterminants possessifs vont peut-être aussi changer.

Info +
Selon les consignes données, tu auras entre cinq et dix formes à modifier.

■ Sois vigilant lorsque tu réécris le texte, y compris aux mots qui ne changent pas : toutes les fautes de copie sont pénalisées !

6 Comment réussir la rédaction ?

Tu as le choix entre un sujet de réflexion et un sujet d'invention. Tous deux portent sur la même thématique que les documents distribués dans la première partie de l'épreuve, qui sont là pour t'aider à enrichir ta réflexion.

I Comprendre le sujet

Lis les sujets, et choisis rapidement celui que tu veux traiter.

1. Le sujet de réflexion

- On te demande d'exprimer **ton avis** sur une question précise. Tu dois écrire un texte à dominante **argumentative** en justifiant ton point de vue.
- Le plus souvent, il s'agit d'écrire un petit essai. On peut aussi te demander de développer une argumentation dans une lettre ou sous forme de dialogue.

2. Le sujet d'invention

- Il peut s'agir d'écrire la suite d'un récit, de raconter la même scène en changeant de point de vue, ou d'imaginer une autre scène sur le même thème. On pourra également te demander de **raconter une expérience personnelle**, en précisant les sentiments que tu as éprouvés à cette occasion.
- La consigne t'indique clairement le **type de texte** attendu : texte essentiellement narratif, lettre, récit avec passages dialogués…

> **Conseil**
> Tu peux enrichir tes récits par des descriptions et des dialogues, même lorsque les consignes ne le précisent pas.

II Travailler au brouillon

- Accorde **50 minutes** à cette phase.
- Pour un **sujet de réflexion**, écris au brouillon le plan et les idées principales de chaque paragraphe, sans faire de phrases complètes. L'introduction et la conclusion en revanche seront totalement rédigées.
- Pour un **sujet d'invention**, rédige tout ton texte au brouillon. Écris au crayon et saute des lignes. Organise ton texte **en paragraphes**.
- Quand tu as terminé ton premier jet, **retravaille-le** : vérifie que les phrases s'enchaînent bien et qu'il n'y a pas trop de répétitions ; puis corrige les erreurs (fautes d'orthographe, d'accord, etc.).

III Recopier efficacement

- Ne néglige pas cette dernière étape : accorde-lui **30 minutes**. Recopie lisiblement. Ton texte doit faire 2 pages minimum, soit 300 mots environ.
- Il te restera **10 minutes** pour te relire et supprimer les erreurs d'inattention.

Sujet 1

1re partie • 1re période

Matières concernées : **histoire-géo et EMC.**

20 points — 45 min

1 Analyser et comprendre des documents • Histoire

→ CORRIGÉ P. 337

Document **Programme du Conseil national de la Résistance, 15 mars 1944**

Le texte a été diffusé au printemps 1944 dans la clandestinité, par les journaux des mouvements de résistance.

« Née de la volonté ardente des Français de refuser la défaite, la Résistance n'a pas d'autre raison d'être que la lutte quotidienne sans cesse intensifiée.
Cette mission de combat ne doit pas prendre fin à la Libération. […]
Aussi les représentants des organisations de Résistance, des centrales syndicales et des partis ou tendances politiques groupés au sein du CNR délibérant en assemblée plénière le 15 mars 1944, ont-ils décidé de s'unir sur le programme suivant, qui comporte à la fois un plan d'action immédiate contre l'oppresseur et les mesures destinées à instaurer, dès la libération du territoire, un ordre social plus juste.

I. Plan d'action immédiate

Les représentants des organisations de Résistance des centrales syndicales et des partis ou tendances politiques groupés au sein du CNR […] proclament leur volonté de délivrer la patrie en collaborant étroitement aux opérations militaires que l'armée française et les armées alliées entreprendront sur le continent, mais aussi de hâter cette libération, d'abréger les souffrances de notre peuple, de sauver l'avenir de la France en intensifiant sans cesse et par tous les moyens la lutte contre l'envahisseur et ses agents, commencée dès 1940. […]

II. Mesures à appliquer dès la libération du territoire

[…]

4) Afin d'assurer :
– l'établissement de la démocratie la plus large en rendant la parole au peuple français par le rétablissement du suffrage universel ;
– la pleine liberté de pensée, de conscience et d'expression ;
– la liberté de la presse, son honneur et son indépendance à l'égard de l'État, des puissances d'argent et des influences étrangères ;
– la liberté d'association, de réunion et de manifestation […] ;
– l'égalité absolue de tous les citoyens devant la loi ;

5) Afin de promouvoir les réformes indispensables :
[...]
Sur le plan social :
– le droit au travail et le droit au repos, notamment par le rétablissement et l'amélioration du régime contractuel du travail ;
[...]
– un plan complet de sécurité sociale, visant à assurer à tous les citoyens des moyens d'existence, dans tous les cas où ils sont incapables de se les procurer par le travail [...]
– une retraite permettant aux vieux travailleurs de finir dignement leurs jours ;
[...]
En avant donc, dans l'union de tous les Français rassemblés autour du CFLN[1] et de son président, le général de Gaulle ! En avant pour le combat, en avant pour la victoire, afin que vive la France !

1. **CFLN :** Comité français de libération nationale, remplacé le 3 juin 1944 par le Gouvernement provisoire de la République française.

1. Identifiez les auteurs du texte.
2. Pourquoi le programme d'action du Comité national de la Résistance daté du 15 mars 1944 a-t-il été adopté dans la clandestinité ? Expliquez la phrase soulignée en quelques lignes en faisant appel à vos connaissances.
3. Comment expliquer que le général de Gaulle soit mentionné dans le dernier paragraphe ?
4. Relevez et classez les réformes prévues par le CNR dans le tableau suivant :

Les projets de réformes du CNR après la libération du territoire	
Sur le plan des droits et des libertés	**Sur le plan social**

5. À partir de deux exemples précis, relevés dans le texte, montrez que le programme du CNR a été appliqué à partir de 1944.

Démarrons ensemble

Ce document est un **programme** qui fixe à la fois l'**action immédiate** et la reconstruction politique et sociale qui devra **suivre la fin de la guerre**. Il a été adopté à l'unanimité par les membres du CNR le 15 mars 1944. Tu dois donc mobiliser tes connaissances sur deux thèmes du programme : la France défaite et occupée durant la Seconde Guerre mondiale, et la refondation républicaine entre 1944 et 1947.

1. Rappelle ce qu'est le CNR et dans quel but il a été mis en place.
2. Repère la date précise (jour, mois) du document. Quelle est la situation à ce moment-là en France ? Quels événements sont encore à venir ?
5. La réponse n'est pas uniquement dans le texte, elle fait appel à tes connaissances sur les grandes réformes adoptées en France dans l'immédiat après-guerre. Tes réponses à la question 4 devraient te mettre sur la piste.

20 points — 2 — 45 min

Maîtriser différents langages pour raisonner et se repérer • Géographie

→ CORRIGÉ P. 338

1. Sous la forme d'un développement construit d'une vingtaine de lignes et en vous appuyant sur un ou des exemples d'aires urbaines étudiés en classe, décrivez les espaces et les dynamiques des villes françaises.

2. Localisez et nommez sur le fond de carte ci-dessous Paris et quatre aires urbaines de votre choix.

Document **Les principales aires urbaines de la France métropolitaine**

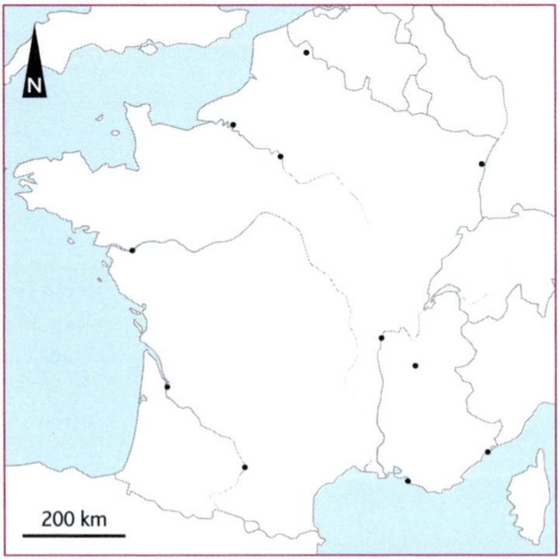

Démarrons ensemble

1. Le développement construit est centré sur les aires urbaines. On te demande d'abord de décrire les espaces urbains. Tu profiteras de cette première partie pour présenter la **composition d'une aire urbaine** et définir correctement les différents termes clés (pôle urbain, couronne périurbaine).
Tu consacreras ta seconde partie à la description des dynamiques urbaines, c'est-à-dire les **évolutions des villes à différentes échelles**. Ici, tu peux te contenter d'une dynamique à l'échelle urbaine (l'étalement) et à l'échelle nationale (la métropolisation).

3 Enseignement moral et civique

10 points – 30 min

→ CORRIGÉ P. 339

Document 1 Affiche 2015 de la commune de Floirac (Gironde)

« Boulevard des potes » : association de lutte contre les discriminations et d'éducation populaire.
Source : www.ville-floirac33.fr

Document 2 Extraits de la Charte de laïcité à l'École (2013)

Article 3 – La laïcité garantit la liberté de conscience à tous. Chacun est libre de croire ou de ne pas croire [...].

Article 4 – La laïcité permet l'exercice de la citoyenneté, en conciliant la liberté de chacun avec l'égalité et la fraternité de tous dans le souci de l'intérêt général. [...]

Article 8 – La laïcité permet l'exercice de la liberté d'expression des élèves dans la limite du bon fonctionnement de l'École comme du respect des valeurs républicaines et du pluralisme des convictions.

Article 9 – La laïcité implique le rejet de toutes les violences et de toutes les discriminations, garantit l'égalité entre les filles et les garçons et repose sur une culture du respect et de la compréhension de l'autre. [...]

Article 13 – Nul ne peut se prévaloir de son appartenance religieuse pour refuser de se conformer aux règles applicables dans l'École de la République.

1. Citez trois valeurs et deux symboles de la République française présents dans les documents.

2. Expliquez les phrases soulignées dans le document 2 pour montrer que la laïcité garantit les libertés à l'école.

3. Vous êtes chargé de présenter la laïcité à l'école à un correspondant étranger en visite dans votre établissement, en vous aidant des documents et de vos connaissances. En quelques lignes, comment lui expliquez-vous que la laïcité favorise le « vivre ensemble » à l'école ?

Démarrons ensemble

Le document 1 est une affiche diffusée par la commune de Floirac. Elle invite à participer à un **débat citoyen** sur le thème de la laïcité et du « vivre ensemble », organisé par une association luttant contre les discriminations.

Adoptée en 2013, la **Charte de la laïcité** (document 2) doit être affichée dans tous les établissements scolaires et figurer dans les carnets de correspondance des élèves. Elle explique ce qu'est la laïcité et la manière dont elle doit être appliquée à l'école.

3. Tu dois montrer ce que la laïcité apporte aux élèves (plus de libertés et plus d'égalité) en donnant des exemples concrets (que tu peux puiser dans tes connaissances personnelles).

1re partie • 2e période

Matière concernée : **français.**

20 points

1 h

4 Questions

→ CORRIGÉ P. 339

Document A Texte littéraire

John Johnson, dit le Boa, a été élu maire de Coca, ville imaginaire des États-Unis. Il a de grands projets pour sa ville. Quelques semaines après son élection, il fait un séjour à Dubaï. C'est son premier voyage hors du continent américain.

« Ce qu'il voit entre l'aéroport et la ville provoque chez lui une sensation ambivalente d'euphorie[1] et d'écrasement.

Les grues d'abord lui éberluent[2] la tête : agglutinées par centaines, elles surpeuplent le ciel, leurs bras comme des sabres laser plus fluorescents que ceux des guerriers du Jedi, leur halo blafard auréolant la ville chantier d'une coupole de nuit blanche. Le Boa se tord le cou à les compter toutes, et l'homme en *dishdash*[3] blanche qui le coudoie sur la banquette, le voyant faire, lui signale qu'un tiers des grues existant à la surface du globe est réquisitionné en ces lieux : une sur trois répète-t-il, une sur trois est ici, chez nous. Sa toute petite bouche soulignée d'un trait de moustache articule très doucement nous construisons la cité du futur, une entreprise pharaonique. Le Boa ne dit plus rien. Il salive, émerveillé. La prolifération des tours le sidère, si nombreuses qu'on les croit multipliées par un œil malade, si hautes qu'on se frotte les paupières, craignant d'halluciner, leurs fenêtres blanches comme des milliers de petits parallélogrammes aveuglants, comme des milliers de pastilles de Vichy effervescentes dans la nuit délavée ; ici on travaille vingt-quatre heures sur vingt-quatre, les ouvriers sont logés à l'extérieur de la ville, les rotations se font par navette – l'homme susurre chaque information, escortant l'étonnement de Boa avec délicatesse. Plus loin, il pointe d'un index cireux un édifice en construction, déjà haut d'une centaine d'étages, et précise : celle-ci sera haute de sept cents mètres. Le Boa hoche la tête, s'enquiert soudain des hauteurs de l'Empire State Building de New York, ou du Hancok Center de Chicago, questionne sur les tours de Shanghai, de Cape Town, de Moscou, il est euphorique et médusé[4]. À Dubaï donc, le ciel est solide, massif : de la terre à bâtir. Le trajet est long dans la longue voiture, la mer tarde à venir, le Boa l'attend plate, inaffectée, lourde nappe noire comme le pétrole dont le pourtour s'effacerait dans la nuit, et il sursaute à la découvrir construite elle aussi, rendue solide, croûteuse, et apte à faire socle pour un archipel artificiel qui reproduirait un planisphère – la Grande-Bretagne y est à vendre trois millions de dollars – ou un complexe d'habitations de luxe en forme de palmier : elle aussi, donc, de la terre à bâtir.

Le Boa arrive à l'hôtel bouleversé, les joues rouges et les yeux exorbités, il peine à s'endormir, la nuit est trop claire, comme filtrée par une gaze[5] chaude, lui-même trop excité – le Burj Al-Arab est l'hôtel le plus haut du monde, une immense voile de verre et de Teflon gonflée face au golfe Persique qui est absolument noir à cette heure, et clos comme un coffre [...]. Au réveil, le Boa est convaincu d'avoir trouvé l'inspiration qui manquait à son mandat. C'est un espace maîtrisé qui s'offre à ses yeux, un espace, pense-t-il, où la maîtrise se combine à l'audace, et là est la marque de la puissance.

Maylis de Kerangal, *Naissance d'un pont*,

1. **Euphorie** : sensation intense de bien-être, de joie, d'optimisme.
2. **Éberluer** : étonner vivement, stupéfier.
3. ***Dishdash*** : longue robe blanche, vêtement traditionnel.
4. **Médusé** : qui manifeste un grand étonnement, de la stupeur.
5. **Gaze** : tissu léger, utilisé en couture [gaze de soie ou de coton] ou pour faire des compresses et des pansements [gaze de coton].

Document B Travailleurs sur un site de construction à Dubaï

Les réponses aux questions doivent être entièrement rédigées.

Sur le texte littéraire (document A)

1. Quelles sont les principales caractéristiques de la ville décrite dans le texte ? *(2 points)*

2. Étudiez précisément la progression des émotions et sensations ressenties par le personnage principal au fil de l'extrait. *(3 points)*

3. À quel temps les verbes sont-ils majoritairement conjugués dans le texte ? Comment comprenez-vous ce choix de l'auteure ? *(2 points)*

4. « Sa toute petite bouche soulignée d'un trait de moustache articule très doucement nous construisons la cité du futur, une entreprise pharaonique » (l. 9-11) : comment, dans cette phrase, les propos tenus par le personnage sont-ils rapportés ? Cette manière de faire est-elle habituelle ? À votre avis, pourquoi l'auteure procède-t-elle ainsi ? *(2,5 points)*

5. « une entreprise pharaonique » *(1,5 point).*

a. Comment le mot souligné est-il construit ?

b. Que signifie-t-il généralement ?

c. Le contexte lui donne-t-il une valeur particulière ?

6. « [...] un espace, pense-t-il, où la maîtrise se combine à l'audace, et là est la marque de la puissance » (l. 37-38).

a. Expliquez le sens de cette phrase en vous aidant de ce qui la précède. *(2 points)*

b. À votre avis, l'auteure partage-t-elle ici la pensée du personnage ? *(1 point)*

7. Proposez un titre pour ce texte, puis expliquez vos intentions et ce qui justifie votre proposition. *(2 points)*

Sur le texte et l'image (documents A et B)

8. Quels sont les éléments qui rapprochent l'image et le texte ? *(2 points)*

9. Quelles impressions cette photographie suscite-t-elle en vous ? Sont-elles comparables à celles produites par le texte ? Pourquoi ? *(2 points)*

Démarrons ensemble

- Le roman *Naissance d'un pont* raconte le chantier de la construction d'un pont dans la ville imaginaire de Coca, aux États-Unis. Dans l'extrait présenté (document A), le maire de Coca est impressionné par ce qu'il découvre dans la ville de Dubaï, aux Émirats arabes unis : les chantiers et les projets décrits, qui semblent repousser les limites de la réalité, sont pourtant, eux, bien réels.
- La photographie (document B), prise en légère plongée, montre des ouvriers travaillant à la construction des fondations d'une tour à Dubaï, comme celles que l'on voit à l'arrière-plan. Des engins de chantier, des grues et d'autres édifices en construction sont visibles.

2e partie

Matière concernée : **français.**

10 points

5 Dictée et réécriture

30 min

→ CORRIGÉ P. 341

1. Dictée

Le titre et la source de l'extrait sont écrits au tableau au début de la dictée.

Document **Au-delà**

« Les Parisiens n'ont jamais de leur ville le plaisir qu'en prennent les provinciaux. D'abord, pour eux, Paris se limite à la taille de leurs habitudes et de leurs curiosités. Un Parisien réduit sa ville à quelques quartiers, il ignore tout ce qui est au-delà qui cesse d'être Paris pour lui. Puis il n'y a pas ce sentiment presque continu de se perdre qui est un grand charme. Cette sécurité de ne connaître personne, de ne pouvoir être rencontré par hasard. Il lui arrive d'avoir cette sensation bizarre au contraire dans de toutes petites villes où il est de passage, et le seul à ne pas connaître tous les autres.

Louis Aragon, *Aurélien*, © Éditions Gallimard (1944).

2. Réécriture

« Le Boa arrive à l'hôtel bouleversé, les joues rouges et les yeux exorbités, il peine à s'endormir, la nuit est trop claire, comme filtrée par une gaze chaude, lui-même trop excité (l. 31-33).

Réécrivez cette phrase en remplaçant *Le Boa* par *Ils* et en procédant à toutes les transformations nécessaires.

Démarrons ensemble

- Dans la dictée, accorde bien les **déterminants** : « quelques quartiers », « cette sécurité », etc.
- Dans la première phrase, le **sujet** du verbe *prendre* est **inversé**. Repère-le pour choisir la bonne terminaison.
- Attention aux **homophones** ! Veille à distinguer ***ce*** (déterminant démonstratif, suivi d'un nom), ***ce*** (pronom démonstratif, que l'on peut remplacer par *cela*) et ***se*** (pronom réfléchi, qui n'est jamais le sujet d'un verbe). En outre, tu ne dois pas confondre ***qu'en*** (*que* + *en*) avec ***quand*** (qui signifie « lorsque »).

20 points 6 1 h 30

Travail d'écriture

→ CORRIGÉ P. 341

Vous traiterez **au choix** le sujet A ou B. Votre rédaction sera d'une longueur minimale d'une soixantaine de lignes (300 mots environ).

Sujet A

Selon vous, la vie au sein d'une ville moderne est-elle source de bonheur et d'épanouissement ?

Vous répondrez à cette question dans un développement argumenté en vous appuyant sur votre expérience, sur vos lectures, votre culture personnelle et les connaissances acquises dans l'ensemble des disciplines.

Sujet B

Vous êtes un architecte et vous proposez au pays imaginaire d'Utopia la fondation d'une ville idéale. Écrivez la lettre que vous adressez aux dirigeants d'Utopia pour expliquer votre vision de la ville, justifier vox choix et les inviter à retenir votre projet.

Démarrons ensemble

Sujet A

- Ton point de vue doit être **nuancé**. Tu peux d'abord souligner l'attrait de la ville moderne : elle offre des possibilités d'emploi variées ; les plaisirs et les distractions y sont nombreux. Comme arguments opposés, tu peux signaler que les grandes villes accroissent parfois le sentiment d'isolement, et que les nuisances y sont nombreuses.
- Pense à utiliser des **connecteurs logiques** pour organiser ta réflexion : *tout d'abord, ensuite, par exemple, toutefois, c'est pourquoi, cependant...* Dans le développement, tu mentionneras en dernier les arguments qui te semblent les plus convaincants.

Sujet B

- Fais la liste de ce qui te semble **négatif** dans les villes que tu connais : l'absence d'espaces verts, le bruit incessant, les embouteillages, le sentiment d'anonymat, etc. Ensuite, cherche des **solutions** pour que ces problèmes disparaissent : privilégier les transports en commun, préférer les maisons aux immeubles collectifs, créer un cadre de vie convivial, etc.
- Tu dois écrire une **lettre officielle**, avec tous les impératifs que cela comporte : en-tête, objet, formule de politesse, etc. N'hésite pas à inventer des détails sur l'expéditeur que tu incarnes : *je suis un excellent architecte, j'ai dessiné les plans de l'écoquartier de..., je pense à ce projet depuis longtemps...* Enfin, n'oublie pas que ta description est au service d'une **argumentation** : tu dois convaincre les destinataires.

Sujet 2

1re partie • 1re période

Matières concernées : **histoire-géo et EMC.**

1 Analyser et comprendre des documents • Géographie

20 points — 45 min

→ CORRIGÉ P. 343

1. À l'aide du document 1, relevez les différentes façons de se rendre à Disneyland Paris pour un visiteur venant de Paris, venant d'Allemagne et venant du Brésil.

2. À l'aide du document 1, expliquez les critères de localisation qui ont présidé à l'implantation de Disneyland Paris à cet endroit.

3. D'après le document 2, dans quel type d'espace (rural, urbain, périurbain) Disneyland Paris s'est-il implanté ? Justifiez votre réponse. Pourquoi l'implantation n'est-elle pas plus proche de Paris ?

4. Quels aménagements montrent sur le document 2 les efforts d'infrastructures entrepris pour le fonctionnement de cet espace ?

5. Quel type d'espace productif est ici représenté ? D'après vos réponses aux questions et vos connaissances, quels sont les critères déterminants pour la rentabilité de ce type d'espace productif ?

Document 1 **Croquis de localisation de Disneyland Paris**

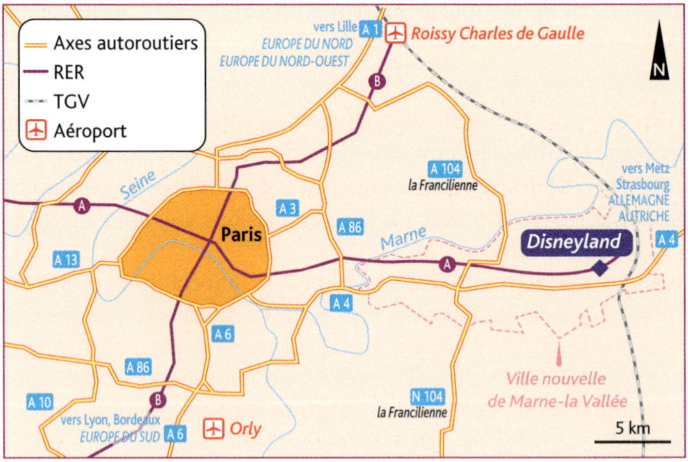

Document 2 **Disneyland à Marne-la-Vallée**

Démarrons ensemble

Les deux documents présentent le même phénomène à **deux échelles différentes**. Le document 1, à plus petite échelle, situe Disneyland Paris dans son environnement régional ; le document 2, à plus grande échelle, permet de voir le détail du phénomène. Fais attention à bien repérer, sur le document 1, où se situe ce qui est représenté sur le document 2.

2. et 3. Demande-toi quels sont les **atouts de l'espace** où se localise Disneyland Paris. Tu dois justifier pourquoi ce parc d'attractions s'est installé à cet endroit plutôt qu'ailleurs.

5. N'hésite pas à **te mettre à la place d'un visiteur**. Que te faut-il pour aller passer un week-end à Disneyland Paris ? Du temps libre, de l'argent, un moyen de transport ?

20 points · 45 min

2 Maîtriser différents langages pour raisonner et se repérer • Histoire

→ CORRIGÉ P. 343

1. Sous la forme d'un développement construit d'une vingtaine de lignes, décrivez et expliquez quel fut le rôle de l'arrière durant la Première Guerre mondiale.

2. Sur la frise chronologique ci-dessous, délimitez les trois grandes phases de la Première Guerre mondiale, et indiquez pour chacune le type d'affrontement qui la caractérise : guerre de mouvement ou guerre de position. Puis, placez l'une des batailles emblématiques du conflit.

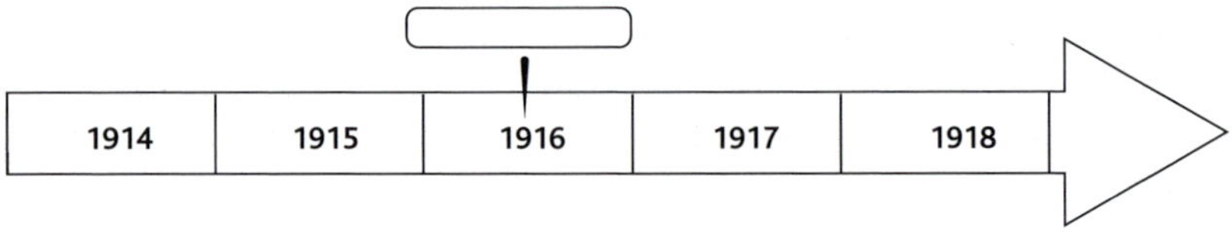

Démarrons ensemble

1. Commence par définir le terme « arrière » et les bornes chronologiques du sujet. Tu pourras d'abord expliquer le rôle des **populations**, puis le rôle des **autres ressources** mobilisées. Efforce-toi dans ton développement de prendre en compte tout ce que recouvre le terme « arrière » : populations civiles, gouvernements, presse, entreprises, etc. Précise **par qui** et **pourquoi** il est mobilisé, et montre pourquoi la Première Guerre mondiale est le premier conflit dans lequel l'arrière joue un rôle important.

10 points — 30 min

3 Enseignement moral et civique

→ CORRIGÉ P. 344

Document 1 Résultats électoraux des élections législatives de 2012

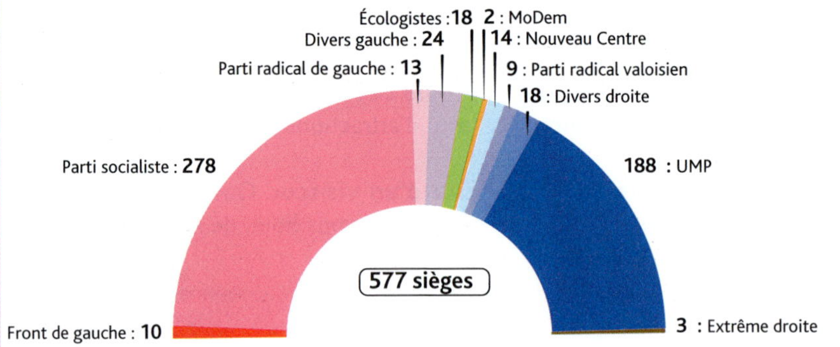

INSCRITS	ABSTENTIONS	VOTANTS	BLANCS ET NULS	EXPRIMÉS
42 233 684	19 281 202 (44,60 %)	23 952 482 (55,40 %)	923 194 (3, 85 %)	23 029 288 (96,15 %)

Source : *Le Monde*.

Document 2 Extraits de la Constitution de la Ve République

« **Art. 1er.** La France est une République indivisible, laïque, démocratique et sociale. Elle assure l'égalité devant la loi de tous les citoyens sans distinction d'origine, de race ou de religion. Elle respecte toutes les croyances. [...]

Art. 3. La souveraineté nationale appartient au peuple qui l'exerce par ses représentants et par la voie du référendum. Aucune section du peuple ni aucun individu ne peut s'en attribuer l'exercice. [...]

Art. 4. Les partis et groupements politiques concourent à l'expression du suffrage. Ils se forment et exercent leur activité librement. [...] La loi garantit les expressions pluralistes des opinions et la participation équitable des partis et groupements politiques à la vie démocratique de la Nation. [...]

Art. 20. Le Gouvernement détermine et conduit la politique de la nation. [...]

Art. 24. Le Parlement vote la loi. Il contrôle l'action du Gouvernement. Il évalue les politiques publiques. Il comprend l'Assemblée nationale et le Sénat. [...]

Art. 34. La loi fixe les règles concernant :

– les droits civiques et les garanties fondamentales accordées aux citoyens pour l'exercice des libertés publiques ; la liberté, le pluralisme et l'indépendance des médias ; [...]

– la détermination des crimes et délits ainsi que les peines qui leur sont applicables.

1. Citez les différents acteurs évoqués dans ces documents, qui permettent à la démocratie de fonctionner.

2. Expliquez à l'aide des documents quel est le rôle des citoyens. Pourquoi est-il important qu'ils participent aux élections ?

3. Vous participez à un voyage scolaire à l'étranger. La famille dans laquelle vous êtes logé aimerait en savoir plus sur la France. À l'aide des documents et de vos connaissances, rédigez quelques lignes pour lui expliquer que la France est une démocratie.

Démarrons ensemble

1. et **2.** Les députés de l'Assemblée nationale sont élus au suffrage universel direct au cours des élections législatives organisées en France tous les cinq ans. Ils sont affiliés à des partis politiques (Parti socialiste, UMP...). La Constitution de la Ve République fixe l'organisation et le fonctionnement de l'État français.

3. Tu dois montrer que les **grands principes de la démocratie** sont respectés en France. Certains de ces principes sont mentionnés dans les documents (souveraineté du peuple, existence d'une Constitution...). Puise dans tes connaissances pour en ajouter d'autres (séparation des pouvoirs, liberté de la presse, etc.).

1re partie • 2e période

Matière concernée : **français.**

20 points · 1 h

4 Questions

→ CORRIGÉ P. 345

Document A Texte littéraire

Pendant la Première Guerre mondiale, Morlac, un soldat français, et ses camarades fraternisent avec des soldats ennemis : ils décident ensemble de se révolter pour faire cesser la guerre. Mais au signal de rassemblement convenu, Guillaume, le chien de Morlac, saute à la gorge d'un ennemi venu faire la paix. Les soldats croient à un piège et recommencent à s'affronter. Morlac, blessé cette nuit-là, a reçu la Légion d'honneur. Après la fin de la guerre, il se retrouve en prison pour avoir manqué de respect aux autorités lors d'une cérémonie de commémoration. Le juge Lantier vient l'interroger.

« – Voilà comment je suis devenu un héros.

Morlac, pour ponctuer cette conclusion, avait mordu méchamment dans sa pomme.

– À cause d'un chien, en somme, avança le juge.

Le prisonnier acquiesça en mâchouillant.

– C'est pour ça que vous en voulez à Guillaume ?

– Je ne lui en veux plus, dit-il en crachant un pépin. D'accord, en me réveillant à l'hôpital, c'était autre chose : quand je me suis rendu compte de ce qui s'était passé, j'ai eu envie de le tuer. Dès que j'ai pu me lever, je l'ai vu en bas, dans la cour, qui m'attendait. Et pendant des nuits entières, jusqu'à ma convalescence[1], j'ai imaginé comment je m'en débarrasserais.

Morlac lança le trognon sur la table.

– Mais je ne pouvais pas faire ça. D'abord, j'étais cloué au lit. Et surtout, j'étais un héros, vous comprenez ? Des officiers m'avaient apporté ma citation signée par Sarrail en personne. […] Tout le monde me parlait de mon chien. Les gens savaient qu'il avait été au front avec moi. Les infirmières le nourrissaient dans la cour et me donnaient de ses nouvelles. Personne n'aurait compris que je l'abatte d'un coup de revolver. Et pourtant, c'est à ça que je pensais jour et nuit. […]

– Mais ce chien, vous ne pouvez pas lui en vouloir…

– C'est ce que j'ai fini par me dire. Il m'a fallu presque six mois. […]

Il se leva et marcha jusqu'au fond de la cellule. Puis, se retournant brutalement :

– C'était lui, le héros. C'est ça que j'ai pensé, voyez-vous. Pas seulement parce qu'il m'avait suivi au front et qu'il avait été blessé. Non, c'était plus profond, plus radical. Il avait toutes les qualités qu'on attendait d'un soldat. Il était loyal jusqu'à la mort, courageux, sans pitié avec les ennemis. Pour lui, le monde était fait de bons et de méchants. Il y avait un mot pour dire ça : il n'avait aucune humanité. Bien sûr, c'était un chien… Mais nous qui n'étions pas des chiens, on nous demandait la même chose. Les distinctions, médailles, citations, avancements, tout cela était fait pour récompenser des actes de bêtes.

Il était maintenant debout face à Lantier, mais il regardait plus loin, plus haut, ce qui, dans cette étroite cellule, revenait à fixer le mur.

– Au contraire, la seule manifestation d'humanité, celle qui aurait consisté à faire fraterniser des ennemis, à décider la grève de la guerre, à forcer les gouvernements à la paix, cet acte-là était le plus condamnable de tous et nous aurait valu la mort, si nous avions été découverts.

Il attendit un instant, se calma et alla se rasseoir.

– Quand j'ai compris ça, j'ai cessé de détester Guillaume. Je n'avais aucune raison de l'aimer non plus. Il avait obéi à sa nature et sa nature n'était pas humaine. C'était la seule excuse qu'il avait. Tandis que ceux qui nous envoyaient au massacre n'en avaient aucune.

Jean-Christophe Rufin, *Le Collier rouge*,
© Éditions Gallimard (2014).

1. **Convalescence** : rétablissement.

Document B Une attaque française

Extrait du film *Un long dimanche de fiançailles* (2004), de Jean-Pierre Jeunet.
www.dailymotion.com/video/x939ag_un-long-dimanche-de-fiançailles-at_shortfilms
(durée : 3'07)

Les réponses doivent être entièrement rédigées.

Sur le texte littéraire (document A)

1. Qui sont les deux interlocuteurs et quel est le sujet de leur conversation ? *(3 points)*

2. a. Comment les paroles des personnages sont-elles rapportées ?

b. Pourquoi, à votre avis ? *(2 points)*

3. Quels sont les qualités d'un bon soldat selon Morlac ? Qui les possède ? Est-ce habituel ? *(3 points)*

4. Quelle est l'opinion de Morlac sur la guerre ? Avez-vous l'impression que le juge la partage ? *(2 points)*

5. « [...] j'ai imaginé comment je m'en **débarrasserais** » (l. 10).

a. Quel est le temps employé pour le verbe en gras ? *(1 point)*

☐ futur

☐ conditionnel présent

☐ imparfait

b. Justifiez son emploi. *(1 point)*

6. Comment comprenez-vous l'expression « la grève de la guerre » (l. 32) ? *(2 points)*

7. Dans l'ensemble du texte, pouvez-vous nommer les sentiments successifs éprouvés par Morlac ? Appuyez-vous sur les gestes et les déplacements du personnage pour justifier votre interprétation. *(2 points)*

Sur le texte et l'image (documents A et B)

8. Selon vous, quels sont les éléments qui rapprochent l'extrait du film et le texte ? *(2 points)*

9. Quelles impressions suscite en vous cet extrait ? Le texte produit-il en vous les mêmes impressions ? Pourquoi ? *(2 points)*

Démarrons ensemble

- Le roman de Jean-Christophe Rufin (document A) raconte le difficile retour à la vie civile des soldats de la guerre de 1914-1918. Morlac, considéré par erreur comme un héros, ne se remet pas de ses années de guerre. Dans ce passage clé, il explique les raisons profondes de son **dégoût pour les honneurs militaires** et les valeurs guerrières.
- L'extrait du film *Un long dimanche de fiançailles* (document B) montre une scène de bataille, racontée par un soldat ayant eu la chance d'en réchapper. La mise en scène insiste sur la **violence de l'affrontement** entre les deux camps : les obus explosent, les soldats ont peur, la confusion règne. La survie semble être une simple affaire de chance.

2e partie

Matière concernée : **français.**

10 points

5 Dictée et réécriture

30 min

→ CORRIGÉ P. 346

1. Dictée

Le titre, la source de l'extrait et le nom « Lantier » sont écrits au tableau au début de la dictée.

Document **Une décision difficile**

« Le prisonnier était épuisé par cette confession. Assis au bord de sa couche, il gardait les bras ballants et les yeux vagues. Son juge n'était pas plus alerte. Il éprouvait le besoin de sortir de cette pièce sans air, de marcher, de mettre de l'ordre dans ses idées. Depuis quatre jours qu'il enquêtait sur cette affaire, il était temps qu'il aboutisse à une conclusion ferme. Après tout, il ne fallait pas accorder à ce personnage et à son geste plus d'importance qu'ils n'en avaient. Lantier était connu pour son aptitude à trancher, même dans les dossiers les plus délicats. Cette fois cependant, il n'y parvenait pas.

Jean-Christophe Rufin, *Le Collier rouge*,
© Éditions Gallimard (2014).

2. Réécriture

« C'était lui, le héros. C'est ça que j'ai pensé, voyez-vous. Pas seulement parce qu'il m'avait suivi au front et qu'il avait été blessé. Non, c'était plus profond, plus radical. Il avait toutes les qualités qu'on attendait d'un soldat. (l. 21-23)

Réécrivez ce passage en remplaçant *lui* par *eux*. Vous ferez toutes les modifications nécessaires.

Démarrons ensemble

- Dans la dictée, attention aux formes verbales terminées par le son [e] ou [ɛ]. Choisis la terminaison *-er* pour un verbe à l'**infinitif** (que l'on peut, en cas d'hésitation, remplacer par l'infinitif d'un verbe du 3e groupe comme *prendre*) ; la terminaison *-ait* ou *-aient* s'il s'agit d'un verbe à l'**imparfait** (que l'on peut conjuguer à une autre personne pour le reconnaître : *Il éprouvait* → *nous éprouvions*) ; la terminaison *-é* s'il s'agit d'un **participe passé** (que l'on peut remplacer par celui d'un verbe du 3e groupe comme *vu*).
- Repère la forme difficile **« qu'ils n'en avaient »** : le pronom *ils* est au pluriel car il reprend « ce personnage » et « son geste » ; la négation *ne* se place avant le pronom *en* ; il n'y a pas de négation entre *en* et *avaient* (la prononciation s'explique par la simple liaison).

20 points

6 — 1 h 30

Travail d'écriture

→ CORRIGÉ P. 346

Vous traiterez **au choix** le sujet A ou le sujet B. Votre rédaction sera d'une longueur minimale d'une soixantaine de lignes (300 mots environ).

Sujet A

Le juge Lantier a été touché par les paroles de Morlac. Imaginez la lettre que le juge, le soir même, va écrire à sa femme pour lui raconter son entrevue avec le prisonnier. Vous rendrez compte des faits et des réflexions personnelles du juge.

Sujet B

Vous avez dû, un jour, prendre une décision difficile. Racontez les circonstances qui rendaient ce choix malaisé, et expliquez les raisons pour lesquelles vous avez finalement choisi l'une des voies qui s'offraient à vous. Vous penserez à mentionner vos sentiments.

Démarrons ensemble

Sujet A

- Tu dois raconter cette scène en **changeant de point de vue** : c'est le juge qui joue maintenant le rôle du narrateur dans une lettre à sa femme. On peut imaginer que le juge est en proie à un conflit intérieur : d'abord froid et impartial, il se prend peu à peu de sympathie pour le prisonnier.
- Ne recopie pas telles quelles des phrases du texte : résume les paroles et rajoute les commentaires du juge sur ce qu'il a vu et ce qu'il a entendu. N'oublie pas qu'il s'agit d'une **lettre privée**, intime : donne des détails personnels pour créer l'illusion d'un véritable échange entre époux. Pense à mêler récit et réflexions personnelles : au fur et à mesure de la lettre, ces réflexions seront plus présentes.

Sujet B

- Tu dois écrire un **texte à la première personne**, sans qu'il s'agisse forcément de raconter une expérience réellement vécue. Imagine simplement un épisode qui corresponde à ta situation : une décision d'orientation difficile ou un conflit de loyauté avec tes camarades, par exemple. Exprime d'abord ton malaise face à ce choix difficile, puis ton angoisse devant les conséquences de ta décision. Tu peux aussi mentionner un mélange d'espoir et de crainte.
- Fais appel au **vocabulaire des émotions et des sentiments** : tu peux recourir au champ lexical de la peur, de la tristesse, mais aussi à celui de l'espoir. Emploie à la fois des noms (*malaise, détresse, optimisme*...), des adjectifs (*angoissé, accablé, confiant*...), des expressions (*je ressentais un profond malaise, l'angoisse m'étreignait*...). Ton texte sera écrit au passé, mais tu peux, dans une dernière phrase au présent, dire quel jugement tu portes aujourd'hui sur ces événements.

Sujet 3

1re partie • 1re période

Matières concernées : **histoire-géo et EMC.**

20 points

45 min

1 Analyser et comprendre des documents • Géographie

→ CORRIGÉ P. 348

Document **Crise agricole : bras de fer européen sur des aides d'urgence**

« La pression monte sur le ministre français de l'Agriculture, Stéphane Le Foll, qui se rend ce lundi à Bruxelles. Objectif : trouver un compromis avec ses vingt-sept homologues de l'UE sur des « mesures concrètes » en vue de répondre à la crise agricole européenne.

Qu'il s'agisse du lait ou de la viande, les prix ont dramatiquement chuté et ainsi poussé les agriculteurs à produire plus. Une situation de surproduction jugée intenable dans un contexte international ultra-compétitif.

La traditionnelle opposition entre les États qui prônent la « libre concurrence sur les marchés » et ceux qui plaident pour une « intervention » demeure. Les pays nordiques – en première ligne le Danemark et la Suède – conservent des réticences vis-à-vis de toute action publique.

Chose certaine, le compromis franco-allemand scellé en amont, le 9 mars, devrait peser dans le rapport de force entre les ministres en faveur de Paris. Concrètement, les deux pays sont d'accord sur des mesures destinées à soutenir les prix. Ils souhaitent d'abord renforcer l'aide au stockage privé pour le porc. Ou encore, augmenter la quantité de poudre de lait achetée par l'Union européenne et stockée (intervention publique) au-delà de 109 000 tonnes. Surtout, ils proposent de déroger temporairement (six mois) aux règles européennes de concurrence pour permettre aux organisations agricoles de limiter la production de lait de façon volontaire. Sensible, cette mesure n'a jamais été utilisée. Et elle est certainement vue d'un mauvais œil par les partisans du « libre marché ». Quoi qu'il en soit, la Commission européenne planche sérieusement dessus, indique un observateur averti.

Problème : les débats s'annoncent d'autant plus animés qu'en cette période de fortes contraintes budgétaires, les gouvernements européens doivent trouver des solutions réalistes, insiste-t-on. Dès le mois de février, le commissaire en charge du dossier, Phil Hogan, a averti que le budget européen était « extrêmement tendu » pour de nouvelles aides européennes. Et ce, en raison de la crise migratoire sans précédent qui pèse sur les finances communautaires.

D'après Lefigaro.fr, 13 mars 2016.

1. En quoi consiste la crise agricole évoquée dans le texte ? Quels sont les produits concernés ?

2. Que signifie l'expression soulignée dans le premier paragraphe ? Pourquoi le ministre français de l'Agriculture doit-il trouver un compromis avec ses « homologues de l'UE » ?

3. L'Union européenne est-elle unie dans sa réponse à cette crise agricole ?

4. Sur quel type de mesures la France et l'Allemagne se sont-elles mises d'accord ? Donnez un exemple. Pourquoi cet accord est-il important et peut-être décisif ?

5. Quelles contraintes pèsent cependant sur les solutions à cette crise agricole ?

Démarrons ensemble

Le texte fait le point, au 13 mars 2016, sur la **crise agricole** qui frappe en particulier la France et met à mal ses exploitations agricoles.

Il permet d'aborder plusieurs points du programme : les espaces productifs agricoles, les **rapports entre la France et l'UE**, le fonctionnement de l'UE, les divisions de l'UE dans un contexte géopolitique et géoéconomique difficile.

2. « Homologues » veut dire « qui ont le même rôle ». Souviens-toi que le Conseil de l'UE rassemble les ministres des 28 pays.

3. Montre qu'il existe deux camps opposés et donne un exemple de pays pour chacun.

4. On te demande le « type » de mesures : il s'agit d'une catégorie générale, dont tu devras fournir un exemple.

5. Reporte-toi au dernier paragraphe du texte et mentionne le type de contrainte évoqué.

20 points

45 min 2 Maîtriser différents langages pour raisonner et se repérer • Histoire

→ CORRIGÉ P. 348

1. Sous la forme d'un développement construit d'une vingtaine de lignes, expliquez quelles sont les modalités de la guerre idéologique et culturelle que se livrent les États-Unis et l'Union soviétique durant la guerre froide.

2. Complétez la carte et la légende ci-dessous.

Document Les phases de la décolonisation de l'Asie et de l'Afrique

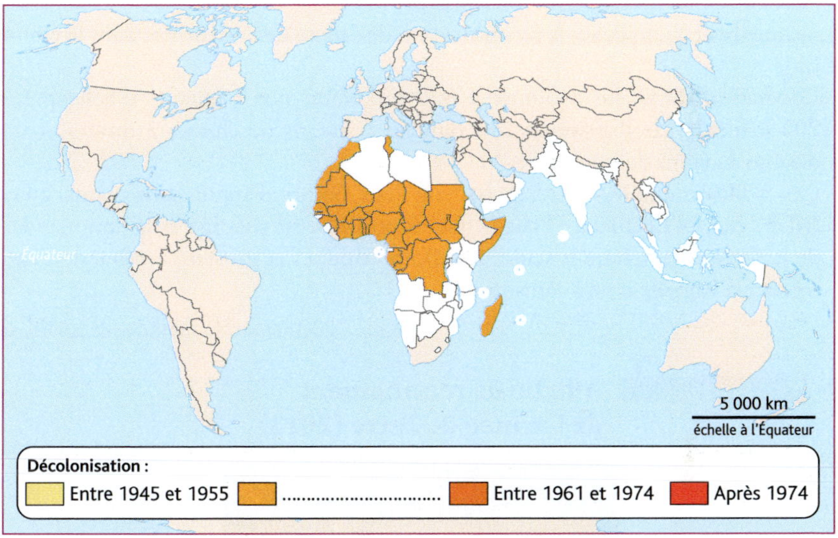

Démarrons ensemble

1. Commence par rappeler les caractéristiques de la **guerre froide** : une guerre sans affrontement direct qui oppose deux modèles. Mobilise ensuite tes connaissances afin de décrire les **spécificités de chaque modèle**, à la fois sur le plan politique, économique et culturel.

10 points 30 min

3 Enseignement moral et civique

→ CORRIGÉ P. 349

Document 1 L'opération Barkhane au Sahel

« Lancée le 1er août 2014, Barkhane est une opération conduite par les armées françaises. Elle repose sur une approche stratégique fondée sur une logique de partenariat avec les principaux pays de la bande sahélo-saharienne (BSS) : Mauritanie, Mali, Niger, Tchad et Burkina Faso. [...] Les missions de la force Barkhane sont les suivantes :

– appuyer les forces armées des pays partenaires de la BSS dans leurs actions de lutte contre les groupes armés terroristes ;

– contribuer à empêcher la reconstitution de sanctuaires terroristes dans la région. [...]

L'opération Barkhane regroupe 3 000 militaires, une vingtaine d'hélicoptères, 200 véhicules de logistique, 200 blindés, 6 avions de chasse, 3 drones et une dizaine d'avions de transport.

Ces 3 000 militaires sont répartis sur deux points d'appui permanents à Gao (Mali) et à N'Djamena (Tchad). Ce dispositif n'est pas figé et le commandant de la force pourra faire basculer ses efforts (troupes et moyens) en fonction de la menace à laquelle il sera confronté.

Source : site Internet du ministère de la Défense.

Document 2 Affiche de recrutement de l'armée de Terre (2013)

1. Présentez l'opération Barkhane : date et lieu de l'intervention, pays engagés, objectifs et nombre de militaires français déployés.

2. Expliquez, à l'aide des documents, que les actions des militaires français permettent d'assurer la sécurité des populations civiles.

3. Vous êtes un jeune citoyen français qui souhaite s'engager dans l'armée. À l'aide des documents et de vos connaissances, rédigez quelques lignes pour expliquer à vos amis les raisons de votre engagement.

Démarrons ensemble

Le site du ministère de la Défense publie des dossiers de présentation des différentes **opérations extérieures** auxquelles la France participe (document 1). Des campagnes de **recrutement**, sous forme d'affiches (document 2) ou de clips télévisés, sont menées pour inciter les jeunes citoyens français à s'engager dans un corps d'armée (ici dans l'armée de Terre).

3. Imprègne-toi bien de la situation, mets-toi « dans la peau » du personnage. Ton texte devra expliquer les enjeux des engagements militaires français dans le monde et montrer que l'engagement des jeunes citoyens est un engagement utile, en t'aidant pour cela des slogans de l'affiche.

1re partie • 2e période

Matière concernée : **français.**

20 points — 1 h

4 Questions

→ CORRIGÉ P. 350

Document A **Texte littéraire**

Alain Mabanckou raconte dans cet ouvrage son retour, après vingt-trois ans d'absence, dans la ville où il a grandi, Pointe-Noire, au Congo. Il explique pourquoi il a longtemps refusé d'accepter la mort de sa mère, survenue entre-temps, et évoque quelques souvenirs d'enfance.

« Oui, j'ai longtemps laissé croire que ma mère était encore en vie. Je n'avais, pour ainsi dire, pas le choix, ayant pris l'habitude de ce genre de mensonges depuis l'école primaire lorsque je ressuscitais mes sœurs aînées dans le dessein d'échapper aux railleries de mes camarades qui, eux, se glorifiaient d'avoir une famille nombreuse et se proposaient de « prêter » des rejetons à ma mère. Obsédée par l'idée de voir un autre enfant sortir de son ventre, elle avait consulté les médecins les plus réputés de la ville et la plupart de ces guérisseurs traditionnels qui prétendaient avoir soigné des femmes dont la stérilité datait au moins d'une vingtaine d'années. Déçue […], ma mère s'était résolue à accepter sa condition : n'avoir qu'un seul enfant et se dire qu'il y avait sur terre d'autres femmes qui n'en avaient pas et qui auraient été comblées d'être à sa place. Elle ne pouvait pas pour autant balayer d'un revers de main le fait que la société dans laquelle elle vivait considérait une femme sans enfants comme aussi malheureuse que celle qui n'en avaient eu qu'un seul. Dans ce même esprit, un fils unique était un pestiféré[1]. Il était la cause des malheurs de ses parents […]. Sans compter qu'on lui attribuait les pouvoirs les plus extraordinaires : il était capable de faire pleuvoir, d'arrêter la pluie, de causer la fièvre à ses ennemis, de rendre les plaies de ces derniers incurables. Tout juste s'il ne pouvait influer sur la rotation de la Terre. […]

Lorsque j'évoquais ces sœurs devant mes camarades j'exagérais sans doute. J'avançais avec fierté qu'elles étaient grandes, belles et intelligentes. J'ajoutais, sûr de moi, qu'elles portaient des robes aux couleurs d'arc-en-ciel et qu'elles comprenaient la plupart des langues de la terre. Et pour convaincre certains de mes détracteurs, j'insistais qu'elles roulaient dans une Citroën DS décapotable rouge conduite par un *boy*[2], qu'elles avaient maintes fois pris l'avion, et qu'elles avaient traversé les mers et les océans. Je savais alors que j'avais marqué des points lorsque les interrogations fusaient :

– Donc toi aussi tu es entré dans cette Citroën DS avec tes sœurs ? questionnait le plus candide de mes camarades dont les yeux luisaient de convoitise.

Je trouvais vite un alibi inattaquable.

– Non, je suis trop petit, mais elles ont promis de me laisser entrer dedans quand j'aurai leur taille…

Un autre, plutôt animé par la jalousie, essayait de me contrarier :

– C'est du n'importe quoi ! Depuis quand il faut être grand pour entrer dans une voiture ? J'ai vu des enfants plus petits que nous dans les voitures !

Je ne perdais pas mon calme :

– Est-ce que c'était dans une Citroën DS que tu les avais vus, ces enfants ?

– Euh… non… C'était une Peugeot…

– Ben voilà… Dans la Citroën DS décapotable il faut être plus grand que nous parce que c'est une voiture qui va vite, et c'est dangereux si tu es encore petit…

Puisque personne n'avait vu ces sœurs, mitraillé de questions par une assemblée de mômes de plus en plus curieux, mais dont l'incrédulité croissait au rythme de ma mythomanie[3], je prétextais qu'elles étaient en Europe, en Amérique, voire en Asie et qu'elles reviendraient en vacances pendant la saison sèche. […]

Égaré dans la nasse[4] de mes propres fictions, je commençais à y croire plus que mes camarades, et j'attendais de pied ferme le retour de mes aînées.

Alain Mabanckou, *Lumières de Pointe-Noire*,

1. **Pestiféré** : maudit.
2. ***Boy*** : domestique.
4. **Nasse** : filet dont le poisson ne peut plus s'échapper après y être entré.
3. **Mythomanie** : tendance excessive à mentir et à inventer des histoires.

Document B Wilfredo Lam, *Niño en blanco*, 1940

Wilfredo Lam (1902-1982) est un peintre cubain, influencé par les arts occidentaux et par les arts africains.

Les réponses aux questions doivent être entièrement rédigées.

Sur le texte littéraire (document A)

1. Quels sont les membres de sa famille que le narrateur mentionne ? Qu'apprend-on d'eux dès les premières lignes ? *(2 points)*

2. Quelles sont les croyances populaires attachées à un enfant unique, mentionnées dans le texte ? *(2 points)*

3. « [...] "prêter" des rejetons à ma mère » (l. 5) *(2 points)* :

a. Que propose-t-on de « prêter » à la mère du narrateur ?

b. Pourquoi le verbe prêter est-il entre guillemets ?

4. a. Quelle image le narrateur donne-t-il de ses sœurs à ses camarades ? *(1 point)*

b. Parmi ces figures de style, lesquelles sont employées pour faire leur portrait ? *(1 point)*

- ☐ comparaison
- ☐ énumération
- ☐ périphrase
- ☐ hyperbole

c. Pourquoi dresse-t-il leur portrait ? *(1 point)*

5. a. Quels sont les différents sentiments qui poussent les camarades du narrateur à lui poser des questions ? *(1 point)*

b. « [...] dont l'incrédulité croissait au rythme de ma mythomanie [...] » (l. 41-42)

Expliquez le sens de ce passage en vous aidant de ce qui précède et de ce qui suit. *(2 points)*

6. Selon vous, le narrateur souffre-t-il de sa situation familiale ? *(2 points)*

7. Expliquez les impressions ressenties à la lecture de ce passage, en vous appuyant sur des éléments précis du texte. Vous attendiez-vous à cela ? *(2 points)*

Sur le texte et l'image (documents A et B)

8. Selon vous, quels sont les éléments qui permettent de rapprocher la peinture et le texte ? *(2 points)*

9. Qu'évoque en vous cette peinture ? Pourquoi ? Comparez ces impressions à celles provoquées par la lecture du texte. *(2 points)*

Démarrons ensemble

- Le texte autobiographique d'Alain Mabanckou, écrit comme un moyen d'accepter enfin la mort de sa mère, raconte dans ses premières pages la naissance et l'enfance du narrateur. Les sœurs aînées mentionnées ne sont pas des inventions pures ; mais le narrateur ne les a jamais connues, car elles sont mortes en venant au monde.
- Influencé par Picasso et le mouvement surréaliste, Wilfredo Lam (1902-1982) a toujours revendiqué l'influence de la poésie africaine sur sa peinture. Il est marqué, en 1931, par un événement tragique : sa femme et son fils succombent à la tuberculose. Il peint alors de nombreux tableaux de mère et enfant pour exprimer sa douleur.

2e partie

Matière concernée : **français**.

10 points — 5 — 30 min — Dictée et réécriture

→ CORRIGÉ P. 351

1. Dictée *(5 points)*

Le titre et la source de l'extrait sont écrits au tableau au début de la dictée.

Document **Une mère complice**

« On pouvait m'entendre monologuer sur le chemin de l'école ou dans le quartier quand ma mère m'envoyait acheter du sel ou du pétrole. À force de passer des heures avec ces sœurs dans mes pensées, je les voyais à présent la nuit ouvrir la porte de notre maison, entrer et s'orienter vers la cuisine où elles fouillaient dans les marmites les restes de la nourriture que ma mère avait préparée. Le jour où je

soufflai à ma mère que mes deux sœurs nous avaient rendu visite et n'avaient pas trouvé de quoi manger, elle demeura silencieuse puis [...] me dit :
– Tu n'as pas remarqué que tous les soirs je laisse deux assiettes remplies de nourriture à l'entrée de la porte ?

Alain Mabanckou, *Lumières de Pointe-Noire*,
© Éditions du Seuil, « Fiction et Cie » (2013), Points (2014).

2. Réécriture *(5 points)*

« Égaré dans la nasse de mes propres fictions, je commençais à y croire plus que mes camarades, et j'attendais de pied ferme le retour de mes aînées. (l. 44-45)

Réécrivez ce passage en remplaçant la première personne du singulier par la première personne du pluriel, et l'imparfait par le présent de l'indicatif. Vous ferez toutes les modifications nécessaires.

Démarrons ensemble

- Dans la dictée, ne confonds pas les **homophones** suivants : *ou* (= ou bien)/*où* ; *ces* (déterminant démonstratif)/*ses* (déterminant possessif).
- Sois attentif aux **accords du participe passé** : employé sans auxiliaire, il fonctionne comme un adjectif et s'accorde avec le nom qu'il qualifie ; employé avec avoir, il ne s'accorde jamais avec le sujet ; mais il peut s'accorder avec le COD si celui-ci est placé avant le verbe.
- Pour savoir s'il faut employer l'**imparfait** (*je soufflais*) ou le **passé simple** (*je soufflai*), identifie la valeur du temps dans la phrase : il s'agit ici d'une action ponctuelle, il faut donc employer le passé simple.

6 Travail d'écriture

20 points – 1 h 30

→ CORRIGÉ P. 351

Vous traiterez **au choix** le sujet A ou le sujet B. Votre rédaction sera d'une longueur minimale d'une soixantaine de lignes (300 mots environ).

Sujet A

Vous avez, un jour, proféré des mensonges avant d'être obligé d'avouer la vérité. Racontez cet épisode, en insistant particulièrement sur les sentiments ressentis à cette occasion.

Sujet B

Certains appartiennent à des familles nombreuses, tandis que d'autres n'ont ni frère ni sœur. Pensez-vous qu'il est préférable, pour un adolescent, d'avoir des frères et sœurs ou d'être enfant unique ? Vous présenterez votre réflexion de manière structurée, dans un texte organisé en paragraphes.

Démarrons ensemble

Sujet A

- Si tu n'as pas de souvenir précis dont tu pourrais t'inspirer, tu peux imaginer une situation où tu mens à l'un de tes camarades, à tes parents ou à tes professeurs. Définis avec précision les raisons qui t'ont conduit à mentir : la peur, l'envie ou la précipitation.
- Commence par **présenter la situation** : l'âge que tu avais, le lieu où tu te trouvais. Pense ensuite à bien **expliquer les raisons** qui t'ont poussé(e) à mentir, puis celles qui t'ont forcé(e) à avouer le mensonge. Quand tu mentionneras tes sentiments, insiste sur le doute (*s'imaginer, espérer, sans doute, éventuellement*...) ou la culpabilité (*honte, responsabilité, faute, regret*...).

Sujet B

- Réfléchis d'abord aux avantages dont jouit un **enfant unique** : une attention plus grande de la part des parents, l'absence de chamailleries et de disputes, des conditions de vie parfois plus agréables matériellement... Puis, à l'inverse, pense à ce que peut apporter l'existence de **frères et sœurs** : le plaisir du partage, la protection des aînés, l'apprentissage de la responsabilité.
- Au brouillon, ne rédige entièrement que l'introduction et la conclusion. Ton plan comportera **deux parties**, reliées par un **lien logique d'opposition** (*cependant, néanmoins, toutefois*...). Attends la conclusion pour donner ton opinion personnelle sur le sujet.

Sujet 4

1re partie • 1re période

Matières concernées : **histoire-géo et EMC.**

20 points — 45 min

1 Analyser et comprendre des documents • Histoire

→ CORRIGÉ P. 353

Document **Les Trente Glorieuses vues par le général de Gaulle**

« Mon gouvernement [...] s'efforce aussi de devancer le développement économique et déploie pour l'équipement national un effort auquel dans le passé ne se compare aucun autre. Cet effort, il le consacre à soutenir des espoirs nouveaux. Ainsi des sources d'énergie : gaz de Lacq dont la production est portée à quatre milliards de m^3 par an et la distribution organisée sur tout le territoire ; hydrocarbures d'Algérie [...] centrales atomiques de Marcoule et de Chinon qui commencent à produire de l'électricité. [...] Ainsi du Centre d'études spatiales, qui s'établit à Brétigny et, tout de suite, prépare le lancement de satellites français. Ainsi des communications : en quatre ans, 2 000 nouveaux kilomètres de chemins de fer sont électrifiés, le réseau d'autoroutes passe de 125 kilomètres à 300, la percée du mont Blanc est entamée [...] Ainsi des aérodromes : construction de nouvelles pistes et aérogares à Orly et en province, aménagement moderne du trafic. Ainsi des logements : plus de 300 000 sont construits chaque année, la plupart avec le concours des fonds publics. Ainsi de la recherche scientifique, dont les crédits sont triplés [...]

Jamais non plus un Français parcourant la France n'a pu constater d'aussi grands et rapides changements. Et pour cause ! Des permis de construire sur 14 millions de mètres carrés – presque tous en province – sont accordés à l'industrie [...]. Dans le secteur commercial où fonctionnaient, en 1958, 7 supermarchés et 1 500 « magasins en libre-service » on en compte respectivement 207 et 4 000 en 1962. [...] Nos vieilles villes et nos anciens bourgs sont en proie aux chantiers qui travaillent à les rajeunir. [...]

Charles de Gaulle, *Mémoires d'espoir*, t. II *L'Effort 1962-1965*, Paris, Plon (1971).

1. Identifiez le document (nature, auteur, date et contexte).

2. Quels éléments du texte montrent les mutations que connaît la France durant les Trente Glorieuses ?

3. Comment les expliquer ?

4. Quel rôle joue l'État dans ces changements ?

Démarrons ensemble

Ce texte est extrait des *Mémoires d'espoir* de Charles de Gaulle, rédigées après sa démission. Il y revient sur son action passée en tant que président de la République. L'ouvrage est inachevé et publié après sa mort.

1. Précise les dates de la présidence de De Gaulle.
2. Relève dans le texte les signes du « développement économique » du pays durant les années 1960.
3. Qu'appelle-t-on les Trente Glorieuses ?
4. En France, comment l'État accompagne-t-il la croissance ?

20 points — 2 — 45 min

Maîtriser différents langages pour raisonner et se repérer • Géographie

→ CORRIGÉ P. 353

1. Sous la forme d'un développement construit d'une vingtaine de lignes et en vous appuyant sur des exemples étudiés en classe, présentez les différents acteurs de l'aménagement du territoire en France.

2. Sur le fond de carte ci-dessous, nommez au choix huit des treize nouvelles régions de la France métropolitaine.

Document **Les nouvelles régions de la France métropolitaine**

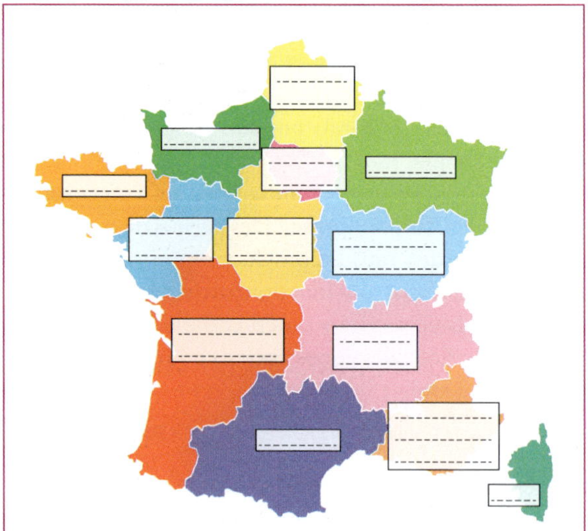

Démarrons ensemble

1. La question permet d'aborder, à la fois l'**échelle temporelle**, des années 1960 à aujourd'hui, et les **échelles spatiales**, étatique, supra-étatique (l'Union européenne) et infra-étatique (les collectivités territoriales).
Tu peux construire ton développement en distinguant les acteurs selon ces échelles, en commençant par l'acteur originel, l'État, puis l'Union européenne qui intervient avant les collectivités territoriales. Celles-ci sont devenues des acteurs majeurs avec les récentes lois de décentralisation (1982-83 et 2003). Chaque fois que tu le pourras, essaie de **citer un exemple** de l'action menée par chaque acteur.

10 points — 30 min

3 Enseignement moral et civique

→ CORRIGÉ P. 355

Document 1 Caricature de Plantu (1979)

Source : Plantu, *La démocratie ? Parlons-en !*, Alain Moreau éditeur (1979).

Document 2 Récit d'une discrimination (2015)

« Il est 21 h 30, le mercredi 20 mai. Houcine Ben Ali et son cousin Souffyen Baghdadi décident de dîner au restaurant. « Nous n'avions pas bu, nous étions bien habillés, propres sur nous », raconte le premier, serveur dans un établissement de nuit le week-end et commercial dans la société de revêtements de sols que possède le second. Quand ils se présentent devant le restaurant l'Olympia, sur les allées de Tourny, un homme leur barre l'accès : « Non, ce n'est pas possible. » Les deux hommes lui opposent qu'il est illégal de leur refuser l'entrée et demandent les raisons de ce refus : « Il n'y a pas de motif, on ne vous connaît pas, vous ne rentrez pas », leur répond-il. Devant l'établissement, qui sonne creux ce soir-là, la discussion dure un moment. Un couple, accompagné d'un enfant et d'un chien, se présente et accède sans difficulté à la salle… « À un moment, sur le ton de la confidence car il était mal à l'aise, le portier nous a dit : "Je suis désolé, mais le patron ne veut pas de personne maghrébine ou africaine dans le restaurant" », affirme Houcine.

Olivier Saint-Faustin, « Bordeaux : refoulés à l'entrée d'un restaurant, ils portent plainte pour discrimination raciale », *Sud Ouest*, 29 mai 2015.

1. Identifiez les deux critères de discrimination évoqués dans les documents. Citez deux autres critères qui peuvent donner lieu à des discriminations.

2. Dans le document 1, quels sont les préjugés de l'employeur à l'égard de sa nouvelle secrétaire ?

3. Vous avez été témoin de l'une des deux scènes représentées par les documents 1 et 2. En vous appuyant sur vos connaissances, réagissez en expliquant, en quelques lignes, pourquoi les discriminations sont intolérables et contraires aux valeurs de la République.

Démarrons ensemble

Dans la caricature de Plantu (document 1), un homme, bien que se trouvant face à une personne bardée de diplômes, ne voit en elle rien d'autre qu'une femme apte à préparer le café. Dans le récit du document 2, deux hommes se voient refuser l'entrée d'un restaurant en raison de leurs origines maghrébines. Ces documents dénoncent **deux cas de discrimination**.

1. Les discriminations peuvent se fonder sur différents critères. Ce peut-être par exemple un critère religieux (personne traitée différemment en raison de sa religion), on parle alors de discrimination religieuse.

3. Commence par évoquer les sentiments ressentis par la ou les victimes, puis explique que les discriminations sont contraires aux valeurs républicaines de liberté et d'égalité.

1re partie • 2e période

Matière concernée : **français**.

20 points — 1 h — 4

Questions

→ CORRIGÉ P. 355

Document A Texte littéraire

Dans cet ouvrage, Annie Ernaux retrace la vie de son père, ouvrier peu cultivé qui, en achetant un café-épicerie dans une ville de province, accède au statut de petit-commerçant.

« Sous le bonheur, la crispation de l'aisance gagnée à l'arraché. *Je n'ai pas quatre bras. Même pas une minute pour aller au petit endroit. La grippe, moi, je la fais en marchant.* Etc. Chant quotidien.

Comment décrire la vision d'un monde où tout *coûte cher*. Il y a l'odeur du linge frais d'un matin d'octobre, la dernière chanson du poste qui bruit dans la tête. Soudain ma robe s'accroche par la poche à la poignée du vélo, se déchire. Le drame, les cris, la journée est finie. « Cette gosse ne *compte* rien ! »

Sacralisation obligée des choses. Et sous toutes les paroles, des uns et des autres, les miennes, soupçonner des envies et des comparaisons. Quand je disais, « il y a une fille qui a visité les châteaux de la Loire », aussitôt, fâchés, « Tu as bien le temps d'y aller. Sois heureuse avec ce que tu as ». Un manque continuel, sans fond.

Mais désirer pour désirer, car ne pas savoir au fond ce qui est beau, ce qu'il faudrait aimer. Mon père s'en est toujours remis aux conseils du peintre, du menuisier, pour les couleurs et les formes, *ce qui se fait*. Ignorer jusqu'à l'idée qu'on puisse s'entourer d'objets choisis un par un. Dans leur chambre, aucune décoration, juste des photos encadrées, des napperons fabriqués pour la fête des mères, et sur la cheminée, un grand buste d'enfant en céramique, que le marchand de meubles avait joint en prime pour l'achat d'un *cosy-corner*[1].

La peur d'être *déplacé*, d'avoir honte. Un jour, il est monté par erreur en première avec un billet de seconde. Le contrôleur lui a fait payer le supplément. Autre souvenir de honte : chez le notaire, il a dû écrire le premier « lu et approuvé », il ne savait pas comment orthographier, il a choisi « à prouver ». Gêne, obsession de cette faute, sur la route du retour. L'ombre de l'indignité. [...]

Devant les personnes qu'il jugeait importantes, il avait une raideur timide, ne posant jamais aucune question. Bref, se comportant avec intelligence. Celle-ci consistait à percevoir notre infériorité et à la refuser en la cachant du mieux possible. Toute une soirée à nous demander ce que la directrice avait bien pu vouloir dire par : « Pour ce rôle, votre petite fille sera en *costume de ville*. » Honte d'ignorer ce qu'on aurait forcément su si nous n'avions pas été ce que nous étions, c'est-à-dire des inférieurs.

Obsessions : « *Qu'est-ce qu'on va penser de nous ?* » (les voisins, les clients, tout le monde).

Règle : déjouer constamment le regard critique des autres, par la politesse, l'absence d'opinion, une attention minutieuse aux humeurs qui risquent de vous atteindre. [...]

Je dis souvent « nous » maintenant, parce que j'ai longtemps pensé de cette façon et je ne sais pas quand j'ai cessé de le faire.

Annie Ernaux, *La Place*, © Éditions Gallimard (1983).

1. ***Cosy-corner*** : meuble d'angle composé d'un lit encastré dans des étagères.

Document B Niki de Saint-Phalle et Peter Whitehead, *Daddy*

Cette photo est tirée du film *Daddy* que l'artiste Niki de Saint-Phalle a réalisé en collaboration avec Peter Whitehead en 1973, où elle explore la relation entre un père et sa fille. Dans la dernière scène du film, l'artiste tire à la carabine sur une silhouette représentant son père.

Les réponses doivent être entièrement rédigées.

Sur le texte littéraire (document A)

1. Qui est la narratrice de ce texte ? Que pouvez-vous en déduire sur le genre de l'œuvre dont il est extrait ? *(2 points)*

2. Pour quelle raison certaines expressions sont en italique dans le premier paragraphe ? À quel niveau de langue appartiennent-elles ? Que mettent-elles en évidence ? *(1,5 point)*

3. a. Relevez précisément les différentes préoccupations parentales mentionnées tout au long du texte. *(2 points)*

b. Quel est le sentiment qui donne naissance à toutes ces préoccupations ? *(1 point)*

4. « La peur d'être *déplacé*, d'avoir honte. » (l. 20) *(1,5 point)*

a. Comment le mot en italique est-il construit ?

b. Que signifie-t-il généralement ?

c. Quel sens précis prend-il dans ce texte ?

5. « Soudain ma robe s'accroche par la poche […] » (l. 6)/« Je dis souvent “nous” maintenant […] » (l. 37)

a. Quel est le temps et le mode dans ces phrases ? *(0,5 point)*

b. Justifiez son emploi dans la première phrase, puis dans la seconde. *(2 points)*

6. Expliquez l'épisode qui s'est déroulé chez le notaire. Quels sont les traits de caractère du père ainsi mis en évidence ? *(2 points)*

7. « Sacralisation obligée des choses. » (l. 8) *(1,5 point)*

a. Quelle est la particularité syntaxique de cette phrase ?

b. Relevez une autre phrase construite de la même manière.

c. Pourquoi, selon vous, ce procédé est-il employé à plusieurs reprises ?

8. À votre avis, la narratrice partage-t-elle la manière de penser des parents ? Justifiez votre réponse à l'aide du texte. *(2 points)*

Sur le texte et l'image (documents A et B)

9. Selon vous, quels sont les éléments qui permettent de rapprocher la photo et le texte ? *(2 points)*

10. Quelles impressions suscitent en vous cette photo ? Le texte a-t-il produit en vous les mêmes impressions ? Pourquoi ? *(2 points)*

Démarrons ensemble

- Annie Ernaux écrit ce court roman peu après la mort de son père. Celui-ci, d'origine sociale modeste, espérait que sa fille serait *mieux que lui*. Mais l'écart entre eux s'est creusé au fur et à mesure que la jeune Annie accomplissait les ambitions paternelles en poursuivant des études. Cette distance qui grandit entre eux est un des thèmes essentiels de ce récit autobiographique.
- Niki de Saint-Phalle (1930-2002) est une artiste française célèbre pour ses sculptures gigantesques et colorées. Le film *Daddy*, réalisé en 1973, est souvent présenté comme un règlement de compte entre l'artiste et son père.

2e partie

Matière concernée : **français**.

10 points

5 Dictée et réécriture

30 min

→ CORRIGÉ P. 357

1. Dictée *(5 points)*

Le titre, la source de l'extrait et le mot « châtié » sont écrits au tableau au début de la dictée. Le pronom « je » désigne la narratrice.

Document **Le langage de la souffrance**

« Enfant, quand je m'efforçais de m'exprimer dans un langage châtié, j'avais l'impression de me jeter dans le vide. Une de mes frayeurs imaginaires, avoir un père instituteur qui m'aurait obligée à bien parler sans arrêt, en détachant les mots. On parlait avec la bouche.

Puisque la maîtresse me reprenait, plus tard j'ai voulu reprendre mon père [...]. Il est entré dans une violente colère. Une autre fois : « Comment voulez-vous que je ne me fasse pas reprendre, si vous parlez mal tout le temps ! » Je pleurais. Il était malheureux. Tout ce qui touche au langage est dans mon souvenir motif de rancœur [...], bien plus que l'argent.

Annie Ernaux, *La Place*, © Éditions Gallimard (1983).

2. Réécriture *(5 points)*

« Je dis souvent « nous » maintenant, parce que j'ai longtemps pensé de cette façon et je ne sais pas quand j'ai cessé de le faire. (l. 37-38)

Réécrivez ce passage en remplaçant *je* par *ils*. Vous ferez toutes les modifications nécessaires.

Démarrons ensemble

- Dans la dictée, attention à ne pas confondre passé simple et **imparfait**, pour la première personne du singulier des verbes du premier groupe. La prononciation est en effet presque semblable (*je pleur**ai**/je pleur**ais***). Pour reconnaître le temps utilisé, change de personne (*nous pleurâmes/nous pleurions*).
- Pour différencier le **participe passé** en *–é* de l'**infinitif** en *–er* des verbes du premier groupe, remplace la forme par un infinitif du troisième groupe et vois si cela fonctionne (*l'impression de me jet**er**/de me battre ; il est entr**é**/il est ~~battre~~ battu*).
- Souviens-toi que le **participe passé employé avec *avoir*** peut s'accorder avec le COD si celui-ci est placé avant le verbe : *qui m'aurait oblig**ée*** (*m'*, COD, est mis pour la narratrice ; l'accord se fera donc au féminin singulier).

20 points 1 h 30

6 Travail d'écriture

→ CORRIGÉ P. 357

Vous traiterez **au choix** le sujet A ou le sujet B. Votre rédaction sera d'une longueur minimale d'une soixantaine de lignes (300 mots environ).

Sujet A

Vous avez, un jour, eu honte du comportement d'un de vos proches, que vous avez jugé « déplacé ». Racontez cet épisode, en insistant particulièrement sur les sentiments ressentis à cette occasion. Vous penserez également à mentionner le regard que vous portez aujourd'hui sur cet événement passé.

Sujet B

À votre avis, quelles raisons peuvent pousser un adolescent à vouloir se différencier totalement de ses parents ? Vous présenterez votre réflexion de manière structurée, dans un texte organisé en paragraphes.

Démarrons ensemble

Sujet A

- Imagine une situation où l'un de tes parents (ou frères et sœurs), alors que vous vous trouviez en public, s'est comporté de manière inadaptée. Tu peux choisir différents cadres à ton histoire : une rencontre avec des professeurs, ou avec les parents d'un de tes amis par exemple.
- Ton devoir comportera trois paragraphes. Dans le premier, tu préciseras le lieu, l'époque et les personnages concernés. Dans le deuxième, tu décriras le comportement que tu as jugé déplacé, en insistant sur **tes sentiments**. Dans le dernier, tu mentionneras le **regard rétrospectif** que tu portes aujourd'hui sur cet événement.

Sujet B

- Dresse la liste des **raisons** qui peuvent pousser un adolescent à vouloir se démarquer radicalement de ses parents : l'envie de se sentir indépendant et autonome, le désir d'intégrer un groupe dont il se sent proche par l'âge et les goûts, le rejet d'un modèle dans lequel il ne se reconnaît pas.
- Après l'introduction, dans laquelle tu reformuleras le sujet, tu dois **consacrer un paragraphe à chaque idée**. Chacune de ces idées doit être expliquée et illustrée par un exemple détaillé, tiré de ton expérience personnelle, de ta culture générale ou de tes lectures. Tu peux, en conclusion, t'efforcer d'élargir la réflexion.

Sujet 5

1re partie • 1re période

Matières concernées : **histoire-géo et EMC**.

20 points — 1 — 45 min

Analyser et comprendre des documents • Géographie

→ CORRIGÉ P. 359

Document 1 Les principaux pays d'origine des IDE en France en 2015

	Nombre		Part	
Pays	**Projets**	**Emplois**	**Projets**	**Emplois**
États-Unis	176	10 783	18,3 %	32,0 %
Allemagne	141	3 612	14,7 %	10,7 %
Italie	84	1 488	8,7 %	4,4 %
Royaume-Uni	81	2 833	8,4 %	8,4 %
Japon	58	968	6,0 %	2,9 %
Belgique	48	2 459	5,0 %	7,3 %
Chine	44	1 023	4,6 %	3,0 %
Espagne	44	605	4,6 %	1,8 %
Canada	38	1 728	4,0 %	5,1 %
Pays-Bas	37	950	3,8 %	2,8 %
Suisse	37	706	3,8 %	2,1 %
Suède	21	435	2,2 %	1,3 %
Autriche	19	595	2,0 %	1,8 %
Irlande	15	217	1,6 %	0,6 %
Inde	12	290	1,2 %	0,9 %
Luxembourg	12	2 513	1,2 %	7,5 %
Danemark	11	414	1,1 %	1,2 %
Finlande	11	341	1,1 %	1,0 %
TOTAL GÉNÉRAL	962	33 682	100 %	100 %

Source : Rapport sur l'internationalisation de l'économie française, Business France (2015).

Note de lecture : Le Canada a mené en France 38 projets en 2015, qui ont créé ou sauvegardé 1 728 emplois, soit respectivement 4 % du total des projets et 5,1 % du total des emplois. Seuls les pays avec plus de 10 projets sont cités.

Document 2 Répartition des exportations françaises par pays en 2015

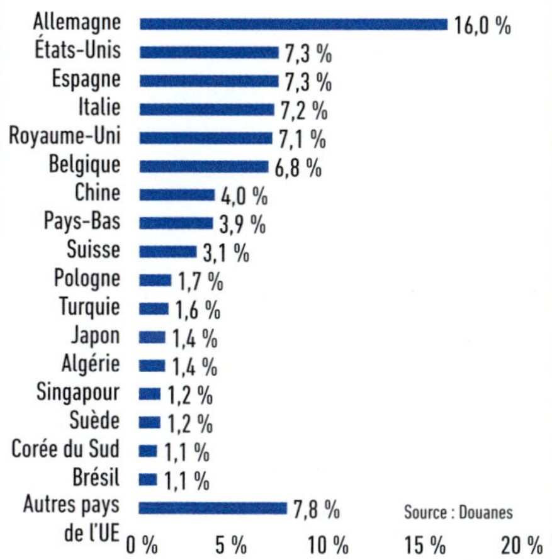

Seuls les partenaires au-dessus de 1 % sont représentés.

Source : Rapport sur l'internationalisation de l'économie française, Business France (2015).

1. Observez le document 1. Combien de projets ont-ils été réalisés grâce aux IDE en France en 2015 ? Combien d'emplois ont-ils ainsi été créés ou sauvegardés ?

2. D'après le document 1, quel pays arrive en tête ? Quelle part des emplois représente-t-il ? Comment expliquer ce rang ?

3. Calculez la part des projets et des emplois qui dépendent de pays de l'Union européenne (document 1). Que peut-on constater ?

4. Calculez la part de l'Union européenne dans les exportations françaises (document 2). Que peut-on en déduire ?

5. Selon le document 2, quelles sont les six premières destinations européennes des exportations françaises ? Qu'est-ce que ces pays ont en commun ?

6. Dans quelle mesure ces deux documents montrent-ils l'insertion de la France dans l'économie de l'Union européenne ?

Démarrons ensemble

Ces deux documents permettent d'analyser l'intégration de l'économie française dans l'UE. Le premier présente des **flux entrants**, les IDE (investissements directs étrangers), autrement dit des flux financiers. Le second présente des **flux sortants**, la destination par pays des exportations françaises : ce sont des flux de marchandises. Ces flux marquent l'intégration.

1., 2. et 3. Le document 1 présente le nombre de projets et d'emplois créés (ou sauvegardés) grâce aux investisseurs étrangers. Les deux colonnes de droite traduisent ces nombres en pourcentages, pour une lecture différente. Seuls sont représentés les IDE de plus de dix projets.

4. et 5. Le document 2 ne montre que les pays qui représentent plus de 1 % des exportations françaises : le total n'est donc pas égal à 100 %.

6. C'est une **question de synthèse** qui te permettra de replacer l'étude des flux réalisée grâce aux questions précédentes dans le cadre plus général de l'intégration de la France dans l'UE.

20 points — 45 min

2 Maîtriser différents langages pour raisonner et se repérer • Histoire

→ CORRIGÉ P. 359

1. Sous la forme d'un développement construit d'une vingtaine de lignes, expliquez quelles évolutions a connues le projet européen depuis le traité de Maastricht.

2. Sur la frise chronologique ci-dessous, placez les grandes étapes de la construction européenne : admission de la Bulgarie et de la Roumanie • admission de l'Espagne et du Portugal • traité de Maastricht • traité de Rome • admission de 10 pays d'Europe de l'Est et du Sud • traité CECA.

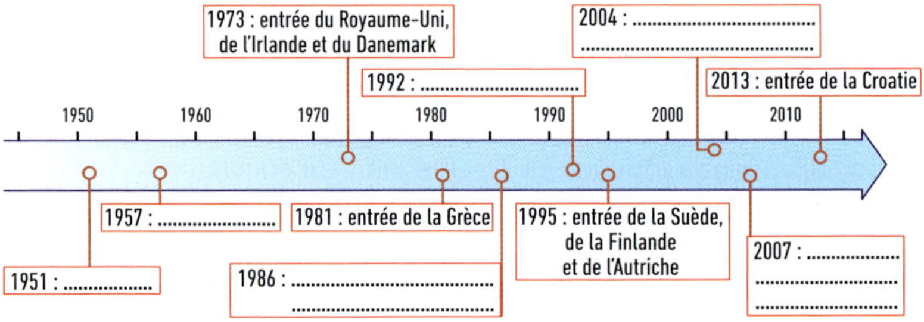

Démarrons ensemble

1. Commence par rappeler la nature du projet européen. Puis, explique ce qu'est le traité de Maastricht et quand il a été mis en œuvre. Enfin, le terme « évolutions » suppose que tu présentes les **élargissements successifs** qu'a connus l'Union européenne, mais aussi les **approfondissements** du projet, ses limites et ses échecs.

10 points
3 30 min

Enseignement moral et civique

→ CORRIGÉ P. 360

Document 1 Extraits de grandes déclarations des droits

« **Déclaration des droits de l'Homme et du citoyen (1789), article 4**
La liberté consiste à pouvoir faire tout ce qui ne nuit pas à autrui : ainsi, l'exercice des droits naturels de chaque homme n'a de bornes que celles qui assurent aux autres membres de la société la jouissance de ces mêmes droits. Ces bornes ne peuvent être déterminées que par la loi.

Déclaration des droits de l'Homme et du citoyen (1789), article 11
La libre communication des pensées et des opinions est un des droits les plus précieux de l'Homme : tout citoyen peut donc parler, écrire, imprimer librement, sauf à répondre de l'abus de cette liberté dans les cas déterminés par la loi.

Déclaration universelle des droits de l'Homme (1948), article 19
Tout individu a droit à la liberté d'opinion et d'expression, ce qui implique le droit de ne pas être inquiété pour ses opinions et celui de chercher, de recevoir et de répandre, sans considérations de frontières, les informations et les idées par quelque moyen d'expression que ce soit.

Document 2 « Charlie », Dieudonné... : quelles limites à la liberté d'expression ?

« […] Les principales limites à la liberté d'expression en France relèvent de deux catégories : la diffamation[1] et l'injure, d'une part ; les propos appelant à la haine, qui rassemblent notamment l'apologie de crimes contre l'humanité, les propos antisémites, racistes ou homophobes, d'autre part. […]
La liberté d'expression ne permet donc pas de professer le racisme, qui est un délit, de même que l'antisémitisme. On ne peut donc pas imprimer en une d'un journal « il faut tuer untel » ou « mort à tel groupe ethnique », ni tenir ce genre de propos publiquement. Néanmoins, les cas de Dieudonné ou de *Charlie Hebdo* ont trait à un autre type de question, celle de l'humour et de ses limites.
La jurisprudence[2] consacre en effet le droit à l'excès, à l'outrance et à la parodie lorsqu'il s'agit de fins humoristiques. […] On peut donc user du registre de la satire et de la caricature, dans certaines limites. Dont l'une est de ne pas s'en prendre spécifiquement à un groupe donné de manière gratuite et répétitive.
[…] La loi n'interdit pas de se moquer d'une religion – la France est laïque, la notion de blasphème[3] n'existe pas en droit – mais elle interdit en revanche d'appeler à la haine contre les croyants d'une religion, ou de faire l'apologie de crimes contre l'humanité […].

Dans le cas de Dieudonné, la justice a été appelée à plusieurs reprises à trancher. Et elle n'a pas systématiquement donné tort à l'humoriste. Ainsi a-t-il été condamné à plusieurs reprises pour « diffamation, injure et provocation à la haine raciale ». [...] Mais dans d'autres cas, il a été relaxé : en 2004 d'une accusation d'apologie de terrorisme, en 2007 pour un sketch intitulé « Isra-Heil ». [...]

Damien Leloup et Samuel Laurent,
LeMonde.fr, 14 janvier 2015.

1. Diffamation : fait de répandre des informations dans le but de porter atteinte à la réputation de quelqu'un.
2. Jurisprudence : ensemble des décisions des tribunaux sur une question.
3. Blasphème : manque de respect à l'égard de quelque chose de sacré pour une religion.

1. Quelles sont les deux valeurs républicaines évoquées dans ces documents ?
2. Quelles sont les limites à la liberté d'expression ?
3. Expliquez, à l'aide du document 2, comment la laïcité permet de renforcer la liberté d'expression.
4. Vous êtes proviseur et vous apprenez qu'un élève a tenu des propos insultants à l'égard d'autres élèves sur les réseaux sociaux. Vous intervenez en ajoutant un commentaire en ligne. En vous appuyant sur vos connaissances, expliquez en quelques lignes à cet élève pourquoi sa liberté d'expression a des limites.

Démarrons ensemble

Le document 1 rassemble des extraits de la Déclaration des droits de l'Homme et du citoyen rédigée en France en 1789 et de la Déclaration universelle des droits de l'Homme adoptée par l'ONU en 1948. Ces **textes fondateurs** reconnaissent aux hommes un certain nombre de **droits fondamentaux**.
Le document 2 est un article du journal *Le Monde* rédigé en janvier 2015, quelques jours après l'attentat contre le journal satirique *Charlie Hebdo*. Les meurtriers reprochaient aux journalistes de dénigrer l'islam et les musulmans.
4. Commence par expliquer à l'élève quelles sont les limites de la liberté d'expression, puis montre-lui pourquoi ces limites sont nécessaires.

1re partie • 2e période

Matière concernée : **français**.

20 points · 1 h

4 Questions

→ CORRIGÉ P. 361

Document A Texte littéraire

La narratrice est embauchée dans une grande société japonaise et découvre les règles insolites qui la régissent.

« Monsieur Saito me présenta brièvement à l'assemblée. Après quoi, il me demanda si j'aimais les défis. Il était clair que je n'avais pas le droit de répondre par la négative.

– Oui, dis-je.

Ce fut le premier mot que je prononçai dans la compagnie. Jusque-là, je m'étais contentée d'incliner la tête.

Le « défi » que me proposa monsieur Saito consistait à accepter l'invitation d'un certain Adam Johnson à jouer au golf avec lui, le dimanche suivant. Il fallait que j'écrive une lettre en anglais à ce monsieur pour le lui signifier.

– Qui est Adam Johnson ? eus-je la sottise de demander.

Mon supérieur soupira avec exaspération et ne répondit pas. Était-il aberrant d'ignorer qui était monsieur Johnson, ou alors ma question était-elle indiscrète ? Je ne le sus jamais et ne sus jamais qui était Adam Johnson.

L'exercice me parut facile. Je m'assis et écrivis une lettre cordiale : monsieur Saito se réjouissait de jouer au golf le dimanche suivant avec monsieur Johnson et lui envoyait ses amitiés. Je l'apportai à mon supérieur.

Monsieur Saito lut mon travail, poussa un petit cri méprisant et le déchira :

– Recommencez.

Je pensai que j'avais été trop aimable ou trop familière avec Adam Johnson et je rédigeai un texte froid et distant : monsieur Saito prenait acte de la décision de monsieur Johnson et conformément à ses volontés jouerait au golf avec lui.

Mon supérieur lut mon travail, poussa un petit cri méprisant et le déchira :

– Recommencez.

J'eus envie de demander où était mon erreur, mais il était clair que mon chef ne tolérait pas les questions, comme l'avait prouvé sa réaction à mon investigation au sujet du destinataire. Il fallait donc que je trouve par moi-même quel langage tenir au mystérieux Adam Johnson.

Je passai les heures qui suivirent à rédiger des missives à ce joueur de golf. Monsieur Saito rythmait ma production en la déchirant, sans autre commentaire que ce cri qui devait être un refrain. Il me fallait à chaque fois inventer une formulation nouvelle.

Il y avait à cet exercice un côté : « Belle marquise, vos beaux yeux me font mourir d'amour »[1] qui ne manquait pas de sel. J'explorai des catégories grammaticales en mutation : « Et si Adam Johnson devenait le verbe, dimanche prochain le
127 sujet, jouer au golf le sujet et monsieur Saito l'adverbe ? Dimanche prochain accepte avec joie de venir adamjohnsoner un jouer au golf monsieur Saitoment. Et pan dans l'œil d'Aristote[2] ! »

Je commençais à m'amuser quand mon supérieur m'interrompit. Il déchira la énième lettre sans même la lire et me dit que mademoiselle Mori était arrivée.

Amélie Nothomb, *Stupeur et tremblements*, © Albin Michel (1999).

1. Allusion au *Bourgeois gentilhomme* de Molière. Monsieur Jourdain demande à son maître de philosophie de l'aider à rédiger un mot doux destiné à une marquise en employant ces seuls mots : « Belle marquise, vos beaux yeux me font mourir d'amour », ce qui donne lieu à des phrases à la syntaxe déstructurée.
2. Aristote : philosophe grec qui pose les lois du raisonnement et fonde la logique comme instrument de précision du discours philosophique.

Document B Extrait du film *Les Temps modernes* de Charlie Chaplin (1936)

www.youtube.com/watch?v=2oxpml68Fzs

Les réponses doivent être entièrement rédigées.

Sur le texte littéraire (document A)

1. Quelle tâche la narratrice doit-elle effectuer ? *(0,5 point)*

2. a. En quoi les directives du supérieur sont-elles déroutantes ? *(0,5 point)*

b. Comment la narratrice réagit-elle ? *(1 point)*

c. Quel est l'effet produit ? *(1 point)*

3. « Monsieur Saito rythmait ma production en la déchirant, sans autre commentaire que ce cri qui devait être un refrain. » (l. 29-30)

Pourquoi la narratrice associe-t-elle le cri à un refrain ? *(1 point)*

4. a. Quel registre littéraire trouve-t-on dans cet extrait ? *(1 point)*

☐ le registre dramatique ☐ le registre satirique ☐ le registre polémique

b. Justifiez son emploi. *(1 point)*

5. « Je passai les heures qui suivirent à rédiger des <u>missives</u> à ce joueur de golf. » (l. 28)

a. Donnez au moins deux mots de la même famille que le mot souligné. *(1 point)*

b. Quel est le sens commun à tous ces mots ? *(0,5 point)*

c. Quel synonyme de ce mot trouve-t-on dans l'extrait ? *(0,5 point)*

6. « Je <u>passai</u> les heures qui <u>suivirent</u> à rédiger des missives à ce joueur de golf. Monsieur Saito <u>rythmait</u> ma production en la déchirant, sans autre commentaire que ce cri qui <u>devait</u> être un refrain. Il me <u>fallait</u> à chaque fois inventer une formulation nouvelle. » (l. 28-31)

a. Quels sont les temps des verbes soulignés ? *(2 points)*

b. Expliquez leur emploi. *(2 points)*

7. Au moyen de quels suffixes la narratrice a-t-elle transformé des noms propres en verbe et adverbe ? (l. 35-36) *(1 point)*

8. Quelle image ce texte donne-t-il, selon vous, des conditions de travail dans une grande entreprise japonaise ? *(2 points)*

Sur le texte et la séquence filmique (documents A et B)

9. a. Après avoir regardé l'extrait du film de Charlie Chaplin, *Les Temps modernes*, racontez brièvement ce qui arrive au personnage de Charlot. *(1,5 point)*

b. Selon vous, quelle signification peut-on donner à la scène ? *(1,5 point)*

10. Selon vous, quels sont les éléments qui rapprochent le document audiovisuel et le texte ? *(2 points)*

Démarrons ensemble

- *Stupeur et tremblements* raconte comment Amélie, une jeune Belge amoureuse du Japon, décroche un contrat dans une prestigieuse entreprise nippone. Cette expérience va se révéler particulièrement déstabilisante.
- Dans le film de Charlie Chaplin, *Les Temps modernes*, Charlot, le célèbre personnage créé et interprété par le cinéaste, lutte pour survivre dans le monde industrialisé. Dans la séquence, Charlie Chaplin se livre à une satire du travail à la chaîne et critique l'exploitation des ouvriers.

2e partie

Matière concernée : **français**.

10 points — 5 — 30 min

Dictée et réécriture

→ CORRIGÉ P. 362

1. Dictée *(5 points)*

Le titre, la source de l'extrait et les noms Yumimoto et Saito sont écrits au tableau au début de la dictée.

Document **Premier jour de travail**

« Un homme d'une cinquantaine d'années, petit, maigre et laid, me regardait avec mécontentement.

– Pourquoi n'aviez-vous pas averti la réceptionniste de votre arrivée ? me demanda-t-il.

Je ne trouvai rien à répondre et ne répondis rien. J'inclinai la tête et les épaules, constatant qu'en une dizaine de minutes, sans avoir prononcé un seul mot, j'avais déjà produit une mauvaise impression, le jour de mon entrée dans la compagnie Yumimoto.

L'homme me dit qu'il s'appelait monsieur Saito. Il me conduisit à travers d'innombrables et immenses salles, dans lesquelles il me présenta à des hordes de gens, dont j'oubliais les noms au fur et à mesure qu'il les énonçait.

Amélie Nothomb, *Stupeur et tremblements*, © Albin Michel (1999).

2. Réécriture *(5 points)*

« Mon supérieur lut mon travail, poussa un petit cri méprisant et le déchira :

– Recommencez.

J'eus envie de demander où était mon erreur, mais il était clair que mon chef ne tolérait pas les questions, comme l'avait prouvé sa réaction à mon investigation au sujet du destinataire. (l. 22-26)

Réécrivez ce passage en mettant le groupe nominal *mon supérieur* au pluriel et procédez à toutes les modifications nécessaires.

Démarrons ensemble

- Dans la dictée, il ne faut pas confondre l'**imparfait** et le **passé simple** lorsqu'il s'agit de verbes du premier groupe conjugués à la première personne du singulier (*oubliais* = imparfait, *trouvai* et *inclinai* = passé simple). Pour éviter la confusion, remplace la première personne par la troisième (*il trouva, il inclin**a** ≠ il oubli**ait***).
- Attention à ne pas oublier la **cédille** sous le c d'*énonçait*. Pour obtenir le son [s], il faut mettre une cédille sous le *c* devant un *a*, un *o* ou un *u*.

20 points

6 Travail d'écriture

1 h 30

→ CORRIGÉ P. 363

Vous traiterez **au choix** le sujet A ou le sujet B. Votre rédaction sera d'une longueur minimale d'une soixantaine de lignes (300 mots environ).

Sujet A

Vous avez eu, un jour, un défi à relever. Vous raconterez votre expérience, votre réussite ou votre échec et les sentiments que vous avez éprouvés.

Sujet B

Pensez-vous que le fait de fournir un travail soit uniquement synonyme d'effort et de contrainte, ou peut-il aussi procurer un certain plaisir et un enrichissement personnel ? Vous répondrez à cette question dans un développement argumenté en vous appuyant sur votre expérience, vos lectures et votre culture personnelle, ainsi que sur les connaissances acquises dans d'autres disciplines.

Démarrons ensemble

Sujet A

- Demande-toi dans quel domaine tu as eu à relever un défi : ce peut être dans le domaine sportif, artistique, scolaire... Rien ne t'empêche d'en inventer un : il s'agit d'un sujet d'invention qui fait appel aussi à l'imagination.
- Commence ta rédaction en présentant les circonstances dans lesquelles le défi a été relevé. Prends le temps ensuite de le raconter en faisant la part belle au suspense. Comme Amélie Nothomb, tu peux faire preuve d'humour et chercher à rendre ton récit amusant.

Sujet B

- Interroge-toi sur ton rapport au travail. Est-ce pour toi uniquement une contrainte ou quelque chose qui t'apporte une certaine satisfaction, voire un sentiment d'épanouissement ? N'envisage pas seulement le travail scolaire, réfléchis à d'autres domaines : entraînement sportif, pratique musicale, répétitions théâtrales, bricolage... Tu peux aussi faire appel à ce que tu connais du monde professionnel.
- Dans ton devoir, commence par présenter la question en introduction. Tu peux ensuite organiser ton développement en deux parties :

– les **aspects négatifs** du travail : travail fastidieux, répétitif comme celui exercé par Charlot, travail déshumanisant, travail pénible, voire dangereux...

– les **aspects positifs**, enrichissants : le travail scolaire comme source de connaissances et de savoir-faire, la création d'un objet, d'une œuvre artistique, les emplois dans l'humanitaire...

Dans chacune de ces parties, n'oublie pas de donner des **exemples** pour illustrer ton propos. Enfin, en conclusion, tu peux faire le **bilan** entre les aspects négatifs et positifs du travail.

Sujet 6

1re partie • 1re période

Matières concernées : **histoire-géo et EMC**.

20 points

45 min

1 Analyser et comprendre des documents • Histoire

→ CORRIGÉ P. 365

Document **Affiche de l'association féministe « Choisir » (années 1970)**

Le mouvement féministe « Choisir » s'est fait connaître lors d'un procès tenu à Bobigny en octobre 1972, en soutenant une jeune fille de 17 ans poursuivie par la justice pour avoir avorté.

1. Identifiez le document (nature, date, commanditaire, message).
2. Décrivez la composition de l'image.
3. Qu'est-ce qui est revendiqué par le document ?
4. À la période de réalisation du document, quels sont les droits dont disposent les Françaises en matière de contrôle des naissances ?
5. Quels ont été les principaux acteurs de la lutte pour l'émancipation des femmes en France après la Seconde Guerre mondiale ?

Démarrons ensemble

Cette affiche réalisée dans les années 1970 par l'association féministe « Choisir » s'inscrit dans le processus d'**émancipation des femmes** à cette époque dans le domaine de la procréation. Elle évoque les principaux jalons de la législation française en matière de contrôle des naissances.

3. Quelle relation peux-tu établir entre les images et les textes de l'affiche ?

4. Par quelles grandes lois l'État répond-il à ces revendications féministes à la fin des années 1960 et dans les années 1970 ?

20 points | 2 | 45 min

Maîtriser différents langages pour raisonner et se repérer • Géographie

→ CORRIGÉ P. 365

1. Sous la forme d'un développement construit d'une vingtaine de lignes et en vous appuyant sur des exemples vus en classe, présentez les handicaps géographiques des outremers français.

2. Sur le fond de carte ci-dessous, localisez et nommez en rouge les cinq DROM, puis au choix trois autres territoires de l'outre-mer français en bleu.

Document **Les outremers français**

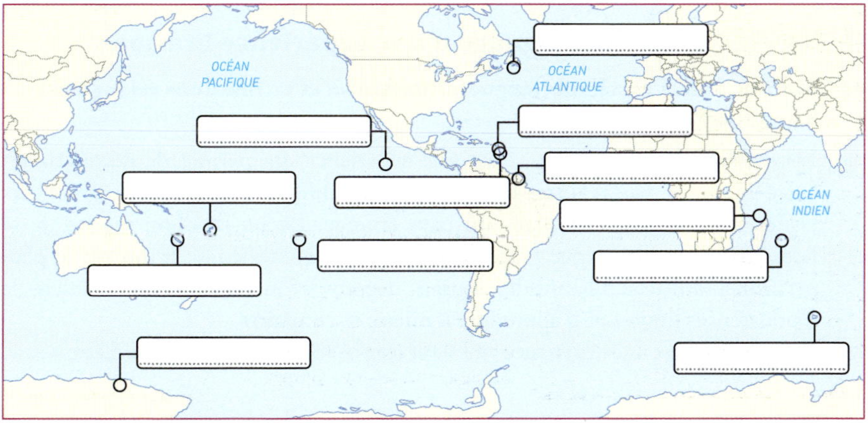

Démarrons ensemble

1. Le sujet ne concerne pas directement les économies ultramarines, mais les **facteurs négatifs** qui les entravent. Les facteurs à traiter dans ton développement sont des **facteurs géographiques** (les caractéristiques spatiales, la position spécifique, la taille, la distance...). N'hésite pas à utiliser l'exemple étudié en classe dans l'année pour préciser les idées générales que tu vas énoncer.

10 points — 3 — 30 min

Enseignement moral et civique

→ CORRIGÉ P. 366

Document 1 Affiche pour la Journée de l'Europe (2005)

Document 2 Témoignage d'une expérience Erasmus

« **Marion, LLCE espagnol (langues, littératures et civilisations étrangères), Saragosse**

D'un point de vue culturel, c'est une expérience qui permet de découvrir un autre mode de vie, d'autres coutumes, d'enrichir ses connaissances grâce aux visites. Par ailleurs, vivre dans un pays étranger est un très bon moyen de se familiariser avec la langue grâce à une pratique quotidienne. Enfin sur le plan personnel, quitter ses habitudes et partir découvrir l'inconnu est une manière de repousser ses limites et d'apprendre à mieux se connaître.

Je dirais que c'est une expérience vraiment complète et qui vaut la peine d'être vécue.

Source : www.u-cergy.fr

1. Citez les symboles de l'Union européenne (UE) qui apparaissent sur l'affiche (document 1).

2. Qu'est-ce que le programme Erasmus peut apporter aux étudiants européens ? En quoi contribue-t-il à créer des citoyens d'Europe ?

3. Vous êtes chargé de rédiger un texte sur le site Internet de votre collège pour célébrer la Journée de l'Europe. Expliquez en quelques lignes et en vous appuyant sur vos connaissances ce que signifie la devise européenne : « Unie dans la diversité. »

Démarrons ensemble

Le document 1 est une affiche commémorant la Journée de l'Europe, sur laquelle apparaissent les étoiles du drapeau européen et la devise de l'UE. Le document 2 est le témoignage d'une étudiante française partie étudier en Espagne dans le cadre du programme **Erasmus**. Il s'agit d'un programme d'échange universitaire qui permet aux jeunes citoyens de l'UE d'étudier dans un autre pays européen pendant un semestre ou un an.

3. La devise comprend deux termes. Commence par montrer que le territoire de l'UE est marqué par la **diversité** (économique, culturelle), puis explique ce qui contribue à l'**union** entre les Européens (la citoyenneté, les symboles…).

1re partie • 2e période

Matière concernée : **français.**

20 points 1 h

4 Questions

→ CORRIGÉ P. 367

Document A Texte littéraire

« Mon enfant, ma sœur,
Songe à la douceur
D'aller là-bas vivre ensemble !
Aimer à loisir,
Aimer et mourir
Au pays qui te ressemble !
Les soleils mouillés
De ces ciels brouillés
Pour mon esprit ont les charmes
Si mystérieux
De tes traîtres yeux,
Brillant à travers leurs larmes.

Là, tout n'est qu'ordre et beauté,
Luxe, calme et volupté.

Des meubles luisants,
Polis par les ans,
Décoreraient notre chambre ;
Les plus rares fleurs
Mêlant leurs odeurs
Aux vagues senteurs de l'ambre,

Les riches plafonds,
Les miroirs profonds,
La splendeur orientale,
Tout y parlerait
À l'âme en secret
Sa douce langue natale.

Là, tout n'est qu'ordre et beauté,
Luxe, calme et volupté.

Vois sur ces canaux
Dormir ces vaisseaux
Dont l'humeur est vagabonde ;
C'est pour assouvir
Ton moindre désir
Qu'ils viennent du bout du monde.
– Les soleils couchants
Revêtent les champs,
Les canaux, la ville entière,
D'hyacinthe[1] et d'or ;
Le monde s'endort
Dans une chaude lumière.

Là, tout n'est qu'ordre et beauté,
Luxe, calme et volupté.

Charles Baudelaire, « L'Invitation au voyage », *Les Fleurs du Mal* (1857).

1. **Hyacinthe** : pierre fine de couleur orange à rouge.

Document B Claude Gellée dit Le Lorrain, *Port de mer au soleil couchant* (1639)

Les réponses doivent être entièrement rédigées.

Sur le texte littéraire (document A)

1. a. Expliquez le titre du poème. *(1 point)*

b. Selon vous, à quel ailleurs le poète rêve-t-il ? *(2 points)*

2. Relevez les mots appartenant au champ lexical du luxe, du raffinement. *(2 points)*

3. a. À qui le poète s'adresse-t-il ? Justifiez votre réponse en citant des éléments du texte. *(2 points)*

b. De quelle façon le fait-il ? *(2 points)*

4. Que compare le poète aux vers 7 à 12 ? Expliquez la comparaison. *(2 points)*

5. a. Quel est le mode employé dans les vers 15 à 26 ? *(1 point)*

b. Pourquoi ce mode ? *(1 point)*

6. a. Quelle est la figure de style employée par Baudelaire pour évoquer les vaisseaux (vers 29 à 34) ? *(1 point)*

☐ une métaphore ☐ une personnification

b. Justifiez votre réponse en citant des éléments du poème. *(1 point)*

c. Quel est, à votre avis, l'effet recherché par le poète ? *(1 point)*

Sur le texte et l'image (documents A et B)

7. Quelles impressions ou sentiments le tableau du Lorrain éveille-t-il en vous ? *(2 points)*

8. Quelles ressemblances ou dissemblances pouvez-vous discerner entre le poème et le tableau ? *(2 points)*

Démarrons ensemble

- « L'Invitation au voyage » est un poème de Baudelaire extrait de *Spleen et Idéal*, première partie des *Fleurs du Mal*. Il est inspiré par Marie Daubrun, actrice qui sera brièvement l'une des inspiratrices et muses de Baudelaire. Le pays dont parle le poète pourrait être la Hollande qu'il ne connaît que par les tableaux de Vermeer, mais dont il rêve comme d'un lieu idéal.
- Le tableau nous montre un port de mer au crépuscule. Le Lorrain est connu pour sa peinture de paysages dont il s'applique à mettre en évidence la lumière particulière en fonction du moment de la journée.

2e partie

Matière concernée : **français**.

10 points

5 Dictée et réécriture

30 min

→ CORRIGÉ P. 368

1. Dictée *(5 points)*

Le titre et la source de l'extrait sont écrits au tableau au début de la dictée.

Document **Premier contact avec la mer**

« Il s'assit sur le sable mouillé, et il regarda la mer monter devant lui presque jusqu'au centre du ciel. Il avait tellement pensé à cet instant-là, il avait tellement imaginé le jour où il la verrait enfin, réellement, pas comme sur les photos ou comme au cinéma, mais vraiment, la mer tout entière, exposée autour de lui, gonflée, avec les gros dos des vagues qui se précipitent et déferlent, les nuages d'écume, les pluies d'embrun en poussière dans la lumière du soleil, et surtout, au loin, cet horizon courbe comme un mur devant le ciel ! Il avait tellement désiré cet instant-là qu'il n'avait plus de forces, comme s'il allait mourir, ou bien s'endormir.

J.-M.-G. Le Clézio, *Celui qui n'avait jamais vu la mer*,
© Éditions Gallimard (1982).

2. Réécriture *(5 points)*

« Mon enfant, ma sœur,
Songe à la douceur
D'aller là-bas vivre ensemble !
Aimer à loisir,
Aimer et mourir
Au pays qui te ressemble ! (v. 1-6)

Réécrivez ces vers en mettant *enfant* et *sœur* au pluriel et procédez à toutes les modifications nécessaires.

Démarrons ensemble

- Dans la dictée, attention à l'**accord des verbes** *se précipitent* et *déferlent* : il faut les accorder avec le pronom relatif *qui* mis *pour les vagues* (pluriel).
- Ne confonds pas les **homophones grammaticaux** *ou* et *où* : *ou* peut être remplacé par *ou bien*.
- Attention à ***tout*** devant *entière* : *tout* ne s'accorde pas, car il est placé devant un adjectif commençant par une voyelle.

20 points · 6 · 1 h 30

Travail d'écriture

→ CORRIGÉ P. 369

Vous traiterez **au choix** le sujet A ou le sujet B. Votre rédaction sera d'une longueur minimale d'une soixantaine de lignes (300 mots environ).

Sujet A

Décrivez à un ami le lieu idéal où vous aimez, ou aimeriez, vous évader. Il peut s'agir d'un lieu réel ou imaginaire.

Sujet B

Selon vous, les voyages sont-ils source d'enrichissement ? Vous répondrez à cette question dans un développement argumenté en vous appuyant sur votre expérience, vos lectures et votre culture personnelle.

Démarrons ensemble

Sujet A

- Choisis un lieu, en te le remémorant ou en l'imaginant. Prends le temps de créer ou recréer en pensée tous les éléments qui le composent : décor, luminosité, odeurs…
- Il s'agit de décrire et non de faire un récit :
  – pense à employer de nombreux adjectifs qualificatifs, des compléments du nom, des subordonnées relatives pour qualifier chaque élément du décor, pour préciser leur forme, leur matière, leur texture, leur odeur, leur couleur…
  – utilise des connecteurs spatiaux : *au premier plan, à l'arrière-plan, à gauche, à droite, au loin, à l'horizon…*

Sujet B

- Aimes-tu, ou aimerais-tu voyager ? Qu'est-ce qui t'attire dans les voyages : découvrir des paysages, des civilisations, faire des rencontres, vivre des aventures… Préfères-tu les villes ou les paysages naturels ? Aimes-tu visiter des musées ou escalader des montagnes ? Tu peux aussi réfléchir aux livres ou aux films qui t'ont donné le désir de voyager : les livres de Jack London sur le Grand Nord canadien, les romans de Jules Verne, les *road movies*…
- Dans ton devoir, développe trois arguments en t'appuyant sur des exemples précis : le voyage comme source d'évasion, quête d'aventures, enrichissement culturel, découverte d'autres modes de vie…

Sujet 7

1re partie • 1re période

Matières concernées : **histoire-géo et EMC**.

20 points

1 Analyser et comprendre des documents • Histoire

45 min

→ CORRIGÉ P. 370

Document **Un monde plus complexe**

« Dans le cas de l'affaiblissement, voire de la disparition de la confrontation Est-Ouest, d'anciennes contradictions émergent, qui semblaient secondaires au regard de la menace nucléaire ; on voit resurgir des conflits et des revendications qui avaient été gelés dans les banquises de la guerre froide, et des problèmes tout à fait inédits s'accumulent rapidement. On distingue déjà bien des obstacles et des périls sur la voie qui conduit à une paix durable :
– la recrudescence du nationalisme, du séparatisme, des processus de désintégration dans différents pays et régions du monde ;
– la différence grandissante de niveau et de qualité du développement socio-économique entre pays « riches » et pays « pauvres » [...].
Cela offre un terrain propice au développement du terrorisme, à l'émergence et au maintien des régimes dictatoriaux dont le comportement, dans les relations interétatiques, est imprévisible ; [...]
Comment la communauté mondiale peut-elle faire face à toutes ces tâches, qui sont d'une incroyable complexité ?

Mikhaïl Gorbatchev, discours prononcé à Oslo le 5 juin 1991 pour la réception du prix Nobel de la paix, *Avant-Mémoires*, Odile Jacob (1993).

1. Identifiez le document. Qui est son auteur ? Dans quel contexte s'exprime-t-il ?
2. Expliquez la référence à « la disparition de la confrontation Est-Ouest ».
3. D'après l'auteur, quelles en sont les conséquences géopolitiques ?
4. Quels dangers nouveaux recense-t-il ?
5. En vous appuyant sur l'exemple que vous avez étudié en classe, montrez quel nouveau type de conflits se développe dans les années 1990.

Démarrons ensemble

Dans cet extrait du discours prononcé par Mikhaïl Gorbatchev, celui-ci énonce les nouvelles sources de conflits et les dangers qui, au sortir de la guerre froide, menacent la paix dans le monde.

2. Pourquoi l'année 1989 marque-t-elle une rupture fondamentale dans les relations internationales ?

4. Quel nouveau monde naît de la fin de la guerre froide ?

5. À partir de l'exemple de conflit développé en classe, il faut montrer quels sont les nouveaux acteurs qui s'imposent sur la scène internationale (acteurs non étatiques également), les modalités des nouveaux conflits (guerre civile, terrorisme, etc.), et les modes de règlement.

20 points — 2 — 45 min

Maîtriser différents langages pour raisonner et se repérer • Géographie

→ CORRIGÉ P. 371

1. Sous la forme d'un développement construit d'une vingtaine de lignes, et en vous appuyant sur des exemples étudiés en classe, présentez les dynamiques démographiques des espaces de faible densité en France.

2. Sur le fond de carte ci-dessous, localisez et nommez au choix cinq espaces de faible densité. Tracez en hachures rouges la diagonale du vide.

Document **Les espaces de faible densité**

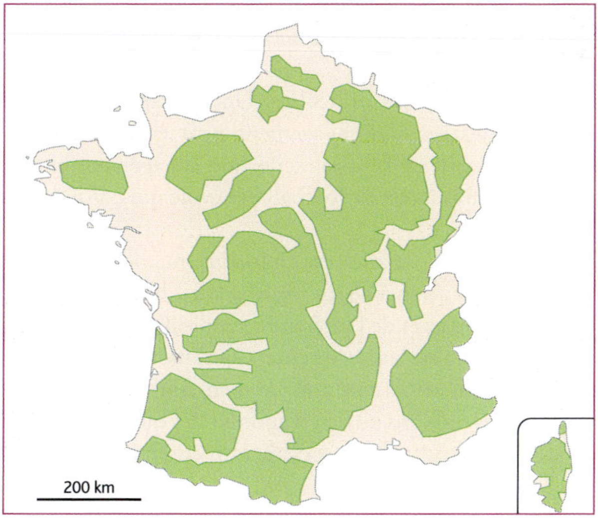

Démarrons ensemble

1. Le sujet est au cœur du thème sur les espaces de faible densité. Il est préférable de commencer en rappelant ce qu'est un espace de faible densité en France. Tu pourras ensuite aborder les dynamiques démographiques, c'est-à-dire les évolutions de la population dans ces espaces particuliers : la fin de l'exode rural et l'inversion des tendances avec le récent renouveau démographique par attraction migratoire.

10 points

3 Enseignement moral et civique

30 min

→ CORRIGÉ P. 372

Document 1 L'engagement syndical

Fabien Gaget est militant syndical à la CGT (Confédération générale du travail) et élu représentant du personnel. Il nous parle de son engagement.

« Je suis militant syndical depuis 13 ans. Les racines de mon engagement viennent d'abord de la volonté de lutter contre les injustices, et dans l'entreprise, cela commence par la défense des collègues et de leurs droits. L'idée est d'être utile à la collectivité, dans l'entreprise ou en dehors, dans le sens du bien commun. Cela m'apporte beaucoup sur le plan humain. Lorsque l'on a à traiter avec des gens qui ont des soucis personnels ou professionnels, on se trouve face à des problématiques humaines et individuelles, pas face à des théories. On peut aider concrètement les gens à améliorer leurs conditions de vie et de travail. Un militant syndical, c'est un peu un intermédiaire, un facilitateur à la fois pour l'employeur et pour les employés.

Mais on s'expose aussi à des difficultés. Un militant syndical se met un peu à part des autres salariés, son engagement peut être mal vu et lui poser des problèmes dans sa carrière professionnelle. Son engagement lui prend du temps, un peu comme un entraîneur de football bénévole qui consacre ses soirées et ses week-ends à sa passion.

Aussi, le syndicalisme de salariés est trop souvent mal vu dans la société. On est aujourd'hui dans une société du loisir et du « bling-bling » dans laquelle la question de l'engagement et de l'intérêt du syndicalisme pour le fonctionnement de la démocratie sociale est laissée de côté. On s'intéresse plus aux stars de la téléréalité qu'aux gens qui se battent pour le bien commun. On met en avant des gens qui gagnent des millions au lieu d'aborder des questions de fond sur le fonctionnement de l'entreprise et de la société, tous ensemble et pour le bien de tous.

Entretien réalisé par l'auteur.

Document 2 L'engagement associatif

L'association Les Restos du Cœur, reconnue d'utilité publique, apporte une aide alimentaire d'urgence à ceux qui en ont besoin. Durant la campagne d'hiver 2014-2015, les 69 000 bénévoles de l'association ont distribué plus de 128 millions de repas.

1. Expliquez au nom de quelle valeur républicaine Fabien Gaget et les bénévoles des Restos du Cœur se sont engagés, que ce soit dans un syndicat ou une association.

2. Identifiez les avantages et les contraintes de l'engagement de Fabien Gaget.

3. Vous êtes un membre actif de l'association Les Restos du Cœur. Interrogé par des collégiens, expliquez-leur en quelques lignes le sens et l'importance de votre engagement.

Démarrons ensemble

Dans le document 1, un homme explique les raisons de son engagement syndical. Les syndicats sont des **associations professionnelles** qui regroupent des personnes exerçant des métiers similaires pour défendre des intérêts communs. Le document 2 offre un exemple d'**association reconnue d'utilité publique** : cela signifie que l'État juge son action bénéfique pour l'ensemble de la société et l'autorise à récolter des dons.

1. Commence par identifier la valeur républicaine concernée, définis-la et montre pourquoi elle s'applique aux engagements évoqués dans les documents 1 et 2.

3. Tu dois expliquer tes **motivations**, ce que cet engagement peut **apporter à toi et aux autres**.

1re partie • 2e période

Matière concernée : **français.**

20 points — 1 h

4 Questions

→ CORRIGÉ P. 372

Document A Texte littéraire

Louis Pasteur, chimiste et physicien français (1822-1895), est célèbre, entre autres, pour avoir mis au point un vaccin contre la rage. Cet extrait raconte comment le savant et son équipe découvrent l'efficacité du principe de vaccination.

« L'équipe de Pasteur ne s'occupait pas que du charbon[1]. On lui avait aussi demandé de mettre fin au « choléra des poules », une maladie qui paralysait la volaille avant de la tuer.

Septembre 1879. […] Dans un coin de son laboratoire parisien de la rue d'Ulm, on retrouve une culture de bacilles[2] qui avaient été identifiés comme responsables de cette affection[3]. Personne ne s'en était préoccupé durant les deux mois d'été. Pasteur prélève quelques gouttes du bouillon et les inocule[4] à des poules. Qui tombent un peu malades, mais aucune ne meurt.

Un peu plus tard, ces mêmes poules reçoivent une solution « jeune et neuve » des bacilles. Jour après jour, on guette fiévreusement leur état. Au bout de deux semaines, la bonne nouvelle est confirmée : aucune des volailles n'est morte.

Devant ses collaborateurs Chamberland et Roux, Pasteur se serait exclamé : « Ne voyez-vous pas que ces poules ont été vaccinées ? »

[…] Et c'est ainsi qu'il a baptisé « vaccin » le germe affaibli. […]

Comment atténuer la malfaisance d'un virus ? Tel est le nouveau défi de Pasteur et de son équipe. Le tout jeune Emile Roux, l'une de ses dernières recrues, va jouer un rôle crucial. Il se murmure que, déjà, pour le vaccin qui allait sauver les poules, c'est de lui que serait venue l'idée géniale. Il se chuchote aussi que la contribution de Chamberland, autre assistant, a permis de franchir un pas décisif… Mais, silence ! C'est Pasteur, le héros de l'histoire. Ne rabotons pas sa gloire. Sauf à considérer que son premier mérite est justement d'avoir constitué et conservé un tel commando. Patience, nous y viendrons. […]

Le baron de La Rochette, grand propriétaire, est, à Melun, président de la Société d'agriculture. Il offre à l'expérience sa ferme de Pouilly-le-Fort.

Le 5 mai 1881, une foule nombreuse déferle à la gare locale de Cesson : paysans, élus, pharmaciens, vétérinaires… La plupart, sceptiques, ricanent en voyant Pasteur et ses assistants procéder à la première série d'inoculations : vingt-cinq moutons et cinq vaches parquées dans un hangar.

Le 17 mai, nouvelle inoculation des mêmes animaux avec le virus moins atténué, donc plus virulent que le précédent.

31 mai : toujours devant la même foule, le bacille du charbon (plus du tout atténué) est inoculé aux trente animaux vaccinés, mais aussi à vingt-cinq moutons et cinq vaches qui n'ont reçu aucun traitement. L'attente commence. Et les tensions montent dans l'équipe : avons-nous choisi le bon vaccin ? Ne fallait-il pas poursuivre les recherches ? Si les vaccinés meurent, nous devrons, dans la honte, fermer notre laboratoire…

Jours d'angoisse. Nuits sans sommeil, car quelques bêtes traitées souffrent de fortes fièvres.

Une semaine plus tard, quand il revient à Pouilly, des acclamations l'accueillent. Tous les animaux non vaccinés sont morts : leurs cadavres gisent, alignés sur le sol. Tous les vaccinés broutent ou gambadent.

Erik Orsenna, *La vie, la mort, la vie*,

1. Charbon : maladie infectieuse, potentiellement mortelle, qui touche aussi bien l'homme que l'animal.
2. Culture de bacilles : élevage de microbes, qui se fait dans un liquide appelé « bouillon ».
3. Affection : maladie.
4. Inoculer : introduire dans l'organisme une substance contenant les germes d'une maladie.

Document B Albert Edelfelt, *Louis Pasteur* (1885)

En peignant ce portrait de Louis Pasteur, un des plus célèbres scientifiques de l'époque, le peintre finlandais Albert Edelfelt obtient un succès considérable.

Les réponses doivent être entièrement rédigées.

Sur le texte littéraire (document A)

1. a. Quelles sont les deux expériences successives racontées dans ce texte ? *(1 point)*

b. Quels points communs pouvez-vous relever entre ces expériences ? *(1 point)*

2. Pour quelle raison, le 31 mai, le bacille du charbon est-il aussi inoculé aux animaux non vaccinés ? *(1 point)*

3. Expliquez précisément quels sont les sentiments de Pasteur et de son équipe tandis qu'ils attendent les résultats des expériences. *(2 points)*

4. Expliquez la formation du mot « fiévreusement » (l. 10) et son sens dans le texte. Le mot « fièvres » (l. 38) est-il à prendre dans le même sens ? *(3 points)*

5. « Et les tensions montent dans l'équipe : avons-nous choisi le bon vaccin ? Ne fallait-il pas poursuivre les recherches ? » (l. 34-35)

a. Comment sont rapportées les paroles dans ces phrases ? *(1 point)*

b. Est-ce une manière habituelle de procéder ? *(1 point)*

c. Pourquoi, selon vous, l'auteur procède-t-il ainsi ? *(1 point)*

6. « Mais, silence ! C'est Pasteur, le héros de l'histoire. Ne rabotons pas sa gloire. » (l. 20-21)

a. Quels sont les types de phrase employés ? *(1 point)*

b. Qui parle et à qui ces phrases sont-elles adressées ? *(1 point)*

c. Expliquez le sens de ces phrases en vous aidant de ce qui précède et de ce qui suit. *(1 point)*

7. Ce texte dresse-t-il le portrait d'un homme ou d'un projet collectif ? Justifiez votre réponse par des renvois précis au texte. *(2 points)*

Sur le texte et l'image (documents A et B)

8. Quels sont les rapports entretenus entre le texte et le tableau ? *(2 points)*

9. Quelle impression se dégage du tableau ? Selon vous, est-ce la même que celle dégagée par le texte ? Pourquoi ? *(2 points)*

Démarrons ensemble

- L'écrivain Erik Orsenna, membre de l'Académie française, occupe le fauteuil qui fut jadis celui de Louis Pasteur. Dans le livre qu'il consacre à ce grand savant du XIXe siècle, il retrace sa vie et ses nombreuses découvertes.
- Le tableau d'Edelfelt montre Pasteur au milieu de son laboratoire, entouré du matériel nécessaire à ses expériences. Le bocal qu'il tient dans la main contient la moelle épinière du lapin contaminé par la rage, à partir de laquelle il va mettre au point le vaccin contre cette maladie.

2e partie

Matière concernée : **français**.

10 points

5 Dictée et réécriture

30 min

→ CORRIGÉ P. 374

1. Dictée *(5 points)*

Le titre, la source de l'extrait et les noms Victor Hugo, Louis Pasteur et Franche-Comté sont écrits au tableau.

Document **Ils se seront détestés**

« Victor Hugo et Louis Pasteur. Le grand écrivain et le grand savant. Les deux phares qui, au-delà de la France, éclairent encore le monde. Deux bienfaiteurs de l'humanité. L'un, explorateur des vertiges de l'âme, a rendu leur dignité aux misérables et, pour cela, demeure célébré de l'Amérique latine à la Chine. L'autre, découvreur des sources de la vie, a triomphé de la rage. Tous les deux nés dans cette province appelée Franche-Comté pour les libertés qu'elle savait défendre. […] L'un chérissait la liberté, l'autre la science. Quand, l'un après l'autre, la mort finit par les rattraper, le même hommage leur fut rendu […]. Ensemble, ils résument leur siècle.

Erik Orsenna, *La vie, la mort, la vie*,
© Librairie Arthème Fayard (2015).

2. Réécriture *(5 points)*

« Une semaine plus tard, quand il revient à Pouilly, des acclamations l'accueillent. Tous les animaux non vaccinés sont morts […]. (l. 39-40)

Réécrivez ce passage en remplaçant *il* par *ils*, et *animaux* par *bêtes*. Vous ferez toutes les modifications nécessaires.

Démarrons ensemble

- Pour la dictée, souviens-toi que le **participe passé employé sans auxiliaire** fonctionne comme un adjectif qualificatif : tu dois identifier le nom auquel il se rapporte pour l'accorder convenablement.
- Les **noms féminins qui se terminent par le son *–té*** s'écrivent sans *e* (sauf quelques exceptions, comme « dictée »).
- Attention à l'emploi des **consonnes doubles** dans certains mots.

20 points 1 h 30

6 Travail d'écriture

→ CORRIGÉ P. 374

Vous traiterez **au choix** le sujet A ou le sujet B. Votre rédaction sera d'une longueur minimale d'une soixantaine de lignes (300 mots environ).

Sujet A

Selon vous, les découvertes scientifiques sont-elles nécessairement une source de progrès pour l'humanité ? Vous présenterez votre réflexion dans un développement organisé, en prenant appui sur des exemples tirés de vos lectures et de votre culture personnelle.

Sujet B

Vous avez fait une découverte qui révolutionne le quotidien. Vous écrivez une lettre au président de l'Académie des sciences pour lui présenter les vertus de votre découverte et le convaincre de soutenir vos travaux de recherche.

Démarrons ensemble

Sujet A

- Le sujet souligne le rôle des **exemples** dans ta réflexion. Tu peux les tirer des enseignements donnés en cours de sciences (découverte de l'électricité, par exemple) ou d'histoire (les armes chimiques faisant leur apparition pendant la Première Guerre mondiale). Pense également à utiliser le texte support et la découverte du principe de vaccination qui y est mentionnée.
- Construis ton devoir en **deux parties** : dans un premier paragraphe, tu traiteras des **aspects positifs** des découvertes scientifiques, en pensant aux progrès de la médecine et aux améliorations du quotidien ; dans un second paragraphe, tu aborderas les **aspects négatifs**, en mentionnant les exploitations militaires meurtrières de ces découvertes ou les expérimentations animales. Pense à étayer avec des exemples concrets. Donne ton avis en conclusion.

Sujet B

- Choisis un domaine qui peut toucher beaucoup de gens : l'alimentation, la pollution ou l'énergie. Il est inutile de rentrer dans des explications trop techniques ; pense surtout à présenter les **avantages de ta découverte** : gain de temps, gain de place, diminution de la pollution ou amélioration du cadre de vie.
- Commence ton devoir en expliquant l'utilité de ta découverte en mettant en avant les problèmes qu'elle va permettre de résoudre, car il s'agit avant tout de convaincre ton destinataire de t'aider. Présente ensuite plus précisément ton innovation. Termine en demandant un soutien – financier ou autre – à ton destinataire. Respecte les codes de l'**écriture épistolaire** : date et lieu d'envoi, formules d'adresse et d'adieu et signature.

Sujet 8

1re partie • 1re période

Matières concernées : **histoire-géo et EMC.**

20 points

1 — 45 min

Analyser et comprendre des documents • Géographie

→ CORRIGÉ P. 376

Document **Stopper la désindustrialisation de la France ? Le patronat y croit**

« Stopper la désindustrialisation ? C'est possible, estime le patronat français. La France peut non seulement enrayer le déclin actuel, mais même se réindustrialiser.

Le défi semble gigantesque. Depuis un demi-siècle, la part de l'industrie manufacturière dans la valeur ajoutée de l'ensemble de l'économie n'a cessé de baisser. Elle est passée de 25 % en 1961 à 11 % en 2010, et n'a guère varié depuis, d'après l'Insee. Une lente décrue liée à la fois aux difficultés des usines et à la montée en puissance des activités de services. Faire remonter le poids de l'industrie à 15 % en 2022 reviendrait à effacer en cinq ans seulement quinze années de désindustrialisation.

« L'objectif est ambitieux mais réaliste, dans la mesure où la moyenne est de 20 % dans l'Union européenne, et où l'Allemagne est à 22,6 % », plaide l'organisation patronale. Depuis la crise de 2008-2009, la part de l'industrie dans le PIB a déjà regagné quelques points en Allemagne et aux États-Unis.

Patrick Artus est bien moins optimiste. « Réindustrialiser la France serait bénéfique pour l'économie, reconnaît l'économiste. Nous ne croyons malheureusement pas que ce soit possible. » Le combat est perdu, explique-t-il : l'industrie bleu-blanc-rouge fabrique des produits trop bas de gamme, pour lesquels elle se trouve en concurrence avec des pays comme l'Espagne, où les coûts sont nettement plus faibles.

Denis Cosnard, *Le Monde Économie*, 22 septembre 2016.

1. D'après vos connaissances, qu'est-ce que la désindustrialisation ? Dans le texte, que propose le patronat français ?

2. Qu'est-ce qui montre la désindustrialisation de la France depuis 1960 ?

3. Nos partenaires européens sont-ils dans la même situation ? Justifiez votre réponse en vous appuyant sur le texte.

4. Qu'est-ce qui explique, d'après Patrick Artus, les difficultés de l'industrie française ? Donnez un exemple qui illustre son propos.

5. D'après vos connaissances, quels types d'industries et de régions en France ont été les plus touchés par la désindustrialisation ? Quel type d'industrie résiste mieux et selon quelles localisations ? Donnez des exemples.

Démarrons ensemble

Le document fait le point sur les problèmes industriels de la France, c'est-à-dire le contexte dans lequel évoluent les espaces productifs industriels.

2. et **3.** Appuie-toi sur les **chiffres** mentionnés dans les deuxième et troisième paragraphes du document.

5. Essaie de raisonner par **générations d'industries** : première (textile), deuxième (automobile) et troisième (*high tech*).

20 points — 45 min

2 Maîtriser différents langages pour raisonner et se repérer • Histoire

→ CORRIGÉ P. 376

1. Sous la forme d'un développement construit d'une vingtaine de lignes, expliquez quelles sont les caractéristiques des régimes totalitaires qui se mettent en place dans l'entre-deux-guerres en URSS et en Allemagne.

2. Sur la frise chronologique ci-dessous, placez les événements suivants :

- Arrivée au pouvoir d'Hitler
- Prise du pouvoir par Staline
- Lancement de la planification en URSS
- Lois de Nuremberg en Allemagne
- Pacte de non-agression entre l'Allemagne et l'URSS
- Grande Terreur en URSS

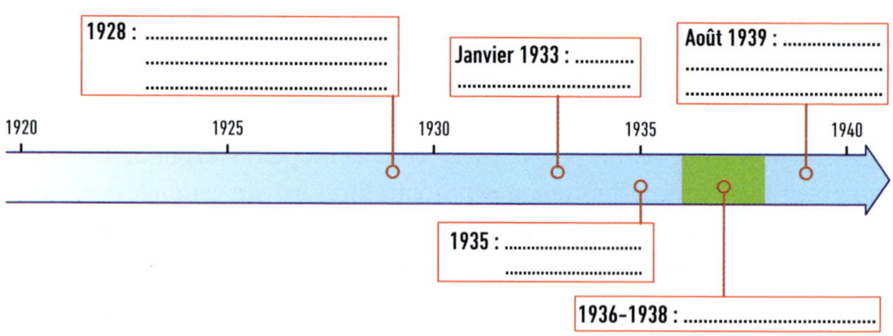

Démarrons ensemble

1. Commence par définir le terme « totalitaire ». Qui met en place ces régimes ? À quelle date ? Ensuite, souligne les spécificités qui rapprochent les régimes stalinien et hitlérien. Enfin, dans ton dernier paragraphe, insiste sur ce qui les distingue.

10 points 3 30 min

Enseignement moral et civique

→ CORRIGÉ P. 377

Document Un footballeur condamné par la justice

« Le joueur parisien comparaissait ce lundi matin devant le tribunal correctionnel de Paris pour des faits de violences volontaires sur personne dépositaire de l'ordre public. Il va faire appel de cette décision.

L'incident s'est déroulé le 30 mai dernier, au petit matin, lors du contrôle du véhicule de Serge Aurier par des policiers de la brigade anticriminalité (BAC), à la sortie d'une boîte de nuit du VIIIe arrondissement de Paris. Selon une source proche de l'enquête, l'international ivoirien s'était montré « véhément », « assez méprisant », jusqu'à ce qu'un policier lui demande de souffler pour contrôler son taux d'alcoolémie, puis de sortir de la voiture, une Porsche Cayenne. Il est notamment soupçonné d'avoir alors mis un coup de coude au thorax du policier. [...] Ce lundi, le tribunal correctionnel de Paris a donc décidé de condamner le joueur du Paris Saint-Germain à deux mois de prison ferme. Le tribunal correctionnel de Paris a également condamné l'international ivoirien de 23 ans à 600 euros de dommages et intérêts pour les préjudices corporel et moral ainsi qu'à 1 500 euros de frais de justice. [...] À l'énoncé de sa peine, le joueur a accusé le coup, restant un long moment comme pétrifié sur sa chaise, quelques minutes à peine après la plaidoirie de son avocate, qui venait de défendre une « star » dont la parole valait celle des policiers, « la balle au centre, 50/50 ». Le joueur [...] n'ira pas en prison, sa peine étant aménageable, mais le tribunal a envoyé un message, tapant plus fort que les réquisitions du procureur, qui avait demandé deux mois assortis du sursis ou de travaux d'intérêt général.

Selon RMC, Serge Aurier a annoncé qu'il faisait appel de cette décision, quelques instants après le verdict.

« Le footballeur du PSG Serge Aurier condamné à deux ans de prison ferme »,
Sudouest.fr avec AFP, 26 septembre 2016.

1. Présentez cette affaire (délit commis, tribunal concerné, peines prononcées).

2. Montrez que l'on constate, à la lecture du document, que les principes de la justice ont été convenablement appliqués dans cette affaire.

3. Vous préparez une sortie pédagogique au tribunal correctionnel et votre professeur principal vous demande de faire un exposé devant vos camarades. À l'aide du document et de vos connaissances, expliquez-leur en quelques lignes le rôle et le fonctionnement démocratique de la justice.

Démarrons ensemble

Cet article porte sur un procès au **tribunal correctionnel**. Celui-ci juge les délits ; les peines peuvent aller jusqu'à dix ans d'emprisonnement.

2. Demande-toi quels grands principes de la justice apparaissent dans cet article : la présomption d'innocence, les droits de la défense, les voies de recours, l'égalité d'accès ?

3. Réponds d'abord à cette question : à quoi sert la justice ? Elle ne sert pas simplement à punir mais aussi, entre autres, à régler des différends. Explique ensuite que le fonctionnement démocratique de la justice est garanti par le respect de grands principes (évoqués à la question précédente).

1re partie • 2e période

Matière concernée : **français.**

20 points

4 Questions

1 h

→ CORRIGÉ P. 378

Document A Texte littéraire

Originaire d'un pays ravagé par la guerre, M. Linh débarque un jour de novembre dans « un pays sans odeur », avec une « valise légère » et un bébé dans les bras.

« C'est un vieil homme debout à l'arrière d'un bateau. Il serre dans ses bras une valise légère et un nouveau-né, plus léger encore que la valise. Le vieil homme se nomme Monsieur Linh. Il est le seul à savoir qu'il s'appelle ainsi car tous ceux qui le savaient sont morts autour de lui.

Debout à la poupe du bateau, il voit s'éloigner son pays, celui de ses ancêtres et de ses morts, tandis que dans ses bras l'enfant dort. Le pays s'éloigne, devient infiniment petit, et Monsieur Linh le regarde disparaître à l'horizon, pendant des heures, malgré le vent qui souffle et le chahute comme une marionnette.

Le voyage dure longtemps. Des jours et des jours. Et tout ce temps, le vieil homme le passe à l'arrière du bateau, les yeux dans le sillage blanc qui finit par s'unir au ciel, à fouiller le lointain pour y chercher encore les rivages anéantis.

Quand on veut le faire entrer dans sa cabine, il se laisse guider sans rien dire, mais on le retrouve un peu plus tard, sur le pont arrière, une main tenant le bastingage, l'autre serrant l'enfant, la petite valise de cuir bouilli posée à ses pieds.

Une sangle entoure la valise afin qu'elle ne puisse pas s'ouvrir, comme si à l'intérieur se trouvaient des biens précieux. En vérité, elle ne contient que des vêtements usagés, une photographie que la lumière du soleil a presque entièrement effacée, et un sac de toile dans lequel le vieil homme a glissé une poignée de terre. C'est là tout ce qu'il a pu emporter. Et l'enfant bien sûr.

[…]

Enfin, un jour de novembre, le bateau parvient à sa destination, mais le vieil homme ne veut pas descendre. Quitter le bateau, c'est quitter vraiment ce qui le rattache encore à sa terre. Deux femmes alors le mènent avec des gestes doux vers le quai, comme s'il était malade. Il fait froid, le ciel est couvert. Monsieur Linh respire l'odeur du pays nouveau. Il ne sent rien. Il n'y a aucune odeur. C'est un pays sans odeur. Il serre l'enfant plus encore contre lui, chante la chanson à son oreille. En vérité, c'est aussi pour lui-même qu'il la chante, pour entendre sa propre voix et la musique de sa langue.

Monsieur Linh et l'enfant ne sont pas seuls sur le quai. Ils sont des centaines, comme eux. Vieux et jeunes, attendant docilement, leurs maigres effets à leurs côtés, attendant sous un froid tel qu'ils n'en ont jamais connu qu'on leur dise où aller. Aucun ne se parle. Ce sont de frêles statues aux visages tristes, et qui grelottent dans le plus grand silence.

Philippe Claudel, *La Petite Fille de Monsieur Linh*, © Stock (2005).

Document B Barthélémy Toguo, *Road to exile* (2008)

Né en 1967 au Cameroun, Barthélémy Toguo est un artiste de renommée internationale. Avec cette « barque de l'exode », il explore le thème de l'exil, mais aussi, en filigrane, la possibilité d'une autre vie.

Les réponses aux questions doivent être entièrement rédigées.

Sur le texte littéraire (document A)

1. Qui est Monsieur Linh ? Qu'apprend-on sur lui ? *(2 points)*

2. Que ressent Monsieur Linh ? Justifiez vos réponses en citant des éléments du texte. *(2 points)*

3. Comment Monsieur Linh essaie-t-il de rester en contact avec son pays perdu ? *(3 points)*

4. Quelles sont les images employées par Philippe Claudel pour caractériser Monsieur Linh et les autres réfugiés ? *(2 points)*

5. Quel est le sens dans le texte du verbe « chahuter » (l. 8) ? *(1 point)*

6. Quels sont les temps utilisés dans cet extrait ? Expliquez leur emploi. *(2 points)*

7. Quelle impression ce texte produit-il sur vous ? *(2 points)*

Sur le texte et l'image (documents A et B)

8. Observez l'œuvre de Barthélemy Toguo : selon vous, que cherche à exprimer l'artiste ? *(2 points)*

9. a. En quoi cette œuvre fait-elle écho au texte de Philippe Claudel ? *(2 points)*

b. L'impression laissée par l'œuvre de Barthélemy Toguo est-elle tout à fait la même que celle suscitée par la lecture de l'extrait du roman de Philippe Claudel ? *(2 points)*

Démarrons ensemble

- Le texte est l'*incipit*, c'est-à-dire les toutes premières lignes, du roman de Philippe Claudel qui relate l'**exil d'un vieil homme** ayant fui son pays en guerre et dont toute la famille a été massacrée. Seul lui reste le tout jeune enfant qu'il serre dans ses bras et au sujet duquel la fin du roman réserve une surprise poignante.
- La photographie montre une installation artistique de grande taille (220 × 260 × 135 cm), constituée de matériaux divers (bois, bouteilles en plastique, tissus). Elle est exposée au Musée national de l'histoire et des cultures de l'immigration, à Paris. L'artiste évoque ainsi les longues et périlleuses **migrations** de ceux qui doivent quitter leur pays pour un ailleurs qu'ils rêvent meilleur.

2e partie

Matière concernée : **français.**

10 points

5 Dictée et réécriture

30 min

→ CORRIGÉ P. 379

1. Dictée *(5 points)*

Le titre et la source de l'extrait, ainsi que le mot « aïeux » sont écrits au tableau au début de la dictée.

Document **Au village**

« Au village, il n'y avait qu'une rue. Une seule. Le sol était de terre battue. Quand la pluie tombait, violente et droite, la rue devenait un ruisseau furieux dans lequel les enfants nus se coursaient en riant. Lorsqu'il faisait sec, les cochons y dormaient en se vautrant dans la poussière, tandis que les chiens s'y poursuivaient en aboyant. Au village, tout le monde se connaissait, et chacun en se croisant se saluait. Il y avait en tout douze familles, et chacune de ces familles savait l'histoire des autres, pouvait nommer les grands-parents, les aïeux, les cousins, connaissait les biens que les autres possédaient. Le village en somme était comme une grande et unique famille [...].

Philippe Claudel, *La Petite Fille de Monsieur Linh*, © Stock (2005).

2. Réécriture *(5 points)*

« Quand on veut le faire entrer dans sa cabine, il se laisse guider sans rien dire, mais on le retrouve un peu plus tard, sur le pont arrière, une main tenant le bastingage [...]. (l. 12-14)

Réécrivez le passage en mettant le pronom *le* au pluriel et en procédant à toutes les modifications nécessaires.

Démarrons ensemble

- Dans la dictée, le temps employé est l'**imparfait** : certains verbes sont au singulier (***-ait***), d'autres au pluriel (***-aient***). Tu dois être attentif et bien identifier le sujet de ces verbes, en posant, par exemple, la question « qu'est-ce qui » ou « qui est-ce qui » devant le verbe.
- Attention à l'**accord avec les sujets** « tout le monde », « chacun », « chacune de... » ou encore « il » dans l'expression « il y avait » : il se fait au singulier.

20 points

6 Travail d'écriture

1 h 30

→ CORRIGÉ P. 379

Vous traiterez **au choix** le sujet A ou le sujet B. Votre rédaction sera d'une longueur minimale d'une soixantaine de lignes (300 mots environ).

Sujet A

Écrivez une suite immédiate au texte de Philippe Claudel. Vous tiendrez compte des indications apportées par l'extrait et vous respecterez le temps choisi par l'auteur.

Sujet B

Vos parents vous annoncent que vous allez déménager dans une autre ville, loin de l'endroit où vous avez grandi. Vous décidez de leur expliquer ce que ce déménagement signifie pour vous. Vous énoncerez vos arguments de façon claire et organisée.

Démarrons ensemble

Sujet A

- Relis bien le texte pour t'imprégner de l'atmosphère. Essaie d'imaginer l'arrivée de ces migrants. Où va-t-on les emmener ? À quoi va ressembler leur hébergement ? Interroge-toi sur les réactions potentielles de M. Linh : va-t-il rester passif et continuer à se laisser guider ?
- Comme il s'agit d'une suite de texte, il faut que tu respectes certains éléments du texte de Claudel : il s'agit d'un **récit à la troisième personne**, au **présent** (sauf pour les faits antérieurs ou postérieurs). Sois attentif à toutes les indications apportées par le texte.

Sujet B

- Si tu as vécu cette situation, appuie-toi sur ton expérience. Sinon, pose-toi la question : comment réagirais-tu ? Quels seraient tes sentiments (tristesse, nostalgie, révolte ou, au contraire, enthousiasme et excitation) ? Qu'est-ce qui pourrait te manquer ? Qu'est-ce qui pourrait au contraire t'attirer dans cette nouvelle vie ?
- Tu dois t'adresser à tes parents (ou à l'un des deux) et donc utiliser la **deuxième personne**. Il faut que ton texte soit argumenté. Pense à classer tes arguments par ordre d'importance. Emploie aussi un **lexique des sentiments** : verbes (*ressentir, se sentir*), adjectifs (*triste, déchiré, nostalgique, enthousiaste, curieux*), noms (*tristesse, souffrance, enthousiasme, impatience*) ou encore expressions (*avoir le cœur brisé*).

Corrigés

Sujet 1

1re partie • 1re période

1 **1.** Le texte est extrait du **programme du Conseil national de la Résistance** (CNR). Mis en place grâce à l'action de **Jean Moulin** en mai 1943, le CNR réunit, sous l'autorité du **général de Gaulle**, les représentants des huit grands mouvements de la Résistance intérieure française, toute tendance politique confondue, ainsi que les leaders des deux grands syndicats d'avant-guerre (CGT et CFTC) et des six partis politiques de la IIIe République.

Gagne des points

N'hésite pas à citer quelques noms de **mouvements de résistance**, si tu en connais : Libération Nord, Franc-tireur, Défense de la France…

2. À la date de parution du programme du CNR, le 15 mars 1944, **la guerre n'est pas terminée** et la France vit toujours sous occupation allemande. Les résistants agissent dans la clandestinité. Leur but premier est de **libérer le territoire** en appuyant la résistance extérieure, dont les instances ont quitté Londres pour Alger, et les Alliés qui progressent sur tous les fronts, dans l'attente d'un débarquement.

Info +

La constitution du CNR a été lente et difficile, car de nombreux résistants ne souhaitaient pas s'engager derrière **de Gaulle**.

3. La constitution du CNR avait pour but d'**unir la Résistance** française derrière le général de Gaulle, installé à Londres depuis le 17 juin 1940 et reconnu par les autorités britanniques.

4.

Les projets de réformes du CNR après la libération du territoire	
Sur le plan des droits et des libertés	**Sur le plan social**
Rétablissement du suffrage universel	Droit au travail et au repos
Liberté de pensée, de conscience et d'expression	Établissement d'une Sécurité sociale
Liberté de la presse	Retraite
Liberté de réunion, d'association et de manifestation	
Égalité devant la loi	

5. Une fois le territoire libéré et la légitimité républicaine rétablie, des élections municipales sont organisées les 26 avril et 13 mai 1945. Pour la première fois, les Françaises y participent. Ainsi, conformément au programme du CNR, le **suffrage universel** a été rétabli et élargi aux femmes.
Une ordonnance du 4 octobre 1945 institue la **Sécurité sociale**. Dans l'esprit des rédacteurs du programme du CNR, elle vise à « assurer à tous les citoyens des moyens d'existence, dans tous les cas où ils sont incapables de se les procurer par le travail ».

2 **1.** Les villes françaises – en fait les **aires urbaines** – rassemblent aujourd'hui **85 % de la population totale**. Une aire urbaine est constituée d'un **pôle urbain** et de sa **couronne périurbaine**, lesquels se distinguent de l'espace rural environnant. Le pôle urbain peut être divisé en deux espaces de morphologies différentes : la **ville-centre**, à l'habitat très dense, et les **banlieues**, moins denses et composées soit d'habitats collectifs, soit d'habitats individuels. Ce pôle urbain rassemble au moins 5 000 emplois. Autour de lui, la couronne périurbaine, qui peut être très étendue, compte des communes qui ne sont pas contiguës, mais dont au moins 40 % des actifs vont travailler dans l'aire urbaine. C'est la première dynamique manifeste des villes françaises : l'**étalement** des aires urbaines qui entraîne une **explosion des mobilités**, notamment des migrations pendulaires domicile-travail. Une deuxième dynamique, à l'échelle nationale cette fois, est la **métropolisation** : plus une aire urbaine est élevée dans la hiérarchie urbaine nationale, plus elle tend à se renforcer, à concentrer les hommes et les activités. **Paris, ville mondiale**, profite le plus de cette dynamique, suivie par les **autres grandes métropoles** de rang national, voire européen : Lille, Lyon, Marseille, Toulouse notamment. À l'inverse, les villes petites et moyennes, surtout dans les régions les moins dynamiques, connaissent davantage de difficultés.

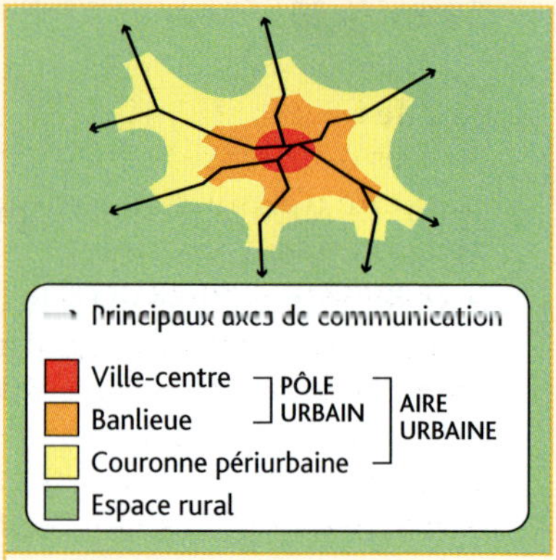

Schéma d'une aire urbaine.

Conseil
Tu peux illustrer ta réponse à l'aide d'un schéma simple, sur lequel tu porteras le nom de l'aire urbaine étudiée en classe.

2. *Sur la carte ci-contre, toutes les aires urbaines repérées ont été nommées. Mais, le jour de l'examen, contente-toi de faire ce qui est demandé pour ne pas perdre de temps.*

3 **1.** Les principales valeurs républicaines figurant dans les documents sont la **liberté**, l'**égalité**, la **fraternité** et la **laïcité**. Les symboles visibles sont la **devise**, **Marianne** et les couleurs du **drapeau** national.

2. La laïcité garantit la liberté de conscience, car **chacun est libre de croire (ou de ne pas croire)** en ce qu'il veut sans subir les pressions d'autres personnes qui chercheraient à imposer leurs croyances. La laïcité renforce aussi la liberté d'expression, puisqu'il n'est pas interdit aux élèves de **parler des religions et des croyances**, à partir du moment où les échanges se font dans le **respect** des convictions de chacun.

3. Les élèves de religions différentes, athées ou sans religion, se côtoient dans les écoles où la laïcité leur permet de travailler sereinement et de mieux « vivre ensemble ». C'est une valeur qui garantit leurs **libertés de conscience et d'expression** et assure l'**égalité entre eux** : quelle que soit leur religion, les élèves sont tous traités de la même façon et aucune discrimination liée aux convictions religieuses n'est tolérée. Les croyances doivent donc rester personnelles ; il est par exemple interdit de porter des signes religieux trop visibles dans les écoles françaises. La laïcité est donc bien une valeur essentielle au bon fonctionnement des établissements scolaires.

Conseil

Commence par rédiger une **phrase introductive** reprenant les termes du sujet, ici l'expression « vivre ensemble ».

1re partie • 2e période

4 **1.** Il s'agit avant tout d'une **ville en chantier**, ce dont témoigne le champ lexical de la construction. Cette ville se caractérise également par le **gigantisme** (les centaines de grues, la prolifération des tours, un édifice haut de sept cents mètres), la **lumière permanente** (« le halo blafard » des grues, « une coupole de nuit blanche », les fenêtres sont « aveuglantes », « la nuit est trop claire »), et l'**absence de limites** puisqu'elle s'étend dans le ciel comme sur la mer.

2. Au début, le personnage est **partagé** entre une joie intense et une impression d'accablement (« une sensation ambivalente d'euphorie et d'écrasement »). On retrouve cette ambiguïté dans la suite du texte : la **joie** (« il salive », « émerveillé », « euphorique ») alterne avec la plus grande **stupéfaction** (« éberluent », « se tord le cou », « le sidère », « l'étonnement », « médusé »). Ce choc amène une révélation pour le personnage, convaincu d'avoir trouvé l'inspiration.

3. Les verbes sont majoritairement conjugués au **présent de l'indicatif**. Il s'agit de rendre plus vivantes, plus proches du lecteur les actions racontées dans le récit. On parle alors de **présent de narration**.

4. Les propos tenus dans cette phrase semblent rapportés au **discours direct** : le pronom employé (« nous ») le prouve. Mais, contrairement à l'usage, la **ponctuation attendue n'est pas respectée** : les deux-points et les guillemets sont omis. La limite entre narration et dialogue s'estompe. Le narrateur procède ainsi pour souligner la grande douceur avec laquelle les paroles sont prononcées, qui n'interrompent ni les pensées du personnage ni le fil de la lecture.

5. a. Le mot est construit par **dérivation** : le **radical** *pharaon* est suivi du **suffixe** *-ique*.

b. « Pharaonique » est un adjectif qui signifie « **gigantesque**, démesuré ».

c. Par l'emploi de cet adjectif, l'auteure rapproche les constructions de la ville de Dubaï des pyramides monumentales construites par les pharaons.

Info +

La pyramide de Khéops fut ainsi pendant des millénaires le bâtiment le plus haut et le plus massif jamais construit, suscitant, comme les tours de Dubaï chez le Boa, l'étonnement et l'admiration.

6. a. Le Boa est fasciné par ce qu'il vient de découvrir de la ville de Dubaï. C'est un lieu où la maîtrise (le savoir-faire technique) est accompagnée d'audace, c'est-à-dire d'idées nouvelles et courageuses. En effet, **les limites traditionnelles** à l'expansion de la ville **disparaissent** : le ciel et la mer sont devenus constructibles.

b. Il s'agit ici d'une **pensée rapportée**, comme le souligne l'incise « pense-t-il ». Cette précision semble indiquer que le narrateur ne partage pas les réflexions de son personnage.

7. L'extrait pourrait s'intituler : « Une ville au-delà des limites ». Ce titre insiste sur la démesure de la ville visitée par le personnage, où des ouvriers travaillent sans relâche à l'édification de tours toujours plus hautes, où l'on bâtit dans le ciel et sur la mer.

Conseil

Beaucoup de réponses sont possibles, pour peu qu'elles soulignent un aspect important du texte : le gigantisme de l'architecture, l'étonnement du personnage... Seule contrainte : le titre doit prendre la forme d'un groupe nominal.

8. De nombreux éléments sont communs au texte et à l'image, qui s'attachent tous deux à montrer le **quotidien de la ville de Dubaï** : les gratte-ciel, les grues, la ville en chantier, les ouvriers travaillant à une nouvelle construction.

9. La photographie ne transmet pas une impression de joie : les ouvriers sont dans un trou, surveillés par un contremaître. Les gratte-ciel occupent les deux tiers supérieurs de l'image. Les hommes sont au service d'un projet qui les dépasse, mais ils ne manifestent aucun entrain. Dans le texte, au contraire, le lecteur peut comprendre l'étonnement médusé du personnage. Les impressions ne sont pas comparables : le texte offre une vision d'ensemble du projet, quand l'image montre une réalité moins grandiose, celle du quotidien des travailleurs.

2e partie

5 **1.**

« Les Parisiens n'ont jamais de leur ville le plaisir qu'en prennent les provinciaux. D'abord, pour eux, Paris se limite à la taille de leurs habitudes et de leurs curiosités. Un Parisien réduit sa ville à quelques quartiers, il ignore tout ce qui est au-delà qui cesse d'être Paris pour lui. Puis il n'y a pas ce sentiment presque continu de se perdre qui est un grand charme. Cette sécurité de ne connaître personne, de ne pouvoir être rencontré par hasard. Il lui arrive d'avoir cette sensation bizarre au contraire dans de toutes petites villes où il est de passage, et le seul à ne pas connaître tous les autres.

déterminants
homophones
verbe et sujet inversés

2. *Les termes modifiés sont en gras.*

Ils arrivent à l'hôtel **bouleversés**, les joues rouges et les yeux exorbités, **ils peinent** à s'endormir, la nuit est trop claire, comme filtrée par une gaze chaude, **eux-mêmes** trop **excités**.

6 *Voici un exemple de rédaction sur chacun des deux sujets.*
Attention ! Les indications entre crochets ne doivent pas figurer sur ta copie.

Sujet A

[Introduction] Tout au long du XXe siècle, les campagnes ont été de plus en plus délaissées au profit des grandes villes : vivre en ville permettait d'améliorer sa situation économique et d'éviter la misère. Mais le bonheur et l'épanouissement individuel sont-ils aujourd'hui possibles dans ces cités modernes, où réside désormais la majorité de la population ?

[La ville moderne offre des avantages et des commodités…] Vivre dans une ville moderne peut procurer certains avantages : il est plus facile d'y trouver un emploi par exemple. La ville moderne offre aussi des facilités qui rendent le quotidien plus agréable : les distractions sont nombreuses, les transports bien développés, les commerces ouverts tous les jours. Et il est certain que l'épanouissement personnel passe aussi par ces commodités.

[… mais elle n'est pas pour autant source de bonheur] Cependant, la vie au sein d'une grande ville présente aussi des inconvénients : les logements sont plus chers et plus petits ; on peut vite se sentir isolé dans un lieu où l'on ne connaît personne ; le bruit et la pollution sont inévitables. Ainsi, de ma chambre en ville, j'entends en permanence les bruits des travaux, du métro et des voitures, même la nuit.

> **Conseil**
> Démarre ta deuxième partie par un **connecteur logique d'opposition**, pour montrer que tu vas maintenant mentionner les arguments « contre ».

[Conclusion] Si la vie au sein de la ville moderne présente des avantages certains, ces avantages ne sont pas forcément source d'épanouissement. Les progrès technologiques rendent de plus en plus ces avantages accessibles partout, même dans des campagnes isolées. Pour ma part, je considère donc que les inconvénients présentés par la vie dans une grande ville sont très nombreux et peuvent dans bien des cas être des obstacles au bonheur.

Sujet B

Frédéric Pirès
14, rue du Stand
75009 Paris

À l'attention des dirigeants d'Utopia
Paris, le 15 septembre 2016

Objet : projet pour la fondation d'une ville idéale

Madame, Monsieur,

Cela fait longtemps que j'admire le pays d'Utopia. Architecte de formation, je suis particulièrement sensible au défi que pose aujourd'hui l'édification d'une ville moderne. C'est pourquoi je voudrais vous soumettre mon projet pour la fondation d'une ville idéale, que votre pays pourrait accueillir.

La cité idéale doit essayer de préserver le contact de l'homme avec la nature, en réduisant au maximum les nuisances visuelles et les nuisances sonores liées au trafic permanent. J'ai donc songé à un projet fabuleux pour l'immense vallée qui se trouve au sud d'Utopia. Chaque habitant pourra disposer d'une maison individuelle et d'un jardin. Les équipements de loisirs – parcs, gymnases, plans d'eau – y seront nombreux, afin de favoriser les contacts entre les gens. Pour que le confort de vie soit total, les activités professionnelles seront interdites dans cette zone. C'est seulement dans le centre-ville que le travail sera autorisé, où de hauts édifices seront construits, de manière à concentrer toutes les activités. Il sera interdit aux habitants de se rendre à leur travail en voiture. Ils devront utiliser les transports en commun. Afin de ne pas défigurer l'espace, ces transports seront uniquement souterrains. La surface de la terre sera donc libérée de la pollution que produisent les véhicules motorisés.

Si vous retenez mon projet, les habitants de cette ville pourront à juste titre se sentir les citoyens les plus privilégiés d'Utopia. Dans l'attente de votre réponse, je vous prie d'agréer, Madame, Monsieur, mes sincères salutations.

Frédéric Pirès

Conseil
Le premier paragraphe doit rappeler la **situation d'énonciation** : qui est l'émetteur, à qui s'adresse-t-il et dans quel but ?

Sujet 2

1re partie • 1re période

1 **1.** Un visiteur venant de Paris utilisera la ligne de RER ou l'autoroute A4 ; un visiteur venant d'Allemagne profitera de l'interconnexion TGV ou de l'autoroute de l'Est ; un visiteur venant du Brésil arrivera à Paris par les aéroports internationaux de Roissy et d'Orly. Autrement dit, **en fonction de la distance**, chaque visiteur privilégiera un **mode de transport différent**.

2. Disneyland Paris s'est installé à Marne-la-Vallée pour profiter de la présence d'une **ville mondiale**, à la **forte accessibilité** et donc un **marché** de clients potentiels à haut niveau de vie. La région parisienne compte 12 millions d'habitants. De plus, le parc profite de l'image mondiale de Paris, qui figure chaque année parmi les trois villes les plus visitées au monde.

3. L'espacement du bâti et la présence d'espaces verts montrent que Disneyland s'est implanté dans la **grande couronne périurbaine de Paris**. Une implantation plus proche de Paris n'aurait pas offert de telles **réserves foncières à faible coût**. On voit en effet sur la carte les espaces en blanc, c'est-à-dire encore disponibles pour d'éventuelles futures extensions.

4. Les infrastructures de transport sont déterminantes dans le fonctionnement de cet espace : on voit sur le document 2 que l'**autoroute de l'Est** est connectée au sud via un échangeur spécialement construit, dont le péage se trouve à l'intérieur du parc d'attraction, ce qui est également le cas de la **gare TGV** de Chessy-Marne-la-Vallée. Un **parking géant**, au nord, permet le stockage des véhicules à proximité immédiate des attractions.

> **Gagne des points**
> Tu dois **exploiter le document** : repère sur la carte les infrastructures dont tu parles.

5. L'espace productif ici représenté est un **espace productif touristique**. Les deux critères déterminants pour le fonctionnement et la rentabilité de cet espace touristique sont la présence d'un marché de consommateurs à haut niveau de vie et l'accessibilité multimodale à haute performance du lieu (autoroute, LGV, RER, aéroports).

> **Rappel**
> L'adjectif **multimodal** renvoie aux différents modes de transport utilisés, chacun étant privilégié à une échelle donnée, par exemple l'aérien pour l'international (cf. question 1).

2 **1.** Le terme « arrière » désigne, durant la Première Guerre mondiale, les **espaces et populations qui ne sont pas en contact direct avec le front**. Durant les quatre années du conflit (1914-1918), les gouvernements des pays belligérants doivent, pour la première fois, mobiliser les civils, d'une part, les ressources économiques, financières et politiques, d'autre part, pour soutenir le front.

Les **civils** jouent un rôle fondamental, non seulement pour nourrir et armer le front, mais aussi pour soutenir le moral des soldats. Les femmes et les

travailleurs coloniaux remplacent dans les usines reconverties en **industries d'armement** les hommes partis au front. Les munitionnettes deviennent ainsi l'un des symboles de la mobilisation de l'arrière.
Les **ressources agricoles** sont réquisitionnées pour être acheminées sur le front, tandis que des **emprunts** sont lancés pour financer l'effort de guerre. Afin d'affermir le patriotisme de l'arrière, qui aide aussi les soldats à « tenir », les gouvernements utilisent le bourrage de crâne et la **propagande** qui diabolise l'ennemi.

Ainsi, l'arrière apparaît comme un élément essentiel de la guerre totale.

Conseil
Termine ton développement par une phrase de conclusion.

2.

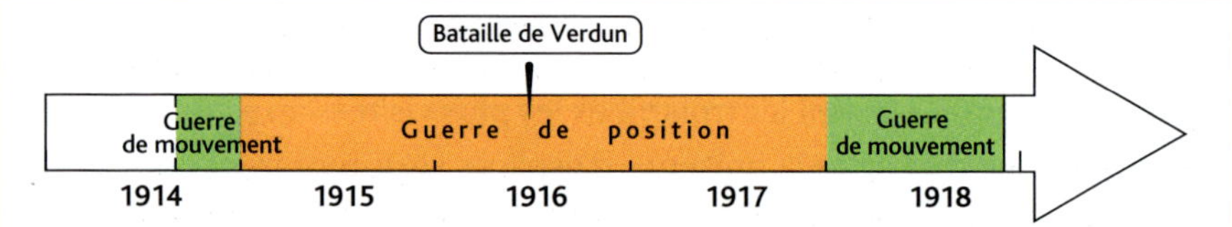

3 **1.** Les acteurs de la démocratie évoqués ici sont les **électeurs**, les **partis politiques**, le **gouvernement** et le **Parlement** (Assemblée nationale).

2. Les citoyens jouent un rôle fondamental en **élisant des représentants** chargés de prendre les grandes décisions (gouverner le pays, décider de la loi). Leur participation est nécessaire au **bon fonctionnement de la démocratie** : des taux d'abstention trop élevés aux élections nuisent à la légitimité des élus. Elle permet aussi aux citoyens de se sentir **impliqués dans la vie civique**.

3. La France est une démocratie, car **les citoyens détiennent la souveraineté** qu'ils expriment au moment des élections. Le pays est doté d'une **Constitution** qui organise la séparation des pouvoirs (exécutif, législatif et judiciaire). Elle garantit aussi l'existence des partis politiques et l'indépendance des médias pour permettre à toutes les opinions de s'exprimer. Les citoyens sont tous traités de la même façon et toutes les formes de **discrimination sont interdites**. Ils possèdent des **droits** (comme le droit de vote) et des **devoirs** (comme celui de payer leurs impôts).

Gagne des points
Tu peux aussi préciser ici que la France est une démocratie représentative, mais qu'il existe des mécanismes relevant de la démocratie directe (ex. : le référendum évoqué dans l'article 3 de la Constitution).

1re partie • 2e période

4 **1.** Un juge nommé Lantier interroge un prisonnier, Morlac, dans sa cellule. Morlac évoque son chien, le désir qu'il a eu de l'abattre, puis donne son opinion sur la guerre.

2. a. Les paroles des personnages sont rapportées au **discours direct**. Les propos sont présentés tels qu'ils ont été prononcés.

b. Le discours direct provoque un **effet de réel** : le lecteur a l'impression d'assister directement à la conversation.

3. Pour être un bon soldat, il est nécessaire d'être « **loyal** jusqu'à la mort, **courageux**, **sans pitié** avec les ennemis ». Or, selon Morlac, c'est Guillaume, son chien, qui possède toutes ces qualités, ce qui est bien sûr inhabituel. Un **retournement** est opéré : ces « qualités » n'existent que chez les bêtes ; en temps de guerre, pourtant, on attend la même chose des hommes.

4. L'opinion de Morlac sur la guerre est **très négative**. Il déclare qu'être un bon soldat, c'est se comporter comme un animal. La guerre est donc vue comme une atrocité. Il est difficile de savoir si le juge partage son opinion. En tant que représentant de l'autorité militaire, il devrait condamner les propos de Morlac. Néanmoins, à aucun moment il ne contredit le prisonnier.

5. a. Le verbe est conjugué au **conditionnel présent**.

b. Ce temps est employé pour exprimer le **futur du passé** : pendant sa convalescence (moment passé), Morlac a imaginé ce qu'il ferait à son chien (moment futur).

6. L'expression désigne le **refus de combattre** de la part des soldats dans les deux camps. Si leurs soldats refusent de s'affronter, leurs dirigeants respectifs devraient renoncer à la guerre. Les allitérations en *g* et *r* donnent de la force à l'expression.

> **Rappel**
> On appelle **allitération** la répétition d'un même son consonantique.

7. Au début, Morlac semble **en colère**, ce dont ses actes témoignent : il mord « méchamment » sa pomme puis lance le trognon. La colère s'amplifie lorsqu'il expose précisément ses pensées (« C'était lui, le héros ») : il se déplace et se retourne « brutalement ». Cette agressivité se change en **concentration** quand il développe ses réflexions : il arrête de se déplacer, regarde un point fixe. La **résignation** l'emporte enfin lorsqu'il retourne s'asseoir.

8. Le texte et le film font référence à la Première Guerre mondiale. Les deux documents insistent sur la **violence des combats**. Dans le film, les hommes se terrent dans les tranchées et tentent comme ils peuvent de se protéger. La règle à laquelle ils obéissent relève de l'**instinct** : il s'agit de tuer ou d'être tué. L'attaque montre alors des **soldats massacrés comme des animaux à l'abattoir**, idée reprise dans le texte de Rufin.

9. Dans cette scène de film, c'est l'**horreur** qui domine, car les images sont fortes et cruelles : le bruit est assourdissant et les cadavres se multiplient. Le *travelling* dans les tranchées montre la multitude des hommes impliqués dans l'attaque. Le texte ne produit pas une impression d'horreur aussi immédiate. Mais on peut néanmoins ressentir, comme Morlac, un certain **désespoir**, puisque les hommes sont amenés à se conduire comme des bêtes.

Info +
On appelle ***travelling*** le déplacement de la caméra de cinéma placée sur un chariot glissant sur les rails. Ici, la caméra recule pour montrer à quel point les hommes sont entassés dans des tranchées interminables.

5 **1.**

« Le prisonnier était épuisé par cette confession. Assis au bord de sa couche, il gardait les bras ballants et les yeux vagues. Son juge n'était pas plus alerte. Il éprouvait le besoin de sortir de cette pièce sans air, de marcher, de mettre de l'ordre dans ses idées. Depuis quatre jours qu'il enquêtait sur cette affaire, il était temps qu'il aboutisse à une conclusion ferme. Après tout, il ne fallait pas accorder à ce personnage et à son geste plus d'importance qu'ils n'en avaient.
Lantier était connu pour son aptitude à trancher, même dans les dossiers les plus délicats. Cette fois cependant, il n'y parvenait pas.

verbes à l'infinitif
verbes à l'imparfait
participe passé

2. *Les termes modifiés sont en gras.*

C'était **eux**, **les** héros. C'est ça que j'ai pensé, voyez-vous. Pas seulement parce qu'**ils** m'**avaient** suivi au front et qu'**ils avaient** été **blessés**. Non, c'était plus profond, plus radical. **Ils avaient** toutes les qualités qu'on attendait d'un soldat.

6 *Voici un exemple de rédaction sur chacun des deux sujets.*
Attention ! Les indications entre crochets ne doivent pas figurer sur ta copie.

Sujet A

Beauval, le 20 août 1919

Ma chère Marie,

[Mise en contexte] Je me réjouis de savoir que je serai bientôt de retour près de toi. Je dois conclure l'affaire qui m'a amené ici dans deux jours au plus tard.

[Récit des faits] C'est un drôle de cas que celui qui m'occupe actuellement. Sans trahir le secret de l'instruction, laisse-moi te raconter ce dont il s'agit. Je me suis rendu à la prison pour interroger un certain Morlac, ancien combattant décoré de la Légion d'honneur. Je pensais rencontrer un héros. J'ai découvert un homme farouchement opposé à la guerre. Il m'a expliqué qu'il avait essayé de fraterniser avec l'ennemi, mais que par la faute de son chien sa tentative avait tourné au massacre. Morlac a pardonné à son chien mais il n'a pas pardonné au gouvernement de nous avoir obligés à nous comporter, nous, les humains, en bêtes, pendant cette terrible guerre.

[Réflexions personnelles] Au début je ne voulais qu'une chose : le faire parler et terminer mon interrogatoire au plus vite. Mais ce parallèle entre les hommes et les animaux m'a profondément troublé. Petit à petit j'ai compris sa position. Pendant qu'il parlait et déambulait dans sa cellule, j'ai moi aussi ressenti cette désillusion profonde, au souvenir de tous mes camarades massacrés. Mais je suis juge, je représente l'autorité militaire. Pourtant, aujourd'hui, comment pourrais-je juger, et encore moins condamner, un homme en qui je reconnais un frère ? Je n'ai jamais reculé devant une décision difficile, tu le sais bien, mais j'ai besoin de te confier ces pensées qui me tourmentent tant.

> **Conseil**
> Pense à utiliser des **connecteurs temporels** pour montrer les réflexions successives qu'inspirent au juge les propos de Morlac.

Ton époux bien-aimé,
Louis

Sujet B

[Présentation de la situation] Il y a quelques mois, j'ai dû prendre une décision difficile concernant mon orientation. Deux solutions étaient possibles : faire une seconde générale dans mon lycée de secteur, ou intégrer le conservatoire de musique et faire un double cursus scolaire et artistique. Mon professeur de batterie m'avait parlé de cette possibilité.

[Exposition du dilemme] J'étais très indécis, car des deux côtés il y avait des avantages et des inconvénients. Plus j'y réfléchissais, plus l'angoisse montait. Je connaissais déjà le lycée d'à côté et je savais que j'y retrouverais mes meilleurs amis. Seulement je tournais déjà un peu en rond dans ma petite ville. Mais choisir le conservatoire, cela signifiait partir en internat, ne connaître personne là-bas… Peut-être aurais-je du mal à m'y faire des amis. Le cœur serré, je m'imaginais déambulant d'un air triste dans les couloirs, pendant qu'on chuchoterait sur mon passage : « Regarde, c'est le nouveau ! » Et puis, bien sûr, si je choisissais l'internat, il faudrait travailler deux fois plus.

J'avais donc le choix entre une solution séduisante mais effrayante, et une solution rassurante mais ennuyeuse. Totalement paniqué, j'avais désormais du mal à trouver le sommeil.

[Solution choisie] Un matin, pourtant, tout m'a semblé plus clair : ce choix dont je me faisais une montagne, n'était pas forcément définitif. Je pouvais intégrer le conservatoire l'année prochaine… et revenir à la maison l'année suivante si c'était trop dur. J'ai donc annoncé ma décision à mes parents : le conservatoire ! Je sais, même si je suis mort de peur, que j'ai fait le bon choix.

> **Conseil**
> Pour raconter cette expérience, tu dois utiliser principalement les **temps du passé** : en plus de l'imparfait, privilégie le passé composé plutôt que le passé simple.

Sujet 3

1re partie • 1re période

1 **1.** La crise agricole évoquée dans le texte est une **crise de surproduction** qui affecte le lait et la viande. La baisse des prix a conduit les agriculteurs à produire plus pour maintenir leur revenu, entretenant ainsi la surproduction.

2. Les 27 « homologues de l'Union européenne » sont les **27 ministres de l'Agriculture** des autres pays membres de l'Union, qui constituent sur ce sujet le Conseil de l'Union européenne. Le ministre français doit trouver un compromis avec eux, car c'est dans le cadre européen que se décident les aides de la **Politique agricole commune (PAC)**.

Attention

Ne confonds pas le **Conseil de l'UE** qui rassemble les ministres des 28 pays membres, et le **Conseil européen** qui rassemble les chefs d'État et de gouvernement de l'UE.

3. L'Union européenne n'est **pas unie** dans sa réponse à la crise agricole : certains pays membres sont des adeptes de la « libre concurrence sur les marchés » (pays nordiques, par exemple), alors que les autres sont plus interventionnistes, telle la France.

4. La France et l'Allemagne se sont mises d'accord sur « **des mesures destinées à soutenir les prix** », par exemple renforcer l'aide au stockage privé de porc. Cet accord peut être décisif, car la France et l'Allemagne sont les poids lourds de l'Union européenne et, depuis l'origine, le couple franco-allemand pèse d'un poids souvent déterminant dans les négociations européennes.

5. Des **contraintes budgétaires** importantes pèsent sur la résolution de la crise, notamment liées à la crise migratoire qui obère les finances européennes.

2 **1.** La guerre froide met en concurrence **deux modèles** politiques, économiques et culturels antagonistes.

Les **États-Unis** se présentent comme les défenseurs du monde libre et promeuvent la diffusion du libéralisme politique (démocratie, pluralisme) et économique (libre entreprise et libre concurrence) à l'échelle mondiale. Société d'abondance, les États-Unis voient s'épanouir dès l'entre-deux-guerres la consommation de masse, reposant sur un usage massif de la publicité.

Face à eux, les **Soviétiques** défendent l'idéal communiste – la mise en place de la société sans classe et sans **État**, l'émancipation des masses – que doit permettre la mise en place provisoire d'une dictature du prolétariat incarné par le PCUS. L'économie est étatisée et planifiée et la population, soumise à la propagande, participe à l'élaboration du socialisme.
Chaque modèle se prétend universel et vise à se diffuser à l'échelle mondiale.

Conseil

Rappelle quels sont les **fondements idéologiques** de chaque modèle, c'est-à-dire l'ensemble des idées qui légitiment leur fonctionnement politique, social et culturel.

2.

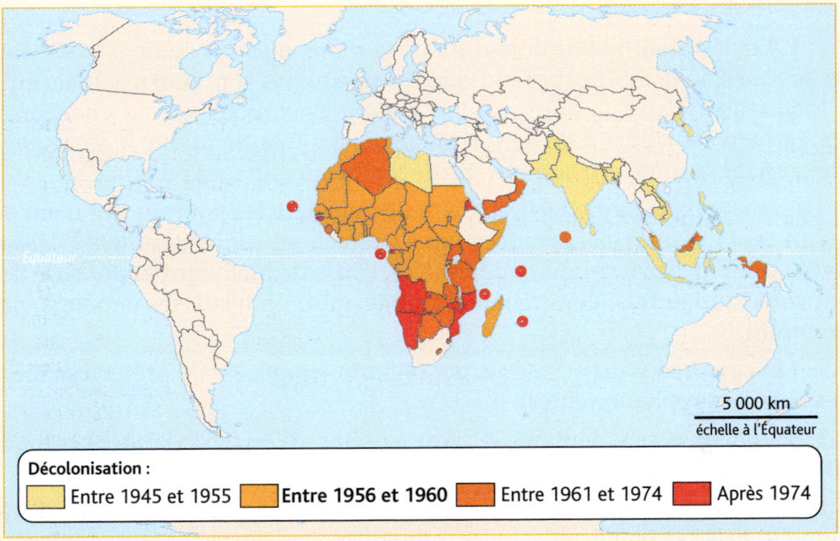

3 **1.** La France a déployé **3 000 militaires** au Mali et au Tchad dans le cadre de l'opération Barkhane lancée le 1er aout 2014. Elle est intervenue dans le but de **lutter contre des groupes terroristes** avec cinq autres pays de la région.

2. La protection des civils est un des objectifs des interventions extérieures françaises. Certaines d'entre elles, comme au Sahel, visent à **empêcher l'implantation de groupes terroristes**. Les militaires sont aussi déployés sur le territoire national pour patrouiller (par exemple dans une gare, comme on le voit dans le document 2) et **protéger les civils de la menace d'attentats**.

3. Des militaires français sont déployés dans des opérations extérieures, comme au Mali dans le cadre de l'opération Barkhane, en Syrie dans le cadre de l'opération Chammal ou en Centrafrique dans le cadre de l'opération Sangaris. Ces interventions sont nécessaires pour **aider les populations civiles** et **maintenir la stabilité** dans leur pays. L'engagement militaire est donc un engagement utile : « pour moi », car 10 000 postes sont à pourvoir dans l'armée de Terre, ainsi que « pour les autres », afin de protéger les civils maliens, syriens, centrafricains, mais aussi français.

Gagne des points
Tu peux citer les noms d'autres **opérations militaires** françaises que tu connais.

1re partie • 2e période

4 **1.** Le narrateur mentionne d'abord sa mère, puis ses sœurs aînées. Dès les premières lignes, on apprend que ces personnes sont **mortes**, mais qu'il a longtemps laissées croire qu'elles étaient encore en vie. Le mensonge concernant ses sœurs date de son enfance ; on comprend que le mensonge concernant sa mère est, comme son décès, beaucoup plus récent.

2. La société dans laquelle vit la mère déconsidère les femmes qui n'ont eu qu'un seul enfant. Les croyances qui s'y attachent sont clairement **péjoratives** : l'enfant est vu comme un pestiféré, cause de malheurs, et possède des pouvoirs surnaturels (commander la pluie, faire du tort à ses ennemis, par exemple).

3. a. Les camarades du narrateur, par raillerie, proposent de prêter à sa mère des enfants supplémentaires.

b. Les guillemets signalent que le verbe « prêter » n'est pas adapté à la proposition ; on ne peut en effet prêter des enfants.

4. a. Le narrateur donne de ses sœurs une **image très positive** : en plus d'être *grandes, belles et intelligentes, elles sont polyglottes*, voyagent et se déplacent luxueusement.

b. Pour mentionner toutes ces qualités, deux figures sont utilisées : l'**énumération**, et l'hyperbole.

Rappel
L'**hyperbole** est une figure d'exagération.

c. Le narrateur dresse un portrait exagérément positif de ses sœurs imaginaires, car il veut avant tout **échapper aux railleries** de ses camarades qui lui reprochent d'être enfant unique ; en s'inventant une famille magnifique, il cherche peut-être également à combler un certain vide.

5. a. Les **sentiments** successivement mentionnés sont : la convoitise, la jalousie, la curiosité, l'incrédulité.

b. Plus ses camarades le questionnent, plus le narrateur est amené à forger de nouveaux mensonges ; et plus les mensonges sont nombreux, plus ses camarades ont du mal à le croire. Mais plus il profère de mensonges, plus il se met lui-même à y croire : sa **mythomanie** (ou le fait de croire à ses propres mensonges) augmente, tout comme l'incrédulité de ses camarades.

6. Enfant unique dans une société où cela est très mal vu, le narrateur vit seul avec sa mère, car ses deux sœurs aînées sont mortes en bas âge. Il ne parle pourtant **pas de souffrance** ; il n'insiste pas sur sa solitude. Le mensonge des sœurs aînées sert avant tout à impressionner ses camarades.

Rappel
On utilise le terme ***tonalité*** pour parler de l'impression qu'un texte cherche à produire sur le lecteur. On parle ainsi de tonalité pathétique, tragique, lyrique, comique, etc.

7. Les premières phrases mentionnent les décès de sa mère et de ses sœurs ; le lecteur s'attend alors à un texte d'une tonalité grave ou triste. Mais c'est une impression bien plus légère qui prévaut : le chagrin est absent du portrait que l'enfant dresse de sa mère et de ses sœurs, s'emmêlant dans ses mensonges. On peut ressentir à la lecture de ce passage à la fois de la **surprise** et de l'**amusement**. L'exagération rend en effet la lecture de ce texte très plaisante (*tout juste s'il ne pouvait influer sur la rotation de la Terre, j'exagérais sans doute…*).

8. Le **thème de la famille** semble commun aux deux documents. Le texte présentait un petit garçon, sa mère et ses sœurs ; le tableau montre une silhouette d'enfant, s'accrochant au cou d'une figure maternelle. L'**attachement** de l'enfant aux membres, réels ou fantasmés, de sa famille, se retrouve dans les deux documents.

9. Le lien entre les deux silhouettes est au centre du tableau de Wilfredo Lam. Mais les **couleurs** majoritairement utilisées sont **froides**, et les **différences** sont importantes **entre l'enfant et la mère** (les couleurs utilisées, les visages, les attitudes). Le tableau n'évoque donc pas une relation éternellement heureuse. Comme dans le texte, les liens familiaux, même emplis d'amour, ne sont pas forcément synonymes de bonheur.

2e partie

5 **1.**

homophones
accords du participe passé
passé simple

On pouvait m'entendre monologuer sur le chemin de l'école ou dans le quartier quand ma mère m'envoyait acheter du sel ou du pétrole. À force de passer des heures avec ces sœurs dans mes pensées, je les voyais à présent la nuit ouvrir la porte de notre maison, entrer et s'orienter vers la cuisine où elles fouillaient dans les marmites les restes de la nourriture que ma mère avait préparée. Le jour où je soufflai à ma mère que mes deux sœurs nous avaient rendu visite et n'avaient pas trouvé de quoi manger, elle demeura silencieuse puis […] me dit :

– Tu n'as pas remarqué que tous les soirs je laisse deux assiettes remplies de nourriture à l'entrée de la porte ?

2. *Les termes modifiés sont en gras.*

Égarés dans la nasse de **nos** propres fictions, **nous commençons** à y croire plus que **nos** camarades, et **nous attendons** de pied ferme le retour de **nos** aînées.

6 *Voici un exemple de rédaction sur chacun des deux sujets.*
Attention ! Les indications entre crochets ne doivent pas figurer sur ta copie.

Sujet A

[Présentation des circonstances] Lorsque j'avais dix ans, ma mère et moi sommes partis en vacances au Maroc. Pendant tout le trajet, j'étais tellement excité de prendre l'avion que je n'arrivais pas à me taire. À cause de la fatigue due au voyage, et sans doute aussi de mon bavardage incessant, en arrivant à Marrakech ma mère était nerveuse et irritable. Lorsque je fis tomber ma valise sur son petit orteil, elle devint écarlate et se mit à crier contre moi, nous donnant en spectacle, sans faire aucun cas du regard des autres ; je pris très mal cette humiliation publique et sonore.

[Le mensonge et l'aveu] Parvenue aux douanes, ma mère s'était un peu calmée. J'étais, quant à moi, à la fois décontenancé et plein de rancune. Aussi lorsque le policier, après avoir examiné mon passeport, me demanda si la dame qui m'accompagnait était ma mère, je répondis non, et que je ne la connaissais pas. Il regarda alors ma mère d'un air interrogateur. Je vis bien qu'elle s'efforçait de garder son calme, tandis qu'elle répondait au douanier, mais le regard qu'elle me lança ne laissait rien présager de bon. Une discussion s'engagea entre les deux adultes dans une atmosphère tendue. Je commençai à avoir très chaud, et à me demander si je n'avais pas un peu exagéré. Finalement, au milieu de la suspicion générale, ma mère brandit le livret de famille qui prouvait, même si nous ne portions pas le même nom, que j'étais bien son fils. Je dus alors, tête basse, avouer aux policiers que j'avais menti. Le regard noir et la main posée sur leur arme, ils me firent bien comprendre qu'ils n'avaient pas trouvé ça drôle.

[Conclusion] J'avais menti car j'étais en colère contre ma mère ; mais une fois arrivés à l'hôtel, je fis connaissance avec une colère bien plus terrible encore : ce ne fut que le lendemain, après une bonne nuit et un petit-déjeuner copieux, que ma mère accepta de me parler à nouveau à peu près gentiment.

Conseil

Tu n'es pas obligé de terminer ton devoir par une **conclusion** bien-pensante du type : *j'ai compris que c'était mal de mentir, je ne le ferai plus*, etc.

Sujet B

[Introduction] On peut naître dans une famille nombreuse, ou au contraire être l'unique enfant de ses parents. À l'adolescence cela prend une importance tout à fait particulière. À cet âge, vaut-il mieux avoir des frères et sœurs ou être enfant unique ?

Conseil

Pour rédiger l'**introduction**, commence par rappeler le sujet, formule ensuite la question (problématique) à laquelle ton devoir va répondre et annonce son plan.

[Les avantages d'être enfant unique] Lorsque l'on est l'unique enfant à la maison, on profite d'abord d'une attention plus grande de la part de ses parents, qui n'ont pas à s'occuper d'enfants, par exemple plus petits, qui nécessitent beaucoup de temps et de vigilance. C'est d'autant plus important en cette période fragile qu'est l'adolescence. Le quotidien d'un enfant unique est aussi plus calme : ni disputes, ni rivalité, ni jalousie envers un aîné ou un cadet. Enfin, c'est aussi la garantie de ne pas avoir à partager sa chambre, à un âge où l'on est particulièrement content d'avoir son intimité.

[Les avantages d'appartenir à une fratrie] Toutefois, avoir des frères et sœurs peut se révéler très bénéfique, notamment à l'adolescence. On peut alors partager avec eux ses angoisses et ses joies. En cette phase où l'on manque parfois de repère, il peut également être bon de bénéficier du soutien et des conseils de quelqu'un de plus proche de soi que les parents. Enfin, en jouant ce même rôle auprès des plus jeunes, on apprend à être responsable et à donner l'exemple.

[Conclusion] Être enfant unique peut donc présenter des avantages indéniables. Mais avoir des frères et sœurs me semble encore plus bénéfique. Si leur rôle est central à l'adolescence, il ne se limite pas à cet âge. Les liens tissés dans une fratrie pendant l'enfance sont un gage de rapports affectifs solides à l'âge adulte.

Sujet 4

1re partie • 1re période

1 **1.** Le document est un texte extrait des *Mémoires d'Espoir* du général de Gaulle publiées en 1971. Il y dresse le **bilan de son action à la tête de l'État** : il a été élu président de la République une première fois en 1958 et une seconde fois en 1965 pour finalement démissionner en 1969.

2. Charles de Gaulle évoque les « **grands et rapides changements** » qui ont touché la société française depuis la fin de la Seconde Guerre mondiale et les « **espoirs nouveaux** ». Ceux-ci sont suscités par la mise en exploitation des sources d'énergie dont dispose le pays (gaz, pétrole en Algérie, électricité), les grands travaux d'équipement dans les communications (fer, air, route) et dans le bâtiment, l'essor industriel et la révolution commerciale que représente l'installation des premiers supermarchés.

3. Ces changements s'expliquent par la **période de prospérité** que connaît le pays (et l'ensemble des pays développés) depuis 1945 et qui se traduit par une **forte croissance économique** et le **plein emploi** : ce sont les Trente Glorieuses qui s'étirent jusqu'au milieu des années 1970. Cette prospérité entraîne une hausse du niveau de vie des Français qui accèdent ainsi à la « modernité ».

4. Depuis la fin de la Seconde Guerre mondiale, l'État s'est fixé comme objectif d'**accompagner la croissance** par le biais d'une planification incitative et d'investissements massifs (« concours des fonds publics »). Il intervient ainsi dans la recherche (« lancement de satellites »), les grands travaux d'équipement, la construction de logements, mais aussi dans la redistribution des fruits de la croissance (allocations familiales, par exemple).

> **Rappel**
> La **planification incitative** est la fixation indicative d'objectifs quantitatifs et qualitatifs afin d'orienter les investissements dans les secteurs économiques prioritaires pour la croissance.

2 **1.** Le premier acteur de l'aménagement du territoire en France, dans un pays si anciennement centralisé, a naturellement été l'**État**. Sans remonter aux rois de France, les années 1960, avec la création de la Délégation à l'aménagement du territoire et à l'action régionale (DATAR), voient le lancement de **grandes politiques d'aménagement.** L'État conduit par exemple la création de métropoles d'équilibre, de stations touristiques intégrées (sur le littoral languedocien, comme à La Grande Motte) et de lignes à grande vitesse (inauguration de la ligne Paris-Lyon en 1981).

À partir des années 1980, d'autres acteurs interviennent dans l'aménagement du territoire français : l'Union européenne et les régions. L'action de l'Union européenne se manifeste via les **fonds structurels et d'investissements européens**. La France reçoit ainsi 27 milliards d'euros pour la période 2014-2020 afin de réduire les inégalités territoriales ou promouvoir le développement rural.

Gagne des points

Citer un chiffre précis (et exact) est un bon moyen d'illustrer concrètement ton propos.

Avec les lois de décentralisation de 1982 et 2003, les collectivités territoriales interviennent aussi dans l'aménagement du territoire national. Ces lois leur ont en effet permis de bénéficier d'importants **transferts de compétences** dans divers domaines : développement économique, transports, enseignement et action sociale. Le **Schéma régional d'aménagement et de développement durable du territoire (SRADDT)** fixe ainsi les grandes orientations d'organisation de l'espace régional, par exemple dans le développement des transports collectifs ou de l'intermodalité.

Rappel

Les **collectivités territoriales** sont les régions, les départements et les communes.

Les acteurs, institutionnels ou citoyens, se sont ainsi multipliés et diversifiés. Cela a cependant rendu l'aménagement du territoire complexe. La réduction des régions de 22 à 13, en 2016, va dans le sens d'une simplification.

2.

3 **1.** Dans le document 1, le critère de discrimination est le sexe, il s'agit d'une **discrimination sexuelle** (ou sexisme). Dans le document 2, le critère de discrimination est l'origine des personnes, c'est une **discrimination raciale** (ou racisme). Il existe d'autres critères discriminatoires comme l'âge, le physique, l'état de santé ou encore l'orientation sexuelle.

2. Dans le document 1, l'employeur écoute la jeune femme exposer son cursus, mais il n'en tient pas compte et lui demande d'aller préparer le café. Son comportement révèle les préjugés qu'il entretient à l'égard des femmes : pour lui, même très qualifiées, les femmes doivent garder une **position d'infériorité** et servir les hommes. Peut-être pense-t-il aussi que, malgré tous leurs diplômes, elles sont incapables d'effectuer des tâches professionnelles complexes.

> **Rappel**
> Un **préjugé** à l'égard de quelqu'un est un jugement sur cette personne que l'on a formé à l'avance selon des critères personnels.

3. Refuser l'accès d'un lieu à certaines personnes en raison de leurs origines, c'est se rendre coupable de discrimination raciale. Les victimes d'un tel traitement de défaveur ressentent un fort **sentiment d'impuissance et d'injustice**. Elles sont moins bien traitées que d'autres pour des raisons qui ne dépendent pas de leur volonté et qui ne devraient pas donner lieu à un comportement différencié.

Cette situation est contraire à la valeur républicaine de liberté selon laquelle tous les individus peuvent agir et se déplacer comme ils l'entendent à partir du moment où ils respectent les libertés des autres. Elle est surtout contraire à la valeur d'égalité selon laquelle dans une société démocratique les individus disposent des **mêmes droits** et doivent bénéficier du **même respect** et de la **même dignité**. La justice peut condamner sévèrement les auteurs d'une telle discrimination (jusqu'à cinq ans d'emprisonnement et 75 000 euros d'amende).

> **Conseil**
> Ne te contente pas de réagir en décrétant ce qui est bien et mal. Il faut justifier ton propos par des **arguments** utilisant les grandes notions travaillées en EMC : ici, les valeurs républicaines de liberté et d'égalité.

1re partie • 2e période

4 **1.** La narratrice est la fille d'un couple de petits commerçants de province. Des souvenirs d'enfance sont mentionnés (« un jour d'octobre... »). Un regard rétrospectif est aussi porté sur ces événements (« j'ai longtemps pensé de cette façon »). Ces éléments, ainsi que l'emploi du pronom « je » et les précisions du paratexte, indiquent qu'il s'agit d'un texte autobiographique.

> **Rappel**
> Une **autobiographie** est un texte où l'auteur raconte sa propre vie, à la première personne et de manière rétrospective, sans chercher à enjoliver ses souvenirs.

2. Les expressions en italique dans le premier paragraphe ressemblent à des **citations**, à des phrases entendues maintes fois par la narratrice durant son enfance. D'un **niveau de langue oral et familier**, elles soulignent le faible niveau d'instruction de la famille, l'insistance sur le travail à faire et l'absence de moments de détente.

Conseil

Tu peux ajouter que ces préoccupations sont essentiellement présentées sur un mode négatif.

3. a. Les préoccupations parentales présentées sont les suivantes : ne pas gaspiller l'argent, ne pas envier les autres, ne pas avoir de désir véritable, avoir peur de mal faire, avoir honte de ne pas savoir, craindre le regard de l'autre.

b. Le **sentiment de manque** est le point de départ de toutes ces préoccupations. Toute la vie familiale semble assujettie à ce sentiment : dans la famille de la narratrice, on manque de temps, d'argent, de désir, de connaissances et de vocabulaire.

4. a. Le mot *déplacé* est construit à l'aide du préfixe privatif *dé–*, suivi du radical *plac–*, auquel on a rajouté le suffixe *–é* servant à former l'adjectif.

b. « Déplacé » signifie qui a changé d'endroit, qui n'est plus à sa place.

c. Le mot garde son **sens littéral** dans le texte : le père, en délaissant son milieu social d'origine, n'est plus à sa place, à l'endroit où il est né. Il prend aussi son **sens figuré** : le père craint d'avoir un comportement inadapté, malvenu ou grossier.

5. a. Dans ces deux phrases, les verbes sont conjugués au présent de l'indicatif.

b. Dans la première phrase, ce temps est utilisé pour raconter un souvenir passé : c'est un **présent de narration**. Dans la seconde, ce temps fait référence au moment de l'écriture : c'est du **présent de l'énonciation**.

6. N'ayant jamais eu l'occasion d'employer la formule juridique « lu et approuvé », le père, alors qu'il se trouve chez le notaire, choisit une autre orthographe. Sa bévue l'obsède sur le chemin du retour. L'épisode permet de mieux comprendre le caractère du père : il a honte de son ignorance.

7. a. Il s'agit d'une **phrase nominale**, sans verbe.

b. On peut relever d'autres phrases construites selon le même procédé : « Chant quotidien », « Un manque continuel, sans fond », « L'ombre de l'indignité ».

c. Ce procédé peut donner à ces énoncés la valeur d'une vérité, d'un **jugement** rendu par la narratrice. Il peut aussi, par l'économie de mots qu'il implique, rappeler la mentalité familiale où *tout compte*.

8. L'emploi du pronom personnel *nous*, dans lequel la narratrice s'inclut, indique qu'elle partageait cet état d'esprit de manque perpétuel lorsqu'elle vivait avec ses parents. Mais la dernière phrase de l'extrait précise que cela a ensuite changé : « [...] j'ai longtemps pensé de cette façon et je ne sais pas quand j'ai cessé de le faire. »

9. Le texte et la photo traitent tous deux des **rapports entretenus entre un père et sa fille**. Dans les deux documents, ce rapport n'est pas envisagé sur le mode de la tendresse. Une différence est néanmoins indéniable : dans le texte, la fille semble partager la souffrance paternelle ; la photo tirée du film donne en revanche une image d'opposition violente entre la fille et son père.

10. La photo, en montrant une image de jolie femme prenant plaisir à tirer, est **dérangeante** : le plaisir et la violence sont mêlés, la relation entre père et fille est brutale. Le texte en revanche, en traitant surtout d'une souffrance subie et partagée entre père et fille, peut susciter la compassion et la tristesse, mais pas le rejet.

2e partie

5 **1.**

Enfant, quand je m'efforçais de m'exprimer dans un langage châtié, j'avais l'impression de me jeter dans le vide. Une de mes frayeurs imaginaires, avoir un père instituteur qui m'aurait obligée à bien parler sans arrêt, en détachant les mots. On parlait avec la bouche.

Puisque la maîtresse me reprenait, plus tard j'ai voulu reprendre mon père [...]. Il est entré dans une violente colère. Une autre fois : « Comment voulez-vous que je ne me fasse pas reprendre, si vous parlez mal tout le temps ! » Je pleurais. Il était malheureux. Tout ce qui touche au langage est dans mon souvenir motif de rancœur [...], bien plus que l'argent.

imparfait
infinitif/participe passé
accord avec le COD

2. *Les termes modifiés sont en gras.*

Ils disent souvent « **eux** » maintenant, parce qu'**ils ont** longtemps pensé de cette façon et **ils** ne **savent** pas quand **ils ont** cessé de le faire.

6 *Voici un exemple de rédaction sur chacun des deux sujets.*
Attention ! Les indications entre crochets ne doivent pas figurer sur ta copie.

Sujet A

[Présentation du cadre] Lorsque j'ai eu onze ans, nous avons quitté la région parisienne, pour aller habiter dans le sud de la France, à Aubagne. J'ai donc effectué ma rentrée en cinquième dans un nouvel établissement, où tout était déroutant : le climat, les habitudes vestimentaires, l'accent. J'étais parvenu à me couler assez rapidement dans le moule, et un mois plus tard, tout le monde avait oublié ma différence.

[Le comportement déplacé] Mais c'était sans compter sur mon parrain, qui un jour m'infligea une honte cuisante devant mes camarades. Mon parrain, espagnol, qui séjournait chez nous pour deux semaines, décida de venir me chercher au collège. Je lui avais donné une copie de mon emploi du temps. Il arriva en avance, et comme la gardienne n'était pas à l'entrée, rien n'a pu empêcher sa progression inexorable vers la salle où le cours de mathématiques se déroulait. Il a frappé, est entré, m'a fait un signe de reconnaissance, puis a serré la main et a commencé à bavarder avec M. Laveuve, qui

Conseil
Pour exprimer tes sentiments, utilise des adjectifs, des expressions, des figures de style ou encore des pensées rapportées au discours indirect libre.

avait du mal à cacher son irritation d'être interrompu. J'étais anéanti : mon parrain ne se rendait-il pas compte que son comportement était totalement déplacé ? Pétrifié sur ma chaise, je baissais la tête, n'osant affronter les regards moqueurs de mes camarades. Il faut dire que mon parrain parle avec un très fort accent espagnol et s'embrouille un peu avec la grammaire française. Sans avoir le moins du monde conscience d'être importun, il remercia chaleureusement le terrifiant M. Laveuve de sa bienveillance envers nous avant d'aller m'attendre dehors. Partagé entre la honte et la colère, je fis semblant de ne pas le voir quand je sortis quelques instants plus tard.

[Le regard rétrospectif] Mon parrain était une personne raisonnable. Je me suis longtemps demandé ce qui lui avait pris d'agir de cette manière. J'ai mis du temps à saisir qu'il s'agissait simplement d'une méconnaissance des usages du système scolaire français. Je lui pardonne aujourd'hui bien volontiers cette bévue, pour laquelle j'ai pourtant refusé de lui parler pendant pratiquement tout le reste de son séjour.

Sujet B

[Introduction] Il est courant de voir des enfants se différencier radicalement de leurs parents. Ces différences se manifestent dans des domaines variés : l'apparence physique, le comportement, ou même les croyances. Quelles sont alors les raisons qui poussent certains représentants de la nouvelle génération à ne pas vouloir ressembler à leurs parents ?

[Adopter les codes de sa génération] On peut, en premier lieu, s'arrêter sur les codes de l'apparence. Les modes changent vite, et les codes sont très différents d'une génération à l'autre. Un enfant peut donc adopter un style bien distinct de celui de ses parents. Ainsi, j'ai un ami qui a adopté la coiffure bien reconnaissable d'un célèbre footballeur, ce que ses parents n'acceptent pas du tout.

[Se sentir indépendant] Grandir, c'est aussi s'émanciper de la tutelle de ses parents. En grandissant, un enfant apprend à avoir ses jugements propres, qui ne seront pas toujours les mêmes que ceux de ses parents. L'apprentissage de l'autonomie passe alors par une opposition. En effet, il n'est pas rare de voir des enfants adopter des opinions politiques ou des croyances religieuses tout à fait contraires à celles de leurs parents.

> **Conseil**
> Pense à utiliser des **connecteurs logiques** pour introduire tes exemples.

[Rejeter un modèle] Enfin, en grandissant, certains enfants entrent dans un monde qui ne ressemble pas à celui de leurs parents ; ils vont alors rejeter l'ancien modèle pour adopter le nouveau. C'est ce que laisse entendre, par exemple, le texte d'Annie Ernaux. En faisant la connaissance, par le biais de ses camarades de classe, d'un monde plus aisé et plus éduqué, la jeune Annie connaît une situation difficile, où elle est amenée à rejeter le monde parental pour se conformer à celui de ses camarades de classe.

[Conclusion] Une génération nouvelle se construit donc souvent en opposition avec la précédente. Cette opposition se révèle souvent positive : on apprend ainsi à s'affirmer et à exprimer sa singularité.

Sujet 5

1re partie • 1re période

1 **1.** Au total, **962 projets** d'investissement ont été menés à bien en France en 2015 par des investisseurs étrangers. Ces 962 projets ont permis la création ou la sauvegarde de **33 682 emplois.**

2. Les **États-Unis** arrivent en tête, avec 176 projets et 32 % des emplois créés. Ce rang de n° 1 n'est guère étonnant pour la première économie mondiale, considérée comme le **moteur de la mondialisation** et dont les firmes transnationales sont puissantes et nombreuses.

3. 54,4 % des projets et 48,8 % des emplois créés l'ont été par des IDE venant de pays de l'Union européenne. Cela montre la **forte intégration de l'économie française** avec ses partenaires européens qui n'hésitent pas à investir en France, notamment dans les régions métropolitaines et frontalières.

> **Attention**
> N'inclus pas la Suisse dans tes calculs, pays européen non membre de l'UE.

4. 59 % des exportations françaises se font à destination de l'Union européenne. Ce total montre à quel point les pays membres de l'Union européenne, au premier rang desquels la France, connaissent une **intégration commerciale très avancée** : les économies de l'Union sont très complémentaires et échangent beaucoup entre elles.

> **Attention**
> N'oublie pas de rajouter la dernière barre du graphique : « Autres pays de l'UE » !

5. Les six premières destinations européennes des exportations françaises sont l'Allemagne, l'Espagne, l'Italie, le Royaume-Uni, la Belgique et les Pays-Bas. Ces six pays sont pour l'essentiel des **pays d'Europe du Nord-Ouest** et sont tous des voisins proches, dans leur niveau de développement comme dans leur distance géographique.

6. L'économie française est une **économie très internationalisée**. Son intégration se fait avec les autres grandes économies développées du monde (États-Unis 1er investisseur en France et 2e importateur de produits français, Japon 4e et 12e), mais surtout avec les autres économies de l'UE : 60 % des IDE entrants en France et 59 % des exportations françaises de marchandises se font avec des pays de l'Union. Cette prégnance des flux financiers et commerciaux avec le reste de l'Union démontre l'intégration de la France à ce territoire de référence.

> **Conseil**
> Utilise les réponses aux autres questions pour citer des chiffres à l'appui de ta démonstration.

2 **1.** Le projet européen vise à **favoriser la reconstruction** et à **maintenir la paix** en Europe au lendemain de la Seconde Guerre mondiale. Il prend corps avec le traité de Rome (1957) qui établit un marché commun entre les six États fondateurs. Jusqu'en 1986, des élargissements consolident la CEE, mais soulignent aussi les lacunes politiques du projet.

En 1989, la **chute du mur de Berlin** entraîne une nouvelle situation géopolitique. Les anciennes démocraties populaires, libérées de la tutelle soviétique, se portent candidates à l'adhésion. Pour préparer une future union politique, le **traité de Maastricht** signé en 1992 institue l'**Union européenne** (UE). Celle-ci repose dorénavant sur trois piliers : une vaste zone de libre-échange de biens, de capitaux et de citoyens ; une politique étrangère et de sécurité commune ; une coopération en matière policière et judiciaire. En effet, l'élargissement de l'Europe nécessite un approfondissement des institutions et du projet. Une **monnaie unique** (l'euro) est mise en circulation en 2002.

En 2004, huit **pays d'Europe de l'Est** (Estonie, Hongrie, Lettonie, Lituanie, Pologne, République tchèque, Slovaquie et Slovénie) ainsi que deux d'Europe du Sud (Chypre et Malte) intègrent l'UE. En 2007, c'est au tour de la Bulgarie et de la Roumanie, suivies en 2013 par la Croatie. L'Union compte désormais vingt-huit pays et 514 millions d'habitants.

Cependant, le vote des Britanniques en faveur du Brexit le 23 juin 2016 est un signe des difficultés récentes rencontrées par la communauté européenne.

Gagne des points
En conclusion, tu peux évoquer la sortie programmée de la Grande-Bretagne de l'UE.

2.

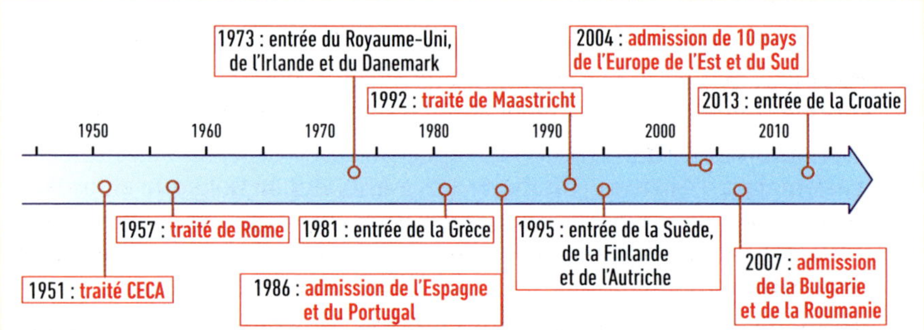

3 **1.** Les valeurs républicaines évoquées ici sont la **liberté** et la **laïcité**.

2. La liberté d'expression ne justifie pas que l'on porte atteinte aux droits d'autres individus. **Les limites sont fixées par la loi** : la diffamation, l'injure et les propos appelant à la haine.

3. En France **l'État ne reconnaît aucune religion**, le blasphème ne peut donc pas être un délit, une limite à la liberté d'expression. Il est ainsi permis de manquer de respect à une divinité ou à quelque chose de sacré pour les croyants d'une religion. C'est d'ailleurs un procédé souvent utilisé dans un but humoristique.

4. La loi (et le règlement intérieur) ne t'autorise pas à écrire ce que tu veux sur les réseaux sociaux. Tu n'as pas le droit de tenir des propos (à l'oral ou à l'écrit, y compris sur Internet) diffamants, insultants ou appelant à la haine ou à la discrimination. Les personnes que tu cites ont aussi des **droits** (c'est ce que l'on appelle l'**égalité**). Tu peux critiquer leurs idées et leurs croyances, mais ta liberté d'expression ne t'autorise pas à leur manquer de respect ni à les insulter. Cela est essentiel pour assurer le « **vivre ensemble** ».

Attention
Tu dois tenir compte de la situation énoncée dans le sujet, mais rappelle-toi qu'il ne s'agit pas pour autant d'un sujet d'imagination. Attention au hors sujet !

1re partie • 2e période

4 **1.** La narratrice doit **écrire une lettre** pour répondre à une invitation à jouer au golf adressée à son supérieur.

2. a. Les directives du supérieur de la narratrice sont déroutantes, car il se contente de lui demander de recommencer **sans aucune explication** sur les erreurs commises.

b. Tout d'abord, la narratrice **s'étonne** et s'interroge, puis elle choisit de s'en amuser et réagit avec **humour**.

c. L'effet produit est **comique**. Il s'agit d'un comique de répétition.

3. Le cri de monsieur Saito, **répété** après chaque nouvelle tentative infructueuse, est comme un refrain repris entre chaque couplet d'une chanson.

4. a. Il s'agit du **registre satirique**.

b. Amélie Nothomb se livre à une critique pleine d'humour de la société japonaise et des règles en apparence absurdes qui régissent les grandes entreprises nippones, lorsqu'elles sont vues ou vécues par des Occidentaux.

5. « Je passai les heures qui suivirent à rédiger des missives à ce joueur de golf. »

a. Les mots suivants appartiennent à la même famille que missive : mission, missionnaire, missile, émission, émissaire.

Info +
Missive vient du latin *missus*, participe passé de *mittere*, « envoyer ».

b. Le sens commun à tous ces mots est qu'il s'agit de choses ou de personnes **que l'on envoie** ou encore de l'action d'envoyer.

c. Le synonyme de *missive* est ***lettre***.

6. a. Les verbes soulignés sont à l'**imparfait** (*rythmait, devait, fallait*) et au **passé simple** (*passai, suivirent*).

b. Ce sont deux temps du passé. Les verbes au passé simple expriment des actions achevées, qui ont lieu à un moment donné, « durant les heures qui suivirent ». Les verbes à l'imparfait expriment des actions qui se répètent (*à chaque fois*).

7. La narratrice a transformé le premier nom propre en verbe en lui adjoignant le suffixe ***-er*** (« adamjohnsoner ») et le deuxième en adverbe à l'aide du suffixe ***-ment*** (« saitoment »).

Rappel

Un **suffixe** s'ajoute à la racine ou au radical d'un mot pour constituer un nouveau mot appelé dérivé.

8. Ce texte donne une **image dévalorisante** des conditions de travail dans la grande société japonaise : la jeune narratrice se retrouve dans un univers en apparence hostile où semble régner l'absence de communication. Son supérieur se montre méprisant et refuse de lui donner la moindre directive. Il ne semble pas de bon ton de poser des questions. Son travail finit par lui sembler **absurde**. Elle aurait pu être gravement déstabilisée mais, dans cet extrait, elle réagit avec humour.

9. a. L'extrait du film *Les Temps modernes* nous montre Charlot occupé à visser des écrous sur une chaîne de production dans une usine. Le rythme s'accélère jusqu'à ce que Charlot soit avalé par la machine. Le sourire du personnage est trompeur : le travail à la chaîne l'a rendu fou.

b. La séquence du film montre la puissance de la machine qui annihile la personnalité des ouvriers contraints à des tâches répétitives et à des **cadences de travail inhumaines** dans le seul but de gagner en productivité et en profit pour l'entreprise.

10. Dans les deux cas, les personnages – la narratrice et Charlot – sont confrontés à des **tâches morcelées et répétitives** qui semblent **dépourvues de sens**. De même que Charlot n'a aucune idée de ce qu'il contribue à produire, de même la narratrice ne comprend pas très bien ce que l'on attend d'elle.

2e partie

5 **1.**

imparfait
passé simple
cédille

Un homme d'une cinquantaine d'années, petit, maigre et laid, me regardait avec mécontentement.

– Pourquoi n'aviez-vous pas averti la réceptionniste de votre arrivée ? me demanda-t-il.

Je ne trouvai rien à répondre et ne répondis rien. J'inclinai la tête et les épaules, constatant qu'en une dizaine de minutes, sans avoir prononcé un seul mot, j'avais déjà produit une mauvaise impression, le jour de mon entrée dans la compagnie Yumimoto.

L'homme me dit qu'il s'appelait monsieur Saito. Il me conduisit à travers d'innombrables et immenses salles, dans lesquelles il me présenta à des hordes de gens, dont j'oubliais les noms au fur et à mesure qu'il les énonçait.

2. *Les termes modifiés sont en gras.*

M**es** supérieur**s** lu**rent** mon travail, pouss**èrent** un petit cri méprisant et le déchir**èrent** :

– Recommencez.

J'eus envie de demander où était mon erreur, mais il était clair que m**es** chef**s** ne tolérai**ent** pas les questions, comme l'avait prouvé **leur** réaction à mon investigation au sujet du destinataire.

Attention
Il faut mettre « mon supérieur » et « mon chef » au pluriel, puisqu'il s'agit de la même personne. *Cri* et *réaction* peuvent être mis au pluriel ou laissés au singulier.

6 *Voici un exemple de rédaction sur chacun des deux sujets. Attention ! Les indications entre crochets ne doivent pas figurer sur ta copie.*

Sujet A

[Présentation du défi] Ce matin-là, j'avais décidé de combattre ma timidité en relevant un défi en apparence insurmontable pour moi : monter sur les planches. Je décidai donc de m'inscrire à un cours de théâtre.

[Mise en œuvre du défi] Je me rendis dans le centre d'animation de mon quartier et je me retrouvai sur la scène d'un petit théâtre devant un personnage impressionnant qui se révéla être le professeur d'art dramatique.

– Peux-tu nous dire un texte de ton choix ? l'entendis-je me demander.

Prise de court, je balbutiai :

– Maître Corbeau sur un arbre perché…

– Parle plus fort, m'intima-t-il d'une voix de stentor. On ne t'entend pas !

Je pris mon courage à deux mains et répétai d'une voix un peu plus forte :

– Maître Corbeau sur un arbre perché…

– Articule ! m'ordonna la voix de stentor.

– Maî-tre cor-beau sur un ar-bre per-ché, répétai-je en essayant de détacher les syllabes. J'étais terrorisée. J'aurais aimé m'enfuir, mais j'étais comme paralysée. Je sentais tous les regards fixés sur moi malgré les projecteurs qui m'éblouissaient.

– Reprends sans regarder tes pieds, entendis-je encore clamer la voix de stentor.

– Maître Cor…

Ma voix se brisa et mes yeux se remplirent de larmes. Je me sentais ridicule.

[Réussite du défi] Alors je me révoltai et hurlai au professeur :

– Je ne suis pas venue pour me faire humilier. Je n'ai jamais fait de théâtre. Je voulais vaincre ma timidité. Je pensais que c'était une bonne idée, mais je

Attention
Si tu choisis, comme ici, d'employer les temps du passé, sois vigilant pour la conjugaison du passé simple, en particulier pour la première personne du singulier (*ai* ≠ *ais*).

Conseil
Le comique de répétition rend le texte plus plaisant à lire.

vois que je me suis trompée. Étrangement, ma voix était devenue forte et je n'avais plus peur.

– Tu vois quand tu veux ! me félicita le professeur. Reprends la fable.

– Maître Corbeau sur un arbre perché…

Ma voix retentit à mes oreilles, claire et forte. Je pris plaisir à dire les vers de La Fontaine, à jouer tour à tour le vaniteux corbeau et le rusé flatteur ; je sentais la présence du public et son écoute attentive. J'étais bien dans le rond de lumière des projecteurs.

[Conclusion] Lorsque je me tus, tout le monde applaudit et je me permis un petit salut. Non seulement j'avais relevé avec succès le défi que je m'étais imposé, mais j'avais en plus trouvé ma vocation : je serai comédienne.

Sujet B

[Introduction] Le travail est généralement considéré comme une contrainte. On l'oppose souvent aux loisirs qui sont associés à la détente et au plaisir. Mais les choses sont-elles aussi simples ? Le travail n'est-il réellement qu'un effort pénible ?

[Aspects négatifs du travail] Bien sûr, si l'on songe à l'esclavage, au travail répétitif et fastidieux des ouvriers sur les chaînes de montage ou à l'exploitation révoltante des enfants dans le monde, il est impossible d'affirmer que le travail est un épanouissement. Il peut être dévalorisant, déshumanisant, voire dégradant. Dans nos sociétés occidentales, il conduit parfois à la dépression, au *burn-out*.

[Aspects positifs du travail] Cependant, le travail peut se présenter sous bien d'autres formes. Prenons le cas du travail scolaire : c'est avant tout une chance donnée aux jeunes de s'enrichir, de développer leurs capacités intellectuelles. Bien sûr, apprendre une leçon, ne pas baisser les bras devant un exercice de mathématiques difficile demande un réel effort, mais la réussite au contrôle, la découverte de la solution du problème apporte un vrai sentiment de satisfaction.

Conseil
Pour introduire un argument qui s'oppose au précédent, emploie des **connecteurs logiques** qui marquent l'opposition : *cependant, mais, or…*

D'ailleurs, les loisirs demandent aussi leur lot d'efforts et de contraintes. Ainsi, pour réussir et s'épanouir dans un sport, ne faut-il pas de longues heures d'entraînement ? Pour prendre plaisir à courir longtemps, ne faut-il pas savoir dépasser sa douleur ? Pour jouer d'un instrument de musique, combien d'heures de répétition nécessaires ! Mais au bout de tous ces efforts, quelle jouissance que de marquer un but ou de saluer sous les applaudissements à la fin d'un concert !

[Conclusion] Le travail, s'il apparaît tout d'abord comme une contrainte, peut devenir une véritable source d'épanouissement et même de plaisir.

Sujet 6

1re partie • 1re période

1 **1.** Le document est une affiche éditée par l'association féministe Choisir dans les années 1970. Elle vise à promouvoir le **libre choix des femmes en matière de natalité**.

2. L'image se décompose en **trois vignettes** montrant trois fois le même profil de femme, mais coiffé différemment (avec un chapeau, avec un foulard, tête nue) et dans des teintes différentes. Chaque vignette est accompagnée d'un élément distinct signifiant le choix qui s'offre à chaque femme en matière de natalité : **contraception, avortement, maternité**.

3. Le slogan qui accompagne chaque vignette rappelle la revendication centrale de l'association, c'est-à-dire le libre choix des femmes en matière de procréation : la liberté qu'offre la contraception, l'ultime recours qu'est l'interruption volontaire de grossesse, le choix de donner la vie.

4. La contraception a été autorisée par la **loi Neuwirth** votée en 1967, l'IVG en 1975 par la **loi Veil**.

5. Les principaux acteurs de la lutte pour l'émancipation des femmes ont été les **associations féministes** qui, à partir des années 1950, mettent l'accent sur le libre choix en matière de maternité. Si la loi sur la contraception a été votée sans difficulté, celle sur l'IVG a été obtenue de haute lutte, notamment par le biais d'actions d'éclat : procès de Bobigny, manifeste de femmes déclarant avoir avorté illégalement, manifestations, etc.

> **Gagne des points**
> Cite quelques actions d'éclat menées par des associations féministes pour illustrer concrètement ton propos.

2 **1.** Si les territoires ultramarins bénéficient d'aides nationales et européennes, c'est qu'ils souffrent de **handicaps géographiques spécifiques** : insularité, distance et isolement.

> **Gagne des points**
> Montre le sens et l'intérêt du sujet dans ta phrase d'introduction.

L'**insularité** concerne la plupart des territoires ultramarins, comme la Guadeloupe ou Mayotte. Même la Guyane, qui n'est pas une île, est insularisée par la forêt équatoriale. De surcroît, ces territoires sont souvent exigus. Trop petits et isolés, ces territoires ne peuvent pas s'autosuffire. Les ressources y sont rares, en dehors du nickel de Nouvelle-Calédonie. Et le climat est parfois une contrainte majeure (Kerguelen ou Terre-Adélie).

La **distance** avec la métropole représente également un handicap pour les territoires ultramarins : il faut 8 heures de vol depuis la métropole pour atteindre les Antilles françaises, 11 heures pour la Réunion, 22 heures pour Tahiti. Cette distance géographique a des conséquences sur les **prix**, notamment ceux des produits alimentaires presque tous importés : en Martinique, ils sont 44 % plus chers qu'en métropole, 49 % en Guyane.

L'**isolement** est dû à la distance. Mais au-delà de leur isolement géographique (Polynésie), les territoires ultramarins sont de surcroît isolés **de leur environnement régional** en raison des liens privilégiés qu'ils entretiennent avec la métropole : la Réunion échange 10 fois plus avec la France lointaine qu'avec Madagascar tout proche. Leur zone d'appartenance les éloigne de leur zone de proximité.

Gagne des points

Il est très valorisant d'utiliser le **vocabulaire spécifique** que ton professeur t'a enseigné dans l'année.

2.

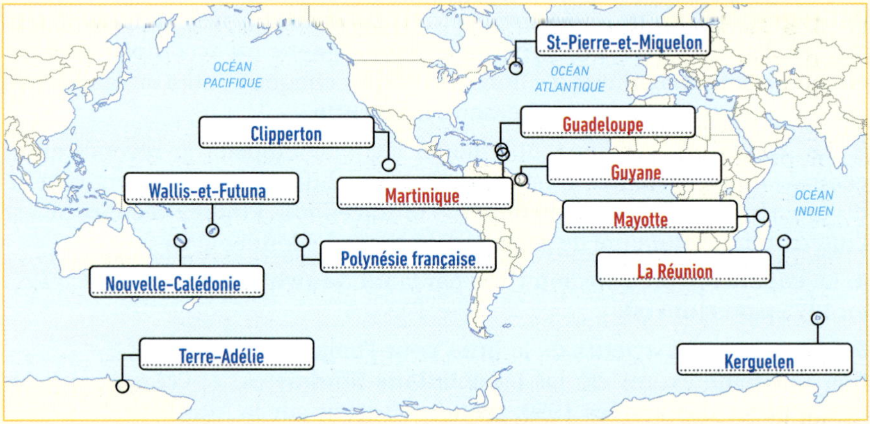

3 **1.** Les symboles de l'Union européenne qui figurent sur l'affiche sont la **devise** (« Unie dans la diversité »), la **Journée de l'Europe** (le 9 mai) et le **drapeau** européen.

2. Le programme Erasmus permet aux étudiants d'effectuer une partie de leurs études à l'étranger, ce qui favorise leur maîtrise d'une langue étrangère, leur ouverture culturelle et leur épanouissement personnel. Il contribue ainsi à créer une communauté citoyenne européenne en renforçant le **sentiment d'appartenance** de jeunes étudiants à l'Union européenne.

3. Nous sommes aujourd'hui le 9 mai, c'est la Journée de l'Europe. Expliquons à cette occasion le sens de la devise européenne : « Unie dans la diversité. »

Info +

Le 9 mai est la date anniversaire de la « Déclaration Schuman » (1950) considérée comme l'acte de naissance de l'UE.

L'Union européenne est un espace marqué par une **grande diversité économique et culturelle**. Les 28 États qui la composent ont des niveaux de richesse inégaux. Par exemple, en 2015, l'Allemagne est classée au 4ᵉ rang mondial selon son PIB, alors que l'Estonie arrive en 105ᵉ position. Les peuples ont des traditions et des langues différentes : l'UE fonctionne dans vingt-quatre langues officielles.

Cette diversité est une richesse à partir du moment où il existe des **liens qui unissent les Européens**. La citoyenneté européenne, instaurée en 1992 par le traité de Maastricht, s'accompagne de droits : circuler librement, étudier dans un autre pays de l'UE… Cette citoyenneté européenne s'incarne dans des valeurs et des symboles communs, comme la Journée de l'Europe, chargés de renforcer le sentiment d'appartenance des différents peuples à une même communauté.

Rappel
Le **traité de Maastricht** met fin à la Communauté européenne et crée l'Union européenne.

1re partie • 2e période

4 **1. a.** Le poème est une invitation à voyager par l'imagination et la poésie loin du monde quotidien, dans un ailleurs rêvé où il serait possible d'aimer librement.

b. Le poète rêve à un **lieu idéal** où « tout n'est qu'ordre et beauté,/Luxe, calme et volupté ». Il s'agit d'un **ailleurs imaginé**, que l'on peut situer en Hollande, pays des canaux et des ciels brouillés qui fascinait Baudelaire, mais une Hollande fantasmée qui s'apparente aussi bien à l'Orient qu'à l'Occident.

2. Baudelaire choisit un lexique qui évoque le **luxe**, le **raffinement** : « douceur », « charmes », « ordre », « beauté », « luxe », « calme », « volupté », « luisants », « les plus rares (fleurs) », « ambre », « splendeur »…

3. a. Baudelaire adresse son poème à la **femme aimée** : « Mon enfant, ma sœur ». Elle est pour lui tout à la fois fille, sœur, amante, muse. Il s'agit d'un amour idéalisé, plus spirituel que charnel.

b. Le poète la **tutoie**. Il crée ainsi une **intimité** faite de douceur et de complicité : « Songe à la douceur/D'aller là-bas vivre ensemble ! »

4. Le poète compare les soleils voilés par des nuages chargés d'humidité aux yeux de son amante « brillant à travers leurs larmes ». Ils ont, pour lui, la même ambiguïté, le même mystère.

5. a. Baudelaire emploie le **conditionnel présent** : « décoreraient », « parlerait ».

b. Le poète imagine ce que pourrait être ce lieu idéal, fantasmé : il laisse libre cours au rêve.

6. a. Il s'agit d'une personnification.

b. Le poète attribue aux vaisseaux des attitudes humaines : ils dorment, ils ont « l'humeur vagabonde » comme s'ils éprouvaient des sentiments.

c. Le poète crée ainsi une impression de **magie**. Les vaisseaux évoquent ces génies des contes orientaux dévoués à leurs maîtres : « C'est pour assouvir/Ton moindre désir/Qu'ils viennent du bout du monde. »

Rappel
La **personnification** est en quelque sorte une forme particulière de métaphore : elle consiste à animer un objet, une chose ou à leur donner des caractéristiques humaines.

7. Le tableau éveille une impression de **mystère face à l'océan** : au-delà, c'est l'Orient ou l'Amérique, le « nouveau monde ». Le bateau, grand voilier qui sans doute s'éloigne, évoque une existence aventureuse, la découverte d'un univers riche et exotique. Les couleurs du couchant donnent au tableau une aura de mystère. Nous sommes **attirés vers l'horizon**, vers cet ailleurs rêvé, comme les personnages qui saluent le vaisseau en partance.

8. Ce tableau présente bien des ressemblances avec le poème de Baudelaire. Si le poète parle de canaux et qu'il s'agit ici d'un port de mer, c'est l'une des seules différences : le tableau propose lui aussi une **invitation au voyage**, un voyage exotique vers un ailleurs rêvé, où s'échangeront trésors d'Orient et expériences nouvelles.

Le poète et son amante peuvent être assimilés aux personnages, au premier plan, sur la grève, qui regardent les navires s'éloigner vers le couchant ou rentrer au port après leur long périple.

Les bateaux qui se détachent, à droite, noirs, sur le fond orangé, semblent eux aussi « dormir », tels des vaisseaux « dont l'humeur est vagabonde ».

Là aussi, le soleil couchant revêt le paysage « d'hyacinthe et d'or ».

2e partie

5 **1.**

Il s'assit sur le sable mouillé, et il regarda la mer monter devant lui presque jusqu'au centre du ciel. Il avait tellement pensé à cet instant-là, il avait tellement imaginé le jour où il la verrait enfin, réellement, pas comme sur les photos ou comme au cinéma, mais vraiment, la mer tout entière, exposée autour de lui, gonflée, avec les gros dos des vagues qui se précipitent et déferlent, les nuages d'écume, les pluies d'embrun en poussière dans la lumière du soleil, et surtout, au loin, cet horizon courbe comme un mur devant le ciel ! Il avait tellement désiré cet instant-là qu'il n'avait plus de forces, comme s'il allait mourir, ou bien s'endormir.

accord avec *qui*
homophones
accord de *tout*

2. *Les termes modifiés sont en gras.*

Mes enfant**s**, **mes** sœur**s**,
Songe**z** à la douceur
D'aller là-bas vivre ensemble !
Aimer à loisir,
Aimer et mourir
Au pays qui **vous** ressemble ! »

Attention
Il ne faut pas mettre le verbe *ressemble* au pluriel : il ne s'accorde pas avec *vous*, mais avec *pays* !

6 *Voici un exemple de rédaction sur chacun des deux sujets.*
Attention ! Les indications entre crochets ne doivent pas figurer sur ta copie.

Sujet A

[Présentation générale du lieu] Imagine une petite crique aux eaux turquoises encadrée de rochers qui la protègent. Les vagues s'y font douces et tièdes. Le sable est soyeux et chaud sous les pieds, fin et nacré. Pour y accéder, il faut emprunter un petit chemin en pente douce qui serpente parmi les bambous, bordé de lauriers roses et de mimosas d'un jaune éclatant. On y respire les parfums entêtants du thym, du romarin, du myrte.

[Arrière-plan] Au loin, la ligne d'horizon se détache, claire et nette, traversée parfois de petites voiles blanches.

[Premier plan] Imagine comme il est doux d'avancer dans ces eaux cristallines, de se plonger dans les vagues et de nager en explorant les fonds marins aux poissons colorés et aux coquillages délicats.

[Paysage au coucher du soleil] Au coucher du soleil, la lumière se fait magique et colore le sable, l'eau, les rochers, de rose, d'orangé, de rouge. C'est le moment que je préfère. J'aime observer le soleil disparaître à l'horizon, se noyer peu à peu jusqu'à n'être plus qu'une ultime petite tache rouge avalée par l'obscurité.

> **Conseil**
> Pour développer ton récit, tu peux évoquer le paysage à différents moments de la journée.

[Conclusion] Je ne sais pas si cet endroit existe encore tel que je l'ai connu ou s'il ne subsiste plus que dans un recoin de ma mémoire, rêvé, recréé, mais cela importe peu puisqu'il me suffit d'y songer pour en retrouver toute la magie.

Sujet B

[Introduction] J'ai toujours entendu dire que les voyages forment la jeunesse. C'est un dicton populaire, mais je pense qu'il dit vrai. Pour moi, les voyages sont une grande source d'enrichissement.

[Les voyages permettent de s'évader, de découvrir de nouveaux horizons] Tout d'abord, ils peuvent être une source d'évasion. Mes premiers grands voyages ont été romanesques ou cinématographiques : j'ai navigué en compagnie de pirates avec Jim Hawkins dans *L'Île au trésor*, et je suis partie à la conquête de l'Ouest dans les westerns. Ces lectures, ces films m'ont donné l'envie de découvrir le monde par moi-même et d'explorer volcans, déserts, forêts vierges... Quoi de plus fascinant que le Stromboli, le Sahara, l'Amazonie, ou que le vaste Pacifique ?

> **Conseil**
> Classe tes arguments dans un ordre que tu auras choisi et articule-les au moyen de connecteurs.

[Les voyages apportent un enrichissement culturel, ils font découvrir d'autres modes de vie] Voyager, c'est également s'enrichir, se cultiver, c'est découvrir des villes, des civilisations parfois très anciennes, merveilleusement préservées. C'est explorer des musées, comme celui du Prado à Madrid, ou encore celui des Offices à Florence. Voyager, c'est aussi rencontrer des hommes aux modes de vie différents du nôtre, aux coutumes qui peuvent nous sembler étranges : quoi de mieux pour nous aider à lutter contre nos préjugés ?

[Les voyages peuvent déclencher une prise de conscience écologiste] Voyager, c'est enfin prendre conscience combien certains milieux uniques sont en danger, combien il est temps de réagir si l'on ne veut pas voir disparaître la banquise par exemple ou la forêt amazonienne.

[Conclusion] Voyager, c'est donc une façon de s'enrichir, de s'initier au vaste monde et de voler de ses propres ailes loin du cocon familier dans lequel on a grandi.

Sujet 7

1re partie • 1re période

1 **1.** Le texte est extrait d'une allocution prononcée par **Mikhaïl Gorbatchev**, dernier dirigeant de l'Union soviétique avant sa dislocation en décembre 1991. Distingué pour son action ayant permis la disparition du rideau de fer en Europe et la libéralisation des anciennes démocraties populaires à l'Est, il s'exprime ici lors de la **réception du prix Nobel de la paix** qui lui a été décerné.

2. « La disparition de la confrontation Est-Ouest » fait référence à la **fin de la guerre froide** qui avait scindé le monde en deux blocs antagonistes depuis la fin de la Seconde Guerre mondiale. Cette confrontation s'est traduite en Europe par la mise en place d'un rideau de fer interdisant le passage des populations d'Europe de l'est vers l'ouest et par l'imposition de dictatures communistes dans tous les pays du bloc soviétique. La concurrence effrénée entre les deux Grands (URSS et États-Unis) s'est également manifestée par une course aux armements évoquée par l'auteur (« menace nucléaire »). En novembre 1989, la **chute du mur de Berlin** met un terme à cette division et entraîne l'effondrement du bloc soviétique. C'est la **fin de la bipolarisation** de l'Europe et du monde.

> **Conseil**
> N'hésite pas à citer des passages du texte pour appuyer ta réponse.

3. D'après Gorbatchev, cette nouvelle situation géopolitique entraîne la **réapparition d'anciennes problématiques** que la guerre froide avait étouffées : « nationalisme », « séparatisme », « désintégration » de certains États, etc.

4. Face à cette nouvelle situation géopolitique, il y a d'une part de **nouveaux dangers** qui apparaissent : le terrorisme, la mise en place d'États incontrôlables. D'autre part, **certaines difficultés** s'amplifient : « la différence grandissante […] entre pays "riches" et pays "pauvres" ».

5. Dans les années 1990, de **nouveaux types de conflits** apparaissent. Certains trouvent leurs origines dans la résurgence de sentiments nationalistes qui avaient été tus sous la tutelle communiste. C'est le cas en **ex-Yougoslavie**

quand les différentes républiques réclament leur indépendance. Les conflits qui s'ensuivent entre Croates, Serbes et Bosniaques font des centaines de milliers de morts, dont une majorité parmi les civils. Au **Moyen-Orient**, les oppositions entre communautés religieuses, les enjeux stratégiques liés au pétrole et au contrôle des détroits font de la région l'une des plus conflictuelles du monde, où la superpuissance américaine tente de maintenir son contrôle.

2 **1.** Pays de densité moyenne (118 hab./km²), la France compte des **espaces de faible densité** (moins de 30 hab./km²) et même des **espaces désertifiés** (moins de10 hab./km²). Près de quatre millions d'habitants vivent dans les espaces de faible densité, dont un demi-million dans les espaces désertifiés. Cette population a connu différentes évolutions.

Les espaces de faible densité ont été, au XIXe siècle, vidés par un **exode rural** qui s'est achevé dans les années 1970. Depuis une quinzaine d'années, à l'inverse, on observe une **reprise démographique** dans ces territoires souvent ruraux. Ainsi, entre 1999 et 2006, l'espace à dominante rurale a connu une croissance de 0,7 % par an, et de 0,3 % pour le rural isolé. Entre 2006 et 2011, la population des communes très peu denses a augmenté de 3,3 %. Cette croissance est certes faible, mais réelle. **La « diagonale du vide » se fracture** : sa partie sud connaît une poussée démographique sensible.

Gagne des points

Utilise autant que possible un vocabulaire scientifique adapté. Ici, « rural isolé » et « rurbanisation », par exemple.

L'augmentation de la population s'explique non pas par le solde naturel, généralement négatif, mais par le **solde migratoire**. Les espaces ruraux de faible densité sont en effet **redevenus attractifs** pour certaines populations qui rejettent le mode de vie périurbain. La rurbanisation est d'autant plus manifeste que l'accessibilité des espaces à faible densité demeure acceptable.

Ainsi, la dynamique démographique des espaces de faible densité en France s'est récemment inversée.

2.

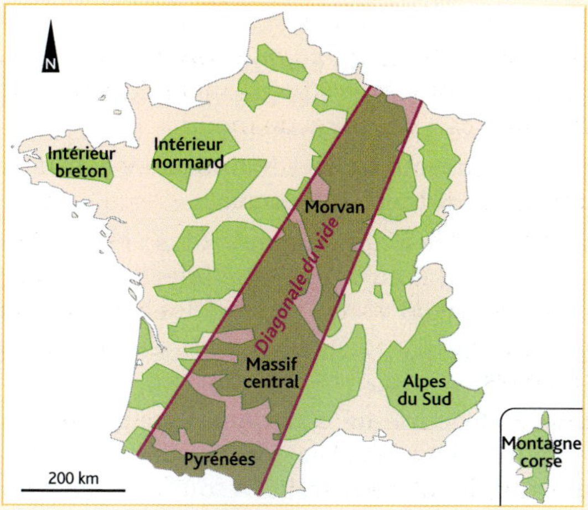

3 **1.** Fabien Gaget et les bénévoles des Restos du cœur se sont tous engagés au nom de la fraternité, c'est-à-dire de la solidarité entre les hommes. Fabien Gaget veut aider les salariés à défendre leurs droits et à améliorer leurs conditions de vie et de travail ; et les bénévoles des Restos du Cœur distribuent des repas à ceux qui en ont besoin.

Conseil
Tu dois être capable de définir les grandes notions travaillées en EMC, notamment les valeurs républicaines.

2. L'engagement syndical de Fabien Gaget lui apporte beaucoup au plan humain et lui donne le sentiment d'**être utile à la collectivité**. Cependant, cet engagement lui **prend du temps**, **l'isole** parfois des autres salariés et peut être **mal vu** par les dirigeants de l'entreprise. Fabien Gaget regrette aussi la faible place et l'image souvent mauvaise qu'ont le syndicalisme et l'engagement syndical dans la société.

3. J'ai voulu m'engager dans l'association Les Restos du Cœur pour me rendre utile et aider les autres. La « **fraternité** » évoquée dans la devise de la République n'est pas un vain mot, c'est une valeur à défendre. J'ai choisi d'y consacrer une partie de mon temps libre. De nombreuses personnes sont aujourd'hui en situation de grande précarité et l'aide alimentaire apportée par le biais de l'association leur permet de mieux faire face aux difficultés quotidiennes. Enfin, le fait de s'impliquer dans cette association participe au **fonctionnement de la démocratie**, non seulement en défendant ses valeurs, mais aussi en créant des liens entre les citoyens. Mon engagement a donc pour moi un sens individuel, collectif et démocratique.

1re partie • 2e période

4 **1. a.** La première expérience mentionne le procédé tenté pour lutter contre une maladie appelée le « choléra des poules ». La seconde expérience est menée sur des moutons et des vaches pour lutter contre la maladie du charbon.

b. Dans les deux cas, **le protocole expérimental est identique** : un germe affaibli de la maladie est introduit chez des animaux sains, qui n'en meurent pas. Plus tard, on inocule à ces mêmes animaux un germe très virulent du virus, qui normalement devrait les tuer. Mais aucune bête ne meurt. Ces deux expériences sont donc couronnées de **succès**.

2. Le virus est aussi inoculé à des animaux sains : c'est ce qu'on appelle un **groupe témoin**. Ils n'ont pas eu la première injection atténuée et mourront, montrant par-là l'efficacité du vaccin reçu par les bêtes de l'autre groupe.

3. Les scientifiques ne sont pas certains de la réussite de leurs expériences. Ils éprouvent d'abord de l'**angoisse** (« jour après jour, on guette fiévreusement leur état »). Lors de la deuxième expérience, l'angoisse est plus marquée (« les tensions montent dans l'équipe, nuits sans sommeil »), car la réussite moins certaine (« quelques bêtes traitées souffrent de fortes fièvres »). Le

soulagement et la **joie** ne sont pas mentionnés explicitement : l'heure est encore à la recherche.

4. L'adverbe « fiévreusement » est dérivé de l'adjectif « fiévreuse », suivi du **suffixe** *-ment*. L'adjectif lui-même est formé à partir du **radical** *fièvr-*. Dans le texte, l'adverbe qualifie l'état d'angoisse et d'impatience des scientifiques. Il est donc à prendre au **sens figuré**. Le mot « fièvre » qui apparaît plus loin, est employé en revanche au **sens propre** : les animaux vaccinés ont une température plus élevée.

Conseil

Pour expliquer le sens d'un mot, il est également possible de lui trouver un synonyme, c'est-à-dire un mot de même classe grammaticale. Ici, le synonyme de « fiévreusement » serait « anxieusement ».

5. a. Les paroles sont rapportées au **discours direct**, comme le montrent l'emploi du pronom de première personne et les points d'interrogation.

b. Le discours direct n'est toutefois pas employé de manière traditionnelle, car **les guillemets sont absents**.

c. Cette absence peut s'expliquer par le fait qu'il s'agit plus de **pensées rapportées** que de paroles, et qu'elles **émanent d'un groupe** et non d'un individu. On aurait pu parler de discours indirect libre si le pronom de première personne n'avait pas été employé.

6. a. La phrase **déclarative** est encadrée par deux phrases **injonctives**.

b. Il s'agit ici de **commentaires du narrateur** qui interrompt le récit pour s'adresser au lecteur. L'emploi de la première personne du pluriel crée une complicité entre le narrateur et le lecteur, associés dans ce « nous ».

Rappel

Il existe quatre types de phrase : déclarative, injonctive, interrogative et exclamative. Dans la phrase déclarative, le présentatif « C'est » sert à mettre en valeur le nom de Pasteur.

c. Avec une certaine **ironie**, ces phrases précisent que tout le mérite doit être attribué à Pasteur et non à ses collaborateurs ; ce qui n'est peut-être pas vrai, mais nécessaire à l'élaboration de la légende (« C'est Pasteur, le héros de l'histoire »).

7. Le texte dresse le **portrait d'un homme** : « héros » de l'histoire, c'est lui qui prononce pour la première fois le mot « vaccin » et qui est acclamé lorsqu'il retourne à Pouilly. Mais ce portrait conforme à l'image « officielle » est en réalité **plus nuancé** : les membres de l'équipe sont présents à tous les stades des expériences et sont peut-être à l'origine des plus grandes découvertes. L'appellation anachronique « commando » souligne la **force de cette équipe**.

8. Les deux documents montrent un grand savant, **Pasteur, au travail**. Alors que le texte montre des expériences réalisées sur des animaux **sur le terrain**, avec l'aide précieuse d'une équipe entière, le tableau privilégie l'image d'un **homme de laboratoire**, seul dans ses recherches.

9. Le tableau dresse le **portrait d'un homme plus que d'un héros**. Une impression de calme et de recherche studieuse se dégage de la toile. Le texte en revanche présente un homme en proie aux doutes et aux angoisses, menant des expériences sur le vivant tout en étant incertain du résultat.

2e partie

5 **1.**

participe passé sans auxiliaire
nom féminin en *-té*
consonnes doubles

Victor Hugo et Louis Pasteur. Le grand écrivain et le grand savant. Les deux phares qui, au-delà de la France, éclairent encore le monde. Deux bienfaiteurs de l'humanité. L'un, explorateur des vertiges de l'âme, a rendu leur dignité aux misérables et, pour cela, demeure célébré de l'Amérique latine à la Chine. L'autre, découvreur des sources de la vie, a triomphé de la rage. Tous les deux nés dans cette province appelée Franche-Comté pour les libertés qu'elle savait défendre. [...] L'un chérissait la liberté, l'autre la science. Quand, l'un après l'autre, la mort finit par les rattraper, le même hommage leur fut rendu [...]. Ensemble, ils résument leur siècle.

2. *Les termes modifiés sont en gras.*

Une semaine plus tard, quand **ils reviennent** à Pouilly, des acclamations **les** accueillent. **Toutes** les **bêtes** non **vaccinées sont mortes** [...].

6 *Voici un exemple de rédaction sur chacun des deux sujets.*
Attention ! Les indications entre crochets ne doivent pas figurer sur ta copie.

Sujet A

[Introduction] Les découvertes scientifiques ont considérablement changé le quotidien des hommes, dans de nombreux domaines : la santé, la communication, les déplacements. On parle ainsi des « progrès » scientifiques qui améliorent notre ordinaire. Pourtant, les découvertes ne sont pas toujours synonymes d'amélioration. Nous étudierons d'abord les aspects positifs des découvertes scientifiques ; puis nous envisagerons les catastrophes qu'elles ont parfois amenées.

[Les avancées scientifiques] Les découvertes scientifiques sont souvent une source de progrès. Le recul de la mortalité est dû aux progrès de la médecine, et à la découverte du principe d'hygiène. La vaccination a aussi permis d'éradiquer nombre de maladies, comme le montre Erik Orsenna dans son ouvrage consacré à Pasteur : *La vie, la mort, la vie*. Au quotidien, nous profitons également des progrès scientifiques, et notamment de la découverte de l'électricité. Il nous semblerait difficile de nous passer de ce confort qui consiste à allumer un radiateur, une plaque électrique ou à se connecter à Internet.

[Les applications malheureuses] Cependant, les découvertes scientifiques ne sont pas nécessairement synonymes de progrès pour les hommes, car elles reçoivent souvent des applications militaires et meurtrières. Beaucoup de soldats sont tués pendant la Première Guerre mondiale par les armes chimiques qui font leur apparition et provoquent une mort lente et douloureuse. Et même dans le domaine médical, les suites des nouvelles découvertes ne sont pas toujours positives. Certains vaccins sont ainsi soupçonnés de provoquer des effets secondaires très graves et irréversibles.

[Conclusion] Les découvertes successives ont considérablement changé le quotidien des hommes. Si certaines améliorent notre vie, d'autres se révèlent meurtrières. Il est donc impossible d'affirmer que ces découvertes sont une source de progrès pour l'humanité, tant certaines applications qui en sont faites sont funestes.

Sujet B

Conseil
Pour respecter la consigne du sujet, présente ton devoir sous la forme d'une lettre, en mentionnant l'expéditeur, la date, les formules de politesses.

Florine Vérin
Chemin des Plateaux
78440 Praville

Praville, le 7 juillet 2016

Monsieur le Président de l'Académie des sciences,

J'ai l'honneur de vous informer d'une découverte que j'ai faite récemment, et qui pourrait révolutionner notre quotidien.

[Rappel du contexte] La pollution toujours plus importante, et les bouleversements climatiques nous font craindre une pénurie possible de notre ressource naturelle la plus importante : l'eau. Sans eau, on le sait bien, nulle forme de vie n'est possible. Et sans purification, les bactéries et les virus pullulent, faisant du liquide un véritable poison.

[Présentation de la découverte] C'est en partant des méthodes mécaniques existantes pour filtrer l'eau que j'ai découvert un moyen beaucoup plus radical de fournir, en quantité, de l'eau potable à toute l'humanité. Par un procédé simple mais connu de moi seule, je suis désormais en mesure d'obtenir de l'eau potable à partir de n'importe quel liquide : eau de mer, jus de fruit, eau de pluie et même transpiration… Le procédé chimique utilisé est sans danger pour la santé.

[Demande de soutien] Mais pour être réellement exploitable, ma découverte nécessite quelques aménagements. Je pense notamment à la fabrication d'une machine effectuant automatiquement la transformation. C'est pour cette raison, Monsieur le Président, que j'ai l'honneur de solliciter une aide financière, qui me permettrait de mener à bien mes derniers travaux de recherche.

Dans l'attente de votre réponse, veuillez agréer, cher Monsieur, l'expression de mes salutations distinguées.

Florine Vérin

Sujet 8

1re partie • 1re période

1 **1.** La désindustrialisation est la baisse de la part de l'industrie dans le PIB et dans la population active. Cela ne signifie pas toujours une baisse absolue de la production, mais souvent des fermetures d'usines. Dans le texte, le patronat français propose de **« stopper la désindustrialisation »** de la France.

2. La **part de l'industrie dans la valeur ajoutée** de l'économie française n'a cessé de baisser, passant « de 25 % en 1961 à **11 %** en 2010 ».

3. Les partenaires européens de la France ne connaissent pas une telle désindustrialisation : la part de l'industrie dans le PIB de l'**Union européenne** est de **20 %**, et même de 22,6 % en Allemagne.

4. D'après Patrick Artus, l'industrie française est trop **bas de gamme**. Ses produits sont concurrencés par d'autres pays, telle l'Espagne « où les coûts sont nettement plus faibles ». C'est la compétitivité-prix de l'industrie française qui pose problème. Par exemple, l'automobile française peine à s'imposer face aux modèles de luxe allemands (Mercedes-Benz, BMW), plus chers mais de gamme supérieure, et aussi face aux modèles produits moins chers en Espagne ou au Maghreb.

> **Rappel**
> La **compétitivité-prix** est la compétitivité liée au prix du produit. Moins le prix est élevé, plus le produit se vend. Mais il y a des exceptions : pour certains produits haut de gamme ou de luxe, le prix est un facteur de choix secondaire pour le consommateur.

5. Les industries qui ont le plus souffert de la désindustrialisation sont les industries de **première génération** (textile, par exemple) et **deuxième génération** (automobile) , pour lesquelles le coût de la main-d'œuvre apparaît trop élevé en France et les charges trop lourdes. De nombreuses régions ont été touchées, particulièrement les anciennes régions industrielles du Nord et de l'Est. Toutefois, les industries de **troisième génération**, à forte intensité technologique, comme l'aéronautique (Airbus), l'armement (Dassault, Thalès) ou les industries du luxe (LVMH), se maintiennent mieux, en particulier dans les grandes métropoles, où chercheurs et créateurs sont nombreux.

2 **1.** Le terme **« totalitaire »** désigne un type de dictature politique apparu dans l'entre deux-guerres en URSS, en Italie et en Allemagne. En **URSS**, l'instauration d'un pouvoir personnel par Joseph Staline à partir de 1928 lui assure un contrôle total sur l'État et le parti et, dès lors, sur toute la société. En **Allemagne**, à la suite des élections législatives de janvier 1933, Adolf Hitler est nommé chancelier et met fin à la démocratie.

Les régimes stalinien et hitlérien présentent un certain nombre de **caractères communs**. Ce sont des dictatures organisées autour d'un chef charismatique qui prend appui sur un parti unique, PCUS en URSS et NSDAP en Allemagne. La violence orchestrée par la police politique empêche l'expression de toute forme d'opposition. La population est encadrée et appelée à exprimer son soutien au pouvoir. Propagande, embrigadement et terreur sont les trois piliers grâce auxquels se maintiennent ces régimes.

Sur le plan idéologique, l'État soviétique et l'État nazi défendent cependant des **positions opposées**. S'ils appellent l'un comme l'autre à l'édification d'un homme nouveau, le premier le fait au nom du socialisme et de la société sans classe, le second au nom d'une prétendue supériorité raciale. Le nationalisme et le racisme sont au fondement du nazisme. Toutefois, cet antagonisme n'empêche pas les deux régimes de s'allier par un pacte de non-agression en août 1939.

Conseil
Souviens-toi que les points communs entre les régimes totalitaires allemand et soviétique sont dans les **moyens mis en œuvre**, tandis que les différences sont dans les **idéologies** (buts à atteindre).

2.

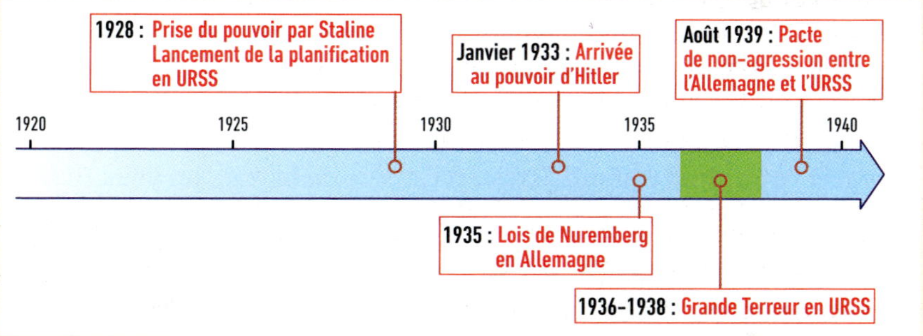

3 **1.** Dans l'affaire judiciaire relatée par l'article du quotidien *Sud-Ouest*, le footballeur Serge Aurier est accusé de **« violences volontaires sur personne dépositaire de l'ordre public »**. Il est condamné par le tribunal correctionnel à « deux mois de prison ferme », à « 600 euros de dommages et intérêts pour les préjudices corporel et moral », ainsi qu'à « 1 500 euros de frais de justice ».

2. Dans l'article, on apprend que l'accusé a bénéficié des **droits de la défense** ainsi que des voies de recours qui sont des grands principes de la justice. Il a en effet été défendu par une avocate (« après la plaidoirie de son avocate ») et il n'ira pas directement en prison, « sa peine étant aménageable ». Il a aussi la possibilité de faire appel de cette décision de justice : « Serge Aurier a annoncé qu'il faisait appel de cette décision. »

Rappel
Les **voies de recours** désignent l'ensemble des procédures destinées à permettre un nouvel examen de l'affaire.

3. Dans les sociétés démocratiques, la justice sert d'abord à **punir** ceux qui ne respectent pas les règles, mais elle permet aussi de **trancher des litiges** entre des particuliers ou entre des particuliers et l'administration. La justice contribue ainsi à **protéger les libertés et les intérêts** des individus. Tous les citoyens peuvent faire appel à l'institution judiciaire s'ils estiment leurs droits bafoués. De **grands principes** garantissent son fonctionnement démocratique, comme les droits de la défense (ex. : être défendu par un avocat), les voies de recours, l'égalité d'accès à tous les citoyens et la présomption d'innocence (tout individu est considéré comme innocent jusqu'au verdict du juge).

1re partie • 2e période

4 **1.** Comme son nom le suggère, Monsieur Linh est un réfugié asiatique qui fuit son pays en guerre, où tous les siens sont morts. Il émigre probablement vers la France.

2. Monsieur Linh est profondément triste, car ce n'est pas seulement son pays qu'il quitte, c'est aussi toute sa vie. Seul l'enfant le rattache encore à l'existence.

3. Monsieur Linh tente de rester en contact avec son pays perdu, par la vue, l'odorat et l'ouïe. Tout d'abord, il reste à l'arrière du bateau, les **yeux** rivés sur sa patrie qui s'efface peu à peu ; la photographie qu'il a emportée est elle aussi à moitié effacée. Ensuite, il a dans sa valise un peu de la terre et peut-être, avec elle, un peu des **odeurs** de son pays ; dans le pays qu'il découvre, il ne sent aucune odeur. Enfin, il chante à l'enfant une chanson : il veut entendre la **musique de sa langue**.

4. Monsieur Linh est comparé à « une **marionnette** » qui se laisse chahuter par le vent, guider vers sa cabine ou conduire vers le quai sans aucune réaction. À la fin de l'extrait, les réfugiés sont décrits au moyen d'une **métaphore** : « frêles statues aux visages tristes, et qui grelottent dans le plus grand silence. » C'est comme s'ils avaient perdu toute attache, toute volonté, tout désir, toute identité, qu'ils n'étaient plus qu'une même et immense tristesse.

5. Le verbe « chahuter » est ici employé transitivement (COD : « le »). Il signifie « pousser de-ci de-là », « balloter », « bousculer », « malmener ». Le vent **bouscule** Monsieur Linh, le pousse d'un côté, puis de l'autre. Monsieur Linh n'oppose aucune résistance : il se laisse faire.

6. Les temps employés sont essentiellement le **présent** et le **passé composé** de l'indicatif. Il y a aussi un verbe à l'imparfait.

Le présent est un **présent de narration**. Si Philippe Claudel a choisi ce temps, c'est sans doute pour rendre son récit plus simple, plus proche et peut-être aussi plus universel. « C'est un vieil homme debout à l'arrière d'un bateau... » : dès les premières lignes, on voit le personnage, il est devant nous, à la fois présent et absent.

Le **passé composé** est employé pour les actions liées à la vie passée du vieil homme : ainsi, le « sac de toile dans lequel le vieil homme *a glissé* une poignée de terre ».

7. Ce texte produit une impression de profonde **tristesse**, de désespoir infini.

8. Il s'agit d'une installation artistique de grande taille, exécutée à partir de matériaux courants : bois, tissus, bouteilles… Elle évoque l'**exil**, le long voyage vers un ailleurs rêvé, dans l'**espoir d'une vie meilleure**. Les migrants quittent le pays de leurs aïeux, à leurs risques et périls, prêts à affronter l'océan et ses vagues – représentées par les bouteilles – sur une embarcation de fortune surchargée. Les baluchons d'étoffes aux couleurs vives et chaleureuses, entassés en une pyramide instable et arrimés par des cordages lestés de bouilloires, évoquent les quelques maigres biens qui rattachent les migrants à la terre qu'ils ont quittée.

Conseil
N'hésite pas à décrire en détail l'œuvre proposée. Cela te permettra d'en dégager du sens et d'étayer ta réponse.

9. a. Les ballots font écho à la petite valise de cuir bouilli entourée d'une sangle de Monsieur Linh contenant une photographie à moitié effacée et une poignée de terre, dans le texte de Claudel.

b. Cependant, l'impression laissée par l'installation de Barthélemy Toguo diffère de celle qui se dégage du texte : cette barque, chargée d'étoffes aux couleurs vives, laisse poindre une **énergie vitale** que n'a plus Monsieur Linh.

2e partie

5 **1.**

Au village, il n'y avait qu'une rue. Une seule. Le sol était de terre battue. Quand la pluie tombait, violente et droite, la rue devenait un ruisseau furieux dans lequel les enfants nus se coursaient en riant. Lorsqu'il faisait sec, les cochons y dormaient en se vautrant dans la poussière, tandis que les chiens s'y poursuivaient en aboyant. Au village, tout le monde se connaissait, et chacun en se croisant se saluait. Il y avait en tout douze familles, et chacune de ces familles savait l'histoire des autres, pouvait nommer les grands-parents, les aïeux, les cousins, connaissait les biens que les autres possédaient. Le village en somme était comme une grande et unique famille […].

imparfait
accord avec le sujet

2. *Les termes modifiés sont en gras.*

Quand on veut **les** faire entrer dans **leur(s)** cabine**(s)**, il**s** se laiss**ent** guider sans rien dire, mais on **les** retrouve un peu plus tard, sur le pont arrière, une main tenant le bastingage.

Attention
Il y a deux possibilités pour accorder « leur cabine » : singulier (ils n'ont chacun qu'une cabine) ou pluriel (il y a plusieurs cabines). Mais il ne faut surtout pas mettre l'un des éléments au singulier et l'autre au pluriel.

6 *Voici un exemple de rédaction sur chacun des deux sujets. Attention ! Les indications entre crochets ne doivent pas figurer sur ta copie.*

Sujet A

[Transfert en car] Les réfugiés sont dirigés vers un car qui les attend dans une petite rue voisine. Ils ont froid et se recroquevillent dans leurs trop légers vêtements, frissonnant dans l'humidité qui les enveloppe. Un brouillard monte de la mer et les transforme en **ombres fantomatiques**, en **spectres égarés** dans un monde qui n'est pas le leur.

Ils montent dans le car, se glissent sur les sièges qu'on leur désigne. Monsieur Linh refuse de déposer sa petite valise dans l'espace destiné aux bagages ; il s'y agrippe comme à une bouée dérisoire. Il fredonne et berce l'enfant. Il aimerait regagner le bateau ou au moins le port pour retrouver le fil ténu qui le relie encore au pays de ses ancêtres. Il a peur de se perdre à jamais.

[Premier repas] Le car s'arrête devant un haut bâtiment d'un gris terne. Monsieur Linh entend son nom, se dirige vers la femme qui l'appelle. Elle coche une case sur une feuille de papier puis le confie à une autre femme qui l'emmène doucement vers une porte donnant sur une grande salle meublée de quelques longues tables. Il se laisse faire **comme un pantin docile**. Elle tend les bras vers l'enfant, s'offre à le porter. Il resserre son étreinte. Il rejoint les autres migrants. On leur sert une assiette dans laquelle il y a des aliments qu'il ne connaît pas, des aliments sans saveurs et sans odeurs. Il n'a pas faim. Il essaie de se remémorer le goût du riz parfumé et des épices qu'il partageait avec les siens. Il a peur d'oublier.

Conseil
Tu peux reprendre sous d'autres formes les images employées par Claudel lorsqu'il compare les réfugiés à des marionnettes ou des statues (métaphore filée). Tu peux aussi trouver d'autres images pour donner du relief à ton texte (voir passages en gras).

[Première nuit] On les conduit ensuite dans de petites chambres. Il pose délicatement son maigre bagage au pied du lit et s'allonge, tout habillé, serrant contre lui l'enfant, les yeux ouverts fixés au plafond, chantonnant sa petite chanson et il reste ainsi pendant des heures, berçant une tristesse infinie.

Sujet B

[Présentation des faits et premières réactions] Quand vous m'avez appris que nous allions déménager à l'autre bout de la France, je me suis senti très triste. J'ai eu soudain le sentiment d'un grand vide, d'être comme déraciné, condamné à laisser derrière moi tout ce que j'aime.

[Arguments contre le déménagement] Tout d'abord, il va falloir quitter l'appartement dont je connais chaque recoin comme ma poche et le quartier qui m'a vu grandir : le square où je jouais près de mon ancienne école, la bibliothèque où j'ai découvert le plaisir de lire, la boulangerie où j'allais acheter des bonbons.

Attention
Classe tes arguments en gardant celui qui t'importe le plus pour la fin.

Ensuite, il y a mon club de foot : vous ne pouvez pas me demander d'abandonner mon équipe, mon entraîneur !

Enfin et surtout, je vais devoir laisser mes amis d'enfance – Paul, Ahmed, Marie –, ceux pour qui je n'ai pas de secrets. Je leur ai promis de former un groupe de rock avec eux. C'est moi qui devais être le guitariste. Marie devait être la chanteuse. Je ne peux pas les laisser tomber.

[Arguments pour le déménagement (ici, ceux des parents)] Bien sûr, je connais vos arguments : ce n'est pas la fin du monde ; j'aurai une grande chambre pour moi tout seul ; nous aurons un jardin et le chien dont j'ai toujours rêvé mais dont vous me disiez qu'il n'était pas possible d'en avoir un à Paris… Et je sais aussi que je pourrai inviter mes meilleurs amis pour les vacances.

[Conclusion] Cependant, cela ne me console pas. Rien ne sera plus jamais pareil. Je trouve que c'est difficile d'être un adolescent, parce que l'on doit obéir à ses parents, les suivre sans discuter. Je sais bien que papa n'a pas le choix, que c'est pour son travail, néanmoins cela me désespère.

Table des crédits photographiques

15-hg	© Le Livre de Poche
15-hd, mg	© 2009 Éditions Pocket, un département d'Univers Poche
15-md	© Illustration Virginie Berthemet / Flammarion
15-bg	© Éditions Gallimard – ph © Gérard Rondeau / Agence Vu
15-bd	© Le Livre de Poche
19	© F.L.C. / ADAGP, Paris, 2016 – ph © Paul Almasy / Akg-Images
31	ph © Victor Tonelli / ArtComArt
32, 37	ph © Pascal Victor / ArtComArt
39	Coll. Archives Hatier
42	ph © Electa / Leemage
47	ph © Robert DOISNEAU / RAPHO
52	ph © Selva / Leemage
57	ph © Akg-Images
64	© 2016 Banco de México Diego Rivera Frida Kahlo Museums Trust, Mexico, D.F. / ADAGP, Paris – ph © Luisa Ricciarini / Leemage
69	© The Estate of Francis Bacon / All rights reserved / ADAGP, Paris 2016 – ph © Bridgeman Images
111	ph © Jean-Pierre Verney / Akg-Images
113	ph © Akg-Images
115	ph © k. A. / Imagno / Akg-Images
117	ph © David Seymour / Magnum – Collection Grob / Kharbine-Tapabor
121, 123	ph © Akg-Images
125	Coll. Kharbine-Tapabor
131	ph © TopFoto / Roger-Viollet
133	© Éditions Tallandier, 1983 DR
135	ph © KEYSTONE-FRANCE
137	© Europa Grafica – Commission européenne Représentation au Luxembourg / DR
141	© Daily Mail-Solo Syndication, Londres / Coll. The National Library of Wales
143	ph © Masatomo Kuriya/Corbis via Getty Images
149	© ADAGP, Paris 2016 – ph © Bridgeman Images
151	ph © Archives de Gaulle, Paris, France / Bridgeman Images
153	ph © STEVENS WILLIAM / GAMMA
155	Coll. Kharbine-Tapabor
157	ph © Bib. M. Durand / Kharbine-Tapabor
159	ph © Janine Niepce / Roger-Viollet
175	© 2016 Google
191	Extrait de données SCAN25® / © IGN – 2016
222	ph © ChantalS / Fotolia
226	ph © Corentin Fohlen / Divergence
227	ph © ivan kmit / Fotolia
230	ph © Marie DORIGNY / SIGNATURES
232	ph © Chrystèle Lacène
236	ph © Nicolas TAVERNIER / REA
245	ph © FRED DUFOUR / AFP PHOTO
246	ph © Frederic MAIGROT/REA
248	ph © SEBASTIEN NOGIER/EPA
253	ph © Nicole WOJCIESZAK / Journal du Centre
267	© Boulevard des potes
270	ph © STR New / Reuters
275	Extrait de données SCAN25® / © IGN – 2016
279	ph © Warner Bros. / The Kobal Collection / Calvo, Bruno / Aurimages
286	TBWA\CORPORATE – © Tous des K
289	© ADAGP, Paris 2016
295	© Plantu
298	© 2016 Niki Charitable Art Foundation / ADAGP, Paris – ph © Hervé Véronèse / Centre Pompidou, MNAM-CCI, Dist. RMN-Grand Palais
308	Modern Times © Roy Export S.A.S. Scan Courtesy Cineteca di Bologna
312	Coll. Dixmier/Kharbine-Tapabor
314	© European Union, 2015
316	ph © Aisa/Leemage
323	ph © JOEL SAGET / AFP PHOTO
325	ph © Josse/Leemage
333	CNHI, Courtesy Galerie Lelong, Paris © ADAGP, Paris 2016

IMPRIM'VERT
Votre imprimeur agit pour l'environnement

PAPIER À BASE DE FIBRES CERTIFIÉES

Hatier s'engage pour l'environnement en réduisant l'empreinte carbone de ses livres. Celle de cet exemplaire est de :
1,2 Kg éq. CO_2
Rendez-vous sur www.hatier-durable.fr

Achevé d'imprimer en Italie par L.E.G.O. S.p.A., Lavis (TN)
Dépôt légal : 02912 - 5/02 - mai 2017